观相百家

——古典中国文化之春夏秋冬

郭智勇 著

广西师范大学出版社
GUANGXI NORMAL UNIVERSITY PRESS
·桂林·

图书在版编目（CIP）数据

观相百家：古典中国文化之春夏秋冬 / 郭智勇著．
桂林：广西师范大学出版社，2017.1（2017.7 重印）
ISBN 978-7-5495-8944-9

Ⅰ．①观… Ⅱ．①郭… Ⅲ．①古代哲学－研究－
中国 Ⅳ．①B21

中国版本图书馆 CIP 数据核字（2016）第 261222 号

广西师范大学出版社出版发行
（广西桂林市中华路 22 号　邮政编码：541001
网址：http://www.bbtpress.com）
出版人：张艺兵
全国新华书店经销
衡阳顺地印务有限公司印刷
（湖南省衡阳市雁峰区园艺村 9 号　邮政编码：421008）
开本：710 mm × 990 mm　1/16
印张：24.75　　　字数：460 千字
2017 年 1 月第 1 版　　　2017 年 7 月第 2 次印刷
定价：68.00 元

献给新文化运动100周年

本书得到电子科技大学中山学院思政部资助，
谨向申群喜教授和各位同仁致谢！

目　录

第一章

中国文化新景观

第一节　古典中国的虔诚

一　照着吕子说“墨子贵廉”

当笔者完成了《被遗忘与曲解的古典中国——〈吕氏春秋〉对传统学术的投诉》一书以后，《观相百家》这本书的问世就成了一种必然。这是一种逻辑的必然性，更是一种命运的必然性，如果，我们能对德国思想家奥斯瓦尔德·斯宾格勒的文化形态学有真正的体认的话。这本书完全应该被理解为一种宏大使命的一部分。当然我们这里首先得感谢以吕不韦为代表的吕子们两千多年前给我们留下了里程碑般的《吕氏春秋》，没有这部经典的存世，则所有这一切将无从谈起。传统学术常说“道统”的命脉在它漫长的历程中“不绝如缕”，在本书看来，《吕氏春秋》的存世才真可谓中国文化不幸中的万幸了。

这本书的宗旨是在笔者《被遗忘与曲解的古典中国》一书的基础上，对古典中国的精神文化作一观相式的考察。当然，我们还得从“墨子贵廉”说起。[①]

---

① 本来，笔者在《被遗忘与曲解的古典中国》一书中，已经对这一议题有相当程度的探讨。但是，正如我们一向的观点，这样的论题对传统学术太具颠覆性，所以再详加论说实属必要。

在中国的综合国力不断提升的21世纪，国人都愿意在传统典籍中寻找民族复兴的文化凭据。同时，面对今天这样一个相当浑浊的社会现实，国人无不对清廉官员、廉洁政府有十分的期许。中国历史文化的研究者们因而有了一个历史使命，那就是不断地给国人这样的文化提醒。本文要指出的是，在先秦时代，"廉"曾经是著名的学派——"墨家"的标志，它同时也是古典中国的时代特征。遗憾的是，这样的古典风骨竟然被后人误解乃至迷失。[①]

(一)"贵廉"曾是先秦墨家的标志

"廉"竟成了墨家的标志，这个结论太惊人了。读者朋友一见这个标题，一定会有这样的感叹。但这绝非笔者的随意杜撰，而是以《吕氏春秋》这本中国先秦最可靠的文献作为依据的。让我们一一道来。

春秋战国是中国历史上风云变幻的时代，各种思想和主张也纷纷出炉，相互竞说。这就是著名的百家争鸣时代。《吕氏春秋》是战国末年的一部类百科全书，它提及了春秋战国时期各家的思想和主张。《吕氏春秋·不二》篇说：

> 听群众人议以治国，国危无日矣。何以知其然也？老耽贵柔，孔子贵仁，墨翟贵廉，关尹贵清，子列子贵虚，陈骈贵齐，阳生贵己，孙膑贵势，王廖贵先，儿良贵后。此十人者，皆天下之豪士也。

对于如何治理天下，当时的"豪士"各有自己的主张。孔子重视"仁"、老子重视"柔"、关尹重视"清"、列子重视"虚"，……这些都是我们原有的知识体系中固有的。只是当我们看到"墨翟贵廉"时，心里就难免会一惊，这是怎么一回事呢？因为我们都知道墨子是讲"兼爱"的。《孟子·滕文公下》说："墨子兼爱"，《淮南子·泛论训》说："兼爱尚贤，右鬼非命，墨子之所立也。"今本《墨子》有《兼爱》、《尚贤》等十篇，所以世人都知道《墨子》的主旨是"兼爱"，正如梁启超先生所说："墨学所标纲领虽有十条，其实只从一个观念出来，就是'兼爱'。"[②]

由于有了这些强有力的素材支持，所以人们就情不自禁地认为"廉"是"兼"的假借，正如清代名家孙诒让所说："'廉'疑即'兼'之借字。"[③]

"墨子贵廉"顺理成章地变成了"墨子贵兼"。两千年来，国人都是这样来对待

---

① 笔者曾对这一问题有初步揭示，参见《人大报刊复印资料》2008年第1期。但当时的重点不在此处，故未充分展开。

② 梁启超：《墨子学案》，商务印书馆，1921年，第15页。

③ 陈奇猷：《吕氏春秋校释》，学林出版社，1984年，第1125页。

这个问题的。但一个无法回避的事实是,《吕氏春秋·不二》篇明明是说"墨子贵廉",且从《吕氏春秋》有关墨子和墨者的整体语境来看,"贵廉"之概括才真正恰切《吕氏春秋》中古典墨家之形象。

"兼"与"廉",形音极近,但它所包含的意义差距却非同小可。今天,到了我们厘清这一疑难的时候了。

必须指出的是,春秋战国时代诸子百家的思想主张到底该如何把握,两千年来已形成一种定说。由于《吕氏春秋》本身没有对各家的详细解说,所以传统上也就以《孟子》、《墨子》、《荀子》、《韩非子》、《庄子·天下》篇对各家的描述加上高诱、许慎的注解作为基调。应该说这样的处理方式自有它的情理。但是,既然《吕氏春秋》被赋予了"以备天地万物古今之事"①的历史使命,而其又被公认为先秦诸家的总集,其内容本身也确实涉及当时思想文化的方方面面,包罗万千,那从《吕氏春秋》文本出发来抽绎出上述各家的思想主旨自是学术本身一个无可旁贷的要求,特别是当《吕氏春秋》文本本身所揭示出的思想取向与传统理解有明显的差异时更应该是这样。

在进入问题之前,我们有必要厘清一个概念——"义"。中古以后"义"字演化出许多意含,而在先秦古典时代,"义"的本意就是"仪",也就是人的行为规范和处世信条。《吕氏春秋》中的一个故事便能很好地说明这一点:

> 秦小主夫人用奄变,群贤不说自匿,百姓郁怨非上。公子连亡在魏,闻之,欲入,因群臣与民从郑所之塞。右主然守塞,弗入,曰:"臣有义,不两主,公子勉去矣。"公子连去,入翟,从焉氏塞,菌改入之。夫人闻之,大骇,令吏兴卒。……公子连立,是为献公。②

这里的"臣有义"是一个在现代语境中极为难见的话语。"臣有义,不两主"显然只能理解为:我有我作为臣子的"仪"——行为规范和处世信条。我的信条之一就是不同时效忠于两个主人。这与后世的处世信条——"良禽择木而栖,贤臣择主而仕"——有极为不同的伦理取向。这里我们不由得想起印度史诗《摩诃婆罗多》中的一位著名人物——毗湿摩。这是一个俱卢族和般度族的共同祖先,在这两族的争斗中,他的内心虽然十分倾向般度族的胜利,但由于他当时的俱卢族身份,他于

① 《史记·吕不韦列传》。

② 《吕氏春秋·当赏》。

是拼尽全力为俱卢族争取胜利，直到献出自己的生命。① 右主然似乎就是一个毗湿摩式的刹帝利士子。从这段引文的上下文意来看，右主然并不喜欢秦小主夫人，但他认为，只要还是她名下的臣子，就应该尽忠职守。这里充分显示了“仪”（义）对人的约束力。

> 豫让欲杀赵襄子，灭须去眉，自刑以变其容，为乞人而往乞于其妻之所。其妻曰：“状貌无似吾夫者，其音何类吾夫之甚也？”又吞炭以变其音。其友谓之曰：“子之所道甚难而无功。谓子有志则然矣，谓子智则不然。以子之材而索事襄子，襄子必近子。子得近而行所欲，此甚易而功必成。”豫让笑而应之曰：“是先知报后知也，为故君贼新君矣，大乱君臣之义者无此，失吾所为为之矣。凡吾所为为此者，所以明君臣之义也，非从易也。”②

不像现代人“为了目的，可以不择手段”的人生哲学，古典时代的中国士人认为实现目的的手段——行为规范——同样重要，甚至更为重要。我之所以要谋杀赵襄子，就是要向世人表明君臣之间交往该有怎样的行为规范——君臣之义。如果要我用“先知报后知、为故君贼新君”这样“不合君臣之义”的方式来实施自己的复仇计划，就是自己打自己的耳光，“失吾所为为此者”。行为规范（“义”）在人生中具有压倒一切的优势。

明白了“义”在古典中国语境中的内含，下面我们来看看“廉”字的本意。“廉”，《说文》指“侧面”，古文中常取其“有棱有角”意，如《吕氏春秋·孟秋》：“其器廉以深”；《吕氏春秋·必己》：“廉而锉”；《老子》也说：“是以圣人方而不割，廉而不刿。”③这里“廉”就是指的“有棱有角”，引申之就是“严格”、“刻板”、“一丝不苟”的意思。“廉”在古典中国的语境中到底如何呈现？我们通过《吕氏春秋》中两个具体案例来分析。

其一：

> 汤将伐桀，……克之。……汤又让于务光曰：“智者谋之，武者遂之，仁者居之，古之道也。吾子胡不位之？请相吾子。”务光辞曰：“废上，非义也；杀民，非仁也；人犯其难，我享其利，非廉也。吾闻之，非其义，不受其利；无道之

---

① 参见[印]毗耶娑著，金克木、黄宝生等译《摩诃婆罗多》（中国社会科学出版社，2005 年）有关毗湿摩的篇章，特别是第一册和第三册。

② 《吕氏春秋·恃君》。

③ 《老子·第 58 章》。

世，不践其土。况于尊我乎？吾不忍久见也。”乃负石而沉于募水。[1]

“人犯其难，我享其利，非廉也。吾闻之，非其义，不受其利”，不正当的得利就是“非廉”，这里的“廉”与现代汉语的意含相通，所谓“君子爱财，取之有道”。现代人常把官员的“廉”理解为“廉洁”、“清廉”，也就是不贪污、不贪财。应当说，这是“廉”的本有之意。所谓贪财，就是用不符合行为规范（不义）的方式来获得财富或物质利益。我们都知道，趋乐避苦、趋利避害是人类的本能。只要是人，都会本能地想生活得更舒适，有更好的物质享受。问题的关键是我们的本能与我们的“超我”（在某种意义上讲，“义”其实就是“超我”）相抵触时我们的“自我”所做出的选择，所以“廉”的关键意含指的是人对“义”（行为规范）的严格坚守。

其二：

> 吴王欲杀王子庆忌而莫之能杀，吴王患之。要离曰：“臣能之。”……要离与王子庆忌居有间，谓王子庆忌曰：“吴之无道也愈甚，请与王子往夺之国。”王子庆忌曰：“善。”乃与要离俱涉于江。中江，拔剑以刺王子庆忌。王子庆忌捽之，投之于江，浮则又取而投之，如此者三。其卒曰：“汝天下之国士也，幸汝以成而名。”要离得不死，归于吴。吴王大说，请与分国。要离曰：“不可。臣请必死！”吴王止之，要离曰：“夫杀妻子，焚之而扬其灰，以便事也，臣以为不仁。夫为故主杀新主，臣以为不义。夫捽而浮乎江，三入三出，特王子庆忌为之赐而不杀耳，臣已为辱矣。夫不仁不义，又且已辱，不可以生。”吴王不能止，果伏剑而死。要离可谓不为赏动矣，故临大利而不易其义；可谓廉矣，廉，故不以贵富而忘其辱。[2]

这个故事也许更能表现“廉”在古典中国的真正含义。“故临大利而不易其义；可谓廉矣，廉，故不以贵富而忘其辱。”什么是“廉”呢？“廉”就是“临大利而不易其义”。面对分国之大利而不为所动，还要坚守自己的“行为准则”。这里要说明的是，在《吕氏春秋》所表现的古典时代，“不义莫大于辱”，受辱是最大的不义，在耻辱中偷生于世是不符合武士的行为规范的，是武士最无法容忍的，必须以死来洗刷。

现在我们知道，所谓“廉”，就是一丝不苟地按照行为规范（义）来履行自己的职责和本分，不管遇到多大的困难，不管有多少利益诱惑，都绝不偏离自己的行为

---

① 《吕氏春秋·离俗》。

② 《吕氏春秋·忠廉》。

规范，不违背自己的“义”。“义”的至上性值得用生命来维护。

《吕氏春秋》关于墨家言行的记载不少，能反映其行为风格的主要有下列四段。从《吕氏春秋》相关段落的内含意义上看，墨家的特点就体现在为人处事的“廉”上，而不在《墨子》书中所强调的“爱人之父如爱己父”之“兼爱”上。这些段落在在揭示的都是墨家对其“义”的严格遵守，也就是对其行为规范的一丝不苟、对其处世信条的毫不妥协，而这些正是“廉”字的本有之义。

其一，《高义》篇：

> 子墨子游公上过于越。公上过语墨子之义，越王说之，谓公上过曰：“子之师苟肯至越，请以故吴之地阴江之浦书社三百以封夫子。”公上过往复于子墨子，子墨子曰：“子之观越王也，能听吾言、用吾道乎？”公上过曰：“殆未能也。”墨子曰：“不唯越王不知翟之意（意，即义，引者注），虽子亦不知翟之意。若越王听吾言用吾道，翟度身而衣，量腹而食，比于宾萌，未敢求仕。越王不听吾言、不用吾道，虽全越以与我，吾无所用之。越王不听吾言、不用吾道，而受其国，是以义翟也。义翟何必越，虽于中国亦可。”

“道”即是“义”，从实践的角度看叫作“义”，从理论的角度看就是“道”。墨子强调的是越王是否采纳自己的行为规范和处世信条（义），“全越与我”这样的大利与此相比无足轻重。墨子真可谓“临大利而不易其义”者，这正是“廉”字的本义。这里的主旨与“兼爱”毫无关联。

其二，《上德》篇：

> 墨者巨子孟胜，善荆之阳城君。阳城君令守于国，毁璜以为符，约曰：“符合听之。”荆王薨，群臣攻吴起，兵于丧所，阳城君与焉。荆罪之，阳城君走。荆收其国。孟胜曰：“受人之国，与之有符。今不见符，而力不能禁，不能死，不可。”其弟子徐弱谏孟胜曰：“死而有益阳城君，死之可矣；无益也，而绝墨者于世，不可。”孟胜曰：“不然。……”孟胜死，弟子死之者百八十。

“一诺千金”是我们中国人自古以来的美德，“守信”在古典中国更是士子们最根本的行为规范，是人人都必须遵守之“义”。只是在当时墨者这样的武士们看来，对人的许诺是需要用“生命”去履行的。墨者巨子孟胜非不知道“生”的可贵，但为了对“义”的坚持，他只好宁死不辞。正如《孟子》所说：“生，亦我所欲也；义，亦我所欲也，两者不可得兼，舍生而取义也。”[1]“临大利而不易其义”是“廉”的本意，它的反面就是“临大害而不易其义”，这两种表述是二而一的东西。对人来说没有比失去生命更大的“害”了，但是，为了不沾污自己的“义”，舍弃生命也是值得的。正如《吕氏春秋·士节》对真正的“士”所做的评价：“士之为人，当理不避其难，临患忘利，遗生行义，视死如归。……于利不苟取，于害不苟免。”这里我们看到的仍是墨家风格之“廉”，而不是“兼爱天下”之“兼”。

这一段文字不见于今本《墨子》书中，这种以生命为代价来实现自己承诺的行事风格确与《墨子》书“兼爱”主题下的宽柔情怀搭不上边。值得指出的是，孟胜的死守阳城也与《墨子》书的另一重要观点“尚同”明显抵触。要知道，阳城君之封地之所以要被楚国中央政权没收，就是因其参与了吴起事变被认定有罪。以《墨子》“尚同”的观点，孟胜们是应该毫不犹豫地响应楚国中央政权的命令，积极配合楚国中央对阳城的兼并的。但显然孟胜并没有这样做，而且他们似乎根本就没有这样的意识。这一事实提示了一个极为重要的历史情节，惜乎过往的学术对此毫无察觉。

其三，《去私》篇：

> 墨者有巨子腹䵍，居秦，其子杀人，秦惠王曰：“先生之年长矣，非有他子也，寡人已令吏弗诛矣，先生之以此听寡人也。”腹䵍对曰：“墨者之法曰：‘杀人者死，伤人者刑。’此所以禁杀伤人也。夫禁杀伤人者，天下之大义也。王虽为之赐，而令吏弗诛，腹䵍不可不行墨子之法。”不许惠王，而遂杀之。子，人之所私也。忍所私以行大义，巨子可谓公矣。

像前一段有关巨子孟胜的文字一样，这一段有关另一巨子的文字也不见于今本《墨子》书中。一个以“兼爱”为标志的团体，它的领袖却是一个大义灭亲的形象。这是过往的文论从来没有解释过的，其实也是无法解释的。这应该也是今本《墨子》书没有吸收它的原因。这种连续的反例其实已经构成了对传统观点强有力的挑战。只是由于传统的力量太过深厚了，所以直到今天，我们的学术仍然对这样的疑惑和无解泰然处之。现在我们终于明白，只要我们改变思维定式，认定墨子“贵廉”的本质，这样的疑惑就自然冰释，这样的无解也是畅通无阻了。对于古代武士来说，实体就是主体，应然就是必然。“义”就是“法”，“法”即是“义”，对“义”的坚持是压倒一切的。这一故事充分地表明了“贵廉”是墨家的标志，而与传统上所认定的“兼爱”毫无牵挂。

---

① 《孟子·告子上》。

其四,《爱类》篇:

> 公输般为高云梯,欲以攻宋。墨子闻之,自鲁往,裂裳裹足,日夜不休,十日十夜而至于郢。……于是公输般设攻宋之械,墨子设守宋之备。公输般九攻之,墨子九却之,不能入。故荆辍不攻宋。

《孟子》有云:“墨子兼爱,摩顶放踵利天下,为之”[①],似乎就是针对这个故事而发的议论。但严格说起来,“摩顶放踵而为之”这种刻苦自励的行为与对天下的“兼爱”并无直接关联。为了自我一己之私,为了自己的家庭,或者为了小团体的利益,很多人就可以做到“摩顶放踵而为之”。这种情况历史上和现实中所在多有。我们对上述故事可以有一个更为合理的解释:“救守”——协助他人防卫——是墨家自己的核心主张,也是他们的处世信条。为了贯彻自己的“义”,即使再怎么困难也在所不辞,常人难以承受之牺牲也勇于承受。这也正是“廉”的应有之义。

总之,从《吕氏春秋》文本出发,“贵廉”而不是“贵兼”才是当时墨者的真实写照。

虽然不能说“贵廉”和“兼爱”毫无牵挂,但很明显,这两者没有逻辑上的必然联系。至少《吕氏春秋》中的墨家并没有给我们主张“兼爱”的印象。值得指出的是,《吕氏春秋》中只有一处提到“兼爱”,但提到这一主张的是以名家著称于世的公孙龙,而不是公认的墨家人士。《吕氏春秋·审应》:

> 赵惠王谓公孙龙曰:“寡人事偃兵十余年矣,而不成,兵不可偃乎?”公孙龙对曰:“偃兵之意,兼爱天下之心也。兼爱天下,不可以虚名为也,必有其实。今蔺、离石入秦,而王缟素布总;东攻齐得城,而王加膳置酒。秦得地而王布总,齐亡地而王加膳,所非兼爱之心也。此偃兵之所以不成也。”

一个公认的名家倒是《吕氏春秋》中唯一提到“兼爱”的人。这是从事中国思想史研究的人士必须要正视的问题。还要提醒的是,正如上述引文所示,在《吕氏春秋》时代,“兼爱”与“偃兵”是相互贯通的两个概念,前者是内在机动,后者是外在表现,两者是二而一的东西。而在《吕氏春秋》中,公孙龙也是唯一的公然以“偃兵”作为自己主张的人[②]。

---

① 《孟子·尽心上》。

② 参见《吕氏春秋·应言》。

(二)“廉”是古典中国士子的基本特质

笃信权威的人士也许会认为笔者所举的以上事例还不足以推翻传统的认定。《吕氏春秋》是公认最可靠的先秦典籍，它对古典中国的情形有很多很典型的记载，是我们了解古典中国的独一无二的绝好素材。仔细品味《吕氏春秋》的全文，就会知道，“贵廉”不仅仅是当时先秦墨家的标志，同时它也是古典中国的时代特征。

在“诚廉”的标题下，《吕氏春秋》有这么一个故事：

> 昔周之将兴也，有士二人，处于孤竹，曰伯夷、叔齐。二人相谓曰：“吾闻西方有偏伯焉，似将有道者，今吾奚为处乎此哉？”二子西行如周，……伯夷、叔齐闻之，相视而笑曰：“嘻！异乎哉！此非吾所谓道也。……今周见殷之僻乱也，而遽为之正与治，……以此绍殷，是以乱易暴也。吾闻古之士，遭乎治世，不避其任；遭乎乱世，不为苟在。今天下暗，周德衰矣。与其并乎周以漫吾身也，不若避之以洁吾行。”二子北行，至首阳之下而饿焉。[①]

传统中国社会有“士”、“农”、“工”、“商”四个阶层之分，“士”在其中是一个特殊的阶层。从《吕氏春秋》所提示的信息来看，士是古典中国社会的社会脊梁。“士”之为“士”就在于他们特别重视自己的行为规范，特别强调自己的“义”。正如《吕氏春秋·忠廉》篇所说：“士义[②]之不可辱者，大之也。大之则尊于富贵也，利不足以虞其意矣。虽名为诸侯，实有万乘，不足以挺其心矣。”因此我们可以说，“墨者”就是古典士子的杰出代表。“立其意”即“立其义”，伯夷、叔齐“不食周粟，而饿死于首阳山”的故事即来源于此。需要指出的，通俗的说法是说二子誓死忠于旧主。很明显，这是后世的讹传。实则这里表达的却是，二子之所以不愿臣于西周，则是由于对武王之“义”——处世之道的不苟同。宁愿受饿，也决不使自己的“义”——处世原则受损。这样的“廉”行对于古典中国的“士”来说是十分常见的。更有甚者：

> 东方有士焉，曰爰旌目，将有适也，而饿于道。狐父之盗曰丘，见而下壶餐以餔之。爰旌目三餔之而后能视，曰：“子何为者也？”曰：“我狐父之人丘也。”爰旌目曰：“嘻！汝非盗邪？胡为而食我？吾义不食子之食也。”两手据

---

① 《吕氏春秋·诚廉》。

② 原文为“士议”，据文意改。

地而吐之，不出，喀喀然遂伏地而死。[①]

人们都知道《礼记》中有不取“嗟来之食”而死之记载[②]，而爰旌目则把古典义士的“廉”行表现到极致。爰旌目诚愿得食而生，但得食之方式——“义”更为重要。肉体生命本身的存在必须以“义”为前提。

荆人与吴人将战，荆师寡，吴师众。荆将军子囊曰：“我与吴人战，必败。败王师，辱王名，亏壤土，忠臣不忍为也。”不复于王而遁。至于郊，使人复于王曰：“臣请死。”王曰：“将军之遁也，以其为利也。今诚利，将军何死？”子囊曰：“遁者无罪，则后世之为王臣者，将皆依不利之名而效臣遁。若是，则荆国终为天下挠。”遂伏剑而死。王曰：“请成将军之义。”乃为之桐棺三寸，加斧锧其上。[③]

《诗经》说“人而无仪，不死何为？”[④]“义”（仪）对古典士子们来说是不可或缺的。不同的身份和职位有各自不同的“仪”——行为规范。印度史诗《摩诃婆罗多》有对武士行为规范的记载：“在古人传承的刹帝利正法中，没有逃跑的行为，宁可在战斗中阵亡，也不能逃跑。”[⑤]将军之“仪”自然是一往无前、有进无退，临阵脱逃绝不是一个真正的刹帝利（武士）应具之“仪则”。子囊的行为虽有利于楚国，但作为将军已显失为将者之“义”。唯有一死方可洗刷。“临大利而不易其义”，子囊将军可谓古典中国“廉”的榜样。

将军有将军之义，士兵也有士兵之义，保全武器就是士兵的义务：

齐、晋相与战，平阿之余子亡戟得矛，却而去，不自快，谓路之人曰：“亡戟得矛，可以归乎？”路之人曰：“戟亦兵也，矛亦兵也，亡兵得兵，何为不可以归？”去行，心犹不自快，遇高唐之孤叔无孙，当其马前曰：“今者战，亡戟得矛，可以归乎？”叔无孙曰：“矛非戟也，戟非矛也，亡戟得矛，岂亢责也哉？”平阿之余子曰：“嘻！”还反战，趋尚及之，遂战而死。[⑥]

---

① 《吕氏春秋·立意》。
② 参见《礼记·檀弓下》。
③ 《吕氏春秋·高义》。
④ 《诗经·相鼠》。
⑤ [印]毗耶娑：《摩诃婆罗多》第3册，黄宝生等译，中国社会科学出版社，2005年，第56页。
⑥ 《吕氏春秋·离俗》。

平阿之余子无疑是普通一兵，但他的表现表明他是一个有古典风骨之“士”，“廉”——对“义”的坚守，对古典中国的一个普通“士”兵来说，都是比肉体生命还要重要的价值。

> 秦缪公见戎由余，说而欲留之，由余不肯。缪公以告蹇叔。蹇叔曰：“君以告内史廖。”内史廖对曰：“戎人不达于五音与五味，君不若遗之。”缪公以女乐二八人与良宰遗之。戎王喜，迷惑大乱，饮酒昼夜不休。由余骤谏而不听，因怒而归缪公也。蹇叔非不能为内史廖之所为也，其义不行也。缪公能令人臣时立其正义，故雪殽之耻，而西至河雍也。[①]

各人有自己的社会身份，有自己的职责和本分，因而有自己的行为规范和处世信条。蹇叔非不知内史廖之计，也非不知该计有效，然此计下作，非蹇叔这样的“士”的“行为规范”所能承纳。此计由蹇叔说出是为不义，而由内史廖这些非“士”之流说出则不可厚非。总之，在任何情况下，“义”都是古典中国士子的第一考量。

（三）“廉”是古典中国对“士”的秩序要求

上述方方面面的事例与分析可以证明“贵廉”而非“贵兼”是先秦墨家的标志，是对古典士子的基本要求。为什么古典中国要求士子们在履行自己的职责时必须“严格”、“刻板”、“一丝不苟”，也就是必须“廉”呢？对《吕氏春秋》的深入研究表明，这种要求有它浓厚的社会文化根基，它与古典中国重秩序、重等级、重职守的封建社会的社会特质紧密相关。

在《吕氏春秋》所反映的古典封建社会中，当时的哲人们认为，天地是最高的物理秩序的代表，也是最高的伦理秩序的代表。人们最终极的伦理理想就是“法天地”。正如《吕氏春秋·序意》所说：

> 维秦八年，岁在涒滩，秋甲子朔。朔之日，良人请问十二纪。文信侯曰：“尝得学黄帝之所以诲颛顼矣，爰有大圜在上，大矩在下，汝能法之，为民父母。”盖闻古之清世，是法天地。

天地秩序是一个什么样的秩序呢？人们应该如何效仿呢？《吕氏春秋·圜道》说：

> 天道圜，地道方。圣王法之，所以立上下。何以说天道之圜也？精气一上

① 《吕氏春秋·不苟》。

> 一下，圜周复杂，无所稽留，故曰天道圜。何以说地道之方也？万物殊类殊形，皆有分职，不能相为，故曰地道方。主执圜，臣处方，方圜不易，其国乃昌。……先王之立高官也，必使之方，方则分定，分定则下不相隐，……今五音之无不应也，其分审也。宫、徵、商、羽、角，各处其处，音皆调均，不可以相违，此所以无不受也。贤主之立官有似于此。百官各处其职、治其事以待主，主无不安矣；以此治国，国无不利矣；以此备患，患无由至矣。

天地秩序就是“天道圜，地道方”，与之相匹配，人间秩序就是“君主圜，臣处方”。

人间社会中，只有最高的决策人才有“主圜”的权力，才能有灵活、圆滑处理世务的资格。对于像墨者这样的社会之“士”来说，则只有“处方”的本分，只有严格履行自己的职责的本分。这里的“处方”其实就是“廉”的同义词。在吕子等先秦的哲人们看来，在天地秩序中，各物有各物的“殊类殊形”，有它们各自不同的自然功用。对应地，在社会体系中，各人有自己的身份职守，有各人不同的职责，从而有各自不同的行为规范。要使整个社会良性的、有条不紊地运转，需要各人严格地按自己的身份以自己的行为规范来履行自己的社会责任。只有这样才能体现社会的应有秩序，才能对得起天地之美。所以“廉”是宇宙法则的本然规定，是伦理秩序的应然要求。

由于“廉”的本质要求人们严格做好自己的本分，严格按行为规范来履行自己的社会职责。它自然而然就会推出另一个伦理规定：自己的职责由自己来完成，非自己本分的事务则与己无干，超越本分在古典中国的士子们看来是不符合行为规范的，是必须要杜绝的。这就是所谓“定分”，这是“处方”的另一层意思。《吕氏春秋·处方》有一个非常好的事例表现古典武士的“处方”风骨：

> 齐令章子将而与韩魏攻荆，荆令唐蔑将而应之。军相当，六月而不战。齐令周最趣章子急战，其辞甚刻。章子对周最曰：“杀之免之，残其家，王能得此于臣。不可以战而战，可以战而不战，王不能得此于臣。”……章子甚喜，因练卒以夜奄荆人之所盛守，果杀唐蔑。章子可谓知将分矣。

自我的职责必须由自我负完全的责任。这是天地秩序的定然要求，即使君主也不能剥夺。真正的义士只知自己的职责，以履行自己的职责作为生存的意义。而不属自己职责的献媚行为在古典中国的士子看来是为人所不齿的：

> 武王至殷郊，系堕。五人御于前，莫肯之为，曰：“吾所以事君者，非系也。”武王左释白羽，右释黄钺，勉而自为系。孔子闻之曰：“此五人者之所以

为王者佐也，不肖主之所弗安也。”[①]

“廉”是一种严格、一种苛刻，但它是古典秩序的必然要求。它有一种庄严之美。

令人回味而又值得深思的是，不知道从何时开始，墨家的“贵廉”风格演变成《墨子》书的“兼爱”思想，古典中国对外在伦理秩序的清劲要求演变成对内在柔情的温和诉说。这里面的变化对中国文化的影响或许包含了极不寻常的意义，这需要专文探讨。但本文的成立至少可以向国人表明两点。第一，现代中国追求“清廉政府”、“廉洁官员”的理想不仅是现代社会的要求，它同样具有深远的文化根源。在此，我们要非常郑重地为先秦墨家正名。第二，从文献学的角度，它表明，传统上认为是战国时期作品的《墨子》书和《孟子》书无疑应是《吕氏春秋》后的结集。

二　接着吕子说“孔子贵仁”

上面我们按《吕氏春秋》的本来面貌归纳了先秦墨家的真实表现，接下来我们要“接着”吕子们说一说“孔子贵仁”。如前述，《吕氏春秋·不二》篇本有“孔子贵仁”之说，但我们觉得吕子似乎并没有对这方面的内容进行充分地表述。这需要我们本着古典中国的精神实质作必要的演绎。冯友兰先生曾说自己的学问不是“照着”宋明道学说，而是“接着”他们说，以示自己学问的创新。我们这里的“接着”说更多是无奈之举，因为我们无法从《吕氏春秋》文本找到更多现成的材料来解说这一议题。我们只好尽量深入到古典中国中，尝试把捉这一论题的本来面目。相信它不会偏离《吕氏春秋》的内在逻辑，更不会使真正的学术心灵失望。[②]

对于传统中国来说，讲到道德伦理，马上想到的就是“仁义礼智信”，想到《孟子》，想到韩愈的《原道》，这些年来，我们增添了《郭店楚简》中的相关论述。对于传统中的人们，“仁义”是一对完整的道德观念。但是，在古典中国，它们之间的关系到底如何呢？

还得先从《吕氏春秋》相关段落入手。应该说，作为秦代的一个文集，它已经带有相当多传统中国的味道。“仁”和“义”经常连用，“仁”就是爱人，“义”就是“正我”，像董仲舒所说：

---

① 《吕氏春秋·不苟》。

② 不排除《吕氏春秋》文本有遗失相关内容的可能性。

> 春秋之所治，人与我也；所以治人与我者，仁与义也；以仁安人，以义正我；故仁之为言人也，义之为言我也，言名以别矣。仁之于人，义之于我者，不可不察也，众人不察，乃反以仁自裕，而以义设人，诡其处而逆其理，鲜不乱矣。是故人莫欲乱，而大抵常乱，凡以暗于人我之分，而不省仁义之所在也。是故春秋为仁义法，仁之法在爱人，不在爱我；义之法在正我，不在正人；我不自正，虽能正人，弗予为义；人不被其爱，虽厚自爱，不予为仁。[①]

但在《吕氏春秋·不二》篇中，我们看到的是这样的表述："孔子贵仁……墨翟贵廉。"很明显，这与我们惯常的理解有点不一样，如果说孔子"贵仁"的话，"墨子"应该是"贵义"，本来《墨子》书中就有"贵义"之篇名，还有"万事莫贵于义"之说。但是我们这本书的一个任务就是向世人表明，墨子确实是重视"廉"的。我们已经知道，"廉"是对"义"的坚守，"义"是一个伦理实体，而"廉"指的是人对于"义"的主观表现。在这里，"义"是一个名词，而"廉"是一个形容词性的词。两者虽然很有关联，但确实不能简单画等号。为什么《吕氏春秋》要特地用"廉"与"仁"相对呢？

这使我们想到多少年来一直困扰传统学术的一个问题，这就是对"仁"的理解。我们都知道，"仁"主要有两层意思，其一是所谓"仁者爱人"[②]，这一点人们都很容易理解。但"仁"的第二种含义是所谓"克己复礼为仁"，[③]这一层意义，多少年来都没有一个能"悦服人心"的解释。在《论语·颜渊》中，此话的上下文是这样的：

> 颜渊问仁。子曰："克己复礼为仁。一日克己复礼，天下归仁焉。为仁由己，而由人乎哉？"颜渊曰："请问其目？"子曰："非礼勿视，非礼勿听，非礼勿言，非礼勿动。"

在《左传》中这句话的表述是这样的：

> 仲尼曰："古也有志：'克己复礼，仁也。'信善哉！楚灵王若能如是，岂其辱于乾溪？"[④]

---

① 《春秋繁露·仁义法》。

② 《论语·颜渊》。

③ 《论语·颜渊》。

④ 《左传·昭公十二年》。

这段话直接把“仁”与“礼”勾连起来，这与“爱人”意义上的“仁”好像很不一致，我们没法想象“礼”是用来“爱人”的。对于这种“礼”与“仁”的关系，现代各家都已有所关注。张岱年先生认为“仁与礼有密切关系”[①]，但到底有什么关系，语焉不详。在过往的文论中，当代思想家李泽厚对“仁”与“礼”的关系作了相当精深的思考。他把“仁”认定为是儒家的一个伦理结构整体，孔子“讲‘仁’是为了释‘礼’，与维护‘礼’有直接关系”[②]。但是，我们必须得说，到今天为止，传统学术并没有给出令人满意的说明。

或许《吕氏春秋》能给我们解决历史积案提供全新的思路。既然“廉”是相对“义”这个伦理实体而言的，那么“仁”也应该是一个形容词性质的词，它也是相对于某个伦理实体而言的。这个伦理实体是什么呢？我想我们都能想到，它就是“礼”。“仁”是相对“礼”而言的，“仁”是人们在履行“礼”时的主观表现。

“仁”在古典时代到底是什么意思呢？本书认为，“仁”在古典时代指的是人们在行礼时的“虔诚、恭敬”的态度。后世儒者常有用“至诚恻怛之心”来说“仁”的，[③]可以说是把握到了问题的要害。近年出土的《郭店楚简》中的“仁”字，都是“心”字上面一个“身”字，这很能说明问题。原来“仁”在古代，就是指人在祭祀祈祷时要对祭祀的对象至诚至敬，在仪式中始终把祈祷的祖宗和神灵放在心里，一刻也不走神。什么是“克己复礼为仁”呢？“克己复礼”的“复”以往观点都以为是“回复、恢复”的“复”，现在一个学术新人已经告诉我们，这个“复”应该是“履行”的“履”字[④]。笔者认为，这是一个很好的见解。什么是“克己复礼”呢？真正的祈祷祀拜需要克服自己的私心杂念，克服自己的“胡思乱想”，严格地按照“礼”的规定来“履行”。只有这样才是“仁”。所以孔子才会把“非礼勿视，非礼勿听，非礼勿言，非礼勿动”当成“仁”的具体表现。孔子在另一处说：“人而不仁如礼何，人而不仁如乐何。”[⑤]又说：“礼云礼云，玉帛云乎哉？乐云乐云，钟鼓云乎哉？”[⑥]孔子认为，在礼乐这些有宗教意味的活动中，人的“仁”——“虔诚恭敬”才是至关重要的。孔子之所以强调“祭如在，祭神如神在”，他之所以坚决反对“吾不与祭，如不祭”[⑦]，也都是缘于这一点。

《尚书·金縢》有“予仁若考”之语，传统的学术也未能给予合理的解释。这一

---

① 张岱年：《中国伦理思想研究》，江苏教育出版社，2005年，第80页。

② 李泽厚：《中国思想史论》上册，安徽文艺出版社，1999年，第21页。

③ 参见冯友兰《中国哲学史新编》下册，人民出版社，1999年，第126页。

④ 赵书妍、李振宏：《克己复礼的百年误读与思想真谛》，《河北学刊》2005年第2期。

⑤ 《论语·八佾第三》。

⑥ 《论语·阳货第十七》。

⑦ 《论语·八佾第三》。

段话是这样的：

既克商二年，王有疾，弗豫。二公曰："我其为王穆卜。"周公曰："未可以戚我先王？"公乃自以为功，为三坛同墠。为坛于南方，北面，周公立焉。植璧秉珪，乃告太王、王季、文王。

史乃册，祝曰："惟尔元孙某，遘厉虐疾。若尔三王是有丕子之责于天，以旦代某之身。予仁若考，能多材多艺，能事鬼神。乃元孙不若旦多材多艺，不能事鬼神。乃命于帝庭，敷佑四方，用能定尔子孙于下地。四方之民罔不祗畏。"

这里的"仁"按传统的理解，一直难以说得通畅。现在我们知道，这个"仁"是指"虔诚"。有关的话语是说：（武王有病未愈，周公于是祭祀，向在天上的太王、王季和文王三位祖先祷告。）我周公旦愿意代武王尽责于天。我周公旦的"仁"（虔诚功夫）像父亲文王一样，所以比武王还更能敬事神灵。如果命我代替武王到天庭服务，肯定能使你们的子子孙孙安于人间，普天之下的民众都会威服。

我们都知道，中国文化中的"礼"来源于宗教祭祀，即使在后世，最重要的礼仪活动也都基本上是有关天地鬼神的祭祀。这里周公强调的是自己在祭祀中特别能"仁"——特别虔诚恭敬，更能够与天地鬼神感通，所以比武王更适合到天庭中去。

这里我们就来到了"仁"的一个非常关键的意含——"感通性"。宋明以来的儒家都极为重视"仁"的感通性。牟宗三说："仁是全德，是真实生命，以感通为性，以润物为用。"[①]但他没有告诉人们，在古人看来，这个感通性其实只是礼仪的效果。只有人们在宗教活动中的虔敬态度，才能达至与天地鬼神的感通。

其实在经典古籍中，"仁"作"虔诚、恭敬"也时有所见。比如《左传》中就有这样的段落：

饮桓公酒，乐。公曰："以火继之。"辞曰："臣卜其昼，未卜其夜，不敢。"君子曰："……以君成礼，弗纳于淫，仁也。"[②]

初，臼季使过冀，见冀缺耨，其妻馌之。敬，相待如宾。与之归，言诸文公曰："敬，德之聚也。能敬必有德，德以治民，君请用之。臣闻之，出门如宾，承

① 牟宗三：《心体与性体》上册，上海古籍出版社，1999年，第211页。

② 《左传·庄公二十二年》。

事如祭，仁之则也。”①

婴梦天使谓己：“祭余，余福女。”使问诸士贞伯，贞伯曰：“不识也。”既而告其人曰：“神福仁而祸淫，淫而无罚，福也。祭，其得亡乎？”祭之，之明日而亡。孟献子如宋，报华元也。②

以上三条都很好地表明了古典语境中的“仁”的意含。虔诚恭敬地参加祭祀礼仪就是“仁”。特别值得指出的是，在古典语境中，与“仁”相对的是“淫”，在祭祀礼仪中，心不在焉、胡思乱想、左顾右盼，就是“淫”。

仔细阅读《左传》等经典，会有一种感觉，古代人很重视祭祀礼仪活动，特别重视这些宗教活动中的“仁”。如果某人祭祀时有不敬不诚的表现，就会被认定将会有恶报。比如：

天王使召武公、内史过赐晋侯命。受玉惰。过归，告王曰：“晋侯其无后乎。王赐之命而惰于受瑞，先自弃也已，其何继之有？礼，国之干也。敬，礼之舆也。不敬则礼不行，礼不行则上下昏，何以长世？”③

公及诸侯朝王，遂从刘康公、成肃公会晋侯伐秦。成子受脤于社，不敬。刘子曰：“吾闻之，民受天地之中以生，所谓命也。是以有动作礼义威仪之则，以定命也。能者养以之福，不能者败以取祸。……今成子惰，弃其命矣，其不反乎？”④

十三年春，晋侯使郤锜来乞师，将事不敬。孟献子曰：“郤氏其亡乎！礼，身之干也。敬，身之基也。郤子无基。且先君之嗣卿也，受命以求师，将社稷是卫，而惰，弃君命也。不亡何为？”⑤

晋侯使赵同献狄俘于周，不敬。刘康公曰：“不及十年，原叔必有大咎，天夺之魄矣。”⑥

在现在人看来，这些似乎是非常迷信的观念。但如果我们投身（心）于古典时代，就会知道，当时社会的普遍心理（所谓“集体表象”）都认为祭祀礼仪活动是通天的，如果虔诚恭敬，就自然会受到上天的保佑；如果在祈祷中敷衍了事，三心二

---

① 《左传·僖公三十三年》。
② 《左传·成公五年》。
③ 《左传·僖公十一年》。
④ 《左传·成公十三年》。
⑤ 《左传·成公十五年》。
⑥ 《左传·宣公十五年》。

意，肯定就会受到上天的罚处。这种报应是最自然不过的事。我们不能用今天科学时代的观念来要求古典的人类。古代印度就有著名的信条，所谓“祭祀万能、吠陀天启、婆罗门至上”[①]，对于现代人类来说，是很难理解的。其实，这些观念在古典中国也曾经是非常深入人心的。《左传》说出了古典中国的心声：

> 祀，国之大事也，而逆之，可谓礼乎？[②]
>
> 是故君子勤礼，小人尽力，勤礼莫如致敬，尽力莫如敦笃。敬在养神，笃在守业。国之大事，在祀与戎，祀有执膰，戎有受脤，神之大节也。[③]

在古代，宗教祭祀是与出兵打仗同样重要的国家大事。中央电视台近期播放了一个节目——《中华文明——礼乐颂歌》，其中说到公元2000年考古人员在内蒙古城子山地区发现了一个相当庞大同时又极为规整的古代祭祀坑遗址，面积达6.6平方公里。这说明在古典中国，祭祀礼仪的重要性是超出传统中国原有的想象的。既然如此重视祭祀礼仪，主持这些宗教活动的人在部落国家中的地位自然是相当的高。他们在这些活动中的表现也就同样需要有专门的词汇来描述，而“仁”就是针对这些祭祀礼仪活动的参加者，特别是主祭者的主观表现的一个形容词。表现得虔诚恭敬就是“仁”，否则就是“淫”。

现在，我们终于知道，在古典时代，“仁”是相对“礼”来说的一个形容词。相对于“义”来说，有“廉”与“非廉”之别；相对于“礼”来说，有“仁”与“不仁”（淫）之分。也正是由于这样，我们在最早的古籍中，几乎看不到“仁义”连用，倒时见礼义相称。比如《诗经》中我们可以见到“礼仪卒度”、“礼仪既备”[④]，《荀子·天论》引诗说：“礼义之不愆，何恤人之言兮。”

至于说到“仁”为什么会有“爱人”的意思，笔者认为，这无疑是后来的衍生义。这是典型的时代精神变迁的结果。如上所述，在古典时代，“仁”是指虔诚祷告、祈福于上帝祖先，可以说“仁”的本意是“心中有神”的意思。慢慢地，时代的脚步使世人从信神转向于信民，所以《孟子》书特别在意“天视自我民视，天听自我民听”的观念[⑤]，“敬神”变成“爱人”应该也算顺理成章了。我们在新出土的《郭店楚简》

---

① 参见尚会鹏《印度文化史》，广西师范大学出版社，2007年，第44—50页；林太《印度通史》，上海社会科学院出版社，2007年，第120页。

② 《左传·文公二年》。

③ 《左传·成公十三年》。

④ 《诗经·楚茨》。

⑤ 《古文尚书·泰誓》。

中还能看到“爱父，其继爱人，仁也”[①]这样的话语，而这句话到现本《中庸》中就变成了“仁者，人也，亲亲为大；义者，宜也，尊贤为大”。这说明“仁”的含意有一个从“敬神”到“爱父”再到“爱人”这样的变迁过程，说明古典精神已慢慢演变为传统心灵。

古代人在宗教活动中，是非常在意虔诚与否的。法国社会学家列维·布留尔对这种虔诚有很到位的描述：“我可以……指出珠灵卡受到的那些深深的宗教的尊敬，保藏它们时的那种小心翼翼的样子，触摸它们时的那种崇敬与谨慎的态度。”“珠灵卡的在场显然引起了虔诚的肃穆，正好像土人们的确相信这些珠灵卡所属的那些死人们的灵是在这里的。在迎珠灵卡的整个时间中，除了耳语外，听不到任何一个在场的土人的任何声响。”[②]

古代文化中这种由“仁”而造就的人与天地鬼神之间，乃至人与人之间的相互感通是被古典社会当成基本的常识的。在《吕氏春秋》的世界中，还可以清楚地看到这样的“集体表象”。他们认为，天地万物之间都是由一种类似“以太”那样的“精气”所联络的，只要人足够“诚”——也就是足够“仁”，就会引起“精通”，就会感动乃至改变天地万物：

> 人或谓兔丝无根。兔丝非无根也，其根不属也，伏苓是。慈石召铁，或引之也。树相近而靡，或軵之也。圣人南面而立，以爱利民为心，号令未出，而天下皆延颈举踵矣，则精通乎民也。夫贼害于人，人亦然。今夫攻者，砥厉五兵，侈衣美食，发且有日矣，所被攻者不乐，非或闻之也，神者先告也。身在乎秦，所亲爱在于齐，死而志气不安，精或往来也。德也者，万民之宰也。月也者，群阴之本也。月望则蚌蛤实，群阴盈；月晦则蚌蛤虚，群阴亏。夫月形乎天，而群阴化乎渊；圣人行德乎己，而四荒咸饬乎仁。养由基射兕，中石，矢乃饮羽，诚乎兕也。伯乐学相马，所见无非马者，诚乎马也。宋之庖丁好解牛，所见无非死牛者，三年而不见生牛，用刀十九年，刃若新磨研，顺其理，诚乎牛也。锺子期夜闻击磬者而悲，使人召而问之曰：“子何击磬之悲也?”答曰：“臣之父不幸而杀人，不得生；臣之母得生，而为公家为酒；臣之身得生，而为公家击磬。臣不睹臣之母三年矣。昔为舍氏睹臣之母，量所以赎之则无有，而身固公家之财也，是故悲也。”锺子期叹嗟曰：“悲夫！悲夫！心非臂也，臂非椎、非石也。悲存乎心而木石应之。”故君子诚乎此而谕乎彼，感乎己而发乎人，岂必强说乎哉？周有申喜者，亡其母，闻乞人歌于门下而悲之，动于颜色，谓

---

① 《郭店楚简·五行》。

② [法]列维·布留尔：《原始思维》，商务印书馆，1981年，第86页。

门者内乞人之歌者，自觉而问焉，曰："何故而乞？"与之语，盖其母也。故父母之于子也，子之于父母也，一体而两分，同气而异息。若草莽之有华实也，若树木之有根心也。虽异处而相通，隐志相及，痛疾相救，忧思相感，生则相欢，死则相哀，此之谓骨肉之亲。神出于忠而应乎心，两精相得，岂待言哉？①

周文王立国八年，岁六月，文王寝疾五日而地动，东西南北不出国郊。百吏皆请曰："臣闻地之动，为人主也。今王寝疾五日而地动，四面不出周郊，群臣皆恐，曰'请移之'。"文王曰："若何其移之也？"对曰："兴事动众，以增国城，其可以移之乎！"文王曰："不可。夫天之见妖也，以罚有罪也。我必有罪，故天以此罚我也。今故兴事动众以增国城，是重吾罪也。不可。"文王曰："昌也请改行重善以移之，其可以免乎！"于是谨其礼秩、皮革，以交诸侯；饬其辞令、币帛、以礼豪士；颁其爵列、等级、田畴，以赏群臣。无几何，疾乃止。文王即位八年而地动，已动之后四十三年，凡文王立国五十一年而终。此文王之所以止殃翦妖也。②

秦汉以后的传统中国基本上已经变成了一个"无神论"的社会，但天人感应的观念仍然有相当的影响力，这无疑离不开它根深蒂固的历史渊源。遗憾的是，宋明新儒家尽管也非常注重"仁"的感通性，但他们似乎已经忘记了"礼"与"仁"的派生关系。

以上论述只能算作本书对"仁"探讨的一个开头，后面我们还会对此问题进一步论述。从某种意义上说，我们这本书就是一本有关"仁"含义演变的说明书。其实，任何一部真正的中国思想史都不可能脱离"仁"来叙说。

在世人的心目中，孔子是儒家的代表人物，他是主张"仁爱"的；而墨子是墨家的代表人物，他是主张"兼爱"的，虽然"仁"与"兼"不一样，但他们都是主张"爱人"的。他们都被说成是中国早期的人文主义者。

现在本书首先要告诉读者的是，上述观点只是传统中国的认知，他们是传统中国中的孔子和墨子。而真实历史上还有一个我们并不熟悉的古典中国。古典中国真实的孔子和墨子的思想主张与传统的认知有很大的出入。古典的墨子告诫人们的是：为人处世最要紧的是"廉"；古典的孔子告诫人们的是：从事宗教活动时最要紧的是"虔敬"。

我们必须知道，作为中国文化代表人物的墨子和孔子，他们在《吕氏春秋》所提示的古典中国里，主要不是作为思想家的形象而出现，而是作为宗教家、作为社

---

① 《吕氏春秋·精通》。

② 《吕氏春秋·制乐》。

会活动家而出场的。这一点与我们过往的认知是有相当的距离的。

可以想见，墨子和孔子，就是有见于当时社会严重的腐败现象，才致力于他们的宗教改革运动的。正如奥斯瓦尔德·斯宾格勒所说："在所有的文化中，宗教改革皆具有相同的意义——使宗教回复到其原初观念的纯洁性，就像其在初始的伟大世纪里所呈现的那样。"[①]也就是说，墨子和孔子想使他们的社会重新回到早期古典中国本有的"虔敬"。墨子的"贵廉"是强调从"义"——人们的日常生活方面回复到上天规定的秩序；而孔子的"贵仁"则强调从"礼"——祭祀典仪方面回复到早期文化本有的"恭敬"。这里，我想读者朋友是能够看到"贵廉"和"贵仁"的内在统一性的。"廉"是指日常生活方面的"恭敬"，而"仁"主要是指宗教（狭义）祀拜方面的"虔诚"。从人类精神气质方面来说，它们都是典型的"虔敬"。

孔子告诉我们在宗教活动中要虔敬，而墨子又告诉我们在世俗生活中也要虔敬。由此，读者朋友应该可以认识到，古典中国曾经是一个十分"虔敬"的国度。

不过，对于在"费拉"传统中浸泡两千年的我们来说，要真正体会到古典中国的虔诚已经很不容易了。

多少年来，我们都已经发自内心地自以为是一个"非宗教"的文化，而且还"自豪地"地声称，非宗教的中国传统文化是中国文明优胜、超越其他文明的地方。我们不知道"不以为耻、反以为荣"这句话是否最适合这一场合，本书认为，传统学术可以自渎，正像它两千年来一直所表现的那样，但本书要特别果决地说，任何从事研究探讨古典中国的学人请不要亵渎古典中国，不要亵渎真正的中国文化。因为真正的中国人本是有非常虔诚的信仰的。孔子、墨子就是古典中国的宗教改革家，而周公就是古典中国宗教的代表性人物。

第二节　古典中国的科学

上面我们说到，与两千年的传统认知正相反对，古典中国曾经是一个虔敬的国度，有它非常真诚的信仰。下面我们要向世人展示古典中国的另一面：古典中国的科学。

多少年来，世人都认为，中国文化是一个只重经验实践，缺乏科学思维的文化。这里我们要告诉人们另一个中国。

---

① ［德］奥·斯宾格勒：《西方的没落》第二卷，吴琼译，上海三联书店，2006年，第272页。

一 “贵已”而非“贵己”

(一)中国学术史上最大的一起冤案

杨朱是谁？他的思想主旨是什么？传统学术似乎已经有了定论。《孟子·尽心上》说：“杨子取为我，拔一毛而利天下，不为也。墨子兼爱，摩顶放踵利天下，为之。”杨朱作为一个负面形象早已出现在中国的传统学术中。《孟子·滕文公下》更加激愤地说：“圣王不作，诸侯放恣，处士横议，杨朱、墨翟之言盈天下。天下之言不归杨，则归墨。杨氏为我，是无君也；墨氏兼爱，是无父也。无父无君，是禽兽也。”杨朱竟然成了禽兽一类为人所不齿之辈。于是“距杨墨”就成“孟子”们义不容辞的责任：“公明仪曰：‘庖有肥肉，厩有肥马；民有饥色，野有饿莩，此率兽而食人也。’杨墨之道不息，孔子之道不著，是邪说诬民，充塞仁义也。仁义充塞，则率兽食人，人将相食。吾为此惧，闲先圣之道，距杨墨，放淫辞，邪说者不得作。作于其心，害于其事；作于其事，害于其政。圣人复起，不易吾言矣。”[①]应该说，在这一通义形于色的猛烈批判中，墨子也是受到严厉指责的对象，也被定性为“禽兽”之辈，但还好，毕竟在传世本《墨子》中，我们多少能替《墨子》找到一些辩解的论据和理由，所以，墨子和墨家在传统学术和传统学人心目中的地位还不至于太过难堪。但故事的另一位主人翁杨朱就没有这么幸运了。不仅《孟子》是如此确切地给他定了性，另一部在传统学术中不乏知名度的典籍《列子》也有一篇《杨朱》，专门向后人传达所谓杨朱的思想和做派。在《列子·杨朱》篇中，我们所看到的是杨朱鼓吹穷嗜极欲、放浪形骸的长篇议论，《列子》中的杨朱无疑是个只管自我享乐、不管他人死活，乃至不顾世界毁灭的极端自私的形象，非常好地印证了《孟子》中的说法。于是，杨朱作为一个历史人物，他在传统文化、传统学术中的负面形象可以说是根深蒂固，不可动摇了。

令人安慰的是，历史并没有终结。进入新千年以后，中国文化呈现出全面复苏的迹象。笔者在十年前就注意到《吕氏春秋》中的阳生(也就是杨朱)与《孟子》和《列子》所展示的杨朱形象有根本性的差距，曾专门著文论述之。承蒙《内蒙古社会科学》的青睐，该文得以在该刊发表，并被推荐到《人大报刊复印资料》全文转

① 《孟子·滕文公下》。

载[1]。该论文的面世表明，传统学术有关杨朱思想主旨的认定或许是两千年来中国学术史最大的一起冤案。遗憾的是，从论文发表到今天已经过去近九年了，但该文并没有像笔者所预期地那样引来学界相应的关注和讨论。传统学术仍然风平浪静，仍然风物如故；杨朱仍然还是像两千年来那样被人不停地诅咒，《孟子》仍然像过往那样享受"亚圣"的尊荣。但笔者这些年却越来越强烈地感受到来自历史深处的激荡，这些遥远过去的不平之声、郁闷之气每每使笔者踟蹰怅惘，夜不能寐。笔者一直想找一个机会，替杨朱们声张一下被压抑了两千年的悲愤。[2]

这里当然有必要把当年论文的概要再转述一下。该论文从两个汉字"已"和"己"说起：

在世人的心目中，杨朱已然是个极端自私自利的人，所以当人们以此先入之见来看《吕氏春秋》中的人物阳生时，就情不自禁地有了"阳生贵己"这一定说（阳生即杨朱，"杨"与"阳"古通，这一点是学界共识）。但是真正的学术精神需要我们从《吕氏春秋》文本本身来归纳确定"阳生"的思想主张。我们知道，《吕氏春秋》既被赋予了"以备天地万物古今之事"[3]的历史使命，又被公认为先秦诸家的总集，《吕氏春秋》文本内容本身也确实涉及当时思想文化的方方面面，包罗万千。事实上，凡在《吕氏春秋》中提到的诸子百家在该书中基本都能找到相应的记载和相关的议论。但是，唯独对于"阳生"（杨朱），《吕氏春秋》中除"阳生贵己"这一短语之外再没有其他记载其具体言行的文字，这无疑给人们理解抽绎"阳生"的思想主旨增加了极大的困难。

《吕氏春秋》提到"阳生"的文字仅此一处，这或许可以找到其他理由。更感奇怪的是，在《吕氏春秋》文本所提供的语境中，我们根本看不出有"拔一毛而利天下不为也"这种极端自私意义上的"贵己"的意含，更没有丝毫鼓吹及时行乐，放浪形骸的倾向，这从《吕氏春秋》《孟春纪》、《仲春纪》、《季春纪》的相关篇章中可以看得非常清楚。于是现在的问题是，我们该如何来解释"阳生贵己"这一定论呢？

在经过长时间的思想实验之后，笔者大胆假定，问题或许出在"贵己"的"己"

---

① 见郭智勇《贵己还是贵已——从〈吕氏春秋〉文本出发对战国三子思想主旨传统理解的质疑》，载《内蒙古社会科学》2007年第9期。后被《人大复印资料》2008年第1期全文转载。

② 古史辨思潮中，顾颉刚先生对"杨朱思想"有重新的审察，他认为真实的杨朱思想虽然是"贵己"，但杨朱的"贵己"并不是如《孟子》所说，拒绝"以己利天下"，而是拒绝"以天下利己"，他认为杨朱的思想主旨就是如《淮南子》上所说，是"全性保真，不以物累形"，也就是"重生轻物"。（见顾颉刚《从〈吕氏春秋〉推测〈老子〉的成书年代》，见罗根泽编《古史辨》第四册，上海古籍出版社，1981年，第493—494页。）应该说，顾先生的疑古精神为我们今天的学术推进做了一个很好的示范。

③ 《史记·吕不韦列传》。

字上，从《吕氏春秋》文本来看，阳生所贵者应是“已”而不是“己”，两千年的一致认定极有可能源自一个字的误认。首先，《吕氏春秋》中有不少议论自我之“己”的章节，最典型是《先己》篇和《必己》篇，但这两篇中的故事和议论都与“贵己”的主旨相悖。前者宣扬以身作则，率先垂范，是对领袖人物的要求。后者指出“外物不可必”，外在客观的东西往往很难称心如意，但主观愿望和意志却是我们自己可以把握的。一个高尚的人不会太在意事情的结果是否会得偿所愿，重要的是我们是否有一个良好的愿望和出自这一良好愿望的切实行动。可以看出，吕子们这里所强调的不仅不是“自私”意义上的“贵己”，更多的是为了实现理想所需要的自我牺牲式的“克己”。

问题的解决需借助《吕氏春秋》的《审己》篇和《重己》篇。传统上都以“己”来释读这两个篇题，特别是“重己”的认定更成了“阳生贵己”的直接证据。实则从《吕氏春秋》该篇的内容来看，该篇的篇题应该是“重已”而不是“重己”。一字之差，遂成千古疑案。读者朋友肯定马上就会问，“已”是何意？“重已”应作何解呢？让我们放下《重已》篇，先来看看《审已》篇吧！此篇也常被误读为《审己》，但只要细细品味该篇内容，就不难明白，该篇的主旨无疑应是“审已”。何为“审已”？“审”即审问、考究、弄清楚的意思。“已”即“以”，同音通假，古来有之。“以”作“依据、凭借、根据”解。该字常与“故”字连用，我们常会用“以故”来代替“所以”。“故”的含意比较普通，就是“原因、原理、缘故”的意思。稍加分析，可以知道，“以”和“故”是一种意义贯通的能所关系，“以”字是能依据者，“故”是所依据者。在整个汉语历史中，都可以看到“以”和“故”是可以互用的。今天的人们常会把“是故”与“是以”混用，在古籍中这种情况也比比皆是。我们既可在《论语》见到“是以”：“虽小道，必有可观者焉，致远恐泥，是以君子不为也！”[①]也可以在《孟子》见到“是故”：“民为贵，社稷次之，君为轻。是故得乎丘民而为天子，得乎天子为诸侯，得乎诸侯为大夫。”[②]《吕氏春秋》该篇的故事和议论都可以为证。

《审已》篇开篇就说：“凡物之然也，必有故。”一开始就指出该篇的主旨在于“故”，接着就说：“稼生于野而藏于仓，稼非有欲也，人皆以之也。”并不是粮食自己想藏到仓库里去，而是人要依靠粮食才能生存，指出“以”之重要性，并马上用列子学射的例子来进一步论说“以”：

> 子列子常射中矣，请之于关尹子。关尹子曰：“知子之所以中乎？”答曰：“弗知也。”关尹子曰：“未可。”退而习之三年，又请。关尹子曰：“子知子之所

① 《论语·子张》。

② 《孟子·尽心下》。

以中乎?”子列子曰:“知之矣。”关尹子曰:“可矣,守而勿失。”非独射也,国之存也,国之亡也,身之贤也,身之不肖也,亦皆有以。圣人不察存亡、贤不肖、而察其所以也。

“以”——也就是对内在原理和依据的凭借——不仅是学射的关键,也是万物得以成就的关键,是事物得以成立的内在理据和原理。紧跟着:

齐攻鲁,求岑鼎。鲁君载他鼎以往。齐侯弗信而反之,为非,使人告鲁侯曰:“柳下季以为是,请因受之。”鲁君请于柳下季,柳下季答曰:“君之赂以欲岑鼎也,以免国也。臣亦有国于此。破臣之国以免君之国,此臣之所难也。”于是鲁君乃以真岑鼎往也。且柳下季可谓此能说矣。非独存己之国也,又能存鲁君之国。

柳下季之“信”是他之所以成名的“内在依据”,是他之所以为柳下季之“国”,柳下季本人成名“以”(凭借)的是他的“信”,鲁国之存亡和齐君之认可所“以”(凭借)的也都是他的“信”。

在下一个故事中,吕子们告诉我们的是,齐湣王正因为不知亡国之内在缘由——“故”,进而不知道怎样依据和应用——“以”,所以只好客死他乡了:

齐湣王亡居于卫,昼日步足,谓公玉丹曰:“我已亡矣,而不知其故。吾所以亡者,果何故哉?我当已。”公玉丹答曰:“臣以王为已知之矣,王故尚未之知邪?王之所以亡也者,以贤也。天下之王皆不肖,而恶王之贤也,因相与合兵而攻王。此王之所以亡也。”湣慨焉太息曰:“贤固若是其苦邪?”此亦不知其所以也。此公玉丹之所以过也。

这里的第二个“已”就是“以”假借的明证,惜乎各家训解对此都是似是而非。“我当已”即是“我当以”,这一句话是我们解开阳生之谜的关键。齐湣王的意思是说,我如果知道我亡国的内在缘故,我就会凭借,就会借鉴;正因为他不知事物之“故”,所以“至死”也“不知所以亡”。

越王也因为不知所“以”,限入同样的悲剧:

越王授有子四人。越王之弟曰豫,欲尽杀之,而为之后。恶其三人而杀之矣。国人不说,大非上。又恶其一人而欲杀之,越王未之听。其子恐必死,因国人之欲逐豫,围王宫。越王太息曰:“余不听豫之言,以罹此难也。”亦不知所以亡也。

《吕氏春秋·审已》通篇都在讲“以”、讲“故”，因而很明显，此篇的标题应是“审以”，因通假成“审已”。后人不知就里，因《吕氏春秋》中有《先己》、《必己》的篇名，就想当然地认为此篇的篇名为《审己》，遂造成两千年的不解之谜。

至于所谓《重己》的篇名，应该也是误认“重已”所致。此篇开始就说：“倕，至巧也。人不爱倕之指，而爱己之指，有之利故也。人不爱昆山之玉、江汉之珠，而爱己之一苍璧小玑，有之利故也。”连续两个“爱己”使人不由得认定该篇的篇名应是“重己”。但其实这两句话的重心是在后面的两个“有之利故也”的“故”上。为什么人们都爱惜自己的手指和自己佩戴的“小玑珠”呢？并不是我们不喜爱“至巧”的“倕之指”和“昆山之玉、江汉之珠”，仅仅是因为我们无法掌控，无法利用它们。人们的这种行为是有他们不得不如此的内在“缘故”的。我们前面讲过，“已”和“故”是可以贯通互用的，“重已”即是“重故”，“贵已”即是“贵故”。本篇论述的是“贵生”，强调“生命”的可贵，保有生命是所有其他价值成立的基础和出发点。任何事物都有它的内在依据和原理(故)，“贵生”也需要弄清楚贵生之故。无知之士虽想“全生”，最后却落得个“害生”的结局，原因就在“有慎之而反害之者，不达乎性命之情”，因为他们不知道“有道者不察所召，而察其召之者”的道理。从整篇出发，可以看出该篇的重心是提醒人们要按“性命之情”来“全生”、“贵生”，也就是要“养性”，因为“性命之情”是“生命”之“故”——生命的内在价值依据所在。

必须指出的是，战国年间是古典中国的启蒙时代，“贵生”、“全生”是当时普遍的价值取向，阳生也不例外。但“贵生”“全生”不仅是重视自己的生命，别人之生命也同样重要。在《吕氏春秋》中就常见为了他人的生命和利益而勇敢牺牲自我一己的例子，因此，“贵生”和“贵己”并不等同。“贵生”“全生”是针对“取天下”、求功名的名利之心而说的。从《吕氏春秋》的视角，“取天下”是外在于人的本性的东西，与其竭尽心力谋取天下，不如顺其自然地度过一生。《贵生》篇所谓“道之真，以持身；其绪余，以为国家；其土苴，以治天下。由此观之，帝王之功，圣人之余事也，非所以完身养生之道也”，《老子》所谓“贵为身于为天下，若可以托天下”[①]，就是这个意思。而像《孟子》“拔一毛而利天下不为也”和《列子·杨朱》篇只顾“自我享乐”不顾世界毁灭那样“为我”式的“贵己”则与《吕氏春秋》意义上的“全生”观相隔非以道里计。按《吕氏春秋》的思路，“全生”就是“全性”。“义”是人的本性之

① 《老子·第13章》。

一，不行“不义”是人的基本规范，“不义”是最大的“辱”，“诚辱则无以为生”[1]。所以以《吕氏春秋》的内在逻辑，当“天下”处于危难之时，“救天下”是高洁之士的当然之责，为人处世之“义”所规定的不得不行的“义务”。《长攻》篇就有“仁者食饥饿，义兵不攻服”之高论；对墨子裂裳裹足，日夜不休以救宋的行为，《吕氏春秋》的作者也是极为赞赏的。以《吕氏春秋》的视角，人们不应该“取天下”（为博取功名），但不可以不“救天下”（为拯救苍生）。当天下需要“挽回”时，当黎民需要“拯救”时，不仅“身之一毛”，就是整个自我都是值得牺牲的。《吕氏春秋》不仅仅重视自己的生命，同时也重视他人的生命，它重视的是生命本身。如以《孟子》和《列子》中“贵己”来诠释阳生之思想主旨，则言下之意有轻视他人，甚至损害他人以维护“一己之私”的意含，而《吕氏春秋》通篇丝毫不含有“损人利己”之意。被长期误认为有“贵己”意的《重已》篇之后紧接着就是《贵公》和《去私》两篇，这也正可说明《吕氏春秋》的作者并没有提倡“贵己”之意[2]。弄清“贵生”和“贵己”的区别是理解《吕氏春秋》主旨的关键之一。

从《吕氏春秋》的整体语境来看，阳生们的“贵生”是建立在人的“性寿”前提之上的。请看《吕氏春秋·本生》篇：

> 夫水之性清，土者扫之，故不得清。人之性寿，物者扫之，故不得寿。物也者，所以养性也，非所以性养也。今世之人，惑者多以性养物，则不知轻重也。……今有声于此，耳听之必慊已，听之则使人聋，必弗听。有色于此，目视之必慊已，视之则使人盲，必弗视。有味于此，口食之必慊已，食之则使人瘖，必弗食。是故圣人之于声色滋味也，利于性则取之，害于性则舍之，此全性之道也。世之贵富者，其于声色滋味也，多惑者。日夜求，幸而得之则遁焉。遁焉，性恶得不伤？万人操弓，共射其一招，招无不中。万物章章，以害一生，生无不伤；以便一生，生无不长。故圣人之制万物也，以全其天也。……出则以车，入则以辇，务以自佚，命之曰“招蹶之机”。肥肉厚酒，务以自强，命之曰“烂肠之食”。靡曼皓齿，郑卫之音，务以自乐，命之曰“伐性之斧”。三患者，贵富之所致也。故古之人有不肯贵富者矣，由重生故也；非夸以名也，为

---

① 《吕氏春秋·全生》。

② 传统学术把“重已”理解为“重己”本身就是对《吕氏春秋》编写者极大的不尊重。该篇接下来的两篇分别是《贵公》和《去私》。试想立志为秦朝一统天下、万世家业作文化奠基的吕不韦们，怎么会在这部宏篇巨著的一开始就给世人一个“弱智”的印象，刚说到“重己”（以自己以重、以自己为贵）的主题，又马上去论述“贵公”和“去私”这两个明显反向的话题，对于任何一个稍具常识的人来说，都会觉得这样的安排是不可理喻的。但传统学术由于对吕不韦、对秦始皇由来已久的歧见，已经丧失了这样的常识。

其实也。则此论之不可不察也。

因为重生，而不要贵富。不难看出，今本《列子·杨朱》篇杨朱的穷嗜极欲、放浪形骸的言行不仅实际上在《吕氏春秋》中没有见到，而且在文本逻辑上也不可能触及，原因就在于它们是与《吕氏春秋》中全性保真之思想主旨完全背道而驰的。

只有明白了杨子“贵已”的思想主旨，与《吕氏春秋》关系极为紧密的传世文献——《淮南子》中的话语才能得到合理地的理解，该书《泛论训》说：

全性保真，不以物累形，杨子之所立也，而孟子非之。

一个以“全性保真，不以物累形”为追求的人怎么会同时又是一个“穷嗜极欲、及时行乐”的人？历史文献所提供的两个截然不同的杨朱形象一直是学界难以理解的。如上所述，这极有可能就是源于对“贵已”一词所做的“贵己”式的误认。

也只有认“贵已”为阳生的思想主旨，《淮南子》中的另一说法也才能得到合理说明，《说林训》说：

扬子见逵路而哭之，为其可以南，可以北……

“扬子”即“阳生”。扬子为什么会“见逵路而哭之”，按传统“贵己”、“及时行乐”的杨朱形象是无法理解的。在我们明白了“阳生贵已”特点后，这一疑难则自然冰释。阳生最重视的是事物之内在原理，规律，他体会到只要我们知道了事物之内在规律并加以凭借（以），再复杂的事情也可以按部就班，迎刃而解。扬子之所以站在十字路口哭泣，就是因为十字路口既“可以南”，也“可以北”，它根本没有向我们提供到底是该“向南”还是“向北”的内在依据。

（二）《吕氏春秋》不能没有“贵已”

在上述观点产生之后相当长的时间里，笔者仍然不敢自信。历史难道真的像这里所说的那样吗？如果真是这样，战国时人阳生（杨朱）就太过委屈了。一个以寻取知识，探讨事物本原和规律为追求的古典中国的学问家、知识人竟然被污名化为极端自私自利之徒！古往今来，应该没有哪个中国文化人蒙受过如此严重的诽谤！作为一个学案，两千年来的中国学术界没有比这更大的冤案了！

为了使问题有一个更清晰的答案。笔者花了大量的功夫进行研究探讨，对古今中外相关学术典籍进行了广泛阅读和理解。在充分理解了德国哲学家黑格尔的精神现象学和德国思想家斯宾格勒的文化形态学之后，笔者对原有的朦胧认知有了充分的确信。针对上述问题和《吕氏春秋》的其他问题，笔者又撰写了一部专著①。在该书中，笔者对“阳生贵己”的问题有了更进一步的讨论——对于“故”的含意，我想所有的中国人在理解上都不会有太大的困难，不管在古典中国还是传统中国，乃至今天的中国人。它就是原因、缘故、原理的意思。在《吕氏春秋》“贵己”的语境中，它主要指的是“内在原因和原理”。《吕氏春秋》“故”的意义可用《孟子》的一句话很好地加以理解：“天之高也，星辰之远也，苟求其故，千岁之日至，可坐而致也。”②《荀子·非十二子》中一而再、再而三提到的所谓“言之成理，持之有故”也就是吕子们“故”的意思。

但是说到“以”，人们并没有特别在意，其实这个字是有必要好好论说一下的。“以”是一个普遍使用的词，“以”、“可以”、“所以”、“何以”充斥于所有的汉语语言环境中，离开“以”字我们几乎不能进行表述和交流。也正是因为这样，所以（真的无法离开“以”啊！）我们往往并不特别注意，更谈不上对它进行反省了。

《古汉语大词典》里面列出来的“以”的解释主要有：①用。②将。③依；按照。④为；行事。⑤以为；认为。⑥在；于。⑦因为。⑧因由缘故。讲到“以”，人们就想到第一个解释“用”。但“用”这个字像“以”字一样也太日常化了，以至我们很难对它有很深的把握。其实，“以”最根本的意含就是“依据、凭借、根据”，上述词典里的许多解释都可以归到这个含义上来。

在典籍中，我们时不时会遇到“以”的这种含义。如：《诗·邶风·旄丘》：“何其久也，必有以也。”这里面的“以”就是“依据、凭借”的意思。《尚书·康诰》有一段话，有点不好理解：

> 王曰：“呜呼！封，敬哉！无作怨，勿用非谋非彝蔽时忱。丕则敏德，用康乃心，顾乃德，远乃猷，裕乃以；民宁，不汝瑕殄。”

这里面的“以”也应该是凭借、根据的意思。在古籍中，“以”还是与“道”这样的形而上内容相关联的概念。20世纪70年代长沙马王堆出土的《黄帝四经》中的《道原》篇就有很好的展示：

> 恒无之初，洞同大虚。虚同为一，恒一而止。……人皆以之，莫知其名。

---

① 见郭智勇《被遗忘与曲解的古典中国——〈吕氏春秋〉对传统学术的投诉》，广西师范大学出版社，2012年。

② 《孟子·离娄下》。

人皆用之,莫知其刑。[①]

这里的"以"无疑还是"依据、凭借、根据"的意思,只不过它是从相当抽象的形而上层面来论说的。

"可以"中的"以"细细分析,是可以归入"依据、根据、凭借"上来的。

最能说明问题的要算"所以"和"何以"。这里的"以"只能理解成"依据、根据、凭借"。"何以"就是"凭借什么"、"由于什么"的意思。有名的例句如《荀子》的"人之所以为人者,何已也?"[②]这里的"何已"就是"何以"。就是说:人是凭借什么才能成为人的呢?这里的"已"也是古籍"以""已"通用的一个很好的例子。

"所以"这个词人们用得更普遍了,"所以"是由于前面有"因为",现在的人们把它们当成了一个惯常的因果句式的连词。其实"所以"本身是"所凭借而……"的意思。如《孟子》的名言:

孟子曰:"舜之居深山之中,与木石居,与鹿豕游,其所以异于深山之野人者几希;及其闻一善言,见一善行,若决江河,沛然莫之能御也。"[③]

这段话可以算是对荀子上述问题的回答:人本来与野人、禽兽者没有什么区别,只有由于后天的教育和自我修养才成为人。

任何事物的存在、变化和发展都有它的原因,有它的"缘故",这也是任何一个文化人类先天就具备的思维定式。《吕氏春秋》的不同凡响,阳生们的历史性地位就在于"他们"(只有"他们")在中国历史上第一次对这样一个非常抽象、有关人类理智本身的问题,也可以说是真正的哲学问题、逻辑问题进行了反省。这在中国文化上具有开创性意义。

值得指出的是,《吕氏春秋》对"以"与"因"有了明确的区分。这一点反映出吕子时代中国人的高度思辨水平。这也是笔者为什么坚信阳生所贵者只能是"以"的一个非常关键的原因。

"因"是因顺外物,"以"(已)是依据内在原理,前者是"因物",重在外,后者是"以故",重在内。以现代的话语说,"以"的是内因、主要矛盾,"因"是外因、次要矛盾,前者是依据,后者仅是条件。可以看出,《吕氏春秋》对"内因"和"外因",也就是对"以"和"因"(以故与因物)是有清醒意识与明确区分的。

---

① 谷斌等注译:《黄帝四经注译·道德经注译》,中国社会科学出版社,2004年,第88页。

② 《荀子·非相》。

③ 《孟子·尽心上》。

关于“因”,《吕氏春秋》有如下有代表性的表述:

精气之集也,必有入也。集于羽鸟,与为飞扬;集于走兽,与为流行;集于珠玉,与为精朗;集于树木,与为茂长;集于圣人,与为敻明。精气之来也,因轻而扬之,因走而行之,因美而良之,因长而养之,因智而明之。①

凡兵,贵其因也。因也者,因敌之险以为己固,因敌之谋以为己事。能审因而加,胜则不可穷矣。胜不可穷之谓神,神则能不可胜也。②

善说者若巧士,因人之力以自为力,因其来而与来,因其往而与往,不设形象,与生与长,而言之与响,与盛与衰,以之所归。力虽多,材虽劲,以制其命。顺风而呼,声不加疾也;际高而望,目不加明也。所因便也。③

古之王者,其所为少,其所因多。因者,君术也;为者,臣道也。为则扰矣,因则静矣。因冬为寒,因夏为暑,君奚事哉?故曰君道无知无为,而贤于有知有为,则得之矣。④

对“因”的重视,是《吕氏春秋》的一大特色,它甚至在书中安排了一个专章《贵因》篇:

三代所宝莫如因,因则无敌。禹通三江五湖,决伊阙,沟回陆,注之东海,因水之力也。舜一徙成邑,再徙成都,三徙成国,而尧授之禅位,因人之心也。汤、武以千乘制夏、商,因民之欲也。如秦者立而至,有车也;适越者坐而至,有舟也。秦、越,远涂也,竫立安坐而至者,因其械也。武王使人候殷,反报岐周曰:“殷其乱矣!”……故选车三百,虎贲三千,朝要甲子之期,而纣为禽。则武王固知其无与为敌也。因其所用,何敌之有矣!……夫审天者,察列星而知四时,因也;推历者,视月行而知晦朔,因也;禹之裸国,裸入衣出,因也;墨子见荆王,锦衣吹笙,因也;孔子道弥子瑕见厘夫人,因也;汤、武遭乱世,临苦民,扬其义,成其功,因也。故因则功,专则拙。因者无敌,国虽大,民虽众,何益?⑤

在《吕氏春秋》中,“因”有因人、因物、因时之分。但不管是哪种“因”,所因的

---

① 《吕氏春秋·尽数》。
② 《吕氏春秋·决胜》。
③ 《吕氏春秋·顺说》。
④ 《吕氏春秋·任数》。
⑤ 《吕氏春秋·贵因》。

都是外在的东西，不属于事物本身固有的内容。但《吕氏春秋》中"以"的却是事物本身之"故"，是属于事物本身固有的内涵。

我们之所以说《吕氏春秋》中的阳生所贵者必是"以"，就在于，"贵以"、"求故"的思想是该书一个非常重要的内容环节。既然对于"因"这个相对来说并不是最重要的环节，吕子都安排一个专篇来论述，对于该书至为重要的一个内容环节"以"，《吕氏春秋》不可能没有专门的探讨。

我们要再强调一下，纵观整个中国历史，第一个强调重视事物内在原理，明确提出要反省事物因果关系的不是别人，而是《吕氏春秋》。可以说，《吕氏春秋》中的阳生是传世文献中知识论的始祖，是古典中国科学思维、哲学思辨的集大成人物。阳生是古典中国真正的思想家、哲学家。

(三)"贵已"——黄帝思潮的核心诉求

我们还有必要进一步说，战国年间的杨朱，也就是《吕氏春秋》中的阳生，他的思想主旨只能是"贵已"。

我们需要站在"时代精神"的角度来检讨这个问题，两千年的学术冤案也许可以找出若干的缘由，但我们认为，国人没有建立起"时代精神"的意识是其中主要缘故。德国著名哲学家黑格尔对"时代精神"特别在意，他指出，任何人的思想都不可能超越他所处的时代，不管其本人多么出类拔萃。遵循黑格尔的思路，德国现代思想家奥·斯宾格勒发明了他的文化形态学，他认为，每一个高级文化在它的发展历程中，都不可避免地要经过若干发展阶段。他将其归纳成春夏秋冬四个阶段，每一阶段都有它的代表性思想。春天是一个文化的萌生阶段，代表性的思想是它的经院哲学和神秘主义；夏天是一个文化的反思阶段，宗教改革思潮和清教运动是它的特征；秋天是一个文化的成熟阶段，启蒙运动是它的最主要表现，形而上学思想高度发达；冬天是一个文化的僵化和没落时期，实用科学和无神论思想占统治地位。①

按照斯宾格勒的文化形态学，每一个文化的秋天，伴随着启蒙运动的完成，就会出现一个总结性体系。斯宾格勒称之为"伟大的总结性体系"。这种"伟大的总结性体系"既吸收容纳了启蒙运动的丰硕成果，又能坚持宗教改革运动的保教立场，在每一文化中它都代表了该文化的最高成就。在古希腊罗马文化中，柏拉图和亚里士多德就属于这样的"伟大的总结性体系"，在西方文化中，康德到黑格尔就是这样的总结性体系。在本文看来，孔子墨子是古典中国宗教改革运动的代表性人物，《郭店楚简》以及与之相仿佛的《上博简》代表了古典中国启蒙运动，《吕氏

① [德]奥·斯宾格勒：《西方的没落》第一卷，吴琼译，第409—412页。

春秋》处于古典中国的启蒙运动之后，它就是古典中国“伟大的总结性体系”。《吕氏春秋》在中国文化中有着极其重要的地位，惜乎两千年来没有得到应有的重视，更有甚者，它还时不时受到方方面面有意无意地诋毁和诬陷，一部硕果仅存的、伟大的总结性著作成了学者心目中可有可无的学术点缀。

细心的读者会发现，《吕氏春秋》这部伟大的总结性体系的中心思想就是它在《序意》中所表述的：

> 维秦八年，岁在涒滩，秋甲子朔。朔之日，良人请问十二纪。文信侯曰：尝得学黄帝之所以诲颛顼矣，“爰有大圜在上，大矩在下，汝能法之，为民父母”。盖闻古之清世，是法天地。凡十二纪者，所以纪治乱存亡也，所以知寿夭吉凶也。上揆之天，下验之地，中审之人，若此则是非可不可无所遁矣。天曰信[①]，信维生；地曰固，固维宁；人曰顺，顺维听。三者咸当，无为而行。

“法天地”是《吕氏春秋》的中心思想，而这种“法天地”的思想是在“黄帝”名义下展开的。不独在此，在《吕氏春秋》的其他很多地方都可以看到“黄帝”的名号，而且，我们看到，《吕氏春秋》几乎所有讲到“黄帝”的地方都是把黄帝当成最高人生目标或最高人生境界来谈论的，所以，我们似乎可以说，在古典中国启蒙运动之后，曾经发生过一个以“黄帝”为旗帜的文化思潮，《吕氏春秋》就是一部黄帝思潮影响下的“伟大的总结性体系”。《吕氏春秋》代表了古典中国文化思想的最高成就，“黄帝思潮”或“黄帝思想”就是古典中国思想文化最高峰的标志。

从古典中国的文化历程来看，杨朱“贵已”是作为总结性体系的黄帝思潮的核心诉求。根据本文笔者对《吕氏春秋》的研究，作为古典中国文化最高峰的《吕氏春秋》，它的核心主张大致可以归结到“贵已”和“贵廉”两个维度，[②]“贵廉”代表了黄帝思潮对以孔墨为代表的古典中国宗教改革思想的承继，我们前面已经讨论过了；而“贵已”则代表了古典中国启蒙运动所取得的最终思想成果。以《郭店楚简》为代表的古典中国启蒙思潮把古典中国的理智形而上学推到了最高峰，它对宇宙的本源和万物的存在作了深刻的形而上学探讨，“阳生贵已”就是这一形而上学成就的最合理继承。我们可以换成另一个表达：作为吸收了古典中国启蒙运动最终成就的黄帝思潮，必须有一个对这一运动中形而上学成就的承接者。现在看来，这个承接者无疑就是“阳生”——杨朱。我们还可以更加强力的认定，只要我们不否定古典中国曾经有过伟大的启蒙运动，那阳生所贵者必是“已”。

---

① 原文作“天维顺”、“人维信”，现据文意改，本书后面有详细说明。

② 见郭智勇《被遗忘与曲解的古典中国——〈吕氏春秋〉对传统学术的投诉》，第250—251页。

二 从《吕氏春秋》溯推《郭店楚简》

两千年来，由于国人不能公允地对待《吕氏春秋》，不能正确地把握其中的“贵已”思想，中国学术本身付出了巨大的代价。

首先，由于《吕氏春秋》不被重视，在古今很多人的心目中(即使像黑格尔这样的大家也一样)，中国学术成了没有哲学，没有科学，没有形上思考的一堆伦理训诫和道德箴言。即便《老子》中提到了“有”、“无”、“道”、“名”之类的形而上学名称，但因为它没有形成相应的体系，且《老子》中的“绝学无忧”、“为道日损”等过于强烈的反智主义倾向，都使得人们认定中国缺乏知识论的传统，缺乏形上思考的传统。

其次，它极大地阻碍了后人的求知探索精神。由于《吕氏春秋》没有得到国人的公平对待，由于阳生的“贵以求故”精神没有得以流传，使后代中国人的求知探索精神失去了归依。甚而至于，在两千多年的传统社会里，对自然、对社会的求知探索变成了国人的心理禁忌。

这种中国学术无哲学、无知识论的思维定式对今天的学术研究构成了直接的阻碍作用。我们这里可以举《郭店楚简》两个重要的命题为例。

《郭店楚简》是近年来国内外中国学的显学。几乎所有的学界人士都不由自主地参与到对它的理解和诠释中。“凡物由望生”和“无物不物皆至焉”是《郭店楚简》中两个重要的命题，但自从它出土面世至今，一直未得到正确的理解。

笔者认为，这和我们这么多年来对《吕氏春秋》的忽视是密切相关的。如果我们认定了“阳生贵已”的命题，知道了古典中国本来就有知识论、哲学思辨的传统，则《郭店楚简》这两个命题本来是可以比较容易得到理解的。

“凡物由望生”的确是《郭店楚简》一个非常核心的命题，而且是一个相当有代表性的哲学知识论命题。把它普通地理解成“有生于无”式的“凡物由无生”是极大的误解。但这个命题到底是什么意思呢？学术界这些年已经有了若干的尝试，但似乎都没有把握到要害。

本文认为，理解这一命题的关键是对“望”的理解。人们总是常从“愿望”、“欲望”的角度去理解“望”，其实“望”在古典时代还有一个非常重要的含意——“参望”，就是“参照”、“对比”的意思。《淮南子·天文训》说：

> 正朝夕，先树一表东方，操一表却去前表十步，以参望。日始出北廉。日直入，又树一表于东方，因西方之表，以参望。日方入北廉则定东方。两表之

中，与西方之表，则东西之正也。日冬至，日出东南维，入西南维。至春、秋分，日出东中，入西中。夏至，出东北维，入西北维，至则正南。欲知东西、南北广袤之数者，立四表以为方一里岠，先春分若秋分十余日，从岠北表参望。日始出及旦，以候相应，相应则此与日直也。辄以南表参望之，以入前表数为法，除举广，除立表袤，以知从此东西之数也。[①]

很明显，这里的“望”就是“对望”，也就是对照、对比、参考的意思。其实“望”字的“对比”意在其他的典籍中也有出现，比如，《礼记·表记》篇就有“以人望人”之说。[②]

“凡物由望生”的本意就是：天下万事万物都处在“参照、对比”之中。这和现代人常说的“任何事物都是一个矛盾”有相当强的可比性。亚里士多德在总结古希腊“物理学”的成就时说，古希腊的自然哲学家尽管各家观点经常不一致，但几乎所有的人都认可一个命题，这就是：“事物的本原是对立”[③]。这一命题的中心意思是说，世界上任何具体的事物都是通过“属性”而为人们所认知的，而“属性”总在两两相对的，如有“冷”就有“热”，有“干”就有“湿”，有“甜”就有“苦”，有“明”就有“暗”。对于人情世故来说，也总是“两两相对”，有“善”就有“恶”，有“美”就有“丑”，有“喜”就有“怒”，有“成功”就有“失败”，等等。总之，这个世界的所有具体事物、各种现象总在处于“望”中，也就是总处于“对待”、“对比”、“比例”之中。亚里士多德说：“在自然过程中产生的一切事物，若不是对立两者之一本身，就是由对立两者合成的。”[④]应该说，《郭店楚简》的“凡物由望生”与亚里士多德的“本原为对立”的命题在内容意义上是十分接近的。我们甚至不排除《郭店楚简》受到古希腊哲学思想影响的可能性。[⑤]

世界上的具体事物都处在“望”中，处于一个矛盾对待中。正是因为这样的“对望”，这样的矛盾对立，世界才得以展开生成。《郭店楚简·太一生水》篇本身就是一个“凡物由望生”的最佳表述：

太一生水，水反辅太一，是以成天。天反辅太一，是以成地。天地复相辅

---

① 《淮南子·天文训》。

② 人们常说的“日月相望”用的也是这个意思。

③ [古希腊]亚里士多德：《物理学》，张竹明译，商务印书馆，1982年，第28页。

④ [古希腊]亚里士多德：《物理学》，张竹明译，第30页。

⑤ 中国典籍《春秋繁露·基义》也包含了这种思想：凡物必有合；合必有上，必有下，必有左，必有右，必有前，必有后，必有表，必有里，有美必有恶，有顺必有逆，有喜必有怒，有寒必有暑，有昼必有夜，此皆其合也。阴者，阳之合，妻者，夫之合，子者，父之合，臣者，君之合，物莫无合。

> 也,是以成神明。神明复相辅也,是以成阴阳。阴阳复相辅也,是以成四时。四时复相辅也,是以成寒热。寒热复相辅也,是以成湿燥。湿燥复相辅也,成岁而止。故岁者,湿燥之所生也。湿燥者,寒热之所生也。寒热者,四时之所生也。四时者,阴阳之所生也。阴阳者,神明之所生也。神明者,天地之所生也。天地者,太一之所生也。

"寒"与"热"是一对"望","湿"与"燥"是一对"望",这些人们都能真切地感受。其实"阴阳"、"天地"也都是一对"望"。"四时"虽然不是"两两对望",实则也是一对"望"的"合成"而已。至于"神明",李零先生曾经与王博教授有过一番是否代表日月的辩难,[①]笔者以为,王博教授的认知应该是符合原文的本意的。"神明"在这里无疑就指的是"神"和"明",也就是日和月,在《郭店楚简》看来,它们是一对"望"。

在《郭店楚简·老子甲》中这样的"对望"思想有特别明确的表述:

> 天下皆知美之为美也,恶已;皆知善,此其不善已。有无之相生也,难易之相成也,长短之相形也,高下之相盈也,音声之相和也,前后之相随也。是以圣人处无为之事,行不言之教。[②]

《郭店楚简》另一重要的哲学命题就是所谓"无物不物皆至焉"。过往的解释也都未能把握到要害,将其等闲视之。

实则,"无物不物皆至焉"这一命题也是古典中国哲学思考的必然结果。我们说,哲学就是关于世界本体本原的看法。在古典中国启蒙思想家看来,世界的本源既不是上帝也不是神鬼,而是"太一",是"道"。而人们接下来要问的一个问题是,"太一"或"道"是世界的初始本原,是最初始因,但对于具体的事物现象来说,我们该如何理解它们的存在,也就是,我们该如何从哲学上来把握具体事物的存在依据呢?

《郭店楚简》对此的回答是:无物不物,皆至焉。这句话的意思是:所有的事物(现象)都有它们存在的依据,事物不是凭空而来的,它们都有其来源。这里的"至"就是从某处到某处的意思。任何"至"都有一个"至"的始点。这种表述方式应该是受到古典史官笔法的影响。我们都知道,《春秋经》中君主在日常生活中有一种例行的仪式叫"告至",凡君主外出离开国都,返回时都要到祖庙向祖宗报告

---

① 见李零《郭店楚简校读记》(增订本),北京大学出版社,2002 年,第 36—38 页。

② 见李零《郭店楚简校读记》(增订本),第 5 页。

自己的回归。史官要慎重地在史书上写上“至自某处”,或“至自某事”。所以凡“至”必有“自”,也就是“至”总有一个来源,一个出发点。“无物不物,皆至焉”就是这种意思。任何事物,任何现象都不是凭空出现,它必有一个来源,一个出处。这其实就是《郭店楚简》中“无无由也者”的另一种表述。“无无由也者”是《郭店楚简·父无恶》篇中的一句短语,[①]它的上下文不得而知,但应该说,“无无由也者”所要表达的意义就是我们这里所认定的,这里的“由”就是“缘由”、“理由”的意思。

任何事物不仅有它们的初始本原,都来源于“太一”,具体事物还有它们具体情景中的前因后果,有它们的出处。用另一种表述就是,任何事物的存在都建立在一定的前提之上,都有它的逻辑“前项”。任何事物必须有“前因”,事物本身总会有“后果”,世界就是一串逻辑链。

于是,我们看到,《郭店楚简》大量的带“后”的语句出现了:

> 有天有命,有地有形。有物有容,有尽有厚。有地有形有尽,而后有厚。
> 有天有命,有物有名。有物有容,有家有名。有命有文有名,而后有鲧。
> 有仁有智,有义有礼。有生有智,而后好恶生。
> 善理而后乐生。
> 知礼然后知刑。
> 知已而后知人,知人而后知礼,知礼而后知行。
> 知天所为,知人所为,然后知道。知道然后知命。其智博,然后知命。[②]

《郭店楚简》十分重视这种前后“因果”的关系,所以我们在《郭店楚简》常见“某生于某”或“某生某”的表述。这构成了《郭店楚简》另一种表述“源流”的方式:

> 情生于性,礼生于情,严生于礼,敬生于严,望生于敬,耻生于望,……
> 欲生于性,虑生于欲,倍生于虑,争生于倍,党生于争。
> 爱生于性,亲生于爱,忠生于亲。
> 子生于性,易生于子,肆生于易,容生于肆。
> 喜生于性,乐生于喜,悲生于乐。
> 恶生于性,怒生于恶,胜生于怒,……
> 愠生于性,忧生于愠,哀生于忧。

---

① 见李零《郭店楚简校读记》(增订本),第149页。

② 《郭店楚简·物由望生》,见李零《郭店楚简校读记》(增订本),第158—159页。

惧生于性，慊生于惧，望生于慊。[①]

以上“阳生贵已”方面的论述曾以论文的形式参加过清华大学法学院2014年举办的“黄帝思想与诸子百家学术研讨会”，这里有必要对上述论述进行补充：

当吕子反省“以”、“故”问题时，他们已完全摆脱了神话迷信的思维，他们头脑中的“故”——事物原理是纯粹自然的原因、客观的规律。

凡物之然也，必有故。而不知其故，虽当，与不知同，其卒必困。先王、名士、达师之所以过俗者，以其知也。水出于山而走于海，水非恶山而欲海也，高下使之然也。稼生于野而藏于仓，稼非有欲也，人皆以之也。[②]

这里的“物”都是自然的“水”、“山”、“仓”、“稼”。这里的“故”，也都是自然的原因和规律。这里提到的“而不知其故，虽当，与不知同，其卒必困”，实际上已经向人们指出了“必然性”与“偶然性”的思想。凡不是建立在必然性基础上的东西是不值得提倡的。吕子们想要告诉人们的是，自然规律——人们可“以”的“故”是有它的必然性的，人们之所以可以“贵以”、“求故”，就是由于自然有它的齐一性，客观世界有它的不以人的意志为转移的自在规律。

接下来，吕子们就用学习训练射箭这样一个非常有近代科学味道的例子来说明“以”。子列子虽然时不时可以射中靶的，但关尹子却问他：你知道你之所以可以射中靶的内在原因吗？如果没有把握住它的必然性，只是凭感觉，靠运气才时不时射中，这是解决不了问题的。回去好好训练、好好反省吧。三年后，在子列子终于明白掌握了射箭中靶的原理后，关尹子才认可他。

总之，《吕氏春秋》中的“阳生贵已”表明古典中国科学思维曾经达到了充分的高度。

五四运动以来，国人有感于西方国家物质文明的高度发达，认为中国之所以落后于西方就是由于中国本身没有科学，并进而形成了所谓“李约瑟”命题。其实只要我们好好阅读体会一下《吕氏春秋》，就不应该有这样的感慨。

什么是“科学”？要下一个精确的、世人都能满意的定义相当不容易。但古希腊哲学家亚里士多德对“科学”的理解无疑具有相当的认可度：“如果一种研究的对象具有本原、原因和元素，只有认识了这些本原、原因和元素，才是知道了或者说了解了这门科学，——因为我们只有在认识了它的本因、本原直至元素时，我们

① 《郭店楚简·名数》，见李零《郭店楚简校读记》（增订本），第169页。

② 《吕氏春秋·审己》。

才认为是了解了这一事物了。”[1]他认为，科学技术之所以高于经验，就在于前者探讨“原因”、“原理”，而后者不理睬“原因”、“原理”；后者只知其然，前者更知其所以然。[2]

世人都认为，中国文化只注重经验，但他们没有想到（两千年来的中国学者自己也都没有认识到），在古典中国，仅仅稍后于亚里士多德的时代，曾经有一个以阳生（杨朱）为代表的学派，他们的思想主张就是强调对事物的“原理”、“原因”进行把握和探讨。阳生就是中国文化最早提倡科学思想、逻辑思维的思想家。古典中国不仅曾经是一个注重经验技巧的国度，它同时也是一个特别强调科学思维的文明。

第三节　文化形态学与历史观相

孔子竟然是一个虔诚的宗教家，墨子竟然是一个以“廉”——廉洁、清廉——为最高理想的宗教运动领袖，这大大地颠覆了过往两千年国人习以为常的信念；而被《孟子》书定性了两千年的“自私自利”之徒的杨朱竟然是一个以探求事物的原理、原因为己任的思想家、科学家。所有这一切毫无疑义地表明，在两千年的传统学术背后，还有一个被遗忘与曲解的中国历史真相。正如本书开头所说，笔者就曾以此为题，把自己的第一本书命名为《被遗忘与曲解的古典中国》，笔者认定，在传统中国之外，还有一个被传统学术遗忘与曲解的中国。这是一个与传统中国迥然有别的另一个中国，我把它命名为“古典中国”。随着我们研究的深入，我们对“古典中国”的客观性有越来越充分的信心，相信未来中国的学术会越来越认可这一概念。

问题是，《被遗忘与曲解的古典中国》一书主要是基于对《吕氏春秋》的研究，该书所呈现的“古典中国”主要反映的是战国中后期中国历史文化的面貌。而我们知道，战国时的“中国”无疑有它的“来源”和“流变”，有它的前因和后果。既然我们已经向世人展示了一个“全新的”战国年间的“中国”，那我们当然就应该把作为整体的“古典中国”，把古典中国发生和演变的全过程呈现出来。就像本书开头所说，这是一种逻辑的必然性，更是一种命运的必然性。笔者把本书的写作首先

---

① ［古希腊］亚里士多德：《物理学》，张竹明译，第1页。

② 参见［古希腊］亚里士多德《形而上学》第一卷第一节，苗力田译，中国人民大学出版社，2003年，第1—4页。

当成自己的宿命。

我们一开始就遭遇到一个困境：既然"古典中国"已经被传统学术曲解与遗忘，那么我们该如何来展示它呢？毫无疑问，它要求我们另辟蹊径。我们需要对来自古典中国的原始素材做全身心投入，而不能像传统学术那样仅仅停留在表面，特别是不能轻易地相信前人的论断，人云亦云。我们更需要借助新的研究理念、新的学术范式。只有这样，我们才有可能向世人呈现一个真正的、真实的古典中国。

幸运的是，德国思想家奥·斯宾格勒的历史哲学给本书的探讨研究提供了最有价值的学术框架和研究范式。

斯宾格勒的历史哲学被人们称为"文化形态学"，他的成名作《西方的没落》早已有了世界性影响。但是，我们不得不说，到今天为止，《西方的没落》所包含的学术价值即使在西方也没有得到充分的认识，在中国，则似乎愿意了解它的读者就为数有限，而能真正读懂它的学人就更是凤毛麟角了。笔者曾经说过，不理解《西方的没落》，对中国历史就很难有真正的洞察。[①] 今天我们仍然坚持这一看法。未来的中国学术，特别是历史文化方面的研究首先应该从文化形态学入手。

斯宾格勒的学说是所谓的"文化形态学"。他认为，人类历史不是像传统理解那样的单一线性发展的一个文明。它由若干各具"形态"在不同时空领域内展开和完成的具体文化所构成。人类文明是复数，不是单数。人类文明到目前为止可以区分出埃及文化、印度文化、中国文化、阿拉伯文化、古典文化（古希腊罗马文化）和西方文化（中世纪以后的欧洲文化）等若干种文化。每一文化都是一个独立发育的有机体，像自然界的个体动植物生命一样，它们诞生，成长，衰老，死亡。每一个文化都有它的春、夏、秋、冬，有它的生命周期，有它无法逃避的命运。人类历史不外乎就是这些作为有机体的文化各自独立发生、发展和消亡的历程和汇聚。[②]

不同的文化当然有各自不同的特征，就像不同的动植物种类各有自己的形态一样。不同的文化会有自己独特的面貌，埃及的建筑不同于中国的建筑；中国的绘画不同于西方的绘画；西方的音乐不同于古典的音乐；印度的政治不同于希腊的政治，等等。在斯宾格勒的文化形态学中，不同文化之所以形态不同，源自于它们各自不同的"生命感"和"世界观"（生命意象和世界图像），因而，每一文化都会有自己独特的基本观念——斯宾格勒所谓的"基本象征"。古希腊罗马文化的基

---

① 参见郭智勇《被遗忘与曲解的古典中国——〈吕氏春秋〉对传统学术的投诉》，第 90—91 页。

② 参见[德]奥·斯宾格勒《西方的没落》第一卷第一章，吴琼译；又见吴琼《历史的炼金术士与文化的告知——斯宾格勒及其〈西方的没落〉》，参见吴琼译《西方的没落》译者导言。

本象征是所谓“实体”；西方文化的基本象征是“空间”；阿拉伯文化的基本象征是“洞穴”；而中国文化的基本象征是“道”。其他文化也都有自己的基本象征。正是因为不同的文化有不同的生命感和世界观，有自己独特的基本象征，不同文化才会表现出不同的外在形态，人类历史才具备人们所经历感受到的丰富多彩的内容。[①]

探讨不同文化间的形态差异是文化形态学的基本要求。对于本书来说，斯宾格勒的历史哲学的伟大意义更在于：虽然不同文化有不同的形态面貌，展开于不同的时空领域，但它们却具有相同的发生学规律，有相近的演化节奏，因而，不同文化具备了可比性。这种可比性，他称之为“同源性”，或“同时代性”。[②]

如上所述，斯宾格勒认为每一个高级文化都像有机体一样经历出生、成长到衰老、消亡的命运。虽然各个有机体的外在面貌并不相同，但它们都会经历相同的演化阶段。这就像植物界，虽然各种植物的形态面貌不同，但它们总会经历发芽、抽枝、开花、结果等四个阶段，而处在发芽阶段的各种植物都会呈现“芽”的征状，抽枝阶段的植物都会呈现“枝”的征状，开花阶段的植物都会有“花”，而结果阶段的植物都会有“果”，于是，这些不同植物间就有了可比性。又比如，现实与历史中存在着（或存在过）数以百亿计的各种各样的个人，这些个人虽然面貌并不相同，所处的时代、地域、环境、风俗也大不一样，但每个人都会经历幼年、青年、壮年和老年几个阶段，幼年时都会稚气扑鼻，青年时都会朝气蓬勃，壮年时总是豪气干云，老年时总是暮气横秋。也正是由于有了这些发生学意义上的一致性，不同人类之间，不同个体之间也有了可比性。斯宾格勒眼中的人类历史中的各种文化就像这些动植物有机体，在它们的生命历程中，都会表现出它们的阶段性特征，各个不同文化间于是有了发生学意义上的“同时代性”——同源的可比性。

为了便于他人的理解，斯宾格勒还别出心裁地制成了三个表格，以分别表示人类不同文化间“精神方面”的演化对比、“文化方面”的演化对比和“政治方面”的演化对比。[③] 当然我们知道，在上述精神、文化和政治三个方面，精神方面是决定性的东西，而文化和政治方面则不外乎是人类精神的外在表现而已。

本书感兴趣的主要在“精神”方面上。斯宾格勒特别用春、夏、秋、冬四季来表示各文化有机体的精神演化阶段。他用于对比的四个文化分别是印度文化、古典

---

① 参见[德]奥·斯宾格勒《西方的没落》第一卷第九章，吴琼译；又见商戈令《史宾格勒》，台湾东大图书股份有限公司，1991年，第50页。

② 参见[德]奥·斯宾格勒《西方的没落》第一卷第三章第八节，吴琼译。

③ [德]奥·斯宾格勒：《西方的没落》第一卷，吴琼译，第409—412页。

文化(古希腊罗马文化)、西方文化和阿拉伯文化。①

首先是文化精神的春天。它的特征是:乡野的和直觉的、初醒的、满怀梦想的心灵的伟大创造,超个人的统一的充盈。

其次是精神的夏天。它的特征是:日趋成熟的意识,最早期的城市和批判的潮流。

再次是精神的秋天。它的特征是:城市的才智,严密的理智的创造力的顶峰。

最后是精神的冬天。它的特征是:大城市文明的破晓。精神创造力的消失,生命本身成为问题。一种非宗教与非形而上学的世界主义的伦理与实践倾向。

应该说,要非常到位地理解斯宾格勒如此划分的原则和具体指标,不是一件容易的事,他在书中也没有给出这方面的详细说明。用他自己的话来说,这是他对世界历史"观相"的结果。笔者为能更好地把握斯宾格勒的精神演化模式,尝试用"信仰的衰退与个性的觉醒"这样的思路来理解他的模式。我们大致可以说,斯宾格勒的精神演化历程就是一个信仰不断递减的过程和理性不断觉醒的过程。

在斯宾格勒看来,每一种高级文化的出现都来源于某一种族人群对人生宇宙的突然"开悟",并因此而展开了一段"高级文化"(斯宾格勒在大多数情况下说的"文化"指的就是"高级文化")的生命历程。在这之前,是所谓"前文化"时代(他所谓的"原始人"或"原始文化"),在"高级文化"进入最后阶段——文明(狭义)之后,文化(高级文化)本身就会慢慢衰退而进入"费拉"阶段——一种无意义的"非历史"状况。

在精神的春天,人们由于这一开悟而本能地具有强烈的创造激情,所以他说是"直觉的伟大创造"。关键是,春天的精神对它自己的这种"领悟"有着强烈的表现欲,并因此有一种把他们的崭新世界感和生命感表现出来的强烈冲动,所以每一种高级文化的开始其实也就是一种宗教的开始。没有哪一种高级文化没有它的宗教,从某种意义上说,"文化"就是"宗教"的同义词。可以看出,斯宾格勒对"宗教"的理解是比较深层的,特别是对于我们习惯于把"宗教"等同于"佛教"和"道教"的传统中国人来说,斯宾格勒的宗教观是特别需要仔细领会的。关键是,处于精神春天的人们,对于自己的"信仰"有着文化晚期和文明时代的后人所无法体验的"虔诚"和"恭敬"。这一点对于中古以后的中国人来说,更是需要好好提醒一下的。因为两千年来,传统中国已经完全没有了"虔敬"。这种"虔敬"站在理性和启蒙的角度上看,表明当时的人类还处在"蒙昧"状况,人完全沉浸在宗教的气

---

① 在此,我们可以为本书的撰写寻找一个更简单明了的理由:今天的中国学人需要填补一下斯宾格勒留下的空格。既然斯宾格勒在他编制的各文化精神演化的"同时代"对比表中,没有中国文化的地位。我们是应该替斯宾格勒更是替我们自己补上这一课的。

氛中，完全没有晚期人类的理性自觉。

精神的夏天是所谓“宗教改革”时期，西方文化的路德、加尔文的新教运动是最好的代表，清教运动是精神夏天的标志。如果说，春天的信仰是人类在宗教面前的彻底顺从，用黑格尔的术语，可说是“表象宗教”，那夏天的信仰就应该是“概念宗教”。文化夏天的人类已经有了相当的自我意识和宗教“概念”。人们仍然是“虔敬”的，但已经不盲从教会和宗教权威了。人们认为真正的信仰——真正的得救只能来自个体自我，来自个体自我的真心敬仰和个体自我对宗教规范的真切笃行。

精神的秋天就是“启蒙”的时期，从宗教的角度看就是所谓“理性宗教”的时期。这个时期人们的理性高涨，强调自然和人性才是人类生存和思维的出发点。启蒙精神并不反对信仰，但它认为真正的宗教必然不违背人性，不抗拒自然。值得一提的是，斯宾格勒认定，在启蒙运动之后，文化就会达至它最成熟的状态，就会出现所谓的“伟大的总结性体系”。

精神的冬天是所谓的“非宗教”的时期。在斯宾格勒看来，理性的过度张扬必将解构所有的“宗教”和“形而上学”。此时的人们只能感受到现实的“感性”利益，所有的信仰最终都归结到感性的欲望。这是一个彻底唯物主义的时代，这是一个“唯利是图”的时代。

最后，文化精神必将走向怀疑主义和虚无主义，这是所有文化的必然归宿。人类将不可避免地走向“费拉”(Fellah)状况，似是而非的“第二信仰”将成为所有“费拉”社会的精神寄托。

斯宾格勒的“同时代”对比表还专门标出了各演化阶段的大致时间跨度。比如，按文化(狭义的)演化的阶段来区分，西方文化的早期阶段是公元900年到公元1500年，它的晚期阶段是公元1500年到公元1800年，19世纪以后，西方文化进入到它的文明期(狭义的)。斯宾格勒的精神“同时代”对比表没有像上述文化(狭义的)对比表那样精确，但我们大致可以判断出，一个文化(狭义的)的早期阶段相当于精神的春天，而它的晚期则囊括了精神的夏天和秋天，而精神的冬天则相当于文化(狭义的)的冬天。其他文化的发生时间虽然与西方文化各不相同，但各演化阶段在时间跨度方面与西方文化大致相当。这说明，文化有机体的演化确实有它内在的逻辑节奏和客观性。正是由于这样的客观性，使得从事文化形态学研究的真理性得到了保证。

斯宾格勒的这个精神演化的对比表，形象地说明了人类精神的发生学规律。它表明，任何人类只要进入到高级文化状态(原始文化不在此列)，除非受到外在力量的阻碍，就会自动地经历精神演化的四个阶段，直到走完它的生命历程。所有的高级文化都会有它的春天，有它的神话和传奇，有它的神秘主义经院主义；所有的高级文化也都会有它的夏天,有它的宗教改革运动和清教;所有的高级文化都会有它的秋天,有它的启蒙运动和总结性体系;同样,所有的文化也都会有它的冬天,有它的无神论和实利思潮。最后,如果时空许可,所有的高级文化都会僵化,都会死亡。在斯宾格勒看来,这是所有高级文化的宿命,这样的历程具有一种命运的必然性,不是个人的意志可以左右的。

因此,我们可以说,斯宾格勒的历史哲学其实也是一门文化发生学,或者也可以称为精神发生学。他认定人类的文化是人类醒觉意识的产物,是精神表现自身的方式。而人类的精神虽然无形无体,但它却是客观存在的生命有机体,具有自己的演化逻辑和规律,具有自己的发生学命运。

很显然,斯宾格勒的文化发生学是一种唯心主义学说。我们不能说,斯宾格勒完全从精神(心灵)发展的角度对人类文化的演变所做的各种结论是唯一正确的学术。但我们完全可以说,中国学术在历经了近百年的所谓"唯物主义"一统天下之后,从一种唯心主义(观念论)的视角来整理本民族的文化和历史应该是今天的学界不能推卸的历史责任,特别是当我们要更切近地回溯中华文明自身的心路历程的时候。

本书的宗旨——也是它的使命,就是要尝试从斯宾格勒所开创的精神发生学思维方式和学术范式,来对中国文化的"精神"(心灵)历程作一次"观相"。或许它将成为未来中国学术的基石。

没错,我们需要用"观相"的方式来探讨和把握中国历史,特别是古典中国的历史。斯宾格勒把他自己的历史哲学的方法论称为"观相的"(physiognomic),以区别于传统历史学的"系统的"方法论。他认为,由于文化形态学(文化发生学)的研究对象是由文化有机体所构成的所谓"作为历史的世界",而不是像自然科学那样所针对的是"作为自然的世界"。研究"作为自然的世界"固然需要"系统的"方法,而研究"作为历史的世界"则只能是用"观相的"方式。研究对象的不同决定了研究方式的差异。[①] 要对"观相的"历史学方法论作一全面的介绍需要一篇长文甚至一部专部,我们这里只想提示读者,所谓"观相的"方法论其实就是文化形态学特有的方法论。它与文化形态学是二而一关系,从学说本体来说,叫文化形态学;从研究方法来说,就叫"观相的"。如上所述,"观相的"历史学关键是把所有文化(高级文化)理解为生命有机体。它们像人和动植物一样,有自己从出生到衰老的生命历程,在各个不同的生命阶段会呈现相应的形态学(发生学)征状。这些形态学(发生学)的征状具有发生学意义的必然性(所谓命运的必然、生成的逻辑),特别重要的是,不同文化之间具备这些形态学(发生学)征状的可对比性,所谓"同

① [德]奥·斯宾格勒:《西方的没落》第一卷第一章,吴琼译;又见商戈令《史宾格勒》第二章。

时代"性。上面提到的斯宾格勒所做的各不同文化的"同时代"对比表就是一个"观相的"历史学方法论的范例。不同的文化虽然时空范围迥异，外在面貌和表现样式各不相同，但它们都服从文化有机体的发生学规律和演化逻辑。这为我们通过借助于其他文化，特别是西方文化的发生学特征和演化规律来还原古典中国的真实状况提供了可能。中国文明太古老了，古老得使今天的我们几乎完全忘却了它的青春岁月，忘却了它的真实自我。代表古典中国最高成就的秦朝的早夭使得我们过快地进入到"无历史"的"费拉"时代。正如本书开头所说，我们既遗忘了青春时代的"虔诚"，又曲解了成熟岁月的"科学"（理性），伴随我们堕落灵魂的几乎只有《庄子》式的"无是非"和《孟子》式的"性本善"。我们不仅在"混沌不知"和"自我安慰"中空耗岁月，而且还以这种"费拉"式的思维贬低、亵渎我们的祖先。幸好，全球化使我们有了更宽广的胸怀和更高远的视野，借助于体现了当今世界最高学术水平的文化形态学（文化发生学），我们深切地体认到，在传统中国之前，我们还有一个更能代表中国情怀的古典中国。我们曾经也有真诚的信仰，我们也有自己的宗教改革和启蒙运动，同样，我们也有能充分代表古典中国最高成就的"伟大的总结性体系"。只是近两千年来，我们倦怠了，我们睡着了，遗忘了自己的本真。今天和未来的中国要做的，就是马上清醒过来，尽快找到自己失去的记忆，重拾我们的朝气蓬勃，再创我们的成熟芬芳。

这正是本书的宗旨。

最后要特别申明，既然斯宾格勒的历史哲学是所谓"文化形态学"，这样的"文化形态学"也可以称之为"精神发生学"，我们就自然会联想到德国伟大的思想家黑格尔。斯宾格勒在书中明白表明他的思想受益于尼采和歌德，斯宾格勒在其他的场合也承认德国历史哲学家狄尔泰的作品对他有影响。过往的研究也探讨过俄国思想家尼古拉·丹尼拉夫斯基的文化形态学影响斯宾格勒的可能性。[①] 但本书必须说，斯宾格勒和他的《西方的没落》是典型的德国文化的产物，不能排除受到境外学术影响的可能性，但《西方的没落》的内容和形式无疑是典型的近代日耳曼式的。如果一定要说哪个思想家对《西方的没落》、对斯宾格勒的文化形态学（发生学）影响最大，本书认为，黑格尔应该是首先要提到的。但是，斯宾格勒几乎没有提到黑格尔对他的影响。或许像宋代诗人苏轼的诗中所说，"不识庐山真面目，只缘身在此山中"。只要我们细心地阅读体会《西方的没落》，我们会时时处处感受到黑格尔思想的方方面面，特别是黑格尔的《历史哲学》、《哲学史讲演录》、《美学》和《精神现象学》的内容和名词概念。这其实不难理解。黑格尔的哲学号称为精神哲学，他的成名作《精神现象学》从某种角度看，就是一本有关精神发生

---

① 参见商戈令《史宾格勒》第一章。

学的著作。在《西方的没落》中，我们能强烈地感受到黑格尔的《历史哲学》对斯宾格勒学术框架的深刻塑造力。

在此我们要做如下呼吁：为了能更好地理解本书，把《西方的没落》一书多读几遍是十分必要的。当然要把《西方的没落》一书读明白，读一下黑格尔的《历史哲学》、《哲学史讲演录》以及他的《精神现象学》也极有必要。当然，如果我们想要更好地理解黑格尔，多读一下《西方的没落》一书也绝对没有坏处。

第二章

古典中国之春——诗书时代

第一节　“天”的信仰的发生与古典中国的成立

人们都知道殷商时期是中国文化的起源年代。按照斯宾格勒的观点，殷商时期不能算是真正的文化时期，只能算是“前文化”阶段。

殷商时期的中国确实只能算是“原始文化”。首先，它近乎是一个信仰“万物有灵”文化。在甲骨卜辞中，我们一而再、再而三地看到殷人对各式各样神灵的祀拜祈祷。逝去的每一个先祖固然是他们祀拜的对象，几乎所有他们所遭遇经历的山川河湖也都是他们祈祷的神灵。但是，所有这样的神灵都是零乱的，互不相关的，可以说是随处安放、任意简择的，它们缺乏一个体系，没有内在的统一。按照斯宾格勒的观点，原始文化区别于高级文化的一个关键因素就在这里。斯宾格勒认为，原始宗教“充其量只有一些零散的和无规则的特征、依附于各种名称上的祀拜、片断的传奇人物形象的总汇，但它还没有一个神圣的秩序、还不是一个神话有机体”①。他在评述埃及文化和巴比伦文化作为人类最早期的两个高级文化出现于地球上时说：“这两个地区一直在培育某种在性质和意图上和一切原始文化都根本不同的东西，某种具有内在的统一性的东西，这种内在的统一性是它的一切

① ［德］奥·斯宾格勒：《西方的没落》第一卷，吴琼译，第380页。

表现形式所共有的，……”①一个文化之所以是“原始的”，就是由于它的混沌杂乱。“原始文化既不是一个有机体，也不是有机体总和。”②“原始民族和费拉民族所体验到的生命只是一种动物学意义上的起伏沉浮、一种没有计划的偶发事件，没有目标，也没有在时间中有节奏的行进，在此种民族中，变数甚多，但在最后的分析中，这些变化皆缺乏意义。”③

对于原始中国来说，特别能说明问题的是殷人对神灵崇拜的无逻辑。郭沫若先生对卜辞有很好的研究。他说：“殷人最为迷信，无论什么大小的事情都要卜，一卜总是要连问多次。……据此可以想见殷人是怎样的迷信了。”④冯达文教授也曾对殷人的这种“不可理喻”有很好的解说。他说：“殷人对帝的征询如此繁密，内容如此零碎具体，显见他们无法（或不敢）运用和发展自己起码的观察能力和推理能力，更没有意识到应该用自己的理智去追求、把握事物之间一些共同的、一般的、规律性的东西。”⑤他还进一步指出：“在殷人那里，事物的联系固然被看作只有一正一反，肯定否定的两种情况。而且，值得注意的是，殷人贞问一件事情，卜问了正面，还是卜问反面：……这种情况表明，殷人对事物的正面和反面虽然作了区分，但对于二者之间的联系，也是不敢判定的。……匍匐在上帝脚下的殷人倒回到了蒙昧的时代。”冯先生的这一精到的论断非常贴切地表明了殷人的前文化状态。斯宾格勒看到这一段，一定会大加赞赏。斯宾格勒说：“原始人民还处在蒙昧状态，面对混沌的环境，还惊恐得目瞪口呆，那种种谜团不断地挤压着他们，因为他们当中还没有人能逻辑地应付这一切。和他们比较起来，动物是幸运的，它们虽然是觉醒的，但却不用去思考。动物只有在情况发生变化时才知道恐慌，而早期人类却在整个世界面前颤抖。他身内身外的一切都是黑暗的，无法解决。日常的事情和神灵的事情纠缠在一起，既无头绪，也无规则。日子里充满了惊恐和痛苦的虔敬。”⑥

古典中国的觉醒发生在什么时候呢？我们认为，商周之际，中国文化明显的突破终于发生了。

商朝中晚期的时候，殷人已有了对“帝”的信仰，表明一个统一的至上神已经

---

① ［德］奥·斯宾格勒：《西方的没落》第二卷，吴琼译，第28页。
② ［德］奥·斯宾格勒：《西方的没落》第二卷，吴琼译，第29页。
③ ［德］奥·斯宾格勒：《西方的没落》第二卷，吴琼译，第151页。
④ 郭沫若：《中国古代社会研究》上册，第305页。
⑤ 冯达文：《早期中国哲学略论》，第16页。
⑥ ［德］奥·斯宾格勒：《西方的没落》第二卷，吴琼译，第250页。

出现了[①]。但是真正的突破应该发生在“天”作为信仰对象的时候。“天”作为至上神，作为万神之首和万神之统出现在古代中国的集体表象中，实在说来才真正是古典中国发生的标志。当然，这里的“天”与我们后世所理解的自然的天空完全不是一回事，它更接近了西方文化的“上帝”。可以说，当古代中国人开始把“天”当成至上神信仰的时候，表明中国已从原始文化阶段进入到高级文化阶段，用本书的话语来说就是，原始中国已演变为古典中国。

“天”何时才进入中国文化的视野中呢？

郭沫若先生说：“在这儿却有一个值得注意的现象，便是卜辞中称至上神为帝，为上帝，但决不普称为天。天字本来是有的，如把大戊称为‘天戊’，大邑商称为‘天邑商’，都是把天当为了大字的同义语。……卜辞既不称至上神为天，那么称天的办法一定是后起的，至少当得在武丁以后。”[②]郭老先生于是进一步推断：“由上所论足见殷时代是已经有至上神的观念的，起初称为‘帝’，后来称为‘上帝’，大约在殷周之际的时候又称为‘天’。”[③]

由此我们可以说，商周之际，文化中国开始觉悟，古典中国的发轫就在此时。

从此以后，所有的原有神祇都归入“天”的系统之中，即使是殷人最传统的祖先崇拜也都归入了天的信仰的体系中，成为“上帝”、“皇天”、“天帝”之一部分。

已经死去的统治者上升到天，成为上天的一部分，这不能不说是古典中国一个巨大的思想成就。原来零乱混杂的祖先崇拜经过这一思想上的提升变成了一个统一的信仰体系。上帝和祖先由此而成为二而一的密不可分的整体。我们都知道西方基督教有所谓“三位一体”的观念，其实，古典中国的先祖帝王与上天的关系也是一种超越普通思维的“多位一体”的关系。

不要小看了这一信仰整合的意义，它表明古典中国由此进入了高级文化的阶段。正如斯宾格勒所说：“随着高级文化类型的出现，这个‘彼物’让位于一种强有力的统一的倾向。……高级文化即是某个单一的巨大有机体的醒觉存在，这个有机体不仅使习俗、神话、技术和艺术，而且使并存于其中的民族和阶级，都成为某个单一的形式语言和某个单一的历史的容器。”[④]

因为这一观念上的突破，古典中国从原始宗教进入到真正的宗教，古典中国

---

① 殷人早期只有“祖”作为祖先崇拜的标的，到了末年才有了“帝乙”、“帝辛”的谥号。卜辞中的“帝令某”的语式也是武丁以后才有的。参见郭沫若《中国古代社会研究》上册，第 307 页。又见冯达文《早期中国哲学略论》，广东人民出版社，1998 年，第 13 页。

② 郭沫若：《中国古代社会研究》上册，第 307 页。另外，传统学术对“天子”一词的理解都失去了宗教的韵味。实际上，“天子”在古典中国本质上就是一个宗教教主的身份，与古埃及的“法老”相似。

③ 郭沫若：《中国古代社会研究》上册，第 310 页。

④ [德]奥·斯宾格勒：《西方的没落》第二卷，吴琼译，第 29 页。

也由此迈入高级文化的历程。“原始宗教的周围有一些居无定所的东西，就像云彩和风一样飘忽不定，原初民族的大众心灵曾经偶然地、暂时地聚集成为一个存在。”[①]但它们还没有形成统一的世界感和心灵意象。真正的宗教意味一种心灵的破土而出。“在任何情况下，宗教的肇始总像是振臂一呼，无声地交织在一起的恐惧的防御心理，突然间被一阵内在的纯粹觉醒所驱散，这种内在性完全就像植物一样，从母土中破土而出，并凭着一种远观，凝视和领会着光的世界的深处。凡是内省作为一种活生生的感觉而存在的地方，就能感觉到这种变化，并把它当作一种内心的重生加以欢迎。”[②]这就是说，伴随一个高级宗教的出现，人类会获得一种精神的解放，并进而形成一个全新的世界观。注意，这是一个“世界观”，而不是原始宗教中的地方祀拜。从现在起，因为精神的解放，文化人类开始仰望天空，把整个宇宙和历史当成自身的关注对象，而不是像他们的祖先一样，因为恐惧和防御心理只忙于应付他们的身边的事务，只关注自己的宗族与部落。

作为高级文化的古典中国的春天开始了。

第二节 《尚书》——古典中国之《圣经》

一 天威与威仪

凡是认为中国是没有宗教的国度的人，可以肯定他们无法领会《尚书》；而正是因为我们失去了信仰，两千年来，《尚书》的真如则几乎没有被国人理解。在观相的历史学中，《尚书》就是古典中国的圣经，它的地位类似于西方文化中的《圣经》(*Bible*)。

我们这里所讨论的《尚书》当然指的是今文尚书。虽然现存的 29 篇今文尚书不能说全都能代表古典中国精神春天的作品，但基本上可以说，如果我们要在现存的传世文献中找寻古典中国的春天遗存，这里应该是材料最集中的地方。

我们认为最能反映当时时代精神的篇章包括：《甘誓》、《汤誓》、《牧誓》、《大诰》、《康诰》、《酒诰》、《梓材》、《召诰》、《洛诰》、《多士》、《无逸》、《君奭》、《多方》、《立政》、《顾命》、《康王之诰》、《吕刑》、《文侯之命》、《费誓》等。

其中，《甘誓》、《汤誓》、《牧誓》最能反映殷周之际或者说周初新人类的精神面

---

① [德]奥·斯宾格勒：《西方的没落》第二卷，吴琼译，第 254 页。

② [德]奥·斯宾格勒：《西方的没落》第二卷，吴琼译，第 254—255 页。

貌。当然很明显，《甘誓》和《汤誓》是姬周人为了自己改朝换代所做的虚拟托附，我们不应该把它们想当然地认定是禹汤时期的作品。从事中国学术研究的人士必须有一个基本的判断：中国古人是非常习惯于"托附"的。

这几篇作品特别能反映青春时期人类的朝气蓬勃和一往无前：

夏书·甘誓

启与有扈战于甘之野，作《甘誓》。

大战于甘，乃召六卿。

王曰："嗟！六事之人，予誓告汝：有扈氏威侮五行，怠弃三正，天用剿绝其命，今予惟恭行天之罚。左不攻于左，汝不恭命；右不攻于右，汝不恭命；御非其马之正，汝不恭命。用命，赏于祖；弗用命，戮于社，予则孥戮汝。"

商书·汤誓

伊尹相汤伐桀，升自陑，遂与桀战于鸣条之野，作《汤誓》。

王曰："格尔众庶，悉听朕言，非台小子，敢行称乱！有夏多罪，天命殛之。今尔有众，汝曰：'我后不恤我众，舍我穑事而割正夏？'予惟闻汝众言，夏氏有罪，予畏上帝，不敢不正。今汝其曰：'夏罪其如台？'夏王率遏众力，率割夏邑。有众率怠弗协，曰：'时日曷丧？予及汝皆亡。'夏德若兹，今朕必往。"

"尔尚辅予一人，致天之罚，予其大赉汝！尔无不信，朕不食言。尔不从誓言，予则孥戮汝，罔有攸赦。"

周书·牧誓

武王戎车三百辆，虎贲三百人，与受战于牧野，作《牧誓》。

时甲子昧爽，王朝至于商郊牧野，乃誓。

王左杖黄钺，右秉白旄以麾，曰："逖矣，西土之人！"

王曰："嗟！我友邦冢君御事，司徒、司马、司空，亚旅、师氏，千夫长、百夫长，及庸，蜀、羌、髳、微、卢、彭、濮人。称尔戈，比尔干，立尔矛，予其誓。"

王曰："古人有言曰：'牝鸡无晨；牝鸡之晨，惟家之索。'今商王受惟妇言是用，昏弃厥肆祀弗答，昏弃厥遗王父母弟不迪，乃惟四方之多罪逋逃，是崇是长，是信是使，是以为大夫卿士。俾暴虐于百姓，以奸宄于商邑。今予发惟恭行天之罚。

今日之事，不愆于六步、七步，乃止齐焉。勖哉夫子！不愆于四伐、五伐、六伐、七伐，乃止齐焉。勖哉夫子！尚桓桓如虎、如貔、如熊、如罴，于商郊弗迓克奔，以役西土，勖哉夫子！尔所弗勖，其于尔躬有戮！"

不管是夏启对有扈氏有什么样的控告亦或是商汤与周武对夏桀和商纣有怎样的列罪，这些对于我们都不重要。重要的是，三个新人类“恭行天之罚”的坚强意志和坚定信心。这绝对不是晚期人类所能具有的。

这里，周武王为代表的青春心灵把自己等同于至高无上的上天，而且这样的心态是自然而然的，是发自内心的，并不像晚期人类那样是反省和自我激发的结果。它们具有一种内在的强大，充满了无比的威力。

在《多士》、《多方》甚至《费誓》篇中，我们仍然可以感受到早期人类旺盛的生命力和充盈的权力意志：

王曰：“多士，昔朕来自奄，予大降尔四国民命。我乃明致天罚，移尔遐逖，比事臣我宗多逊。”

王曰：“告尔殷多士，今予惟不尔杀，予惟时命有申。今朕作大邑于兹洛，予惟四方罔攸宾，亦惟尔多士攸服奔走臣我多逊。尔乃尚有尔土，尔用尚宁干止，尔克敬，天惟畀矜尔；尔不克敬，尔不啻不有尔土，予亦致天之罚于尔躬！今尔惟时宅尔邑，继尔居；尔厥有干有年于兹洛。尔小子乃兴，从尔迁。”①

今我曷敢多诰？我惟大降尔四国民命。尔曷不忱裕之于尔多方？尔曷不夹介乂我周王享天之命？今尔尚宅尔宅，畋尔田，尔曷不惠王熙天之命？尔乃迪屡不静，尔心未爱。尔乃不大宅天命，尔乃屑播天命，尔乃自作不典，图忱于正。我惟时其教告之，我惟时其战要囚之，至于再，至于三。乃有不用我降尔命，我乃其大罚殛之！非我有周秉德不康宁，乃惟尔自速辜！”

……

王曰：“呜呼！多士，尔不克劝忱我命，尔亦则惟不克享，凡民惟曰不享。尔乃惟逸惟颇，大远王命，则惟尔多方探天之威，我则致天之罚，离逖尔土。”王曰：“我不惟多诰，我惟祗告尔命。”又曰：“时惟尔初，不克敬于和，则无我怨。”②

公曰：“嗟！人无哗，听命。徂兹淮夷、徐戎并兴。善敹乃甲胄，敿乃干，无敢不吊！备乃弓矢，锻乃戈矛，砺乃锋刃，无敢不善！今惟淫舍牿牛马，杜乃擭，敜乃穽，无敢伤牿。牿之伤，汝则有常刑！马牛其风，臣妾逋逃，勿敢越逐，祗复之，我商赉汝。乃越逐不复，汝则有常刑！无敢寇攘，逾垣墙，窃马

① 《尚书·多士》。

② 《尚书·多方》。

牛，诱臣妾，汝则有常刑！

甲戌，我惟征徐戎。峙乃糗粮，无敢不逮；汝则有大刑！鲁人三郊三遂，峙乃桢干。甲戌，我惟筑，无敢不供；汝则有无余刑，非杀。鲁人三郊三遂，峙乃刍茭，无敢不多；汝则有大刑！”①

在文化春天的人们看来，上天、上帝具有不可抗拒的威严，早期信仰中的人类是不可能违抗“天威”的。

我们有必要来看《尚书》有关“天威”的话语和段落：

非先王不相我后人，惟王淫戏用自绝。故天弃我，不有康食。不虞天性，不迪率典。今我民罔弗欲丧，曰：“天曷不降威？”②

今天动威以彰周公之德。③

天降威，用宁王遗我大宝龟，绍天明。……天降威，知我国有疵，民不康。④

厥诰毖庶邦庶士越少正御事，朝夕曰：“祀兹酒。惟天降命，肇我民，惟元祀。天降威，我民用大乱丧德，亦罔非酒惟行；……”⑤

王若曰：“尔殷遗多士，弗吊旻天，大降丧于殷，我有周佑命，将天明威，致王罚，敕殷命终于帝。”⑥

呜呼！君已曰时我，我亦不敢宁于上帝命，弗永远念天威越我民。……公曰：“君奭！天寿平格，保乂有殷，有殷嗣，天灭威。今汝永念，则有固命，厥乱明我新造邦。”……又曰：“无能往来，兹迪彝教，文王蔑德降于国人。亦惟纯佑秉德，迪知天威，乃惟时昭文王迪见冒，闻于上帝。惟时受有殷命哉。武王惟兹四人尚迪有禄。后暨武王诞将天威，咸刘厥敌。惟兹四人昭武王惟冒，丕单称德……公曰：“君！告汝，朕允保奭。其汝克敬以予监于殷丧大否，肆念我天威。”⑦

天惟求尔多方，大动以威，开厥顾天；……尔乃惟逸惟颇，大远王命，则惟

---

① 《尚书·费誓》。

② 《尚书·西伯戡黎》。

③ 《尚书·金縢》。

④ 《尚书·大诰》。

⑤ 《尚书·酒诰》。

⑥ 《尚书·多士》。

⑦ 《尚书·君奭》。

尔多方探天之威,我则致天之罚,离逖尔土。[1]

在后之侗,敬迓天威,嗣守文、武大训,无敢昏逾。……王再拜,兴,答曰:“眇眇予末小子,其能而乱四方以敬忌天威。”[2]

简孚有众,惟貌有稽。无简不听,具严天威。[3]

与传统中国的仁慈大不相同,古典中国的天帝充满了无上的威严和唯我独尊的意志。传统学术不知何故,对于这样的“天威”总是不敢正面相对,不是有意回避,就是曲意化解。其实,压倒一切的权威感与唯我独尊的气势正是一个新生的强健心灵所不可缺少的。

另外,我们在《尚书》还见“天明畏”这样的表述:

呜呼!天明畏,弼我丕丕基![4]

惟天不畀允罔固乱,弼我,我其敢求位?惟帝不畀,惟我下民秉为,惟天明畏。[5]

过往的理解也往往不得要领。其实这里的“畏”就是“威”的意思,只是这里是一种动词的用法。“天明畏”就是说“天具有显明的威力,它能使人心畏”。

古典中国的“天威”(天畏)的观念在金文中也多见:

三年静东国,亡不成就。天畏,否畀屯陟。[6]

敏朝夕入谏,享奔走,畏天畏。[7]

肆皇天亡斁,临保我有周。……旻天疾威。[8]

正因为上天、上帝的无上权威、无上尊严,所以《尚书》的时代,人们对天无比地虔敬。在《尚书》中到处充斥的“恭”、“敬”等字眼很能说明这一点:

---

① 《尚书·多方》。

② 《尚书·顾命》。

③ 《尚书·吕刑》。

④ 《尚书·大诰》。

⑤ 《尚书·多士》。

⑥ 《班簋》,见刘翔、陈抗等编著,李学勤审订《商周古文字读本》,语文出版社,1989年,第91页。

⑦ 《大盂鼎》,见刘翔、陈抗等编著,李学勤审订《商周古文字读本》,第71页。

⑧ 《毛公鼎》,见朱顺龙、何立民编著《中国古文字学基础》,上海社会科学院出版社,2004年,第240页。

今予惟恭行天之罚。左不攻于左，汝不恭命；右不攻于右，汝不恭命；御非其马之正，汝不恭命。①

呜呼！今予告汝：不易！永敬大恤，无胥绝远！汝分猷念以相從，各设中于乃心。乃有不吉不迪，颠越不恭，暂遇奸宄，我乃劓殄灭之，无遗育，无俾易种于兹新邑。②

今我民用荡析离居，罔有定极，尔谓朕曷震动万民以迁？肆上帝将复我高祖之德，乱越我家。朕及笃敬，恭承民命，用永地于新邑。③

今予发惟恭行天之罚。④

五事：一曰貌，二曰言，三曰视，四曰听，五曰思。貌曰恭，言曰從，视曰明，听曰聪，思曰睿。恭作肃，從作乂，明作哲，聪作谋，睿作圣。⑤

王曰："呜呼！小子封，恫瘝乃身，敬哉！天畏棐忱；民情大可见，小人难保。往尽乃心，无康好逸，乃其乂民。"⑥

拜手稽首，曰："予小臣敢以王之仇民百君子越友民，保受王威命明德。王末有成命，王亦显。我非敢勤，惟恭奉币，用供王能祈天永命。"

我不可不监于有夏，亦不可不监于有殷。我不敢知曰，有夏服天命，惟有历年；我不敢知曰，不其延。惟不敬厥德，乃早坠厥命。我不敢知曰，有殷受天命，惟有历年；我不敢知曰，不其延。惟不敬厥德，乃早坠厥命。今王嗣受厥命，我亦惟兹二国命，嗣若功。⑦

周公拜手稽首曰："王命予来承保乃文祖受命民，越乃光烈考武王弘朕恭。孺子来相宅，其大惇典殷献民，乱为四方新辟，作周恭先。曰其自时中乂，万邦咸休，惟王有成绩。予旦以多子越御事笃前人成烈，答其师，作周孚先。考朕昭子刑，乃单文祖德。"

王拜手稽首曰："公不敢不敬天之休，来相宅，其作周配，休！公既定宅，伻来，来，视予卜，休恒吉。我二人共贞。公其以予万亿年敬天之休。拜手稽首诲言。"⑧

尔乃尚有尔土，尔用尚宁干止，尔克敬，天惟畀矜尔；尔不克敬，尔不啻不

---

① 《尚书·甘誓》。
② 《尚书·盘庚中》。
③ 《尚书·盘庚下》。
④ 《尚书·牧誓》。
⑤ 《尚书·洪范》。
⑥ 《尚书·康诰》。
⑦ 《尚书·召诰》。
⑧ 《尚书·洛诰》。

有尔土,予亦致天之罚于尔躬!①

周公曰:"呜呼!我闻曰:昔在殷王中宗,严恭寅畏,天命自度,治民祇惧,不敢荒宁。肆中宗之享国七十有五年。……"②

在我后嗣子孙,大弗克恭上下,遏佚前人光在家,不知天命不易,天难谌,乃其坠命,弗克经历。嗣前人,恭明德,在今予小子旦非克有正,迪惟前人光施于我冲子。③

我们这里列举了部分带"恭"和"敬"的段落,其他如"笃"、"严"、"寅"、"祈"、"祇"等表明"虔敬"意味的字眼在《尚书》中是随处可见的。唯一比较遗憾的是传世本《尚书》中未见"虔敬"、"虔诚"的"虔"字,使人难免有些失望,不过这样的遗憾在金文文献中可以弥补,如:

番生不敢弗帅型皇祖考丕丕元德,用绸缪大命,屏王位。虔夙夜敷求不僭德,用谏四方,柔远能迩。④

余非庸又昏,当勿敢妄宁,虔夙夕惠我一人。⑤

余虽小子,穆穆帅秉明德,……虔敬朕祀。⑥

余不暇荒宁,……虔不堕,鲁覃京师,乂我万民。⑦

余非敢宁忘,有虔不惕,佐佑楚王。⑧ 逨御于厥辟,不敢坠,虔夙夕敬厥死事。⑨

可以说,早期人类对信仰的忠诚是浸透于生命全体的,按斯宾格勒的观点,对上帝的充沛虔敬同样是初生的强健文化的一个基本特征。令人感慨的是,作为费拉时期的人类,我们已经很难感受到这样的真诚了。

与"天威"紧密相关的另一个古典中国的核心概念就是"威仪"。

---

① 《尚书·多士》。

② 《尚书·无逸》。

③ 《尚书·君奭》。

④ 《番生簋》,载中国社会科学院考古研究所编《殷周金文集成释文》第三卷,香港中文大学出版社,2001年,编号4326。

⑤ 《毛公鼎铭》。以上两段金文系采用郭沫若先生的隶定。见郭沫若《中国古代社会研究》上册,第325、329页。

⑥ 《秦公鼎》,载中国社会科学院考古研究所编《殷周金文集成释文》第三卷,编号4315。

⑦ 《晋姜鼎》,载中国社会科学院考古研究所编《殷周金文集成释文》第二卷,编号2826。

⑧ 《蔡侯纽钟》,载中国社会科学院考古研究所编《殷周金文集成释文》第一卷,编号217。

⑨ 《逨编钟》,载刘雨、卢岩著《近出殷周金文集录》第1册,中华书局,2002年,编号106。

两千年的传统学术使我们习惯性地认为，中国是一个历史悠久的“礼仪之邦”，中国文明自古以来就是一个礼乐文明。这里，我们必须申明，传统学术遗忘了一个基本的文化事实：古典中国的早期是一个以“威仪”为标志的文明。

在早期人类的心目中，上天具有压倒一切的威权。上天有它的意志，有它对天地人间的秩序要求，作为虔敬无比的青春人类，他们的行为举止必须得符合上天的规范。既然上天是一切威权、力量的唯一来源和保证，所以凡符合天意的行为本身也就具备了“威力”。

极为遗憾的是，传统学术对“威仪”这一个在古典中国至为关键的概念几乎是熟视无睹的。在传统学术中，《左传》的解释似乎是最权威的：

> 公曰：“善哉！何谓威仪？”对曰：“有威而可畏谓之威，有仪而可象谓之仪。君有君之威仪，……臣有臣之威仪，……故君子在位可畏，施舍可爱，进退可度，周旋可则，容止可观，作事可法，德行可象，声气可乐，动作有文，言语有章，以临其下，谓之有威仪也。”①

粗看起来，好像也有板有眼，但再仔细一看，这里的解释基本上是说文解字，完全是“就字论字”，丝毫没有深入到文字背后的思想中去。要知道在诗书的时代，“威仪”是可以与天帝紧密相连的。我们已经知道，“仪”就是“义”，古典时代只有“义”，“仪”是后来的衍生字。“义”就是行为规范，是伦理准则。② 为什么叫“威仪”，因为人们（特别是等级者——君子与士）的行为准则是需要上天来规定和认可的，至少在当时人们的心目中是如此。士君子们之所以要如此这般的为人处事，是由于这是上天的意志。正因为人们的行为规范贯彻着上天的意志，所以它自然就具备一种“权威”。正如《淮南子》所说：

> 兵之所以强者，民也；民之所以必死者，义也；义之所以能行者，威也。是故合之以文，齐之以武，是谓必取。威仪并行，是谓至强。③

“威仪”意味着人的行为是有着深厚的宗教含义的。不“义”的行为在当时人看来，就是在得罪上天。为什么《尚书》中到处是“恭行天之罚”之类的话语，这绝不是后世所谓的修饰用语，这是虔敬年代人们的由衷体验。他们是真正的“替天行道”。

---

① 《左传·襄公三十一年》。

② 参见郭智勇《被遗忘与曲解的古典中国——〈吕氏春秋〉对传统学术的投诉》，第39—49页。

③ 《淮南子·兵略训》。

在《尚书·酒诰》篇中,人们能很好地感受地古典中国的人们对"威仪"的敬信。周公告诫人们不要乱饮酒。他不是像后世的圣贤那样,说酗酒乱性,会败坏社会,他的理由是"辜在商邑,越殷国灭,无罹。弗惟德馨香祀,登闻于天;诞惟民怨,庶群自酒,腥闻在上。故天降丧于殷,罔爱于殷,惟逸。天非虐,惟民自速辜"。因为酗酒会"腥闻在上",所以上天就会很不高兴,从而"降丧于殷"。在古典时代,上帝虽然看不见、摸不着,但在人们的心里,上帝真真切切存在着,且时时处处监视着人间的方方面面。

在存世和出土的各种周朝铭文中,我们总能看到周王和贵族们对册封仪式极为重视。这些仪式中,赐予各种服装和马饰是其中的重要内容。人们当然可以从其他方面作出自己的解释,但一个自然而朴素的理由就是这些服饰是与贵族们的行为举止相关,说到底,这里面的寓意就是周王希望受赐人能保持他们应有的"威仪",要使自己的仪态符合上帝的期望。所以这些册命仪式总是在宗庙中,在十分庄重的气氛中举行。由此也可见"威仪"所表示的宗教虔敬意含。

两千年来的传统学术几乎完全遗忘了"威仪"在古典中国的指标性意义,这一事实本身就已经说明了它的没落。

二　天命与敬德

周人对天的信仰特别表现在对"天命"的信仰上。除了"天威"外,《尚书》中另一核心的概念就是"天命",与此相关的是"敬德"的概念与"以德配命"观念。

周人认为,天固然具有无可比拟的威权,它可以主宰人间的一切。如果上天对人不满,它就"降威"、"降丧",如果它钟情于某一人类,它就会"降命"、"赐福"。就像上面所引《酒诰》中所说:你们用酒来祭祀,这是好的表现,老天爷就会降命;但现在你们因为狂喝滥饮,已经"大乱丧德",所以老天爷就要降威,进行惩罚。

但周人的"天"不像殷人的神祇。殷人的鬼神对世人的祸福干预是随心所欲的,没有规矩可循。周人的天帝则是一个相当讲究逻辑的威权。

我们前面说过,殷人还处在原始文化的阶段。殷人对天帝的信仰是忘我的顶礼膜拜,是毫无自识式的倾心尊奉。他们并没有建立起自我行为与上帝认可之间的联系。在他们的模糊意识中,上天福佑与人类的伦理表现并没有关系。正如冯达文先生所指出的那样:殷人的思维模式是一种"帝令某"的语式。"在他们的观念中,显然认为'帝'对任何事物的支配都是直接的、任意的、无条件的,因而是人无法捉摸、不可把握的，这当然不可能容纳人的认识、人的主观努力。”[①]他们只是一味沉溺于对天帝的膜拜中，没有想到上天是要根据人们的现实表现来决定致福或降祸，所以一直到商纣王时，明明由于他自己的恶劣表现而致民怨沸腾，举国不安，但他仍固执地认为：“我生不有命在天？”[②]

到周代以后，人们的思维有了全新的突破。殷人的“帝令某”语式上升到“天为某令某”的语式。“周人这一观念确认，天对万物的支配不是随意的、无缘无故的，而是某人有德，它才赐予天命。”[③]人们已经意识到天命不是永远不变，上天会依据人们的伦理行为来决定天命的授予与否。于是，“德”这个古典中国的核心观念便随之而来。

郭沫若先生指出，殷人还不知道“德”字，“德”似乎是周代才兴起的一个新概念。[④] 在周人看来，欲获得上天的垂青，保持上帝的眷顾，就必须以“敬德”、“明德”为前提。于是“德”与“命”就形成了一对严密逻辑上的因果关系：有德才会有命，不敬德就会“坠命”。这在《召诰》中有非常明确的表述：

> 我不可不监于有夏，亦不可不监于有殷。我不敢知曰，有夏服天命，惟有历年；我不敢知曰，不其延。惟不敬厥德，乃早坠厥命。我不敢知曰，有殷受天命，惟有历年；我不敢知曰，不其延。惟不敬厥德，乃早坠厥命。今王嗣受厥命，我亦惟兹二国命，嗣若功。
>
> 王乃初服。呜呼！若生子，罔不在厥初生，自贻哲命。今天其命哲，命吉凶，命历年；知今我初服，宅新邑。肆惟王其疾敬德？王其德之用，祈天永命。[⑤]

在《酒诰》和《多士》、《君奭》、《多方》中，我们也能非常清楚地得到这样的因果定则：

> 辜在商邑，越殷国灭，无罹。弗惟德馨香祀，登闻于天；诞惟民怨，庶群自酒，腥闻在上。故天降丧于殷，罔爱于殷，惟逸。天非虐，惟民自速辜。[⑥]
>
> 自成汤至于帝乙，罔不明德恤祀。亦惟天丕建，保乂有殷，殷王亦罔敢失

① 冯达文：《早期中国哲学略论》，第 16 页。

② 《尚书·西伯戡黎》。

③ 冯达文：《早期中国哲学略论》，第 26 页。

④ 郭沫若：《中国古代社会研究》上册，第 321 页。

⑤ 《尚书·召诰》。

⑥ 《尚书·酒诰》。

> 帝，罔不配天其泽。在今后嗣王，诞罔显于天，矧曰其有听念于先王勤家？诞淫厥泆，罔顾于天显民祇，惟时上帝不保，降若兹大丧。惟天不畀不明厥德，凡四方小大邦丧，罔非有辞于罚。①
>
> 公曰："君奭！在昔上帝割申劝宁王之德，其集大命于厥躬？惟文王尚克修和我有夏；亦惟有若虢叔，有若闳夭，有若散宜生，有若泰颠，有若南宫括。"又曰："无能往来，兹迪彝教，文王蔑德降于国人。亦惟纯佑秉德，迪知天威，乃惟时昭文王迪见冒，闻于上帝。惟时受有殷命哉。②
>
> 惟圣罔念，作狂；惟狂克念，作圣。天惟五年须暇之子孙，诞作民主，罔可念听。天惟求尔多方，大动以威，开厥顾天；惟尔多方，罔堪顾之。惟我周王灵承于旅，克堪用德，惟典神天。天惟式教我用休，简畀殷命，尹尔多方。③

这里我们能看到周人相对殷人来说的一个明显的进步。我们前面说过，殷人在鬼神面前是彻底被动的，没有丝毫的自主意识。他们只是从头到脚、从内到外完完全全地拜倒在神灵的神通之下，诚惶诚恐地等待神灵对自身的处置，对神灵的安排他们是没有任何干预影响的非分之想的。相对而言，这些篇章中的周人的精神已有长足的觉醒，他们意识到，上天虽然是神威，但它对人的处置是可以理解和把握的。上天安排已经从人们不可测度的偶然命运变成了一个严谨的伦理道德原则。这个伦理原则可以用一伦理公式表示：人有德，天就授命；人丧德，天就坠命。

从文化精神本身的演化历程来看，天从一个人们无法把捉的命运变成人们可以随时加以应用的公式，这无疑是文化本身的一大进步。我们可以说：这一进步正是中国文化从原始状态进入高级状态的标志。

但是，这一进步是否成立需要一个基本前提，那就是：天本身可以依赖吗？

站在一个宗教信徒的角度来看，这个疑问完全是多余的，甚至可以说，这样的提问方式本身就是渎神的、大不敬的。"天"是我们信仰得以成立的基础。如果"天"都不可信，那我们依靠谁呢？

遗憾的是，传统中国已经远离了我们曾经笃信的宗教。我们早已经"制天命而用之"了，早已经"天命不足恤"了。④ 上述这些"大不敬"的话语在晚世的我们

---

① 《尚书・多士》。

② 《尚书・君奭》。

③ 《尚书・多方》。

④ "制天命而用之"语出《荀子・天论》，"天命不足畏"语出《宋史・王安石列传》，原话为"天变不足畏，祖先不足法，人言不足恤"。现已有学者指出，此语并非王安石本意，是他的政敌诬陷之词。

看来，倒常常成了某些"自豪感"的源头。[1] 只是我们不禁要问：因为后世子孙无信仰，就能断言先辈祖宗也无宗教吗？

这里我们有为古典中国的先辈正名的必要。

问题来自《尚书》中经常被人误解和误用的一句话：天不可信。

"天不可信"见于《君奭》篇：

> 呜呼！君已曰时我，我亦不敢宁于上帝命，弗永远念天威越我民；罔尤违，惟人。在我后嗣子孙，大弗克恭上下，遏佚前人光在家，不知天命不易，天难谌，乃其坠命，弗克经历。嗣前人，恭明德，在今予小子旦非克有正，迪惟前人光施于我冲子。"又曰："天不可信，我道惟宁王德延，天不庸释于文王受命。"

这段话十分不好解。过往的注解总是把这里的"天不可信"照字面理解成"天不值得人们相信、依赖"。这段文字的前面还有"天难谌"这样的表述，人们也都把它简单理解成"天不可依赖"的意思。郭沫若先生持这一观点，侯外庐先生也持这一观点。他们也把《诗经·大雅·大明》中的"天难忱斯，不易惟王"作类似的理解，他们甚至把我们后面要着重加以论述的古典中国的基本信仰"天棐忱"解释成"天非忱"，也就是"天不可信"的意思。[2]

但是，历史真相果真如此吗？如果真的像两位前辈以及传统学术所说，那周人可谓是典型的"前后矛盾"、"不知所谓"了。因为他们一方面说"天命不僭"，另一方面又说"天不可信"。不知道周人对上天所持的到底是怀疑的态度还是相信的态度。为了解释这一矛盾，郭沫若先生说："周人一面在怀疑天，一面又在仿效着殷人极端地尊崇天，这在表面上很像是一个矛盾，但在事实上一点也不矛盾的。请把周初的几篇文章拿来细细地读，凡是极端尊崇天的说话是对待着殷人或者殷的旧时属国说的，而有怀疑天的说话是周人对着自己说。这是一个很重要的关键。"[3]侯外庐先生也认同这一说法，而且加上了自己的进一步分析："如果我们用形式逻辑的公式来讲，周人这一矛盾思想是一个两刀论法(Dilemma)。因为'僭'和'常'同时都是天命的规定，反对别人用这一套，维持自己用那一套。"[4]

表面上看，两位前辈的分析是言之有理、持之有据的，但当我们真正深入到精

---

① "彻底的唯物主义者是无所畏惧的。"我们竟从这话中获得一种自豪。

② 参见郭沫若《中国古代社会研究》上册，第319—320页。

③ 郭沫若：《中国古代社会研究》上册，第320页。

④ 侯外庐等：《中国思想通史》第1册，人民出版社，1957年，第86页。

神演化之中去，用斯宾格勒的“观相”术来体验中国历史文化的时候，我们就会知道，周人（至少是周初人士）是不可能（也断然不敢）怀疑上帝的。传统中国有太多的硬伤，传统中国学术有许多与生俱来的致命缺陷：因为“费拉世界”（末世）的我们自己没有虔诚、没有信仰，于是就想当然地认为中国历史从始到终都没有恭敬、没有宗教。

必须再次提请读者们注意，任何一个初生的文化都是充分虔敬的，对于早期古典中国的心灵来说，任何人都不可能怀疑到上帝的诚信。让我们再好好仔细地体会一下斯宾格勒的文化发生学吧！

如果作为人生依据的“信仰之天”都不可依赖的话，那人的行为将以什么作为准则呢？如果最高宇宙权威都是乖张随意的话，那人的行为规范的客观依据还有吗？这类对上天的疑虑完完全全是古典的心灵无法触及的。

所以，我们必须要从另外的角度去揣摩这几句话。

我们需要对“天”有更具体的分析，我们要回到“天命”上来。“天命”即是皇天对世人的命令，但“天命”如何体现出来呢？这就要说到占卜。古典中国人是经常占卜的，而且特别信赖占卜。从某种意义上说，古典中国人的信仰就表现在对占卜的信仰上。古人一遇到困难和疑虑，就会用龟甲兽骨占卜。每卜问一次，就表示向上天提出一个请求，这个请求的内容事后会刻在龟甲兽骨上，这就是所谓命辞。如果这次卜问获得了肯定答复，这就意味着卜问者获得了一个“天命”。这应该是对“天命”一词最具体的理解。

但按照周人的思维信仰，上天所提供的不是永久不变的定命，它给人类担保的是一个以德配命的公式。现在，人类的命运不是永远不变的常数，而是一个变量。这个变量是人的“德”——现实表现——这一自变量的函数。人的现实表现在不断变化，上天所提供的命数也会因此不断改变。从具体的情景来说，殷人以为人的一生只需要占卜一次，因为上帝一次性地决定一个人一生的命运，比如殷纣王在他的政权岌岌可危、摇摇欲坠的情况下，还一厢情愿地认为“我生不有命在天”①，以为上天会永远眷顾商朝。按周人的信仰逻辑，人们需要经常占卜，因为上帝的决定（天命）可能会改变，世人每一次占卜所得的命辞完全有可能不一样，所以他们才会说：天不可信、天难谌、天难忱斯。

其实这段引文中的另一表述也可作为如此理解的佐证，这就是“天命不易”。一般的注解都把“天命不易”解成“天命不容易”，实则这里的“易”是“变易”之易，是说“天命的让与规则是不会改变的”。也正是有“不易”这样的天命让与规则，所以周公才会说：“天非虐，惟民自速辜。”在周公等古代宗教贤人的心目中，“天”其

① 《尚书·西伯勘黎》。

实是最讲规矩的，最守行为规范的，最可信可期的。“天”就是“威仪”的代表，是“宇宙秩序”的最终依据。其实从《诗经·大雅·大明》的“天难忱斯，不易惟王”这句话，也能看出，这里的“天”是“上天对人的命运安排的结果”，如果像我们普通理解的那样，把上天当成乖张任性的意志，那后面的话“不易惟王”就毫无意义了：如果上天是不分好坏、随心所欲的意志，那地上的君王再怎么努力，能有什么意义呢？难道地上的君主还能比上帝更有威权吗？

也许我们可以把这一切的误解归于古代汉语的一个天生的短处：过于简洁。我们认为，从整个古典文献的语境中找出它们的正解并不是难事。这段话的本来意思是，周公对召公说：“我们周国因威仪和德行而赢得上天的眷顾（天命），所以上天把天下让与我们周国。但这种天命并不是永恒不变的，如果我们能保持原有的威仪和德行，则上天会继续让我们享有天下；如果我们不能够保持原有的威仪和德行，天命就会它顾。”正是在这种意义上，我们才能正确地理解“天难谌”、“天不可信”。也许《尚书·尚有一德》中一段话能加强我们的相关理解：“呜呼！天难谌，命靡常。常厥德，保厥位。厥德匪常，九有以亡。”

归纳一下，“天不可信”绝对不能理解为“皇天上帝不可信赖”，而只能理解为：人所获得的“天命”只是暂时的，上天会随时依据“以德配命”的原则重新分配“天命”。世人只有“常厥德”，才能“保厥位”。“厥德匪常”，则“九有以亡”，原有的天下就会失去。

今天我们必须说，“皇天上帝不可信赖”的观念只能是斯宾格勒所谓“费拉”时代的人才会有的观念。对“天不可信”的误解是两千年传统中国学术种种失败的始因，对于本书读者来说，如果我们还以为，古典中国人也像末世之人一样认为“皇天上帝不可信赖”，那本书就没有阅读下去的必要。

“以德配命”是整个《尚书》最核心的思想。但比较遗憾的是，关于“德”的意含，它的内容是什么，到今天为止还未达成共识。徐复观先生说：“周初文献的‘德’字，都指的是具体的行为；若字形从直从心为可靠，则其原义亦仅能是直心而行的负责任行为。”[①]郭沫若先生则认为：“德字照字面上看来是从直从心，意思是把心思放端正，便是《大学》上所说的‘欲修其身者先正其心’。但从《周书》和周彝看来，德字不仅包括主观方面的修养，同时也包括着客观方面的规模……”[②]

郭老先生认为“德”包括主观和客观两方面的内容，应该说，这样的判断是比较在理的。从《尚书》的整个语境来看，我们认为，西周时期的“德”主要体现在两个方面，即对待上天要“忱”，而自我表现要“义”。

---

① 徐复观：《中国人性论史·先秦篇》，第21页。

② 郭沫若：《中国古代社会研究》上册，第321—322页。

三　天棐忱

《尚书》中难解之处很多，两千年来，人们常常根据自己的一家之见“六经注我”，这严重影响到人们对《尚书》中心思想的贴近把握。笔者认为，在若干对《尚书》的误解中，没有哪句话的误解比对“天棐忱”这句话的误解对后世有更恶劣的影响。这句话首先出现于《尚书·大诰》：

> 王曰：“尔惟旧人，尔丕克远省，尔知宁王若勤哉！天閟毖我成功所，予不敢不极卒宁王图事。肆予大化诱我友邦君，天棐忱辞，其考我民，予曷其不于前宁人图功攸终？天亦惟用勤毖我民，若有疾，予曷敢不于前宁人攸受休毕？”

两千年来，传统学术似乎都没有很好地把这段话解释清楚。问题似乎就出在两个字上。第一个是“棐”，第二个是“忱”。这两个字到底是什么意思？“棐忱”究竟应该作何解？

《尚书》带“天棐忱”这一句式的段落还有：

> 王曰：“呜呼！肆哉尔庶邦君越尔御事。爽邦由哲，亦惟十人迪知上帝命越天棐忱，尔时罔敢易法，矧今天降戾于周邦？惟大艰人诞邻胥伐于厥室，尔亦不知天命不易！”①
>
> 王曰：“呜呼！小子封，恫瘝乃身，敬哉！天畏棐忱；民情大可见，小人难保。往尽乃心，无康好逸，乃其乂民。”②
>
> 周公若曰：“君奭！弗吊天降丧于殷，殷既坠厥命，我有周既受。我不敢知曰厥基永孚于休。若天棐忱，我亦不敢知曰其终出于不祥。”③

过往的理解似乎都没有能把这些段落解释通畅。如上所说，像郭沫若先生这样的大家都竟然把“天棐忱”理解成“天不可信”，理解成“上天不可信赖”。传统学术实在是非大大革新不可的。

---

① 《尚书·大诰》。
② 《尚书·康诰》。
③ 《尚书·君奭》。

现在我们来好好辩论一下这句能代表古典中国宗教核心观念的话语。

从《尚书》中的语境来看，“棐”字原来或许就是古“翼”字，后来传抄过程中变成了现在的“棐”字。它的意思也应该就是“翼”的“庇护”、“荫照”之意。从字形上看，“棐”字与金文中的“翼”字很相像。《大盂鼎》中有“故天翼临子，废保先王”句，其中的“翼”字很像“棐”字[①]。《秦公镈》中有“翼受明德”句，其中“翼”字，字形也能引起与“棐”的联想[②]。这里的“翼”都是庇护、扶助的意思。金文中多有“祖先严在上，翼在下”的句式，如《虢叔旅钟》：“皇考严在上，翼在下。”[③]《晋侯和钟》：“前文人其严在上，翼在下。”[④]这里的“翼”与我们这里的“棐”也应该是相似的含意：因为祖先已升至天庭，与上帝为一，自然有一种威严，对地上的子孙就会形成一种庇护、荫顾。在金文中，还有很多地方只有“祖先严在上”之语，缺乏“翼在下”之语，但是我们应该知道，“翼在下”的意义是自然包含其中的。只要逝去的祖先能够“严在上”，地下的子孙自然就会“翼在下”。这应该是古典中国早期人类最根本的信念。金文中的“翼”很多时候都是这种庇护、扶助、保佑之意。

我们必须强调，《尚书》中“棐”应该就是“庇护、保佑”的意思。

“忱”应该就是“忠诚、忠心”的意思，这不会有什么问题。虽然“忱”字的意涵没有多少疑义，但“忱”在《尚书》中，乃至在整个中国文化史中地位极为重要，需要详加说明。除了上面提到的几处外，“忱”字在《尚书》的其他几个章节中也构成关键的意义：

> 今予将试以汝迁，安定厥邦。汝不忧朕心之攸困，乃咸大不宣乃心，钦念以忱动予一人。尔惟自鞠自苦，若乘舟，汝弗济，臭厥载。尔忱不属，惟胥以沈。不其或稽，自怒曷瘳？汝不谋长以思乃灾，汝诞劝忧。今其有今罔后，汝何生在上？[⑤]
>
> 王曰：“呜呼！封，敬哉！无作怨，勿用非谋非彝蔽时忱。”[⑥]
>
> 今我曷敢多诰？我惟大降尔四国民命。尔曷不忱裕之于尔多方？尔曷不夹介乂我周王享天之命？……尔乃不大宅天命，尔乃屑播天命，尔乃自作不典，图忱于正。……非我有周秉德不康宁，乃惟尔自速辜！……尔不克劝忱我命，尔亦则惟不克享，凡民惟曰不享。尔乃惟逸惟颇，大远王命，则惟尔

---

① 引自刘翔、陈抗等编著，李学勤审订《商周古文字读本》，语文出版社，1989年，第79页。

② 引自刘翔、陈抗等编著，李学勤审订《商周古文字读本》，第148页。

③ 载中国社会科学院考古研究所编著《殷周金文集成释文》第一卷，编号239。

④ 刘雨、卢岩：《近出殷周金文集录》第1册，第59页。

⑤ 《尚书·盘庚中》。

⑥ 《尚书·康诰》。

多方探天之威,我则致天之罚,离逖尔土。①

鸣呼!休兹知恤,鲜哉!古之人迪惟有夏,乃有室大竞,吁俊尊上帝迪,知忱恂于九德之行。②

这里的"忱"字基本上都是指"忠诚"、"发自内心"的意思。

"忱"字在《尚书》中是一个特别重要的概念,从某种角度看,《尚书》就是一部有关"忱"的书。

这里,我们就遇到了中国思想史另一个极其重大的问题。我们该如何看待《尚书》的"忱"字。本书认为,过往两千年,我们都过于等闲地对待这个"忱"字了,我们这里要郑重表明,"忱"其实就是中国文化至为重要的"仁"字的古字。

原来人们都以为"仁"就是"双人偶"的构型。出土的《郭店楚简》告诉我们,原来"仁"字的本字并不是所谓的"双人偶",而是从心从人(从身)。当年郭店楚简出土,曾引起学界的轰动。但似乎人们并没有进一步去追溯反省相关的问题。

我们在本书的开头就讲过,传统中国的学术有不少固有的困难,比如说同一个"仁"字,既有"克己复礼为仁"之说,又有"仁者爱人"之说,"爱人"者为何需要是一个"克己复礼"的人。这两个含意很难融合到一起。现在我们知道,"仁"的本字是从心从身,于是原来的困难就迎刃而解了。"仁"的从心从身,表明"仁"的本意就是心里面有一个偶像,在古典时代,这个偶像当然就应该是天帝、祖先。所以"仁"的出处,就是指古人在祭祀祈祷中全情投入,心无旁骛。就像我们前面所说,"仁"字的意义从"敬神"到"爱父"再到"爱人"有一个历史过程。

如果我们同意上面的分析,则不难发现,《尚书》的"忱"其实就是"仁"字的本字,"忱"字左边心字旁,右边的"冘"应该就是"身"字象形的隶写。

关键是,"仁"字的内涵本来就是"忱"的"忠忱"、"忠心"的意思。以往的学术一直没有回答中国文化中一个极关键的问题。人们都知道"仁"在中国文化中的中心地位,但为什么作为中国文化源头的《尚书》(当然是学界认定的《今文尚书》)几乎没有"仁"字。③ 现在我们发现,原来"仁"就是"忱","忱"就是"仁"的本字,这个困扰我们两千年的学术难题就此解决了。

如果我们稍为大胆一些,就会进而到达另一个也相当有轰动效果的结论:"忠"字的本字应该也是"忱"。也就是说,在古典中国的最早期时代,"仁"、"忱"、"忠"是同一个字,都是指对上天、上帝的虔诚、恭敬和忠心。与"仁"字后来的演绎

① 《尚书·多方》。

② 《尚书·立政》。

③ 《尚书·金縢》有一"仁"字:"吾仁若考",这个"仁"也只能作"真诚"解,更证明了我们的观点。

一样，“忠”字也有一个从忠于上帝到效忠君王的过程。

《诗经》有两处“仁”字。其一：“叔于田，巷无居人。岂无居人？不如叔也。洵美且仁。”[①]其二：“卢令令，其人美且仁。”[②]过往的解释都把“仁”当成“仁慈”解，现在我们知道，古典中国早期的人类对“仁”的理解是“忠诚”、“虔敬”，当然首先是对上帝祖先的“忠诚”和“虔敬”。

经过上面的论述说明，“天棐忱”的含义应该就比较清楚了。“天棐忱”就是“上天庇护、保佑忠诚、忠心”的意思。

实际上，“天棐忱”是一个极为通俗易懂的话语，就像西方基督教人士常说的话语：上帝保佑他的信众。“天棐忱”用一句俗话来讲就是：谁对上天忠诚，谁忠于上帝、信仰上帝，上天就保佑谁。

这本是一句极为普通的表述。只因我们不信天，从而我们也就不能理解“上帝保佑他的信徒”这样简单的语式。这不能不说是中国文化的悲哀。

接下来的问题是，如何才能表现人们对上天的“忱”（忠诚、信仰）呢？上天说：得从行为和言语两个方面来做。

在行为方面，对上天的忠诚主要表现在祭祀享孝上。世人必须定时祭祀祈祷，郊、社、类、造、礿、祠、蒸、尝等一样都不能少。古代印度有“祭祀万能”之说，在古典中国，对上天祖先的“享孝”同样很重要。

《尚书》在很多地方都表达了这个意思，惜乎两千年来国人少有理解。

《尚书》在多处提到“灵”，比如：

> 肆予冲人，非废厥谋，吊由灵各；非敢违卜，用宏兹贲。[③]
> 今惟我周王丕灵承帝事。[④]
> 因甲于内乱，不克灵承于旅，……惟我周王灵承于旅，克堪用德，惟典神天。[⑤]
> 苗民弗用灵，制以刑，惟作五虐之刑曰法，杀戮无辜。[⑥]

上引的这些“灵”字过往都有许多种解释，但我们认为，除第一段中的“灵”字意稍显模糊外，其余三段话中的“灵”字含意很明确，应该都是与“祭祀享孝”有关。

---

① 《诗经·叔于田》。
② 《诗经·卢令》。
③ 《尚书·盘庚下》。
④ 《尚书·多士》。
⑤ 《尚书·多方》。
⑥ 《尚书·吕刑》。

“灵”字上“彐”下“火”，应该就是甲骨文中的燎字。此字在甲骨刻辞中多见，仅从刘翔等人编著，李学勤审订的《商周古文字读本》中，就能见到众多这些字的标本，如《甲骨文合集》第32028片凡三见①；《殷周文字丙编》第502片凡一见②；《小屯南地甲骨》第1116片凡四见；③该字本就是以火烧牲的会意字，本意就是祭祀上天，因古代最重大的祭祀，就是把牛、羊、猪三牲放在火上焚烧，以便香气上达天庭。“灵”的“灵验”、“灵通”都是后起义，因为祭祀的香气上达天庭，上帝被感动，所以才会灵验。与此相关的是“旅”字。“旅”字初文是旗幡下排列一队人的会意，铜器中常有自名为“旅彝”的，可见“旅”本意是“祭祀”的对象，代表家族先祖集合于上帝之旗帜下。“旅”实则就是“上天”的意象。“灵承于旅”就是享祀、祭拜上天祖先的意思，《多方》篇中的“灵承于旅”与《多士》篇中的“灵承于帝事”是一个意思。

《多方》篇把祭祀于天的意义表述得相对明白：

> 有夏诞厥逸，……因甲于内乱，不克灵承于旅；……乃惟成汤克以尔多方简，代夏作民主。……乃惟有夏图厥政，不集于享，天降时丧，有邦间之。乃惟尔商后王逸厥逸，图厥政不蠲烝，天惟降时丧。……惟我周王灵承于旅，克堪用德，惟典神天。天惟式教我用休，简畀殷命，尹尔多方。

因为夏朝不能“灵承于旅”——不能按要求祭祀上天，所以上天就转移天命到成汤，商朝于是“代夏作民主”。夏朝因为不享祀上天（不集于享），所以被商朝代替。后来商朝的“后王”也不认真地对待祭祀（不蠲烝），上天于是“降丧”于商，而我周王由于能够“灵承于旅”，“典神天”，所以现在上天把原来给予殷商的天命拿过来赋予我们周朝，我们有周于是成为多方之统治者。

“祭祀上天”的重要性由此可见。

《吕刑》中的“不用灵，制用刑”一段也很能表现古典中国的早期人类对“祭祀”重要性的看法。原文是这样的：

> 若古有训，蚩尤惟始作乱，延及于平民，罔不寇贼，鸱义，奸宄，夺攘，矫虔。苗民弗用灵，制以刑，惟作五虐之刑曰法。杀戮无辜，爰始淫为劓、刵、椓、黥。越兹丽刑并制，罔差有辞。民兴胥渐，泯泯棼棼，罔中于信，以覆诅

① 参见刘翔、陈抗等编著，李学勤审订《商周古文字读本》，第31—32页。
② 参见刘翔、陈抗等编著，李学勤审订《商周古文字读本》，第26—27页。
③ 参见刘翔、陈抗等编著，李学勤审订《商周古文字读本》，第34—35页。

> 盟。虐威庶戮，方告无辜于上。上帝监民，罔有馨香德，刑发闻惟腥。皇帝哀矜庶戮之不辜，报虐以威，遏绝苗民，无世在下。乃命重、黎，绝地天通，罔有降格。

这一段过往的解释也基本没有说到点上。问题就出在“灵”字上。由于没有认定“灵”的祭祀意，所有其他的解释都无法理解。这段话的核心意思是说：由于苗民不祭祀上天，所以上天已经很不高兴了，他们还企图用残酷的血刑来治理天下，于是上帝对人间的感受是：“罔有馨香德，刑发闻惟腥。”既没有丝毫祭祀的香气孝敬给上帝，而传到上帝鼻中的尽是酷刑后残留的腥臭。所以上帝就决定断绝与人间的来往，于是派重黎把天与地之间的通道阻断，上帝也就再也不降到人间来庇护苗民了。没有了上天的“棐”——保佑，苗民自然很快失去了他们的统治地位，“无世在下”了。①

说到这里，有心人就会知道，我们这里的理解与《国语·楚语下》中解释是针锋相对的：

> 昭王问于观射父，曰：“《周书》所谓重、黎实使天地不通者，何也？若无然，民将能登天乎？”
>
> 对曰：“非此之谓也。古者民神不杂。……于是乎有天地神民类物之官，是谓五官，各司其序，不相乱也。民是以能有忠信，神是以能有明德，民神异业，敬而不渎，故神降之嘉生，民以物享，祸灾不至，求用不匮。及少皞之衰也，九黎乱德，民神杂糅，不可方物。夫人作享，家为巫史，无有要质。民匮于祀，而不知其福。烝享无度，民神同位。民渎齐盟，无有严威。神狎民则，不蠲其为。嘉生不降，无物以享。祸灾荐臻，莫尽其气。颛顼受之，乃命南正重司天以属神，命火正黎司地以属民，使复旧常，无相侵渎，是谓绝地天通。”

我们不想花更多的工夫来辩论两者的正误。只要是真心想探求古典中国真相的学人不难有自己的判断。我们这里想说的是，《国语》像《左传》一样，是典型的刘歆时代的作品（虽然未必是刘歆本人），这样的识见一百多年前的康南海就已经有了，如果今天的学界中人还不能赶上（不要说超越）一百多年前的南海先生，这同样也是中国文化的悲哀。

---

① 这种祭祀之香气对于上帝来说，是表示世人“忠诚”与否的重要标志，也是上帝决定降命还是降丧的重视指标。在《尚书·酒诰》中，我们也见到类似的表述：“弗惟德馨香祀，登闻于天；诞惟民怨，庶群自酒，腥闻在上。故天降丧于殷，罔爱于殷，惟逸。天非虐，惟民自速辜。”

我们要强调的是，观相的历史学告诉我们，第一，《尚书》的“重黎”是一个人(神)，而不是两个；第二，《尚书》时代的人们的确相信天与地之间是有交通的，重黎确实奉上帝之命把天地之间的通道隔绝了；第三，《尚书》时代既不是“民神异业”的时代，也不是“民神杂糅”的时代，而是一个“神”全知全能、有至上权威的时代，“民”只能虔诚地敬信上天祖先，“民”与“神”完全不在同一个层面上，把“民”与“神”相提并论，本身就是“大不敬”。

人是否忠于上天、信仰上天，还体现在语言方面，这就是所谓“天棐忱辞”。如上所引，“天棐忱辞”语出《尚书·大诰》。过往的论述由于对“棐”的“翼”字义没有基本的认定，所以此语一直没有得到正确的理解。现在我们知道，“天棐忱辞”同样是《尚书》中一句有重要意义的话语，这句话意思就是：“上天保佑忠诚的话语。”在《尚书》的语境中，我们可以这样来表述这句话：谁的请求符合上天的意愿，上天就保佑谁。

这要从“辞”说起。《尚书》的“辞”也是受到最大曲解的一个名词。《尚书》中有不少地方有“辞”，过往的解释也经常落不到实处。主要原因是过往对《尚书》中“辞”的理解基本上都没有注意到与占卜的直接关系。现在我们知道，虽然《尚书》中的“辞”字可以作词语、措辞、借口、理由等意义来理解，但它的基本意含，或者说它的核心意含就应该是指占卜中的命辞。

“辞”的本意就指的是占卜时对上帝祖先所说的话。原来，这一命题来自占卜这一古老的活动，从《大诰》这句话的前后语境中，我们知道它是在讲占卜的事。“辞”就是指用龟甲占卜时卜问上天的话，专业术语叫“命辞”，就是占卜的内容、意图。我们知道，古典人类对上天是非常虔信的，这种虔信特别表现在占卜上。人们有什么样的愿望，想从事什么样的事业，或者一遇到困境和疑惑，就会卜问、请示上天。这里就会遇到这样的问题：哪些愿望是合理的，哪些企图是违背上天的意志的。在《尚书》的逻辑中，凡是上天认可的愿望就是“忱辞”，上天会保佑人们达成心愿；而那些邪僻淫逸的企图，就是所谓“淫辞”，当然不可能得到上天的许可，而且，凡是向上天提出无理要求的“淫辞”，还会受到上天的惩罚。

我们先来看《洛诰》：

> 伻向即有僚，明作有功，惇大成裕，汝永有辞。

这几句话的大意是：由于你的功绩，在占卜时，你会得到上帝好的辞语。也就是说，上帝会认可好的命辞，成全你的心意。

仔细体会《尚书》，我们会发现，“辞”与“命”是相互关联的同一事物的两个方面，天“命”需要通过卜“辞”来表述。占卜者向上帝表达占卜的愿望，这叫“命”。

于是，我们看到在《大诰》中有如下记录：

天降威，用宁王遗我大宝龟，绍天明。即命曰："有大艰于西土，西土人亦不静，越兹蠢。殷小腆诞敢纪其叙。天降威，知我国有疵，民不康，曰：予复！反鄙我周邦，今蠢今翼。日，民献有十夫予翼，以于敉宁、武图功。我有大事，休？"朕卜并吉。

周公向上天表达自己占卜的心意，这叫"命"。史官把这段话和占卜的结果记录下来，并刻在龟甲上，这就是"辞"。

在《多士》中，我们看到：

王若曰："尔殷多士，今惟我周王丕灵承帝事，有命曰：'割殷，'告敕于帝。惟我事不贰适，惟尔王家我适。予其曰惟尔洪无度，我不尔动，自乃邑。予亦念天，即于殷大戾，肆不正。"

这里的大概意思是，周公以成王的名义说：各位殷商的士人，现在我们周王向上天卜问[①]，请求是否可以夺取殷国。上天已经认可我们的请求。我们的对手不是你们士人，而是殷王家族。你们不要不自量力，我们仅仅希望回到上天的正常秩序。"割殷"是当时周公占卜向上天表达的愿望，这是"命"，把这句话以及天帝认可的结果记录下来刻在龟甲上，就是"辞"。

于是我们知道：

王若曰："诰告尔多方，非天庸释有夏，非天庸释有殷。乃惟尔辟以尔多方大淫，图天之命屑有辞。乃惟有夏图厥政，不集于享，天降时丧，有邦间之。乃惟尔商后王逸厥逸，图厥政不蠲烝，天惟降时丧。"[②]

这段话历来也基本没有得到正解。这段的大意是，周王说：正告你们这些多方人士，不是上天随意放弃你们夏和殷，而是你们君王率领你们淫乱不守规矩，为了贪图天命，在占卜时胡言乱语。加上夏国、殷国总是想征收财物自己享受，而不

---

① 这里"灵承帝事"就是特指占卜问天意的事。《尚书》几乎所有的"灵"都是指占卜，如"吊由灵各"、"灵承于旅"、"苗人弗用灵、制用刑"等。

② 《尚书·多方》。

享祀上天，所以上天处罚你们①。这里的“图天之命屑有辞”的“屑”字与“淫”字意义相近，这句话的本意应该是：你们为了贪图天命胡乱编造占卜的话，完全没有对上天的忠诚。

> 我闻曰：上帝引逸，有夏不适逸；则惟帝降格，向于时夏。弗克庸帝，大淫泆有辞。惟时天罔念闻，厥惟废元命，降致罚；乃命尔先祖成汤革夏，俊民甸四方。
>
> ……
>
> 在今后嗣王，诞罔显于天，矧曰其有听念于先王勤家？诞淫厥泆，罔顾于天显民祗，惟时上帝不保，降若兹大丧。惟天不畀不明厥德，凡四方小大邦丧，罔非有辞于罚。②

这里的两个“辞”都应该指的是占卜用的“辞”。“大淫泆有辞”就是为了自己的吃喝玩乐去占卜。《无逸》中有一句话似乎就是一个证明：

> 周公曰：“呜呼！继自今嗣王，则其无淫于观、于逸、于游、于田，以万民惟正之供。无皇曰：‘今日耽乐。’乃非民攸训，非天攸若，时人丕则有愆。无若殷王受之迷乱，酗于酒德哉！”

这里的“今日耽乐”似乎就是当时殷商人士占卜时用的命辞。

“罔非有辞于罚”是说，你们这些殷国大大小小的庶邦之所以受到上天的惩罚，都是由于你们竟然敢把意图自我享乐的命辞上送天庭，妄想得到上天的认可。

最后，设计命辞和查看判断占卜结果，在古人看来，绝不是普通人士能够胜任的，在古典时代，“哲人”才是真正的人选：

> 王曰：“呜呼！肆哉尔庶邦君越尔御事。爽邦由哲，亦惟十人迪知上帝命越天棐忱，尔时罔敢易法，矧今天降戾于周邦？惟大艰人诞邻胥伐于厥室，尔亦不知天命不易？”③

---

① 这里的两个“厥政”的“政”都应是“征收”、“榨取”的意思，过往的理解基本没有意识到这一点。铜器铭文中常见“政”、“征”通用。《多方》的另一句费解的话“图忱于正”也是相似的意思，指责多方之人只想到征收榨取老百姓的财物。

② 《尚书·多士》。

③ 《尚书·大诰》。

这里的意思是，周公所请的十位高人都是特会占卜、特别能与上天感通的占卜师，我们一点不要轻视这一事件的意义。对于一个充分虔敬的早期宗教时代，先知的感召力绝不亚于科学时代的科学家和政治家。斯宾格勒对此有深刻的论说。[①]

四 天嘉义

对于早期人类来说，对上天只能绝对地忠诚、绝对地信仰，没有其他的选择。这就是所谓“忱”，也就是“仁”。但是，对于早期心灵来说，最高威权的上天不仅要求世人对自己的忠诚，上天同样要求人类有良好的自我表现和现世作为。这就是所谓“仪”，也就是“义”，我们在上面说，“仪”是后起的词，在古典中国“义”就是“仪”，“仪”就是“义”，指的是人们的表现和作为。好的表现和作为也是上天特别看重的，我们这里用“天嘉义”来表述，以与“天棐忱”形成一个对应。[②]

“义”（仪）是人的良好表现和作为，在《尚书》中，我们看到，“天嘉义”又可从两个方面来展开。

（一）威仪以邀天命

前面我们讲过，上天认可的行为规范具备上天一样的权威，于是“仪”自然就成了“威仪”。

《书》中“威仪”一词没有像在《诗》中一样常见，仅出现在《酒诰》篇和《顾命》篇中，但以笔者的浅见，《尚书》的精神之一可以归结为：“威仪以邀天命，规范就是天命。”

《顾命》篇中成王临终前的一句话很能代表《书》之精神：“思夫人自乱于威仪。尔无以钊冒贡于非几。”[③]“非几”就是“非法”、“不符合规范”。意思是说：你们众人要做好自己的行为规范，不是使“钊”（周康王）陷于行为非法。

《书》的另一篇重要文献《酒诰》中的一段话可视为对此的一个最好的诠释：

---

① ［德］奥·斯宾格勒：《西方的没落》第二卷，吴琼译，第244—245页。

② 典籍中应该没有“天嘉义”这样简洁直接的语句。但西周铜器《虢季子白盘》有“王孔加子白义”之语，这里的“加”即“嘉”字。

③ 周秉钧先生将该句后的一字“兹”前放，断句为“尔无以钊冒贡于非几兹”，但不影响理解。见周秉钧注译《尚书》，岳麓书社，2001年，第218页。

王曰："封，我闻惟曰：'在昔殷先哲王迪畏天显小民，经德秉哲。自成汤咸至于帝乙，成王畏相惟御事，厥棐有恭，不敢自暇自逸，矧曰其敢崇饮？越在外服，侯甸男卫邦伯，越在内服，百僚庶尹惟亚惟服宗工越百姓里居，罔敢湎于酒。不惟不敢，亦不暇，惟助成王德显，越尹人祗辟。'我闻亦惟曰：'在今后嗣王，酣，身厥命，罔显于民祗，保越怨不易。诞惟厥纵，淫泆于非彝，用燕丧威仪，民罔不衋伤心。惟荒腆于酒，不惟自息乃逸，厥心疾很，不克畏死。辜在商邑，越殷国灭，无罹。弗惟德馨香祀，登闻于天；诞惟民怨，庶群自酒，腥闻在上。故天降丧于殷，罔爱于殷，惟逸。天非虐，惟民自速辜。'"

周秉钧先生的译文是这样的：

王说："封啊，我听到有人说：'过去，殷的先人明王，畏惧天命和百姓，施行德政，保持恭敬。从成汤延续到帝乙，明君贤相都考虑着治理国事。他们的辅臣很敬慎，不敢自己安闲逸乐，何况敢聚众饮酒呢？在外地的侯、甸、男、卫的广大诸侯，在朝中的各级官员，宗室贵族以及退住在家的官员，没有人敢酣乐在酒中。不但不敢，他们也没有闲暇，他们只想助成王德显扬，助成长官重视法令。'我听到有人说：'在近世的商纣王，好酒，以为有命在天，不明白臣民的痛苦，安于怨恨而不改。他大作淫乱，游乐在非法的活动中，因宴乐而丧失了威仪，臣民没有不伤心的，他只想放纵于酒，不想制止其淫乐。他心地狠恶，不能以死来畏惧他。他在商都作恶，对于殷国的灭亡，没有忧虑过。没有明德芳香的祭祀升闻于天；只有臣民怨气、只有群臣私自饮酒的腥气升闻于上。所以，上帝对殷邦降下了灾祸，不喜欢殷国，就是淫乐的缘故。上帝并不暴虐，是殷民自己招来罪罚。'"①

酒在古代不是违禁品，但饮酒这种行为最需要规范，特别能反映出人的"威仪"。放纵于酒是正人君子们所不齿的，也是"上天"所不能容忍的。周公的这段诰词可以说道出了《尚书》的一个表述模式：天是公正严明的道德裁判者，按行为规范来行事者（有威仪者）会得到上帝的眷顾；相反，那些行为不端者（丧失威仪者）就会得到上天的制裁。夏朝的统治者因行为威仪而得国，由于丧失威仪而失国；同样，殷国的统治者因行为威仪而受上天的眷顾，享有天下，由于丧失威仪而国亡，所以我们要特别注意自己的行为规范，不要丧失威仪。"威仪就是天命"这段话告诉我们，人们（特别是当权者）的行为是否得当，是直接关系到"上天"对人

① 周秉钧注译：《尚书》，第 157 页。

世的态度的。一旦政治人物丧失“威仪”，陷于“非几”，则“上天”就会改变“天命”，转而它顾。

特别值得指出的是，《尚书》的一个非常不起眼的段落向我们透露了古代贵族对“威仪”——行为规范的极端看重：

> 大战于甘，乃召六卿。王曰：“嗟！六事之人，予誓告汝：有扈氏威侮五行，怠弃三正，天用剿绝其命，今予惟恭行天之罚。左不攻于左，汝不恭命；右不攻于右，汝不恭命；御非其马之正，汝不恭命。用命，赏于祖；弗用命，戮于社，予则孥戮汝。”①

这段文献在过往对《尚书》的研究中极不起眼，少有人提及，但这里向我们传达了非常重要的古代的信息。这段文献中“左不攻于左，汝不恭命；右不攻于右，汝不恭命；御非其马之正，汝不恭命”一段的现代注解常不得其正。如比较通用的周秉钧先生的译文是这样的：“车左的兵士不善于射箭，你们就是不奉行我的命令；车右的兵士不善于戈予刺杀，你们也是不奉行我的命令；驾车的兵士违反驾车的规则，你们也是不奉行我的命令。”②这样的注解令人费解。大战在即，大敌当前，指挥者却说，士兵射不好箭就是不奉行命令。哪有上了战场不愿意好好杀敌而愿意被敌所杀的人呀？战场上不可能说出这样毫无意义的话语。不容置疑，这段的注解是有问题的。③

问题的关键出在“左不攻于左”、“右不攻于右”上，这两句话到底该如何理解呢？通观这段引文，我们注意到两个“正”字，这向我们提示：“正”是这里的主旨。现代人常常把“正”与“义”连用，“对的”、“正当的”、“合乎规范的”就是“正义的”、“道德的”。其实在中国古代文献中，已有“正”与“礼”、“义”关联的用法。《穀梁传》就常有用“正”来代替“礼”的句法。如：

> 九月，纪履緰来逆女。逆女，亲者也。使大夫，非正也。以国氏者，为其来交接于我，故君子进之也。④
>
> 秋，武氏子来求赙。武氏子者何也？天子之大夫也。天子之大夫，其称武氏子何也？未毕丧，孤未爵。未爵使之，非正也。其不言使何也？无君也。

---

① 《尚书·甘誓》。

② 周秉钧注译：《尚书》，第50页。

③ 现存权威的郑玄注也没有给我们很好的提示。

④ 《穀梁传·隐公二年》。

归死者曰赗，归生者曰赙。曰归之者，正也。求之者，非正也。[①]

十有一年春，滕侯、薛侯来朝。天子无事，诸侯相朝，正也。考礼修德，所以尊天子也。诸侯来朝时，正也，特言同时也，累数皆至也。[②]

合乎“礼”的规定、合乎“威仪”的就是“正”，否则就是“非正”。“正”就是“礼”，就是“义”。很显然，这段文献要告诉我们的是，“义”（威仪）不仅仅是日常生活层面上的问题，它是有终极意义的。即使是在战场上，“威仪”仍然是最重要的。战场上的“威仪”也就是战场上的规矩。我们都知道中国传统战场上有“兵对兵，将对将”之说，这或许就是“左攻于左，右攻于右”的确解。现存的中国传世文献没有确切的战场威仪的记载，或许我们在印度的古典文献中可以得到一些启发，毕竟我们都是东方民族，有共同的文化心理。印度史诗《摩诃婆罗多》说古代的战争是很讲战斗法则的，其中包括：“用语言挑战，就于语言应战。……车兵对车兵作战，象兵对象兵，马兵对马兵，步兵对步兵，……”[③]不按战斗规则作战的行为为真正的武士所不耻。在《摩诃婆罗多》中，般度国的怖军用非法的手段打败对手俱卢族难敌，大力罗摩就表示出极大的愤慨和谴责。[④] 更有甚者，天帝因陀罗为拯救人类不得不用欺骗的方式战胜其死敌弗栗多，事后他却因无法忍受“义”——正法的力量，只好羞愧地躲藏起来。[⑤] “义”——正法即使在战场上也有它的终极意义。

在《尚书·甘誓》中，夏启或许就是在着意地向他的兵士传达这样的古典信念。“有扈氏威侮五行，怠弃三正，天用剿绝其命，今予惟恭行天之罚”，这里的意思是：正是因为有扈氏的行为违反了应有的规范，违反了天地的正法（正道），所以我们有责任、有义务替天行道。在古代贵族的心目中，规范来自上天，故有极高的权威（所以称为威仪）。有扈氏因为违反正法（不义）而受到上天谴责，我们替天行道当然只能用符合规范（威仪）的方式。如果我们用不正当的方式来惩罚他们，那是对上天极不尊重的行为，也是对我们自己极大的羞辱。正是在这个意义上，夏启特别重视战斗规则：左边部队要向左边的敌人进攻，右边的部队要向右边的敌人进攻，不能乱了规矩，驾车的兵士也要严格按照驾车的规则来驾车……总之，要按战斗规则作战，如果不按战斗规则作战，那就是对我的权威的挑战，就是对我的“不恭命”，同时也是对上天的“不恭命”。

---

① 《穀梁传·隐公三年》。

② 《穀梁传·隐公十一年》。

③ [古印度]《摩诃婆罗多》第3册，黄宝生、郭良鋆译，中国社会科学出版社，2005年，第448页。

④ 参见[古印度]《摩诃婆罗多》第4册，黄宝生、郭良鋆译，第839页。

⑤ 参见[印度]拉贾戈帕拉查理《摩诃婆罗多的故事》，唐季雍译，生活·读书·新知三联书店，2007年，第207—208页。

这么一小段文献或许就是"义"——"威仪"——在古典中国至高地位的真实写照。《尚书·牧誓》中有一段话:"今商王受惟妇言是用,昏弃厥肆祀弗答,昏弃厥遗王父母弟不迪,乃惟四方之多罪逋逃,是崇是长,是信是使,是以为大夫卿士。俾暴虐于百姓,以奸宄于商邑。今予发惟恭行天之罚。今日之事,不愆于六步、七步,乃止齐焉。勖哉夫子!不愆于四伐、五伐、六伐、七伐,乃止齐焉。勖哉夫子!尚桓桓如虎、如貔、如熊、如罴,于商郊弗迓克奔,以役西土,勖哉夫子!尔所弗勖,其于尔躬有戮!"这里的"不愆于六步、七步"和"不愆于四伐、五伐、六伐、七伐"似乎也是指战斗规则之类的事,惜乎有关的细节已无从得知了。

说到这,我们有必要对《春秋经》宋襄公在泓之战中的表现稍作分析。僖公二十二年冬,以宋襄公为统帅的中原军队与楚军在泓这个地方进行了一场战斗,结果以宋襄公的失败告终。在中古以后的中国文化中,几乎清一色地认为宋襄公是迂腐无能的代表,是人们讥笑的对象。《穀梁传》和《左传》对此所做的评述可以说代表了这种占统治地位的观点:

> 冬,……宋公与楚人战于泓水之上。司马子反曰:"楚众我少,鼓险而击之,胜无幸焉。"襄公曰:"君子不推人危,不攻人厄。须其出。"既出,旌乱于上,陈乱于下。子反曰:"楚众我少,击之,胜无幸焉。"襄公曰:"不鼓不成列。"须其成列而后击之,则众败而身伤焉,七月而死。倍则攻,敌则战,少则守。人之所以为人者,言也。人而不能言,何以为人?言之所以为言者,信也。言而不信,何以为言?信之所以为信者,道也。信而不道,何以为道?道之贵者时,其行势也。①
>
> 冬十一月己巳朔,宋公及楚人战于泓。宋人既成列,楚人未既济。司马曰:"彼众我寡,及其未既济也请击之。"公曰:"不可。"既济而未成列,又以告。公曰:"未可。"既陈而后击之,宋师败绩。公伤股,门官歼焉。国人皆咎公。公曰:"君子不重伤,不禽二毛。古之为军也,不以阻隘也。寡人虽亡国之余,不鼓不成列。"子鱼曰:"君未知战。勍敌之人隘而不列,天赞我也。阻而鼓之,不亦可乎?犹有惧焉。且今之勍者,皆吾敌也。虽及胡耇,获则取之,何有于二毛?明耻教战,求杀敌也,伤未及死,如何勿重?若爱重伤,则如勿伤;爱其二毛,则如服焉。三军以利用也,金鼓以声气也。利而用之,阻隘可也;声盛致志,鼓儳可也。"②

---

① 《穀梁传·僖公二十二年》。

② 《左传·僖公二十二年》。

从以上的记载可以看出，宋襄公由于固守古典的战斗规矩而失败。对于这样的失败，《左传》中的评价可以说清楚明白，打仗的目的就在于胜利，为了胜利，可以不择手段。《穀梁传》中评述有一点隐晦，但它的重点在最后一句："信而不道，何以为道？道之贵者时，其行势也。"意思是说，虽然我们应该行正道，但正道的关键是顺应时势。这里隐含的意思还是批评宋襄公的做法，认为他呆板迂滞，从而导致失败。总之，不管是《左传》还是《穀梁传》，胜利是他们判断是非的唯一标准，为达目的可以不择手段。这同样也是中古以后的中国（乃至世界）的普遍观点。

与《左传》与《穀梁传》不同，《公羊传》对泓之战的评价却是：

> 冬十有一月己巳朔，宋公及楚人战于泓，宋师败绩。偏战者日尔，此其言朔何？《春秋》辞繁而不杀者，正也。何正尔？宋公与楚人期战于泓之阳。楚人济泓而来。有司复曰："请迨其未毕济而系之。"宋公曰："不可。吾闻之也，君子不厄人，吾虽丧国之余，寡人不忍行也。"既济未毕陈，有司复曰："请迨其未毕陈而击之。"宋公曰："不可。吾闻之也，君子不鼓不成列。"已陈，然后襄公鼓之，宋师大败。故君子大其不鼓不成列，临大事而不忘大礼，有君而无臣，以为虽文王之战，亦不过此也。①

"故君子大其不鼓不成列，临大事而不忘大礼，有君而无臣，以为虽文王之战，亦不过此也"。公羊子对宋襄公的做法是大加赞赏的，认为宋襄公的做法与周文王的威仪相比有过之而无不及。由之我们可以看出，公羊子的价值观还处在古典的体系中。上面我们讲过，古典时代的贵族把行为规范（礼、义）看作最高的价值，即使在你死我活的战场，"义"仍然是压倒一切的。中国古典时代的具体战场规范现在已不得而知，印度古典文献或许可给我们一些提示。印度史诗《摩诃婆罗多》说古代的战场规则包括：要向对方发出警告、不杀害没有防备之人、不杀害与别人作战之人、不杀害失去兵器之人、不杀害号手和鼓手。② 印度另一经典《摩奴法论》对武士的行为规范（义）有更具体的规定："在战争中，他作战时应该不用暗器杀敌人，……应该不杀下地的人，不杀双手合十的人，不杀散发的人，不杀坐着的人，不杀说'我是你的'的人，不杀睡着的人，不杀无铠甲的人，……不杀受重伤的人，……"③中国古典肯定也有类似的战场规则，而且这样的规则是受到当时社会普遍认可的。看来，殷商古国的后裔宋襄公就是一个真正富于古典气质的人，他

---

① 《公羊传·僖公二十二年》。

② 参见[古印度]《摩诃婆罗多》第3册，黄宝生、郭良鋆译，第448页。

③ [古印度]《摩奴法论》，蒋忠新译，中国社会科学出版社，2007年，第126—127页。

宁肯失败也不愿违背古典武士之义。

董仲舒曾说过《春秋》有“恶诈击而善偏战”之传统[①]，可见古代经典确实是很在意战斗之“义”的。在《吕氏春秋》中我们也能看到古典武士之遗风：

越国大饥，王恐，召范蠡而谋。范蠡曰：“王何患焉？今之饥，此越之福，而吴之祸也。夫吴国甚富，而财有余，其王年少，智寡才轻，好须臾之名，不思后患。王若重币卑辞以请籴于吴，则食可得也。食得，其卒越必有吴，而王何患焉？”越王曰：“善！”乃使人请食于吴。吴王将与之，伍子胥进谏曰：“不可与也！夫吴之与越，接土邻境，道易人通，仇雠敌战之国也，非吴丧越，越必丧吴。若燕秦齐晋，山处陆居，岂能逾五湖九江越十七厄以有吴哉？故曰非吴丧越，越必丧吴。今将输之粟，与之食，是长吾雠而养吾仇也。财匮而民恐，悔无及也。不若勿与而攻之，固其数也。此昔吾先王之所以霸。且夫饥，代事也，犹渊之与阪，谁国无有？”吴王曰：“不然。吾闻之，义兵不攻服，仁者食饥饿。今服而攻之，非义兵也；饥而不食，非仁体也。不仁不义，虽得十越，吾不为也。”遂与之食。[②]

“义兵不攻服，仁者食饥饿。今服而攻之，非义兵也；饥而不食，非仁体也。不仁不义，虽得十越，吾不为也”。吴王夫差在历史传说中是一个有勇无谋、刚愎自用之人，这里呈现给我们的却是一个真正的古典武士。

威仪在古典世界处处显示出它至高无上的地位、它压倒一切的权威。无论是日常生活，还是血与火的战场，它都是人们的第一考量。《摩诃婆罗多》向我们反复表述一个古典信念：“正法是最大的财富。”[③]吕子也说：“义者，万事之纪也。”[④]“君子之自行也，动必缘义，行必诚义。”[⑤]正如康德所言：道德行为“并不因它所促成的事物而善，并不因期望的事物而善，也不因它善于达到预定的目的而善，它是自在的善。”[⑥]

在古典中国，“仪”——行为规范有一种来自上天的威权，所以人们称它为“威仪”。它是古典之“德”的一个核心指标。

---

① 《春秋繁露·竹林》。

② 《吕氏春秋·长攻》。

③ [印度]拉贾戈帕拉查理《摩诃婆罗多的故事》，唐季雍译，第215页。

④ 《吕氏春秋·论威》。

⑤ 《吕氏春秋·高义》。

⑥ [德]康德：《道德形而上学原理》，苗力田译，上海人民出版社，1986年，第43页。

(二)“勤”得天眷

人们都知道中华民族是“勤劳勇敢”的民族。“勤”作为一种“德”，我们在《尚书》中有充分的感受。“勤”是上天对我们的考验，“勤奋”、“勤劳”的人才能受到上天的眷顾。

《大诰》篇、《梓材》篇和《无逸》篇有专门强调“勤劳”美德的段落：

> 王曰：“尔惟旧人，尔丕克远省，尔知宁王若勤哉！天閟毖我成功所，予不敢不极卒宁王图事。肆予大化诱我友邦君，天棐忱辞，其考我民，予曷其不于前宁人图功攸终？天亦惟用勤毖我民，若有疾，予曷敢不于前宁人攸受休毕！”①

文王是我们勤劳作业的典范。现在上天要用艰难困苦来考验我们下民，我们必须迎难而上，完成前辈们的未竟事业。

> 王曰：“若昔朕其逝，朕言艰日思。若考作室，既底法，厥子乃弗肯堂，矧肯构？厥父菑，厥子乃弗肯播，矧肯获？厥考翼其肯曰：予有后弗弃基？肆予曷敢不越卬敉宁王大命？”②

不要像有些不孝子孙那样，得过且过。我们必须承前启后，完成文王承载的上天赋予的使命。

> 予永念曰：天惟丧殷，若穑夫，予曷敢不终朕亩？天亦惟休于前宁人，予曷其极卜？敢弗于从率宁人有指疆土？矧今卜并吉？肆朕诞以尔东征。天命不僭，卜陈惟若兹。”③

我们一定要像农夫完成自己的田亩作业一样来履行自己的职责。上天既然通过卜辞向我们传达了它的意图，我们就应该努力来完成上天赐予先辈的休命。

> 惟曰：“若稽田，既勤敷菑，惟其陈修，为厥疆畎。若作室家，既勤垣墉，惟

---

① 《尚书·大诰》。
② 《尚书·大诰》。
③ 《尚书·大诰》。

其涂塈茨。若作梓材，既勤朴斫，惟其涂丹雘。”

今王惟曰：“先王既勤用明德，怀为夹，庶邦享作，兄弟方来。亦既用明德，后式典集，庶邦丕享。皇天既付中国民越厥疆土于先王，肆王惟德用，和怿先后迷民，用怿先王受命。已！若兹监，惟曰欲至于万年，惟王子子孙孙永保民。”①

《尚书》的作者总是用日常生活中的事例来表述自己的思想，这恰好表明了这些篇章的真实古朴。不管我们是种田，还是建房子造家具，都必须勤劳如一，有始有终。为了把皇天上帝赋予我们的休命长保万年，也必须“勤用明德”。

周公曰：“呜呼！君子所，其无逸。先知稼穑之艰难，乃逸，则知小人之依。相小人，厥父母勤劳稼穑，厥子乃不知稼穑之艰难，乃逸乃谚。既诞，否则侮厥父母曰：‘昔之人无闻知。’”周公曰：“呜呼！我闻曰：昔在殷王中宗，严恭寅畏，天命自度，治民祗惧，不敢荒宁。肆中宗之享国七十有五年。其在高宗，时旧劳于外，爰暨小人。作其即位，乃或亮阴，三年不言。其惟不言，言乃雍。不敢荒宁，嘉靖殷邦。至于小大，无时或怨。肆高宗之享国五十年有九年。其在祖甲，不义惟王，旧为小人。作其即位，爰知小人之依，能保惠于庶民，不敢侮鳏寡。肆祖甲之享国三十有三年。自时厥后立王，生则逸，生则逸，不知稼穑之艰难，不闻小人之劳，惟耽乐之従。自时厥后，亦罔或克寿。或十年，或七八年，或五六年，或四三年。”周公曰：“呜呼！厥亦惟我周太王、王季，克自抑畏。文王卑服，即康功田功。徽柔懿恭，怀保小民，惠鲜鳏寡。自朝至于日中昃，不遑暇食，用咸和万民。文王不敢盘于游田，以庶邦惟正之供。文王受命惟中身，厥享国五十年。”②

这段文字比较直白，正像它的标题一样，我们必须像商代前期的君王与周文王一样勤劳“无逸”，兢兢业业，才能长保天命。如果像商代后王那样“惟耽乐之从”，则肯定得不到上天的保佑。

值得指出的是，《尚书·益稷》篇整篇都是劝勤文字，尽管它的成书年代或许较晚。《尚书·益稷》：

帝曰：“来，禹！汝亦昌言。”禹拜曰：“都！帝，予何言？予思日孜孜。”皋

① 《尚书·梓材》。

② 《尚书·无逸》。

陶曰："吁！如何？"禹曰："洪水滔天，浩浩怀山襄陵，下民昏垫。予乘四载，随山刊木，暨益奏庶鲜食。予决九川，距四海，浚畎浍距川；暨稷播，奏庶艰食鲜食。懋迁有无，化居。烝民乃粒，万邦作乂。"皋陶曰："俞！师汝昌言。"

禹曰："都！帝，慎乃在位。"帝曰："俞！"禹曰："安汝止，惟几惟康。其弼直，惟动丕应。傒志以昭受上帝，天其申命用休。"

帝曰："吁！臣哉邻哉！邻哉臣哉！"禹曰："俞！"

……

禹曰："俞哉！帝光天之下，至于海隅苍生，万邦黎献，共惟帝臣，惟帝时举。敷纳以言，明庶以功，车服以庸。谁敢不让，敢不敬应？帝不时敷，同，日奏，罔功。无若丹朱傲，惟慢游是好，傲虐是作。罔昼夜頟頟，罔水行舟。朋淫于家，用殄厥世。予创若时，娶于涂山，辛壬癸甲。启呱呱而泣，予弗子，惟荒度土功。弼成五服，至于五千。州十有二师，外薄四海，咸建五长，各迪有功，苗顽弗即工，帝其念哉！"帝曰："迪朕德，时乃功，惟叙。"

皋陶方祗厥叙，方施象刑，惟明。

……

庶尹允谐，帝庸作歌。曰："敕天之命，惟时惟几。"乃歌曰："股肱喜哉！元首起哉！百工熙哉！"皋陶拜手稽首飏言曰："念哉！率作兴事，慎乃宪，钦哉！屡省乃成，钦哉！"乃赓载歌曰："元首明哉，股肱良哉，庶事康哉！"又歌曰："元首丛脞哉，股肱惰哉，万事堕哉！"帝拜曰："俞，往钦哉！"

由上所述，古典中国之"德"包括"忱"（仁）和"义"两个面向，具体表现在对上天的"忠忱"，行为规范的"威仪"和事业作为的"勤奋"三个方面。其实这两者或三者之间是有着内在的统一性的。《尚书》常见一个"敬"字，这个"敬"就代表整个古典心灵的根本性格。徐复观先生曾对周人的"敬"有精到的解说和评述。[①] 周人的一切思想行为都建立在对天帝有深厚的"恭敬"上，有了发自内心的对上天的"敬"意，现实层面就自然会表现出"德"：祭祀享孝时自然就会"忱"（仁），事业作为上就会"勤"，行为举止上自然会有"威仪"。"忱"、"勤"、"仪"三者是古典心灵"敬德"的自然结果。只要人们能真正做到"敬德"，则人间一切疑难都会自然冰释，所有的问题都会迎刃而解。所以在《尚书》中我们总是见到"疾敬德"这样的发自内心的呼喊。在这些思维的背后，我们可以强烈地感受到皇天上帝的存在。"敬德"代表人类对于上天意志的响应和遵守，上天自然就会成为我们的保障，成为人类的最后依靠。对于古典人类来说，这是最自然不过的思维方式。

---

① 参见徐复观《中国人性论史·先秦篇》，第20页。

也正是因此，在古典中国，我们总能看到“功”与“德”的前后相因、相辅相成。敬德者必定成功，成功者必定有德。前述的《益稷》和《禹贡》篇，可以说就是对大禹与他的同道“歌功颂德”的文字。大禹因所谓“三过家门而弗入”的敬业精神而“各迪有功”，大禹同样因“禹别九州，随山浚川，任土作贡。禹敷土，随山刊木，奠高山大川”的勤奋从而“东渐于海，西被于流沙，朔南暨声教讫于四海。禹锡玄圭，告厥成功”。

在青铜彝器中，我们也总是可以看到“歌功颂德”经典铭文。

《班簋》：

隹八月初吉，在宗周，甲戌，王令毛伯更虢城公服，屏王位，作四方极。……王令毛公以邦冢君………伐东国痟戎，咸。王令吴伯曰：“以乃师左比于毛父。”王令吕伯曰：“以乃师右比于毛父。”□令曰：“以乃族从父征。”诞城卫父身，三年静东国，亡不成就。……①

又《虢季子白盘》：

隹十又二年正月初吉丁亥，虢季子伯作宝盘。丕显子伯，壮武于戎功，经维四方，搏伐猃狁，于洛之阳，折首五百，执讯五十，是以先行。桓桓子伯，献馘于王。王孔嘉子伯义。王格周庙宣榭，爰飨。王曰：“白父，孔显有光。”王赐乘马，是用左王。赐用弓，彤矢其央；赐用钺，用征蛮方。子子孙孙，万年无疆。②

在《诗经·大雅》中，这种“歌功颂德”的篇章特别引人注目，这充分表明了古典中国的开创者充盈的生命力。在他们的意识与潜意识中，他们总是与皇天上帝同道的，他们的所有作为无不是上天意志的体现。

○崧高

崧高维岳，骏极于天。维岳降神，生甫及申。维申及甫，维周之翰。四国于蕃。四方于宣。亹亹申伯，王缵之事。于邑于谢，南国是式。王命召伯，定申伯之宅。登是南邦，世执其功。王命申伯，式是南邦。因是谢人，以作尔庸。

---

① 《班簋》，释文据刘翔、陈抗等编著《商周古文字读本》转写，见氏著，语文出版社，1989年，第91—95页。

② 《虢季子白盘》，释文据刘翔、陈抗等《商周古文字读本》转写，见氏著，第138—141页。

王命召伯，彻申伯土田。王命傅御，迁其私人。申伯之功，召伯是营。有俶其城，寝庙既成。既成藐藐，王锡申伯。四牡蹻蹻，钩膺濯濯。王遣申伯，路车乘马。我图尔居，莫如南土。锡尔介圭，以作尔宝。往近王舅，南土是保。申伯信迈，王饯于郿。申伯还南，谢于诚归。王命召伯，彻申伯土疆。以峙其粻，式遄其行。申伯番番，既入于谢。徒御啴啴。周邦咸喜，戎有良翰。不显申伯，王之元舅，文武是宪。申伯之德，柔惠且直。揉此万邦，闻于四国。吉甫作诵，其诗孔硕。其风肆好，以赠申伯。

〇韩奕

奕奕梁山，维禹甸之，有倬其道。韩侯受命，王亲命之：缵戎祖考，无废朕命。夙夜匪解，虔共尔位，朕命不易。榦不庭方，以佐戎辟。四牡奕奕，孔修且张。韩侯入觐，以其介圭，入觐于王。王锡韩侯，淑旂绥章，簟茀错衡，玄衮赤舄，钩膺镂锡，鞹鞃浅幭，鞗革金厄。韩侯出祖，出宿于屠。显父饯之，清酒百壶。其殽维何？炰鳖鲜鱼。其蔌维何？维笋及蒲。其赠维何？乘马路车。笾豆有且。侯氏燕胥。韩侯取妻，汾王之甥，蹶父之子。韩侯迎止，于蹶之里。百两彭彭，八鸾锵锵，不显其光。诸娣从之，祁祁如云。韩侯顾之，烂其盈门。蹶父孔武，靡国不到。为韩姞相攸，莫如韩乐。孔乐韩土，川泽讦讦，鲂鱮甫甫，麀鹿噳噳，有熊有罴，有猫有虎。庆既令居，韩姞燕誉。溥彼韩城，燕师所完。以先祖受命，因时百蛮。王锡韩侯，其追其貊。奄受北国，因以其伯。实墉实壑，实亩实藉。献其貔皮，赤豹黄罴。

〇江汉

江汉浮浮，武夫滔滔。匪安匪游，淮夷来求。既出我车，既设我旟。匪安匪舒，淮夷来铺。江汉汤汤，武夫洸洸。经营四方，告成于王。四方既平，王国庶定。时靡有争，王心载宁。江汉之浒，王命召虎：式辟四方，彻我疆土。匪疚匪棘，王国来极。于疆于理，至于南海。王命召虎：来旬来宣。文武受命，召公维翰。无曰予小子，召公是似。肇敏戎公，用锡尔祉。厘尔圭瓒，秬鬯一卣。告于文人，锡山土田。于周受命，自召祖命，虎拜稽首：天子万年！虎拜稽首，对扬王休。作召公考：天子万寿！明明天子，令闻不已，矢其文德，洽此四国。

〇常武

赫赫明明。王命卿士，南仲大祖，大师皇父。整我六师，以修我戎。既敬既戒，惠此南国。王谓尹氏，命程伯休父，左右陈行。戒我师旅，率彼淮浦，省此徐土。不留不处，三事就绪。赫赫业业，有严天子。王舒保作，匪绍匪游。徐方绎骚，震惊徐方。如雷如霆，徐方震惊。王奋厥武，如震如怒。进厥虎臣，阚如虓虎。铺敦淮渍，仍执丑虏。截彼淮浦，王师之所。王旅啴啴，如飞如翰。如江如汉，如山之苞。如川之流，绵绵翼翼。不测不克，濯征徐国。王犹允塞，徐方既来。徐方既同，天子之功。四方既平，徐方来庭。徐方不回，王曰还归。

总之，在古典中国，“功”与“德”总是表里相一的，绝对没有晚期人类常常面临的“义”、“利”两难的局面。

于是，我们就从《尚书》进入《诗经》。

第三节　《诗》——从宗教走向世俗

一　《诗》中的虔敬

《诗经》被认为是中国文化最早的作品，是中国思想史、哲学史开始的地方，但从观相学的角度看，应该承认，《诗经》的年代也许并没有人们想象的那样古老；另外，我们必须说，《诗经》是一个历史跨度非常悠远的作品集，大致可以说，《诗》囊括了整个古典世界。

《诗经》的颂和雅两部分应该是《诗经》相对早期的作品，“颂”（特别是周颂）问世最早，西周年间就已经成为周王室的祭祀仪典中的法定节目；大雅应该经历了一个相当长的酝酿成熟期，它肇始于西周年间并最后定型于春秋时期；而小雅比大雅的定型还要晚许多。

《颂》最能表现出周人对上帝祖先的虔敬。

于穆清庙，肃雍显相。济济多士，秉文之德。对越在天，骏奔走在庙。不显不承，无射于人斯。①

维天之命，于穆不已。于乎不显，文王之德之纯。假以溢我，我其收之。骏惠我文王，曾孙笃之。②

维清缉熙，文王之典。肇禋，迄用有成，维周之祯。③

烈文辟公，锡兹祉福。惠我无疆，子孙保之。无封靡于尔邦，维王其崇

① 《诗经·清庙》。

② 《诗经·维天之命》。

③ 《诗经·维清》。

之。念兹戎功，继序其皇之。无竞维人，四方其训之。不显维德，百辟其刑之。於乎，前王不忘！[①]

昊天有成命，二后受之。成王不敢康，夙夜基命宥密。於缉熙！单厥心，肆其靖之。[②]

我将我享，维羊维牛，维天其右之。仪式刑文王之典，日靖四方。伊嘏文王，既右飨之。我其夙夜，畏天之威，于时保之。[③]

时迈其邦，昊天其子之，实右序有周。薄言震之，莫不震叠。怀柔百神，及河乔岳，允王维后。明昭有周，式序在位。载戢干戈，载櫜弓矢。我求懿德，肆于时夏，允王保之。[④]

执竞武王，无竞维烈。不显成康，上帝是皇。自彼成康，奄有四方，斤斤其明。钟鼓喤喤，磬筦将将，降福穰穰。降福简简，威仪反反。既醉既饱，福禄来反。[⑤]

有来雝雝，至止肃肃。相维辟公，天子穆穆。于荐广牡，相予肆祀。假哉皇考！绥予孝子。宣哲维人，文武维后。燕及皇天，克昌厥后。绥我眉寿，介以繁祉，既右烈考，亦右文母。[⑥]

载见辟王，曰求厥章。龙旂阳阳，和铃央央。鞗革有鸧，休有烈光。率见昭考，以孝以享。以介眉寿，永言保之，思皇多祜。烈文辟公，绥以多福，俾缉熙于纯嘏。[⑦]

有瞽有瞽，在周之庭。设业设虡，崇牙树羽。应田县鼓，鞉磬柷圉。既备乃奏，箫管备举。喤喤厥声，肃雍和鸣，先祖是听。我客戾止，永观厥成。[⑧]

在《诗经・颂》的这些篇章里，虽然我们看不到一个“忧”字，但周王室对上天的“忠诚”、对祖先的“虔敬”无不是跃然纸上的。

敬之敬之，天维显思，命不易哉。无曰高高在上，陟降厥土，日监在兹。

---

① 《诗经・烈文》。
② 《诗经・昊天有成命》。
③ 《诗经・我将》。
④ 《诗经・时迈》。
⑤ 《诗经・执竞》。
⑥ 《诗经・雝》。
⑦ 《诗经・载见》。
⑧ 《诗经・有瞽》。

维予小子，不聪敬止。日就月将，学有缉熙于光明。佛时仔肩，示我显德行。[1]

就像它的篇名，这篇《敬之》特别能反映周人对皇天上帝的"恭敬"。注意，过往的注解都把"陟降厥土"的"土"释为"士"，明显是没有进入到古典中国的语境。这里说的是文王等周朝先祖总是在上天的认可下，频繁地在天上人间来回往返。当然他们的宗旨是监督保佑周王室。

闵予小子，遭家不造，嬛嬛在疚。于乎皇考，永世克孝。念兹皇祖，陟降庭止。维予小子，夙夜敬止。于乎皇王，继序思不忘。[2]

访予落止，率时昭考。于乎悠哉，朕未有艾。将予就之，继犹判涣。维予小子，未堪家多难。绍庭上下，陟降厥家。休矣皇考，以保明其身。[3]

这两篇里的"陟降"也都是指的祖先神灵在天上人间来回奔波。此处的周王真的以为，只要自己真心实意地虔敬祈祷祝福，已经过世的先祖完全可以回来保佑自己的家国天下。

○噫嘻

噫嘻成王，既昭假尔。率时农夫，播厥百谷。骏发尔私，终三十里。亦服尔耕，十千维耦。

○载芟

载芟载柞，其耕泽泽。千耦其耘，徂隰徂畛。侯主侯伯，侯亚侯旅，侯强侯以。有嗿其馌，思媚其妇，有依其士。有略其耜，俶载南亩，播厥百谷。实函斯活，驿驿其达。有厌其杰，厌厌其苗，绵绵其麃。载获济济，有实其积，万亿及秭。为酒为醴，烝畀祖妣，不洽百礼。有飶其香。邦家之光。有椒其馨，胡考之宁。匪且有且，匪今斯今，振古如兹。

○良耜

畟畟良耜，俶载南亩。播厥百谷，实函斯活。或来瞻女，载筐及莒，其馕伊黍。其笠伊纠，其镈斯赵，以薅荼蓼。荼蓼朽止，黍稷茂止。获之挃挃，积之栗栗。其崇如墉，其比如栉。以开百室，百室盈止，妇子宁止。杀时犉牡，

① 《诗经·敬之》。
② 《诗经·闵予小子》。
③ 《诗经·访落》。

有捄其角。以似以续，续古之人。

《诗经》中有不少地方都是与当时的农业相关的。过往的文论说到这些篇章，总是会辩论当时的社会到底是奴隶制还是封建制，当时的中国有没有井田这种农业耕作方式。几乎没有人想到过，这些诗篇的作者对上述思辨没有丝毫的意识。这些诗人们只是对当时这些盛大的场面有一种发自内心的赞叹和感动。这里的“千耦其耘”和“播厥百谷”并非日常的农业场景，这里描绘的只是完全宗教意义的“籍田”仪典。我们在《吕氏春秋》中可以知道这种仪典的宏大规模：

是月也，天子乃以元日祈谷于上帝。乃择元辰，天子亲载耒耜，措之参于保介之御间，率三公、九卿、诸侯、大夫，躬耕帝籍田。天子三推，三公五推，卿、诸侯、大夫九推。反，执爵于太寝，三公、九卿、诸侯、大夫皆御，命曰“劳酒”。①

总之，《颂》中的古典君子们是极为忠忱恭敬的。当然他们的虔敬的对象是皇天上帝，是与天同在的列祖列宗。

值得一说的是，“颂”这一类名本身就可以说明周人对上天祖先的虔敬。对于“颂”的含义，过往曾有两种较权威的解释，其一是“舞容”说，其二是“镛”说，它们都有各自的理据。刘毓庆教授认为：“‘颂’当为‘诵’的借字，所指则是宗教性的诵辞。甲骨卜辞中每言‘祝用’，即‘祝诵’，意即祝告于神明。”②“颂”就是对上天祖先的颂扬、歌颂，而且这些颂扬、歌颂都是情不自禁、发自内心的，这本身就说明了周人的虔敬。

在《大雅》的部分，我们仍然可以见到周王室对上天和祖先的尊崇：

〇文王

文王在上，于昭于天。周虽旧邦，其命维新。有周不显，帝命不时。文王陟降，在帝左右。亹亹文王，令闻不已。陈锡哉周，侯文王孙子。文王孙子，本支百世，凡周之士，不显亦世。世之不显，厥犹翼翼。思皇多士，生此王国。王国克生，维周之桢；济济多士，文王以宁。穆穆文王，于缉熙敬止。假哉天命。有商孙子。商之孙子，其丽不亿。上帝既命，侯于周服。侯服于周，天命靡常。殷士肤敏。祼将于京。厥作祼将，常服黼冔。王之荩臣。无念尔祖。

① 《吕氏春秋·孟春》。

② 刘毓庆、李蹊译注：《诗经》下册，中华书局，2011年，第809页。

无念尔祖，聿修厥德。永言配命，自求多福。殷之未丧师，克配上帝。宜鉴于殷，骏命不易！命之不易，无遏尔躬。宣昭义问，有虞殷自天。上天之载，无声无臭。仪刑文王，万邦作孚。

〇大明

明明在下，赫赫在上。天难忱斯，不易维王。天位殷适，使不挟四方。挚仲氏任，自彼殷商，来嫁于周，曰嫔于京。乃及王季，维德之行。大任有身，生此文王。维此文王，小心翼翼。昭事上帝，聿怀多福。厥德不回，以受方国。天监在下，有命既集。文王初载，天作之合。在洽之阳，在渭之涘。文王嘉止，大邦有子。大邦有子，伣天之妹。文定厥祥，亲迎于渭。造舟为梁，不显其光。有命自天，命此文王。于周于京，缵女维莘。长子维行，笃生武王。保右命尔，燮伐大商。殷商之旅，其会如林。矢于牧野，维予侯兴。上帝临女，无贰尔心。牧野洋洋，檀车煌煌，驷騵彭彭。维师尚父，时维鹰扬。凉彼武王，肆伐大商，会朝清明。

〇下武

下武维周，世有哲王。三后在天，王配于京。
王配于京，世德作求。永言配命，成王之孚。
成王之孚，下土之式。永言孝思，孝思维则。
媚兹一人，应侯顺德。永言孝思，昭哉嗣服。
昭兹来许，绳其祖武。于万斯年，受天之祜。
受天之祜，四方来贺。于万斯年，不遐有佐。

周朝之所以兴旺发达，文王等先祖对皇天上帝的忠诚是极为重要的因素。周王室因此而得到天命。文王等先祖一直在上帝左右，在天庭照看监督周之天下。

〇皇矣

皇矣上帝，临下有赫。监观四方，求民之莫。维此二国，其政不获。维彼四国，爰究爰度。上帝耆之，憎其式廓。乃眷西顾，此维与宅。作之屏之，其菑其翳。修之平之，其灌其栵。启之辟之，其柽其椐。攘之剔之，其檿其柘。帝迁明德，串夷载路。天立厥配，受命既固。帝省其山，柞棫斯拔，松柏斯兑。帝作邦作对，自大伯王季。维此王季，因心则友。则友其兄，则笃其庆，载锡之光。受禄无丧，奄有四方。维此王季，帝度其心。貊其德音，其德克明。克明克类，克长克君。王此大邦，克顺克比。比于文王，其德靡悔。既受帝祉，施于孙子。帝谓文王：无然畔援，无然歆羡，诞先登于岸。密人不恭，敢距大邦，侵阮徂共。王赫斯怒，爰整其旅，以按徂旅。以笃于周祜，以对于天下。

依其在京，侵自阮疆。陟我高冈，无矢我陵。我陵我阿，无饮我泉，我泉我池。度其鲜原，居岐之阳，在渭之将。万邦之方，下民之王。帝谓文王：予怀明德，不大声以色，不长夏以革。不识不知，顺帝之则。帝谓文王：詢尔仇方，同尔弟兄。以尔钩援，与尔临冲，以伐崇墉。临冲闲闲，崇墉言言。执讯连连，攸馘安安。是类是禡，是致是附，四方以无侮。临冲茀茀，崇墉仡仡。是伐是肆，是绝是忽。四方以无拂。

周王朝是由于得到上天的认可才发迹的。文王建立周朝宏伟基业的每一步都是在皇天上帝的指引下完成的。离开了上帝祖先的眷顾，就不可能有周朝的兴盛。

二　君子威仪

(一)君子的来历

我们觉得，最能代表《诗》精神的应该是《雅》的部分。

如果说，《尚书》的《誓》带有强烈的青春时期的激情，充盈着“十字军”意义上的征服欲，那么，以《大诰》、《多士》、《多方》为代表的《尚书》等篇章便特别能表现早期宗教对上天的虔敬；而以《酒诰》、《无逸》为代表的篇章特别能表现一个已经成型的文化对自我成就的戒慎恐惧。它是整个早期文化的创造成果，是整个古典文化中的经院教条。

可以说，这种戒慎恐惧的心理是整个早期古典时代的一个典型心理。对上天的虔敬、对天命的祗畏是整个时代的一个特征。徐复观先生曾说中国古典文化具有典型的“忧患意识”[①]，可以说是指明了历史的真理。这种基于对上天之敬畏的“忧患意识”造成了早期古典中国独特的“君子文化”。

“君子”在中国文化中有标志性的地位，而西周春秋的社会可以是一个典型的“君子”时代。

在《尚书》的《酒诰》等篇中，我们可以见到三处“君子”的表述：

庶士有正越庶伯君子，其尔典听朕教！尔大克羞耇惟君，尔乃饮食醉饱。丕惟曰尔克永观省，作稽中德，尔尚克羞馈祀。尔乃自介用逸，兹乃允惟王正

---

① 参见徐复观《中国人性论史·先秦篇》，第18页。

事之臣。兹亦惟天若元德，永不忘在王家。[①]

予小臣敢以王之仇民百君子越友民，保受王威命明德。王末有成命，王亦显。我非敢勤，惟恭奉币，用供王能祈天永命。[②]

呜呼！君子所，其无逸。先知稼穑之艰难，乃逸，则知小人之依。相小人，厥父母勤劳稼穑，厥子乃不知稼穑之艰难，乃逸乃谚。既诞，否则侮厥父母曰：昔之人无闻知。[③]

以上三处应该是最早对于“君子”的表述。从有关的语境上看，这里的“君子”都是对社会的骨干分子的一种称谓。但总的来说，《尚书》的时代，社会的主人似乎还是邦君和各种具体的“有正”、“有事”、“尹氏”、“庶士”等。“君子”还没有成为社会的伦理主体，没有成为思想文化的主人。

到了《诗》的时代，我们看到，情况有了根本性的改变。可以说，《诗经》，特别是《雅》的部分就是一部有关“君子”的诗集。

我们先来看一些有代表性的诗句：

昔我往矣，黍稷方华。今我来思，雨雪载涂。王事多难，不遑启居。岂不怀归？畏此简书。喓喓草虫，趯趯阜螽。未见君子，忧心忡忡。既见君子，我心则降。赫赫南仲，薄伐西戎。[④]

南山有台，北山有莱。乐只君子，邦家之基。乐只君子，万寿无期。南山有桑，北山有杨。乐只君子，邦家之光。乐只君子，万寿无疆。南山有杞，北山有李。乐只君子，民之父母。乐只君子，德音不已。[⑤]

蓼彼萧斯，零露湑兮。既见君子，我心写兮。燕笑语兮，是以有誉处兮。[⑥]

湛湛露斯，在彼杞棘。显允君子，莫不令德。其桐其椅，其实离离。岂弟君子，莫不令仪。[⑦]

菁菁者莪，在彼中阿。既见君子，乐且有仪。菁菁者莪，在彼中沚。既见

---

① 《尚书·酒诰》。

② 《尚书·召诰》。

③ 《尚书·无逸》。

④ 《诗经·出车》。

⑤ 《诗经·南山有台》。

⑥ 《诗经·蓼萧》。

⑦ 《诗经·湛露》。

君子，我心则喜。①

昊天不傭，降此鞠讻。昊天不惠，降此大戾。君子如届，俾民心阕。君子如夷，恶怒是违。②

悠悠昊天，曰父母且。无罪无辜，乱如此幠。昊天已威，予慎无罪。昊天泰幠，予慎无辜。乱之初生，僭始既涵。乱之又生，君子信谗。君子如怒，乱庶遄沮。君子如祉，乱庶遄已。君子屡盟，乱是用长。君子信盗，乱是用暴。盗言孔甘，乱是用餤。匪其止共，维王之邛。奕奕寝庙，君子作之。秩秩大猷，圣人莫之。他人有心，予忖度之。跃跃毚兔，遇犬获之。荏染柔木，君子树之。③

有饛簋飧，有捄棘匕。周道如砥，其直如矢。君子所履，小人所视。④

交交桑扈，有莺其羽。君子乐胥，受天之祜。交交桑扈，有莺其领。君子乐胥，万邦之屏。⑤

有頍者弁，实维伊何？尔酒既旨，尔肴既嘉。岂伊异人？兄弟匪他。茑与女萝，施于松柏。未见君子，忧心奕奕；既见君子，庶几说怿。有頍者弁，实维何期？尔酒既旨，尔肴既时。岂伊异人？兄弟具来。茑与女萝，施于松上。未见君子，忧心怲怲；既见君子，庶几有臧。⑥

瞻彼旱麓，榛楛济济。岂弟君子，干禄岂弟。瑟彼玉瓒，黄流在中。岂弟君子，福禄攸降。鸢飞戾天，鱼跃于渊。岂弟君子，遐不作人？清酒既载，骍牡既备。以享以祀，以介景福。瑟彼柞棫，民所燎矣。岂弟君子，神所劳矣。莫莫葛藟，施于条枚。岂弟君子，求福不回。⑦

泂酌彼行潦，挹彼注兹，可以餴饎。岂弟君子，民之父母。泂酌彼行潦，挹彼注兹，可以濯罍。岂弟君子，民之攸归。泂酌彼行潦，挹彼注兹，可以濯溉。岂弟君子，民之攸塈。⑧

有冯有翼，有孝有德，以引以翼。岂弟君子，四方为则。颙颙卬卬，如圭如璋，令闻令望。岂弟君子，四方为纲。⑨

---

① 《诗经·菁菁者莪》。
② 《诗经·节南山》。
③ 《诗经·巧言》。
④ 《诗经·大东》。
⑤ 《诗经·桑扈》。
⑥ 《诗经·頍弁》。
⑦ 《诗经·旱麓》。
⑧ 《诗经·泂酌》。
⑨ 《诗经·卷阿》。

从上面的引述中，不难得出结论：《诗》的时代就是“君子”的时代。“君子”不仅是淑女们的“好逑”，更是“邦家之基”、“邦家之光”，是“民之父母”、“民之攸归”。“岂弟君子，四方为则，……四方为纲。”“君子乐胥，万邦之屏。”可见“君子”的的确确是天下的骨干、社会的栋梁。“未见君子，忧心忡忡。既见君子，我心则降。”这样的句式在《诗经》随处可见。人们离不开君子，见到君子就高兴、就心宽，看不见君子就会担惊受怕。

为什么《诗经》的时代，君子能成为时代的主体呢？我们首先得分析一下“君子”的来历。

从字面上看，“君子”当然就是“君之子”，这应该是它本来的意义，就像“天之子”叫“天子”一样。本来，“君子”的前提是必须先有“君”，然后才能有“君子”（君之子），后世的“君子”则演化为对人的尊称，成为一种理想人格的称谓。从“君子”的本来意义上说，“君子”要成为一个社会的主体，只能在一个广泛的封建的环境中才有可能。《吕氏春秋》所谓“无地为君，无官为长”[①]，一定要拥有一定的土地才能称为“君”。原初意义上的君子指的是一个封建社会的贵族群体。我们都知道，任何一个早期封建国家都是由一个不同层级的附庸所构成的社会。国王仅是一个国家社会名义上的统治者。他的真实权力大多限于王畿地区，对其他附庸国（诸侯国）只能要求有限的贡赋权力和其他象征性的权力。每一个上级的附庸都会有若干自己的下级附庸，他们之间的关系也类似于第一级附庸与国王的关系，甚至不同的领主之间还会有交差重叠的附庸关系。所以，一个真正的封建社会其实与我们后世的理解有很大的不同，几乎每一个大大小小的附庸在自己的封地内都可以说是独立自主的。王国维先生很早就注意到这一点。[②] 早期封建社会点缀着大大小小相互关联又相互独立的国家，于是当时的社会就有数目繁多的“君主”。《史记·周本纪》说武王伐商时有八百诸侯相随，杨宽先生认为不可信，他根据《尚书·牧誓》，认为只有八个附庸部落跟随。[③] 或许《史记》的说法有些夸张，但当时参与伐商的“邦君”应该绝对不止八个。因为按当时的社会状况，大部落会含若干小部落，附庸下面还有附庸。不管怎样说，西周时期的社会是一个到处都是“君主”的社会，有专家统计过，单出现于《春秋》和《左传》中的封国和与国还有一百四十多个。[④] 因为有众多的“邦国”，所以就会有众多的“君主”，而每一个“君主”原则上会有若干个儿子，所以在早期社会，“君子”是一个数目相当可观的群

---

① 《吕氏春秋·顺说》。

② 参见王国维《观堂集林》上册，河北教育出版社，2001 年，第 296 页。

③ 参见杨宽《西周史》，上海人民出版社，2003 年，第 498 页。

④ 参见顾德融、朱顺龙《春秋史》，上海人民出版社，2001 年，第 27 页。

体，而且他们是名副其实的“君子”，不像后世只是一个尊称而已。我们看到，上引《尚书·召诰》中有“百君子”之说，《诗经》也常说“凡百君子”。在出土的金文中，最早提到“君子”的是春秋时期的晋姜鼎[①]。它里面的“君子”是对他人的尊称。在各种西周时期（特别是早期）的青铜器铭文中，很多器物都是自勒名。这些自勒名经常都自称父乙、父丙、父丁、父戊、父己、父庚、父辛、父壬、父癸。自称“父甲”也有，但不多。很多是直接称某父，“某”都是指的部落名或地名。由此，我们可以想到，这些“父”们就是当时的“君子”。每一部落宗族都会有一个主人，各种“公”、“侯”、“伯”和各种“君”就是一个宗族的首领，他是君主。每一个君主原则上会有很多儿子，他们就会根据自己的出生早晚分别被命名为“从甲到癸”等各种“父”。要知道，在封建时代，不是什么人都有资格称“父”的，大概只有君主之子才能称“父”，所以“父”的身份在早期古典时代是真正贵族的标志。只有到了后来，才有平民之子也称“父”的发展，可说是古代民主化的一个标志。从上面的分析，我们还可以看到，君子中的一些人以后自然会成为“君主”，所以“君子”和“君主”在封建时代是自然连通的，并没有严格的界线。君子成为封建时代的主体是最顺理成章的事情。

要对“君子”的意涵有深入的理解，对金文中经常出现的“蔑历”一词有一个到位的把握是很有必要的，惜乎过往的研究都未达境界。这里笔者不辞浅陋，提出自己的管见，或许会对未来的中国学术贡献它的开创性：

讲到“君子”，当然要从“君”讲起。说到“君”，我们就必须得对传统学术中一个困惑多时的概念“蔑历”加以说明。

“蔑历”是出现于商末到西周晚期青铜器中的一个名词。据晁福林统计共出现 50 次，其中殷末一次，周早期 19 次，中期 24 次，晚期 6 次。[②] 奇怪的是，“蔑历”这一词组只出现于春秋之前的青铜器铭文中，春秋以后，无论铭文还是典籍中再未出现。

据于省吾先生研究，从有宋以来，“蔑历”这个词组就成了困扰国人的一个大难题，清朝以来，阮元、吴东发、徐同柏、翁大年、孙诒让和刘师培、刘心源、郭沫若、刘节、戴君仁、陈小松、李亚龙诸多学人都有过自己的解说，虽然并没有形成一致的共识，但大家都有一个大致的倾向，认为“蔑历”就是西周时期盛行的一种勉励制度。[③] 近年来，对这一问题的研究并没有止步，但是，我们不得不说，总的状况并没有突破，我们似乎还是在原地踏步。比如，晁福林教授就认为，“蔑历”是西周

---

① 载《殷商金文集成释文》第二卷，编号 2826。

② 晁福林：《金文“蔑历”与西周勉励制度》，《历史研究》2008 年第 1 期。

③ 于省吾：《释“蔑历”》，《东北人民大学人文科学学报》1956 年第 2 期。

时期的一种与物质奖励有别的口头勉励形式。[①]

尽管如晁福林教授所认为的那样，“蔑历”的大意很清楚，是奖励、勉励、休美的意思，但恐怕没有人认为，这个困惑多年的问题就已经解决了。因为，所谓奖励、勉励只是对“蔑历”的大致解释，绝对不是“蔑历”一词的确切含义。如果仅仅把对“蔑历”的理解进行到这个层面，这说明几十年来我们的学术并没有真正意义上的进步。因为，自从人们意识到这一词组以来，它的“勉励”之意是没有人持有异议的。

21世纪的中国学术要求我们对“蔑历”一词有一个确切的解释。笔者认为，过往对此问题的研究有避实就虚、舍本逐末、故作高深的弊病。这恐怕也是传统学术常见的缺陷之一。笔者认为，“蔑历”之意本来应该是简洁明了，文从字顺的。

首先“蔑”即是“明”的反训，《说文》说“蔑”是“劳，目无精”，也就是“因疲劳而失明”的意思，唐兰先生就认为“蔑”字的上半部所从之字就是“失明之人”之意。[②]《吕氏春秋·尽数》篇有：

> 形不动则精不流，精不流则气郁。郁处头则为肿、为风，处耳则为挶、为聋，处目则为䁾、为盲，处鼻则为鼽、为窒，处腹则为张、为疛，处足则为痿、为蹷。

䁾就即是左“目“右“蔑”，可见“蔑”的本意就是“不明”、“失明”的意思。

《淮南子·修务训》有两个地方提到“蔑蒙”：

> 今夫盲者目不能别昼夜，分白黑，然而搏琴抚弦，参弹复徽，攫援摽拂，手若蔑蒙，不失一弦。
>
> ……
>
> 木熙者，举梧槚，据句枉，蝯自纵，好茂叶，龙夭矫，燕枝拘，援丰条，舞扶疏，龙从鸟集，搏援攫肆，蔑蒙踊跃。

“蔑蒙”，表面的解释是指“飞扬”意，实则“飞扬”是“蔑蒙”的转意，不是本意。它的本意应该是：细小的灰尘到处飞扬使得眼睛看不清。这也可以证明“蔑”的本意是“不明”之意。《汉书·扬雄传》有“鬼魅不能自还兮，半长途而下颠。历倒景而绝飞梁兮，浮蔑蠓而撇天。”这里的“蔑蠓”是飞扬的灰土意，“蔑”的本意应该也

---

① 晁福林：《金文“蔑历”与西周勉励制度》，《历史研究》2008年第1期。

② 唐兰：《“蔑历”新诂》，《文物》1979年第5期。

是“不明”的意思。

由上述，可以知道，“蔑”的本意是“失明”、“不明”。按古文反训惯例，“蔑”亦可训为“明”。我们知道，反训是古代文字的一种常例，如在《尚书》中，就常见以“乱”训“治”之用法。如《君奭》中的“厥乱明我新造邦”、《顾命》“思夫人自乱于威仪”、《洛诰》中的“乱为四辅”、“乱为四方新辟”就是最典型的例子。这种训“蔑”为“明”最经典的例子是《尚书·君奭》中的“文王蔑德降于国人”之句，这里的“蔑”就是“明”的意思，“蔑德”就是“明德”，指“文王的明德下放照耀到普通人民”。在青铜铭文中，也有三处单用“蔑”字的，分别是：《长由盉》的“穆王蔑长由，以来即邢伯”；《免盘》：“王在周，令作册内史锡免卤百隆，免蔑静女王休”；《沈子它簋盖》：“乃沈子妹克蔑，见厌于公，休。”以上的三个“蔑”都应该是“明”字意。第一个是说穆王命令长由与邢伯比射箭，这里的“蔑”是“命令”“要求”，使人明白的意思；第二个是说免受到穆王的奖励，很高兴，向静女讲述王的休美，这里的“蔑”也是使人明白的意思；第三个是说沈子妹很聪明、明达、很懂事，公很喜欢他，所以这里的“蔑”更是“明”的直接用法。

过往对“蔑历”的研究，最值得反省的应该是关于“历”字意义。为了达成有关的解释，学者们可谓是费煞心机、极尽思虑，有的几乎到了无所不用其极的地步，可是，人们对“历”的一个基本的含意却望而却步，实在令人扼腕。人们似乎忘了《尚书·大禹谟》中的一句名言“天之历数在汝躬”了。虽然我们知道，传世本《大禹谟》成书较晚，但“天之历数在汝躬”这句话应该是有来头的。《论语》篇就是引用：

> 尧曰：“咨！尔舜！天之历数在尔躬，允执其中。四海困穷，天禄永终。”（《论语·尧曰》）

这个“历数”就应该是“蔑历”之“历”的确切意义。朱熹曾经对“历数”有精到的解释：“帝王相继之次第，犹岁时气节之先后也。”①《古汉语大词典》进一步解释说：“按古人以为帝位相承，与天象运行的次序相应，故称帝王继承的次第为‘历数’。”②天人合一的思维是古人的一个基本特征，人世间之事必与上天有直接关联，这是后世对古人的理解。实则在古人自己的思想中，天与地、整个宇宙人间都是上天、上帝的辖区，任何事情都需要得到上天的许可才行。任何人要成为天子，就要得到天的许可。也就是要获得“天的历数”才能成为天下之主、人间之王。

---

① 朱熹：《四书集注》，岳麓书社，1985年，第232页。
② 《古汉语大词典》，上海辞书出版社，2000年，第147页。

古典时代有关“历数”的记载已经很难查找了，但汉代文献中，关于“历数”的内容应该可以给我们相当的启示：

莽乃策命孺子曰：“咨尔婴，昔皇天右乃太祖，历世十二，享国二百一十载，历数在于予躬。《诗》不云乎？‘侯服于周，天命靡常。’封尔为定安公，永为新室宾。於戏！敬天之休，往践乃位，毋废予命。”……二月，霸桥灾，数千人以水沃救，不灭。莽恶之，下书曰：“夫三皇象春，五帝象夏，三王象秋，五伯象冬。皇王，德运也；伯者，继空续乏以成历数，故其道驳。……”（《汉书·王莽传》）

待诏夏贺良等言赤精子之谶，汉家历运中衰，当再受命，宜改元、易号。诏曰：“汉兴二百载，历数开元。皇天降非材之佑，汉国再获受命之符，朕之不德，曷敢不通！夫基事之元命，必与天下自新，其大赦天下。以建平二年为太初元年。号曰陈圣刘太平皇帝。漏刻以百二十为度。”（《汉书·哀帝纪》）

温舒从祖父受历数天文，以为汉厄三七之间，上封事以豫戒。成帝时，谷永亦言如此。及王莽篡位，欲章代汉之符，著其语焉。温舒子及孙皆至牧守大官。（《汉书·王温舒传》）

从上面的引文我们可以知道，至少到汉代，人们对“历数”还是深信不疑的。人们相信，要成为真正的人间之主，必须要有天的“历数”。

必须要说明的是，近代以来，很多人容易将古典时代的“历数天文”与现代科学中天文学直接等同起来，这是一个相当严重的误解。江晓原教授曾经有专文指出。虽然古代的天文历数学确实与日月星辰等天象相关，但它与现代科学中的天文学出发点和学术范式都有极大的不同，它只能算是“天学”。“天学”感兴趣的是天象与王朝命运的关系，它探讨的是天地间的政治秩序和人事兴替。“天学”与现代天文学应属于两个不同的学术类别。[①]

现今不少的学者不明白中国古代天学与现代天文学的关系，时常出现一些不应有的失误。比如《尚书·洪范》中有所谓“五祀”。这五祀包括：一曰岁，二曰月，三曰日，四曰星辰，五曰历数。本来这里的“五祀”都是中国天学的范畴，这里的“历数”就应该是上面论述过的有关帝王继承的次序的天学问题，但是有学者就把它臆想成天文学中的所谓“周天度数”。[②]

以上是关于“天的历数”。沿着这个思路，我们可以继续探讨“地的历数”。我

---

① 参见江晓原《天学真原》第一章，辽宁教育出版社，2007年。

② 参见江灏、钱宗武《今古文尚书全译》，贵州人民出版社，1990年，第237页。

们知道，早期古典社会是一个典型的“封建”社会，整个天下点缀着若干大大小小的相对独立的“邦国”，这些邦国当然也会有它们的主人，也就是所谓“君”(君就是一个封建主、一个领地之主。)按古人的思路，既然成为“天子”，需要有“天之历数”，那成为一地之君——一个领地之领主，当然也需要获得这个领地之“历数”才行。于是，我们知道，封建主的领土与“历数”有直接的关联。在铜器中，我们找到了把领土称为“历”的实例。《禹鼎》文：“鄂侯御方率南淮夷、东夷广伐南国、东国，至于历内。”[①]这非常好地证明了本书的猜想。

于是，我们就不难明白，所谓“蔑历”，就是“明历”，就是“明确一个领地之主人的继承关系”。一个人要成为全天下之主，就需要“天之历数”；一个人要被认可成为一个领地的主人，也必须得“蔑历”。所以，在古典时代，“蔑历”是一个极其重要的仪典。

从各种青铜铭文中，我们知道，有关“蔑历”的各种记录主要都是上层对下层的“蔑历”，代表上层对下层的的奖励、勉励、休美。我们也时不时在铭文见到自我“蔑历”的，很多学者就因而失去了对“蔑历”一词的把握。其实，所谓的自我“蔑历”是古人语法上主动被动不分的结果，真实的“蔑历”只能是地位高者对地位低者的蔑历，而不可能反向进行。

总之，“蔑历”是古典封建时代成为领地之君的一个极其隆重的仪典，是富有宗教意味的。

“蔑历”在封建社会是一个相当普通的事。虽说周代有比较完善的继承制度，比如说用嫡长子继承代替商代的兄弟相传，传子的安排又有所谓“传子以嫡不以长，传庶以长不以贤”等措施，但是，第一，这样的继承制度是否在周代早期即已形成？第二，即使有这样的制度安排，还会有许多意外的情况出现，比如，绝嗣的情况；只有女性后代没有男性后代的情况；等等。不管怎样讲，现实社会中在继承方面总是会有理论和实际方面的困境，这些都使得一个有权威的继承权认可或授予仪式成为一种必然性。

孔子的复古主张包括“兴灭国，继绝世，举逸民”[②]的主张，所谓“兴灭国、继绝世”其实就是一种“蔑历”的主张。从孔子的主张中可以看出，春秋以后“国灭世绝”的情况极为普遍，所以它成为孔子宗教改革计划中的一个要点。这也可以说明，为什么在西周晚期以后，各种青铜铭文和所有的传世典籍再也没有提及“蔑历”。到处都是国灭世绝的现象，到处都是无序非法的“抢班夺权”，重要的是实际

---

① 中国社会科学院考古研究所编：《殷周金文集成释文》第二卷，香港中文大学出版社，2001年，编号2833。

② 《论语·尧曰》。

控制土地和权力，人们已经不再在意“蔑历”了。

（二）有“威仪”才是君子

虽然君子首先是源于出身和地位，但随着历史的深化，君子慢慢地变成一种对人品行的肯定，是对人的一种尊称。我们看到，在历史上，几乎没有人自称为“君子”的。在古典时代，什么样的品格才能算得上是“君子”呢？

我们看到，在《诗经》中，“君子”似乎成了理想的人格。我们前面已经说过，“威仪”在经典时代就是“义”的内涵，它是古代贵族的行为规范，由于这种行为规范受到上天的认可，具备了上天一样的“威严”和“威力”，所以叫作“威仪”。

《诗经》中饱含着对“仪”（威仪）的赞美和祈求：

相鼠有皮，人而无仪！人而无仪，不死何为？[①]

淑人君子，其仪一兮。其仪一兮，心如结兮。……鸤鸠在桑，其子在棘。淑人君子，其仪不忒。其仪不忒，正是四国。[②]

菁菁者莪，在彼中阿。既见君子，乐且有仪。[③]

辟尔为德，俾臧俾嘉。淑慎尔止，不愆于仪。[④]

彼昏不知，壹醉日富。各敬尔仪，天命不又。[⑤]

仲山甫之德，柔嘉维则。令仪令色，小心翼翼。古训是式，威仪是力。天子是若，明命使赋。[⑥]

抑抑威仪，维德之隅。人亦有言：靡哲不愚，庶人之愚，亦职维疾。哲人之愚，亦维斯戾。[⑦]

式遏寇虐，无俾作慝。敬慎威仪，以近有德。[⑧]

我心匪石，不可转也。我心匪席，不可卷也。威仪棣棣，不可选也。[⑨]

宾之初筵，温温其恭。其未醉止，威仪反反。曰既醉止，威仪幡幡。舍其坐迁，屡舞仙仙。其未醉止，威仪抑抑。曰既醉止，威仪抑抑。是曰既醉，不

---

① 《诗经·相鼠》。
② 《诗经·鸤鸠》。
③ 《诗经·菁菁者莪》。
④ 《诗经·抑》。
⑤ 《诗经·小宛》。
⑥ 《诗经·烝民》。
⑦ 《诗经·抑》。
⑧ 《诗经·民劳》。
⑨ 《诗经·柏舟》。

知其秩。①

威仪抑抑，德音秩秩。无怨无恶，率由群匹。受福无疆，四方之纲。②

天之方懠。无为夸毗。威仪卒迷，善人载尸。民之方殿屎，则莫我敢葵？丧乱蔑资，曾莫惠我师？③

通读全部《诗经》，我们不能不说，“威仪”（或简称“仪”）是其中最常见的一个词。这不仅仅是文字学上的一个现象，它更能说明诗经时代的精神。“菁菁者莪，在彼中阿。既见君子，乐且有仪”，“淑人君子，其仪一兮。其仪一兮，心如结兮”，一个真正的贵族（淑人君子）就应该有一以贯之的行为规范。“淑”字是对行为举止符合规范之人的一个褒义词。“关关雎鸠，在河之洲。窈窕淑女，君子好逑”④，即使最具浪漫色彩的情诗也能透露出诗经时代的精神风貌。一个正派“君子”的理想伴侣不仅仅需要外貌之“窈窕”，更重要的是品行之“淑”。“鸤鸠在桑，其子在棘。淑人君子，其仪不忒。其仪不忒，正是四国”，一丝不苟、一以贯之的符合规范的行为是受到上天认可的，是与天同在的，所以它有一种权威。这样有“威仪”的君子就能端正整个社会风气，成为国家的脊梁。“仲山甫之德，柔嘉维则。令仪令色。小心翼翼。古训是式。威仪是力。天子是若，明命使赋”。

仲山甫就是君子威仪的典范：

〇烝民

天生烝民，有物有则。民之秉彝，好是懿德。天监有周，昭假于下。保兹天子，生仲山甫。仲山甫之德，柔嘉维则。令仪令色，小心翼翼。古训是式，威仪是力。天子是若，明命使赋。王命仲山甫，式是百辟，缵戎祖考，王躬是保。出纳王命，王之喉舌。赋政于外，四方爰发。肃肃王命，仲山甫将之。邦国若否，仲山甫明之。既明且哲，以保其身。夙夜匪解，以事一人。人亦有言，柔则茹之，刚则吐之。维仲山甫，柔亦不茹，刚亦不吐。不侮矜寡，不畏强御。人亦有言，德輶如毛，民鲜克举之。我仪图之，维仲山甫举之。爱莫助之。衮职有阙，维仲山甫补之。仲山甫出祖。四牡业业。征夫捷捷，每怀靡及。四牡彭彭，八鸾锵锵。王命仲山甫，城彼东方。四牡骙骙，八鸾喈喈。仲山甫徂齐，式遄其归。吉甫作诵，穆如清风。仲山甫永怀，以慰其心。

---

① 《诗经·宾之初筵》。

② 《诗经·假乐》。

③ 《诗经·板》。

④ 《诗经·关雎》。

必须要郑重指出的是，传统学术总认为古代中国是一个礼乐文明的国度。这或许可以标示战国以降的中国，而并不能概括古典中国。诗经时代的古典中国是一个以君子为主体的社会，而君子人格在古典中国人的心目中几乎就是"威仪"的化身。我们可以说，以《颂》、《雅》为代表的诗经文化是一个典型的君子文化，古典中国曾经就是一个"威仪文明"。①

三　从宗教到世俗

(一)"勤"的赞颂

"勤劳"是中华民族源远流长的美德，在《诗》中，依然能看到诗人们对"勤"的歌颂：

〇信南山

信彼南山，维禹甸之。畇畇原隰，曾孙田之。我疆我理，南东其亩。上天同云，雨雪雰雰。益之以霢霂，既优既渥，既沾既足，生我百谷。疆场翼翼，黍稷彧彧。曾孙之穑，以为酒食。畀我尸宾，寿考万年。中田有庐，疆场有瓜。是剥是菹，献之皇祖。曾孙寿考，受天之祜。祭以清酒，从以骍牡，享于祖考。执其鸾刀，以启其毛，取其血膋。是烝是享，苾苾芬芬，祀事孔明。先祖是皇，报以介福，万寿无疆！

〇甫田

倬彼甫田，岁取十千。我取其陈，食我农人。自古有年。今适南亩，或耘或耔，黍稷薿薿。攸介攸止，烝我髦士。以我齐明，与我牺羊，以社以方。我田既臧，农夫之庆。琴瑟击鼓，以御田祖。以祈甘雨，以介我稷黍，以穀我士女。曾孙来止，以其妇子。馌彼南亩，田畯至喜。攘其左右，尝其旨否。禾易长亩，终善且有。曾孙不怒，农夫克敏。曾孙之稼，如茨如梁。曾孙之庾，如坻如京。乃求千斯仓，乃求万斯箱。黍稷稻粱，农夫之庆。报以介福，万寿无疆！

① 《诗经》中常见一词"岂弟"，过往的学术都把它解释成"快乐平易"，笔者认为，"岂弟"其实就是对"威仪"的形容，至少在早期古典时期是"君子"的形象写照。参见郭智勇《被遗忘与曲解的古典中国——〈吕氏春秋〉对传统学术的投诉》，第223—228页。

○大田

大田多稼，既种既戒，既备乃事。以我覃耜，俶载南亩。播厥百谷，既庭且硕，曾孙是若。既方既皁，既坚既好，不稂不莠。去其螟螣，及其蟊贼，无害我田稚。田祖有神，秉畀炎火。有渰萋萋，兴雨祁祁。雨我公田，遂及我私。彼有不获稚，此有不敛穧；彼有遗秉，此有滞穗，伊寡妇之利。曾孙来止，以其妇子。馌彼南亩，田畯至喜。来方禋祀，以其骍黑，与其黍稷。以享以祀，以介景福。

○黍苗

芃芃黍苗，阴雨膏之。悠悠南行，召伯劳之。我任我辇，我车我牛。我行既集，盖云归哉。我徒我御，我师我旅。我行既集，盖云归处。肃肃谢功，召伯营之。烈烈征师，召伯成之。原隰既平，泉流既清。召伯有成，王心则宁。

○绵

绵绵瓜瓞。民之初生，自土沮漆。古公亶父，陶复陶穴，未有家室。古公亶父，来朝走马。率西水浒，至于岐下。爰及姜女，聿来胥宇。周原朊朊，堇荼如饴。爰始爰谋，爰契我龟；曰止曰时，筑室于兹。乃慰乃止，乃左乃右；乃疆乃理，乃宣乃亩。自西徂东，周爰执事。乃召司空，乃召司徒，俾立室家。其绳则直，缩版以载，作庙翼翼。捄之陾，度之薨薨，筑之登登，削屡冯冯。百堵皆兴，鼛鼓弗胜。乃立皋门，皋门有伉。乃立应门，应门将将。乃立冢土，戎丑攸行。肆不殄厥愠，亦不陨厥问。柞棫拔矣，行道兑矣。混夷駾矣，维其喙矣！虞芮质厥成，文王蹶厥生。予曰有疏附，予曰有先后。予曰有奔奏，予曰有御侮！

○生民

厥初生民，时维姜嫄。生民如何？克禋克祀，以弗无子。履帝武敏歆，攸介攸止，载震载夙。载生载育，时维后稷。……以就口食。蓺之荏菽，荏菽旆旆。禾役穟穟，麻麦幪幪，瓜瓞唪唪。诞后稷之穑，有相之道。茀厥丰草，种之黄茂。实方实苞，实种实褎。实发实秀，实坚实好。实颖实栗，即有邰家室。诞降嘉种，维秬维秠，维穈维芑。恒之秬秠，是获是亩。恒之穈芑，是任是负。以归肇祀。

○公刘

笃公刘，匪居匪康。乃埸乃疆，乃积乃仓；乃裹糇粮，于橐于囊。思辑用光，弓矢斯张；干戈戚扬，爰方启行。笃公刘，于胥斯原。既庶既繁，既顺乃宣，而无永叹。陟则在巘，复降在原。何以舟之？维玉及瑶，鞞琫容刀。笃公刘，逝彼百泉。瞻彼溥原，乃陟南冈。乃觏于京，京师之野。于时处处，于时庐旅，于时言言，于时语语。笃公刘，于京斯依。跄跄济济，俾筵俾几。既登乃依，乃造其曹。执豕于牢，酌之用匏。食之饮之，君之宗之。笃公刘，既溥既长。既景乃冈，相其阴阳，观其流泉。其军三单，度其隰原。彻田为粮，度其夕阳。豳居允荒。笃公刘，于豳斯馆。涉渭为乱，取厉取锻，止基乃理。爰众爰有，夹其皇涧。溯其过涧。止旅乃密，芮鞫之即。

○閟宫

閟宫有侐，实实枚枚。赫赫姜嫄，其德不回。上帝是依，无灾无害。弥月不迟，是生后稷。降之百福。黍稷重穋，稙稚菽麦。奄有下国，俾民稼穑。有稷有黍，有稻有秬。奄有下土，缵禹之绪。后稷之孙，实维大王。居岐之阳，实始剪商。至于文武，缵大王之绪，致天之届，于牧之野。无贰无虞，上帝临女。敦商之旅，克咸厥功。王曰叔父，建尔元子，俾侯于鲁。大启尔宇，为周室辅。乃命鲁公，俾侯于东。锡之山川，土田附庸。周公之孙，庄公之子。龙旂承祀。六辔耳耳。春秋匪解，享祀不忒。皇皇后帝！皇祖后稷！享以骍牺，是飨是宜。降福既多，周公皇祖，亦其福女。秋而载尝，夏而楅衡，白牡骍刚。牺尊将将，毛炰胾羹。笾豆大房，万舞洋洋。孝孙有庆。俾尔炽而昌，俾尔寿而臧。保彼东方，鲁邦是尝。不亏不崩，不震不腾。三寿作朋，如冈如陵。公车千乘，朱英绿縢。二矛重弓。公徒三万，贝胄朱綅。烝徒增增，戎狄是膺，荆舒是惩，则莫我敢承！俾尔昌而炽，俾尔寿而富。黄发台背，寿胥与试。俾尔昌而大，俾尔耆而艾。万有千岁，眉寿无有害。泰山岩岩，鲁邦所詹。奄有龟蒙，遂荒大东。至于海邦，淮夷来同。莫不率从，鲁侯之功。保有凫绎，遂荒徐宅。至于海邦，淮夷蛮貊。及彼南夷，莫不率从。莫敢不诺，鲁侯是若。天锡公纯嘏，眉寿保鲁。居常与许，复周公之宇。鲁侯燕喜，令妻寿母。宜大夫庶士，邦国是有。既多受祉，黄发儿齿。徂来之松，新甫之柏。是断是度，是寻是尺。松桷有舄，路寝孔硕，新庙奕奕。奚斯所作，孔曼且硕，万民是若。

（二）建功立业

与上述“勤”德相关，在《诗经》中，我们仍然能感受到古典贵族对“功业”的强烈渴望。在他们的心目中，开疆拓土、建功立业就是秉承上天的意志。在诗人的心目中，“功”与“德”仍然是相辅相成的：

○无衣

岂曰无衣？与子同袍。王于兴师，修我戈矛。与子同仇！岂曰无衣？与子同泽。王于兴师，修我矛戟。与子偕作！岂曰无衣？与子同裳。王于兴师，修我甲兵。与子偕行！

〇六月

六月栖栖，戎车既饬。四牡骙骙，载是常服。猃狁孔炽，我是用急。王于出征，以匡王国。比物四骊，闲之维则。维此六月，既成我服。我服既成，于三十里。王于出征，以佐天子。四牡修广，其大有颙。薄伐猃狁，以奏肤公。有严有翼，共武之服。共武之服，以定王国。猃狁匪茹，整居焦获。侵镐及方，至于泾阳。织文鸟章，白旆央央。元戎十乘，以先启行。戎车既安，如轾如轩。四牡既佶，既佶且闲。薄伐猃狁，至于大原。文武吉甫，万邦为宪。吉甫燕喜，既多受祉。来归自镐，我行永久。饮御诸友，炰鳖脍鲤。侯谁在矣？张仲孝友。

〇采芑

薄言采芑，于彼新田，于此菑亩。方叔涖止，其车三千。师干之试，方叔率止。乘其四骐，四骐翼翼。路车有奭，簟茀鱼服，钩膺鞗革。薄言采芑，于彼新田，于此中乡。方叔涖止，其车三千。旂旐央央，方叔率止。约軝错衡，八鸾玱玱。服其命服，朱芾斯皇，有玱葱珩。鴥彼飞隼，其飞戾天，亦集爰止。方叔涖止，其车三千。师干之试，方叔率止。钲人伐鼓，陈师鞠旅。显允方叔，伐鼓渊渊，振旅阗阗。蠢尔蛮荆，大邦为雠。方叔元老，克壮其犹。方叔率止，执讯获丑。戎车啴啴，啴啴焞焞，如霆如雷。显允方叔，征伐猃狁，蛮荆来威。

〇车攻

我车既攻，我马既同。四牡庞庞，驾言徂东。田车既好，田牡孔阜。东有甫草，驾言行狩。之子于苗，选徒嚣嚣。建旐设旄，搏兽于敖。驾彼四牡，四牡奕奕。赤芾金舄，会同有绎。决拾既佽，弓矢既调。射夫既同，助我举柴。四黄既驾，两骖不猗。不失其驰，舍矢如破。萧萧马鸣，悠悠旆旌。徒御不惊，大庖不盈。之子于征，有闻无声。允矣君子，展也大成。

〇吉日

吉日维戊，既伯既祷。田车既好，四牡孔阜。升彼大阜，从其群丑。吉日庚午，既差我马。兽之所同，麀鹿麌麌。漆沮之从，天子之所。瞻彼中原，其祁孔有。儦儦俟俟，或群或友。悉率左右，以燕天子。既张我弓，既挟我矢。发彼小豝，殪此大兕。以御宾客，且以酌醴。

(三)走向享乐

早期古典人士都把勤劳和功业当成对上天祖先的祀拜和奉献。但不知不觉中，或许是要犒赏自己的勤劳，或许是自豪于自己的功业，古典君子们开始沉溺于世俗的享乐：

〇鹿鸣

呦呦鹿鸣，食野之苹。我有嘉宾，鼓瑟吹笙。吹笙鼓簧，承筐是将。人之好我，示我周行。

呦呦鹿鸣，食野之蒿。我有嘉宾，德音孔昭。视民不恌，君子是则是效。我有旨酒，嘉宾式燕以敖。

呦呦鹿鸣，食野之芩。我有嘉宾，鼓瑟鼓琴。鼓瑟鼓琴，和乐且湛。我有旨酒，以燕乐嘉宾之心。

〇鱼丽

鱼丽于罶，鲿鲨。君子有酒，旨且多。

鱼丽于罶，鲂鳢。君子有酒，多且旨。

鱼丽于罶，鰋鲤。君子有酒，旨且有。物其多矣，

维其嘉矣！物其旨矣，维其偕矣！物其有矣，维其时矣！

〇南有嘉鱼

南有嘉鱼，烝然罩罩。君子有酒，嘉宾式燕以乐。南有嘉鱼，烝然汕汕。君子有酒，嘉宾式燕以衎。南有樛木，甘瓠累之。君子有酒，嘉宾式燕绥之。翩翩者雏，烝然来思。君子有酒，嘉宾式燕又思。

〇湛露

湛湛露斯，匪阳不晞。厌厌夜饮，不醉无归。湛湛露斯，在彼丰草。厌厌夜饮，在宗载考。

〇彤弓

彤弓弨兮，受言藏之。我有嘉宾，中心贶之。钟鼓既设，一朝飨之。彤弓弨兮，受言载之。我有嘉宾，中心喜之。钟鼓既设，一朝右之。彤弓弨兮，受言櫜之。我有嘉宾，中心好之。钟鼓既设，一朝酬之。

〇宾之初筵

宾之初筵，左右秩秩。笾豆有楚，殽核维旅。酒既和旨，饮酒孔偕。钟鼓既设，举酬逸逸。大侯既抗，弓矢斯张。射夫既同，献尔发功。发彼有的，以祈尔爵。籥舞笙鼓，乐既和奏。烝衎烈祖，以洽百礼。百礼既至，有壬有林。锡尔纯嘏，子孙其湛。其湛曰乐，各奏尔能。宾载手仇，室人入又。酌彼康爵，以奏尔时。宾之初筵，温温其恭。其未醉止，威仪反反。曰既醉止，威仪幡幡。舍其坐迁，屡舞仙仙。其未醉止，威仪抑抑。曰既醉止，威仪抑抑。是曰既醉，不知其秩。宾既醉止，载号载呶。乱我笾豆，屡舞僛僛。是曰既醉，

不知其邮。侧弁之俄，屡舞傞傞。既醉而出，并受其福。醉而不出，是谓伐德。饮酒孔嘉，维其令仪。凡此饮酒，或醉或否。既立之监，或佐之史。彼醉不臧，不醉反耻。式勿从谓，无俾大怠。匪言勿言，匪由勿语。由醉之言，俾出童羖。三爵不识，矧敢多又。

○鱼藻

鱼在在藻，有颁其首。王在在镐，岂乐饮酒。

鱼在在藻，有莘其尾。王在在镐，饮酒乐岂。

鱼在在藻，依于其蒲。王在在镐，有那其居。

○瓠叶

幡幡瓠叶，采之亨之。君子有酒，酌言尝之。

有兔斯首，炮之燔之。君子有酒，酌言献之。

有兔斯首，燔之炙之。君子有酒，酌言酢之。

有兔斯首，燔之炮之。君子有酒，酌言酬之。

○行苇

敦彼行苇，牛羊勿践履。方苞方体，维叶泥泥。戚戚兄弟，莫远具尔。或肆之筵，或授之几。肆筵设席，授几有缉御。或献或酢，洗爵奠斝。醓醢以荐，或燔或炙。嘉肴脾臄，或歌或咢。敦弓既坚，四鍭既均，舍矢既均，序宾以贤。敦弓既句，既挟四鍭。四鍭如树，序宾以不侮。曾孙维主，酒醴维醹，酌以大斗，以祈黄耇。黄耇台背，以引以翼。寿考维祺，以介景福。

○既醉

既醉以酒，既饱以德。君子万年，介尔景福。既醉以酒，尔肴既将。君子万年，介尔昭明。昭明有融，高朗令终，令终有俶。公尸嘉告。其告维何？笾豆静嘉。朋友攸摄，摄以威仪。威仪孔时，君子有孝子。孝子不匮，永锡尔类。其类维何？室家之壸。君子万年，永锡祚胤。其胤维何？天被尔禄。君子万年，景命有仆。其仆维何？厘尔女士。厘尔女士，从以孙子。

○凫鹥

凫鹥在泾，公尸在燕来宁。尔酒既清，尔肴既馨。公尸燕饮，福禄来成。凫鹥在沙，公尸来燕来宜。尔酒既多，尔肴既嘉。公尸燕饮，福禄来为。凫鹥在渚，公尸来燕来处。尔酒既湑，尔肴伊脯。公尸燕饮，福禄来下。凫鹥在潨，公尸来燕来宗，既燕于宗，福禄攸降。公尸燕饮，福禄来崇。凫鹥在亹，公尸来止熏熏。旨酒欣欣，燔炙芬芬。公尸燕饮，无有后艰。

这样的歌舞升平、这样的豪华聚会使我们不禁有了文艺兴盛的强烈感受。是的，从观相学的视角，我们可以想象到，当时的古典中国确实曾有一段人文时代。但是，在这些诗篇中，我们看到的纯粹是世俗的宴饮、感性的愉悦，几乎看不到任何敬天法祖的迹象，即使是《凫鹥》这样的“公尸”充当主角的场合，我们仍然看不到些许的虔敬气息。这一切都表明，古典中国到了一个转折关头，它正在呼唤一个新的时代精神。

第三章

古典中国之夏——孔墨与宗教改革运动

第一节　宗教改革运动的背景

现代中国人对“改革”一词都很熟悉，但“宗教改革”对中国文化人来说，则多少会有些陌生，把墨子，特别是孔子与宗教改革运动相提并论，对于传统学术来说，则绝对是一项真正的挑战。

这里，我们首先得说，只要我们认可了古典中国曾经有它的宗教，有它自己真诚的信仰，那宗教改革运动就必然会出现在它的演化历程中，这是文化发生学告诉我们的观相的真理。任何一个高级文化必然会经历它的宗教改革运动，这是文化有机体的命运，是文化有机体的生成逻辑所决定的。[①]

前面我们说过，西周晚期特别是春秋以降，古典文化渐渐到了季春，古典心灵感受到稍许的倦顿。于是“宗教改革”应运而生。

按斯宾格勒的说法，文化之夏的标志就是宗教改革的兴起。宗教改革意味着什么呢？他说：“在所有的宗教中，宗教改革皆具有相同的意义——使宗教回复到原初概念的纯洁性，就像其在初始的伟大世纪所呈现的那样。”[②]“不论各种文化

---

① 参见[德]奥·斯宾格勒《西方的没落》第二卷，吴琼译，第272页。

② [德]奥·斯宾格勒：《西方的没落》第二卷，吴琼译，第272页。

的宗教改革彼此之间的区别是多么之大，但其目标都是一样的——把偏离正道太远而误入了作为历史之世界和时间世俗主义的信仰引回到属于自然、纯洁的醒觉意识的王国和纯粹为原因所控制，为原因所充斥的空间之中。”①这里是典型的斯宾格勒式表述，要明白这些话的意含需要对他的作品有相当的阅读和理解。这里的“文化”、“自然”、“空间”都是斯宾格勒的专用词汇。但是斯宾格勒的意思很明确，之所以有宗教改革，是由于宗教本身出了问题。它偏离了它的轨道。

相对于斯宾格勒的哲学表达，最伟大的哲学家之一黑格尔对宗教改革的原因有一个更直白的说法：“宗教改革是教会腐败的结果。”②所以宗教改革的初衷就是要“把教会带回到它最初的纯洁性中去，恢复它在最初数世纪中的形态”。③ 黑格尔对这种宗教的“纯粹性”特别在意，认为它是所有真正的宗教家、宗教改革家所毕生追求的东西。因为这种“纯粹性”、“纯洁性”，精神才能够抵御“世俗性”的腐蚀。这种“纯粹性”正是早期宗教“信诚”的标志。④

黑格尔这种对宗教改革意义的理解几乎完全被斯宾格勒在《西方的没落》中采纳。斯宾格勒说：“在所有的文化中，宗教改革皆具有相同的意义——使宗教回复到其原初观念的纯洁性，就像其在初始的伟大世纪里所呈现的那样。”⑤单从这句话，我们可以看出黑格尔作为德国古典哲学的终结者和现代哲学的开创者对斯宾格勒的影响，这样的例子非常之多，惜乎少有研究者提及。但斯宾格勒之为斯宾格勒，当然不是简单地复述黑格尔的语录。我们看到，他在黑格尔原话的基础上加上了“在所有的文化中，宗教改革皆具有相同的意义”。因为加上的这句话，黑格尔的精神现象学就变成了斯宾格勒的文化形态学，或者像本书所认为的那样，变成了文化发生学。其实，斯宾格勒的文化发生学已经暗含于黑格尔的精神现象学之中，黑格尔的精神现象学所阐述的本就是所有的精神现象的规律和逻辑，而黑格尔特别强调的历史与逻辑的统一使他的精神现象学自在地就是一种精神发生学（文化发生学）。黑格尔的《历史哲学》可以说是斯宾格勒文化形态学（发生学）直接的源头。只是前者是把整个人类历史文化当成了一个精神有机体，而后者则进而把所有不同的文明当成若干独立的精神有机体而已。斯宾格勒的学术地位，或许就在这单复数之间。

没错，斯宾格勒认为，所有的文化（当然指的是所有高级文化）都会在它的生

---

① ［德］奥·斯宾格勒：《西方的没落》第二卷，吴琼译，第273页。

② ［德］黑格尔：《历史哲学》，王造时译，上海世纪出版集团，2006年，第386页。

③ ［德］黑格尔：《哲学史讲演录》第3册，贺麟、王太庆译，商务印书馆，1959年，第124页。

④ 见［德］黑格尔：《历史哲学》，王造时译，第372页。值得指出的是，墨子所贵的“廉”与这里的“纯洁性”、“纯粹性”很有可比性，它们在形态学上是同源的。

⑤ ［德］奥·斯宾格勒：《西方的没落》第二卷，吴琼译，第272页。

命中经历宗教改革这一历程。“没有一种文化不曾出现过这种运动，不论我们对之是有所了解，比如在埃及的情形中，还是无所了解，比如在中国的情形中。”[①]斯宾格勒这里的表述就是典型的历史观相的表述。所有的文化都会有它的宗教改革运动，不管这些文化（高级文化）发生的时间地点有什么样的不同，也不管这些文化的外在形态有什么样的差异。正像所有植物都会开花，所有的动物都会发情一样，这里主导的不是理智的逻辑和空间规律，而是生成的逻辑和命运的必然。

斯宾格勒明确承认，他对中国（古典中国）的情形并不了解。尽管他对古典中国的宗教改革的内容并不了解，但是，他非常肯定的认定，古典中国曾经有过自己的宗教改革运动，这一点是毋庸置疑的。“在中国的宗教历史中，必定也曾发生过一次相应的历史转折。”[②]再说一次，这一切来自于文化发生学的规律，来自于历史观相的保证。

笔者认定，斯宾格勒的文化形态学（发生学）是有史以来人类最深刻的学术思想之一，未来的人文学术和社会科学都不应该回避，也无法回避。唯一遗憾的是，斯宾格勒像所有的西方学者一样，对中国（特别是古典中国）的历史文化有相当的隔膜。斯宾格勒之所以没有在他的精神阶段的“同时代”对比表把古典中国的精神阶段列举出来，最主要的原因恐怕还在于他对中国的情况缺乏足够的把握，而他在政治演化的“同时代”对比表中对古典中国的阶段区分似乎也有相当程度的想当然的因素。作为一个纯粹的日耳曼学者，我们很难要求他对中国历史文化的具体情形作准确的判断和把握。从另一个角度看，这也不能怪西方学者，因为对于古典中国的具体情形，两千年来的传统中国学人自己都已经不清楚了，笔者之所以有“被遗忘与曲解的古典中国”这样的感叹，这首先是针对中国学人自己的。作为古典中国传人的我们自己都已经失忆了，我们怎么能够强求他人呢！如果斯宾格勒知道孔子的思想主张是“贵仁”，也就是强调对上帝祖先的忠诚，知道墨子的思想主张是“贵廉”，也就是强调对伦理规范的严格遵守，或许他就不会因为不了解古典中国宗教改革运动的具体情形而烦恼。这倒使我们想起来最近几十年流行的一句话：把马列主义的普遍真理与中国的具体实践结合起来。没错，今天乃至未来的中国历史文化学人，恐怕都将会面临这样的一个使命：把西方的优秀学术思想和学术范式与中国社会、中国历史文化的具体情形结合起来。要在文化方面实现“中国梦”，重温古典中国的辉煌，舍此一道也许并无他途。

古典中国确实像其他的文化有机体一样，不仅有它的宗教，也有它的宗教改革运动。如果说，西方文化的宗教改革的代表人物是马丁·路德和约翰·加尔

---

① ［德］奥·斯宾格勒：《西方的没落》第二卷，吴琼译，第 272 页。

② ［德］奥·斯宾格勒：《西方的没落》第二卷，吴琼译，第 273 页。

文，那古典中国的宗教改革运动的代表性人物就是孔子和墨子。没错，孔子、墨子在古典中国的地位非常类似于路德和加尔文在西方文化中的角色。他们是斯宾格勒所谓的“同时代”人物，尽管他们的物理时间相差两千年。

诚如黑格尔所说，宗教改革缘于教会的腐败。这是黑格尔对西方文化分析的结论。对于古典中国来说，孔墨的宗教改革同样是缘于社会的腐败。我们这里用“社会的腐败”代替“教会的腐败”，是因为古典中国是一个典型的政教合一的国家，天子既是宗教教主也是政治领袖，整个社会可以说就是一个教会。

孔子和墨子是中国文化中人尽皆知的人物，但必须得说，孔墨同时也是最被遮蔽和被曲解的历史。人们都知道，墨子是“兼爱”的标志，本书在一开始就给予了有力的澄清，指出真正的墨子的核心主张是“贵廉”——强调对“义”的严格遵守；人们都知道，孔子是“仁者爱人”的首创者，本书一开始就给读者警醒：原初的“仁”就是“忱”，孔子像周公等早期宗教家一样，他最看重的是对上天的忠诚和信仰。孔子的“仁”不是爱人，而是敬天。

我们上一章已经论述过，“仁”（忱）、“义”是古典中国宗教信仰的两个主要方面，前者是指人对上天的忠诚信仰，后者是指人对得起上天的表现和作为。孔子主张“贵仁”（贵忱），墨子主张“贵廉”（贵义），表明他们是古典中国宗教的忠实信徒。

孔子之所以“贵仁”，墨子之所以“贵廉”（贵义），恰好说明当时的中国有了严重的“不仁不义”的局面，整个社会表现出相当程度的腐败失序，他们的“贵仁贵义”的主张正是要把古典中国从腐败的现状拉回到它“伟大的初始世纪的状况”，使古典中国重新恢复它“观念的纯粹性”。孔子墨子就是斯宾格勒文化形态学（发生学）意义上不折不扣的宗教改革家。

传统中国心目中的孔子，是教育家，思想家；传统中国心目中的墨子，是一个实干家，但在传统中国的心目中，他们两个都是充满爱心的人道主义者，是人文的倡导者。本书要再次郑重指出，历史上真实的孔子和墨子，首先是一个宗教家——宗教改革运动的代表人物。他们在历史文化上的真正地位首先就由于他们对古典宗教的改革方面的贡献。有关孔墨的其他方面的历史，应该说都是出于后人的托附。

国人都知道，孔墨所处的春秋战国之际是一个所谓“礼崩乐坏”的时代，但“礼崩乐坏”的具体情形到底如何却并没有给出真正的说明。今天我们必须得说，因为当时的社会腐败到了相当的程度，如果我们把“礼崩乐坏”等同于社会腐败，这种表述当然是正确的。我们后面会讲到，从真正的历史家的要求来说，这种概括又是相当不准确的，因为当时人的心目中并没有“礼崩”的感受。

从历史观相中，我们知道，孔墨时代的古典中国社会腐化败坏已经到了相当严重的程度。用“纲纪松弛”、“秩序混乱”、“奢靡日盛”、“享乐风行”来形容是绝不为过的。

说孔墨的时代“纲纪松弛”、“秩序混乱”,应该不会有人反对,因为人们说春秋战国时的中国“礼崩乐坏”,指的就是这种意思。这一点我们从《论语》中,特别从《春秋经》中都能感受到。正如《孟子》所说孔子作《春秋》的背景是:“世衰道微,邪说暴行有作,臣弑其君者有之,子弑其父者有之。”[①]《春秋繁露》总结当时的情形是“弑君三十六,亡国五十二”。[②] 当时的社会确实相当混乱失序。其实当时的社会不仅常见臣弑君、子弑父这种单向的暴行,父杀子、君放臣的劣迹也是所在多有。特别能反映这种社会无序的莫过于昭公二十二年开始的“王室乱”。为了王位,周王室变成了争权夺利的战场,完全失去了古典宗教应有的尊严和秩序。要知道,周王室在古典中国本是古典宗教的象征,是古典价值的标志。这里要特别申明一下,虽然《左传》和《国语》中讲的都是春秋年间的故事,但真正的历史学者更应该把它们看成是刘歆时代的作品。把它们当成古典中国春秋时代的真实写照,就难免会出现斯宾格勒所说的,那不是在揭示历史,而更是在遮蔽历史。《左传》与《国语》的成书年代,当年的古史辨学人已经有了很好的说明,如果我们今天还达不到近百年前前辈们的学术境界,本书就只好徒叹悲伤了。中国历史学术过往两千年的徘徊,特别是有关春秋战国年间中国历史面貌的失真与《左传》、《国语》的流行有直接关系,因为国人都把《左传》、《国语》当成了信史,所以就把《吕氏春秋》这样的真正反映古典中国的典籍当成了可有可无的东西,从而失去了把握古典中国真实面貌的机会。遗憾的是,即使有像《吕氏春秋》这样独一无二的典籍,由于其代表的是战国后期古典中国的视域和立场,所以孔墨时代的真实中国,仍然有待于人们去进一步厘清。

还好,真正的历史学家是不愁没有研究素材的。我们可以从历年出土的文物中,找寻孔墨时代的真实面貌。

秦景公大墓和曾侯乙墓的出土能给我们提供春秋战国之际古典中国的真实情形,也为我们确定孔墨时代古典中国的腐败提供了最强有力的证据。前者的时代就是孔子的时代,而后者的时代稍后于孔子,大致与墨子的时代相当。我们可以通过百度百科的相关词条了解有关的情况。

---

① 《孟子·滕文公下》。

② 《春秋繁露·盟会要》。

秦公大墓

秦公大墓是整个秦公陵园中最早发现、唯一发掘的最大墓葬,故称秦公一号大墓,位于关中平原西部,陕西凤翔境内,位于雍水河西面的三畤原。

大墓平面呈"中"字形,全长300米,面积5334平方米。有东西墓道和墓室。发掘后的秦公一号大墓,占据了中国考古学史上五个之最:是迄今中国发掘最大的先秦墓葬;墓内186具殉人是中国自西周以来发现殉人最多的墓葬;椁室的柏木"黄肠题凑"椁具,是中国迄今发掘周、秦时代最高等级的葬具;椁室两壁外侧的木碑是中国墓葬史上最早的墓碑实物。尤其是大墓中出土的石磬是中国发现最早刻有铭文的石磬。最珍贵的是石磬上的文字,多达180多个,字体为籀文,酷似"石鼓文",依据其上文字推断墓主人为秦景公。

……

椁室内有柏木椁具一套(椁室的柏木"黄肠题凑"椁具,是中国迄今发掘周、秦时代最高等级的葬具),也分主副,都是用柏木枋(方柱形木材)垒砌而成的长方形木屋,之间有门相通。主椁室中部的地下,还有一个60厘米见方的"腰坑",内有小动物骨骼,这是周秦墓葬中常见的一种葬俗。长14.4米、宽高各5.6米的主椁是安放秦公遗体之处,四壁及椁底均为双层柏木枋,椁盖则是三层,中部有一道单层枋木垒砌的隔墙,将主椁分为前后两室,这种布局应该是仿照墓主生前居所"前朝后寝"的样式,这简直是个小宫殿!只看整套椁具的用料就足以令人惊叹:这些规整的枋木均由柏木材心做成,每根的横截面都是边长21厘米的正方形,两端中心有21厘米长的榫头,重逾300公斤,长度分为5.6米和7.3米两种。为了防止地下水沿着木料结节渗入造成腐朽,椁木原有的结节都被挖出,然后用铅、锡和白铁合金浇注封护。在金属浇注过程中既没有烧坏木质,又浇注得很平整,说明当时把握合金配比和浇注火候的技术已很成熟。在椁室周围和上方填有木炭,外围再填青膏泥,这些保护层可以防止水分和氧气进入以保护椁室——而椁木的木质至今保存完好,这完全可称得上是个奇迹。①

曾侯乙墓(战国时期曾国国君乙的墓葬)

曾侯乙墓是战国时期曾侯乙的一座墓葬,位于湖北随州城西两公里的擂鼓墩东团坡上。曾侯乙墓呈"卜"字形,墓坑开凿于红砾岩中,为多边形岩坑竖穴木椁墓。无墓道,南北向,墓坑南北长16.5米,东西宽21米,深13米,

---

① 引自百度词条:秦公一号大墓,2015—1—25。

面积为220平方米。

……

曾侯乙墓整个椁室由底板、墙板、盖板共171根巨型长方木铺垫垒迭而成，使用成材楠木达500立方米。木椁顶面及四周填塞防潮木炭6万公斤，木炭之上夯筑青膏泥、白膏泥，上面盖铺石板，再夯筑五花土直达墓口。曾侯乙青铜架楠木彩绘主棺（分内、外棺）重达7000公斤，椁内分作东、中、北、西四室。

墓主居最大的东室，曾侯乙木棺，双重，尸体由多层丝织物包裹，墓主45岁左右。外棺有青铜框架，内棺外面彩绘门窗及守卫的神兽武士。东室放置主棺一具、陪棺八具；西室放置陪棺十三具；北室放置兵器、车马器及竹筒；中厅大约是墓主人的音乐室、礼宾接待厅，内置大量礼乐器；在东室通往中厅的门洞处置放狗棺一具。地宫东西长21米，南北宽16.5米，距地表深13米，面积为220平方米。整个椁室由底板、墙板、盖板共171根巨型长方木铺垫垒迭而成，使用成材楠木达500立方米。木椁顶面及四周填塞防潮木炭6万公斤，木炭之上夯筑青膏泥、白膏泥，上面盖铺石板，再夯筑五花土直达墓口。

曾侯乙青铜架楠木彩绘主棺（分内、外棺）重达7000公斤，另有彩绘陪棺21具。陪葬者均为13—25岁女性。

……

墓中共出土礼器、乐器、漆木用具、金玉器、兵器、车马器和竹筒15000余件。其中曾侯乙编钟一套65件，是迄今发现的最完整最大的一套青铜编钟。青铜礼器主要有镬鼎2件、升鼎9件、饲鼎9件、簋8件、簠4件、大尊缶1对、联座壶1对、冰鉴1对、尊盘1套2件及盥缶4件等。其中尊盘系用先进的失蜡法铸造，表现出战国时期青铜冶铸业所达到的高水平。

……

墓中随葬以九鼎八簋和编钟、编磬为主的礼乐器，遵守了周代诸侯的身份，反映出先秦社会严格的礼乐制度，以及人们对天地、神明和祖先的敬畏。十二律俱全的64件青铜双音编钟（不包括楚王所送镈钟）、玲珑剔透的尊盘和完整地书写二十八宿名称的衣箱等，体现了先秦时期中国在艺术、技术、天文等方面的极高成就。

曾侯乙墓出土青铜礼器是历年来我国出土青铜器数量最多、种类较全的一次。因发掘前未经扰动，真实地反映了墓主人享用器物的仪式，这在考古发掘中极为罕见。曾侯乙墓的青铜礼器的大体组合沿袭春秋时期的传统：鼎成序、簋成套、鬲成组、豆成对，盘、匜匹配。曾侯乙墓青铜器造型奇特、工艺精湛、纹饰华美的特点，采用了浑铸、分铸、等冶铸技术和平雕、浮雕、圆雕、透雕、错金、镶嵌、铸镶、铜焊、镴焊、铆接等多种工艺，集先秦青铜制造技术之大成，集中反映了我国当时先进的冶铸科学水平。

曾侯乙墓出土编钟、编磬、鼓、琴、瑟、笙、篪、排萧 8 种共 125 件乐器。种类全，数量多，制作精，保存完好，其中不少乐器是新发现，为世界考古史上所仅见。其中 115 件出自中室，用于演奏宗庙礼乐；另外 10 件出自东室，用于演奏房中乐（寝宫音乐）。这批乐器反映了公元前五世纪我国音乐文化的高度水平，是中国音乐史研究的珍贵资料。

曾侯乙墓出土的漆木用具是先秦墓葬出土最多的；墓中出土的金盏重 2156 克，是先秦最重的金器；墓中出土了大量的玉器，其中小动物有牛、羊、猪、狗、鸡、鸭一类家禽家畜，似乎是祈祷五谷丰登、六畜兴旺；墓中出土的兵器包括戈、矛、戟、殳、弓、箭、盾、甲胄等，其中"殳"和多戈戟是考古发现中仅见或少见的兵器；墓中还出土了许多车马器，其中两件矛状车具是用于增强战车战斗力的新型车具；墓中出土的竹简，总计共 6696 字，是目前所见时代最早的竹简实物。①

上述两古墓的出土给我们研究探讨春秋战国之际的社会面貌提供了第一手的资料。遗憾的是，我们这里只能用百度词条中的文字来提示相关的内容，要对这两座古墓的宏大规模，特别是对曾侯乙墓中众多精美绝伦的陪葬器物有一个真实的了解，最好是能直观地现场参观，或至少看看相关的实物照片和视频。要特别指出的是，秦公一号大墓没有像曾侯乙墓那样出土大量的器物，这不能说明秦景公的陪葬不够豪华，而是由于该墓已数次被盗。面对同样的素材，不同的思维会有不同的解读。在今天很多人看来，这两大墓的面世表明春秋战国时的中国已经达到一个相当高的文明水平，有些人也许会为当时被殉葬的人士感到莫大的同情，但我们从中深刻地领会到孔墨之所以要改革宗教、改良社会的心境。如此巨大的墓葬规模、如此高标准的"黄肠题凑"、如此众多的陪葬人群，特别是曾侯乙墓中如此众多且精美绝伦的青铜器皿和如此众多且高度精密的钟磬乐器，都使人们不由自主地想到：这些君主们死后的陪葬都是如许的奢靡、如许的"超标"（过往的学术喜欢用"僭越"），他们生前的享乐"淫佚"肯定是到了远超人们想象的地步。当时社会的"腐化败坏"完全可以从这些出土大墓中物件的规模宏大和精密众多推想出来。

---

① 引自百度词条：曾侯乙墓，2015—01—25。

在历史观相中，我们知道，在孔子看来，以君主贵族为代表的社会腐败表明了古典宗教的迷失，表明了社会的“不仁(忧)”，因为，在真正的宗教虔敬时代，人们是不会太在意物质享乐这些“外在性”的东西的。黑格尔很好地解说过“宗教改革”的精神发生学意义：教会的理念本是“纯粹的精神”，教会腐败表明“教会所承认的世间生存乃是感官的东西”，“外在的东西以一个外在的形式，在教会本身存在了”，教会对于“精神的东西”和从事于“精神的东西”已经毫无兴味。[①] 所以凡是追求外在物质享受的表现都是非信仰、非宗教的表现。

除了这些出土的墓葬，春秋时期出土的青铜铭文也指示出当时社会非常明显的“非宗教、非信仰”的不仁(忧)状况。

我们知道，古典中国的早期青铜器都是所谓“彝”器、“旅”器，都是为了祭祀上天(上帝祖先)之用，所以我们看到，早期青铜器皿的铭文落款基本都会以“以享以孝”、“追孝于前文人”等话语为主，“享”就是享祀上帝，“孝”就是孝敬祖先，注意，当时的“孝”是孝敬已经故去、灵魂在天上的祖先，而不是如后世那样孝敬在世的长辈，而身处上帝之侧的故去的先祖已经成了上天的一部分，所以早期的“孝”无疑是宗教性而非尘世的概念，不是像后世那样成为一种世间伦理。铸造这些青铜旅彝是当时人们一生中最最重要的节目，这表明了当时人们对上帝祖先的“忧(仁)”——虔敬。

但是，进入西周晚期，人们逐渐有了自我享用的倾向，以笔者的有限视野，西周晚期的《晋侯对盨》似乎是第一个明确在铭文中把“自我享乐”当成铸器宗旨的青铜器皿[②]。进入春秋特别是春秋晚期之后，青铜器几乎都变成了在世之人自我享乐的工具，似乎完全忘记了这些彝器的本来意义。这一情况特别有指标意义，表明古典中国精神气质的变化。我们可以列举一些相关的世人自我享乐的铭文实例：

> 郑邢叔钟：郑邢叔作灵龢钟用绥宾。[③]（西周晚期）
>
> 邾公□钟：作厥龢钟…用乐我嘉宾及我正卿。(春秋)[④]
>
> 许子将师镈：自作铃钟…用宴以喜用乐嘉宾大夫及朋友。(春秋)[⑤]

---

① 参见[德]黑格尔《历史哲学》，王造时译，第387页。

② 该器铭文为：“唯正月初庚寅，晋侯对作宝尊反盨，其用田狩，湛乐于原隰。其万年永宝用。”载刘雨、卢岩《近出殷周金文集录》第2册，编号503。

③ 中国社会科学院考古研究所编：《殷周金文集成释文》第一卷，编号22。

④ 中国社会科学院考古研究所编：《殷周金文集成释文》第一卷，编号102。

⑤ 中国社会科学院考古研究所编：《殷周金文集成释文》第一卷，编号153。

> 嘉宾钟：舍武于戎功灵闻，用乐嘉宾父兄大夫朋友。（春秋晚期）①
> 子璋钟：自作龢钟用宴以喜用乐父兄诸士。（春秋晚期）②
> 邾公牼钟：以乐其身，以宴大夫，以喜诸士。（春秋晚期）③
> 沇儿钟：以宴以喜以乐嘉宾及我父兄庶士。（春秋晚期）④
> 䵼编钟：铸其反钟……歌乐以喜。凡及君子、父兄。（春秋后期）⑤

现本《论语》有孔子感叹宰我不仁的话语：

> 宰我问："三年之丧，期已久矣。君子三年不为礼，礼必坏；三年不为乐，乐必崩。旧谷既没，新谷既升，钻燧改火，期可已矣。"
>
> ……
>
> 宰我出。子曰："予之不仁也！子生三年，然后免于父母之怀。夫三年之丧，天下之通丧也。予也有三年之爱于其父母乎？"⑥

站在观相的历史角度，很难认定孔子论宰我的话语是否属于信史，但笔者敢肯定，如果当年的孔子看到过上述的这些青铜彝器，他会由衷地发出感叹：真是不仁啊！怎么能在彝器上刻铸这些大不敬的话语呢?!

孔子贵仁，这是所有人都不反对的定论，但真实的孔子所贵的是仁（忱）于上天，还是仁于世人，这确是未来中国学术必须要面对的问题。

我们强烈地认定孔子在古典中国宗教改革运动中的地位，他的"贵仁"主张就是希望回复到古典早期对上天的忠诚、信诚状态，他认为，只有恢复对上帝祖先的虔诚信仰，才能遏制社会的腐败和失序。接下来我们就要看一看孔子是如何贯彻他的"贵仁"主张的。

---

① 中国社会科学院考古研究所编：《殷周金文集成释文》第一卷，编号 51。
② 中国社会科学院考古研究所编：《殷周金文集成释文》第一卷，编号 113。
③ 中国社会科学院考古研究所编：《殷周金文集成释文》第一卷，编号 151。
④ 中国社会科学院考古研究所编：《殷周金文集成释文》第一卷，编号 203。
⑤ 刘雨、卢岩：《近出殷周金文集录》第 1 册，编号 98。
⑥ 《论语·阳货》。

第二节　孔子——礼教创始人

一　古典中国第一个自觉的宗教改革家

对于孔子，文化中国对他似乎是相当熟悉的。但也许正是由于这种过于投入，反而使得他一直处在朦胧之中。人们常说，早期历史往往是历史和神话的混合，其实对于像孔子这样的中国文化的代表性人物来说，两千年来有意无意的遮蔽和神化已经使他失去了本来的面貌。

《史记》破天荒地把孔子放到“世家”级的人物类来传记，这本身就已经说明了它的记录的失准。而且，《史记》还专门开辟一章来记载孔子弟子的列传，可见在史迁的时代，对孔子的神化已经到了相当的地步。

或许我们得用一双“观相”的慧眼才能在《史记》的相关文字中勾勒出一个真实孔子的大致形象。

孔子是一个自觉的宗教改革家，一生都在致力于他的新教事业。

> 孔子生鲁昌平乡陬邑。其先宋人也，曰孔防叔。防叔生伯夏，伯夏生叔梁纥。纥与颜氏女野合而生孔子，祷于尼丘得孔子。鲁襄公二十二年而孔子生。生而首上圩顶，故因名曰丘云。字仲尼，姓孔氏。①
>
> 孔子之所严事：于周则老子；于韂，蘧伯玉；于齐，晏平仲；于楚，老莱子；于郑，子产；于鲁，孟公绰。数称臧文仲、柳下惠、铜鞮伯华、介山子然，孔子皆后之，不并世。②

像所有的传记一样，《史记》首先叙述孔子的生平，孔子弟子传中则对孔子本身的师承有一个详细交代。对于这些文字我们可以不必太过在意。从古典中国精神演化的视角来看，在春秋战国之际，历史需要一个人物来从事这个有历史必然性的事业。他的身世不重要，他的国别也不重要，他的师承关系更不重要。这就像马丁·路德的老师是谁、约翰·加尔文在日内瓦传教还是在华沙传教一样，都是些无关宏旨的问题。古典精神总得依托一个人物来从事古典中国的新教事

① 《史记·孔子世家》。

② 《史记·仲尼弟子列传》。

业。关键是时代精神已经形成，它就必须得找到一个载体以展现自身，这个载体姓孔还是氏墨，出现在鲁国还是宋国，这些都是偶然性。有必要说明的是，按照斯宾格勒的文化形态学（发生学），孔子像马丁·路德一样，他们都不是所属文化的第一个宗教改革家，而是“从空旷的大地上伟大的苦行者到城市僧侣的巨大系列中”的最后一个。[①] 也就是说，马丁·路德是第一个城市社会中的宗教家，他之前的前辈都是乡村意义上的苦行者。也就是在这个意义上，路德改革之后的基督教称为“新教”，路德被称为新教的创始人。孔子在中国文化中的地位与路德“同时代”。孔子之前肯定也会有主张改革宗教、改良社会的人士，就像上引文献中所说，孔子肯定也会有自己的前辈，有自己的师承。但所有这些前辈的文化历史地位之所以比不上孔子，就是由于孔子是古典中国进入城市社会之后的第一个改革家，他的主张才变成了“新教”。斯宾格勒的这一判断很有洞察力，为什么路德成了新教的教主，为什么孔子成了古典中国的文化符号，就是由于他们是第一个城市的宗教家，他们不仅仅是注重自我修行的“苦行者”，他们更是自觉的宣传家和倡导者，正是因为他们自觉的宣传和游说，用现代的话说，他们的知名度远高于他们的前辈，比他们的前辈都更有影响力。在这一点上，孔子的“周游列国”特别有意义。

《史记·孔子世家》对孔子“周游列国”有详细记载，不能说它们都是客观描述，但大致可以说明孔子是一个自觉的宗教改革家、社会活动家，先曾尝试在鲁国进行革新，由于在鲁国的改革没有成功，所以周游列国以图实行自己的宗教政治主张（注意，在古典时代，政治和宗教几乎是二而一的事情）。我们可以认定，孔子确实有一个宏大的改革方案；孔子也确实为了自己的改革理想不辞辛劳，到处鼓吹游说过。

孔子不仅仅自觉地“周游列国”，宣传自己的政教主张，他还收罗了一大批认同他主张的人做自己的学生，孔子的言行确实影响过一大批当时的文化人士。太史公说：

> 自孔子卒后，七十子之徒散游诸侯，大者为师傅卿相，小者友教士大夫，或隐而不见。故子路居卫，澹台子羽居楚，子夏居西河，如田子方、段干木、吴起、禽滑厘之属，皆受业於子夏之伦，为王者师。是时独魏文侯好学。后陵迟以至于始皇，天下并争于战国，儒术既绌焉，然齐鲁之间，学者独不废也。于威、宣之际，孟子、荀卿之列，咸遵夫子之业而润色之，以学显于当世。[②]

---

① ［德］奥·斯宾格勒：《西方的没落》第二卷，吴琼译，第273页。

② 《史记·儒林列传》。

既能自觉地在城市社会宣传自己的主张，又能罗列一大批弟子继承自己的事业，至此，我们就不难理解，为什么孔子会变成中国文化的标志性人物。

二 “礼教”——孔子开创的新教

（一）

既然我们认为孔子是一个马丁·路德式的宗教家，是一个新教的开创者，那我们就必须要说说他的“新教”。

孔子作为古典中国宗教改革的标志性人物，我们知道他的核心主张是“贵仁”，我们接下来想知道的是，如何才能做到“贵仁”，也就是孔子的具体改革措施是什么呢？

我们要从“克己复礼为仁”说起。孔子改革的具体举措就是著名的“克己复礼”，也就是说，孔子认为，只有做到“克己复礼”才能达成宗教改革的目标，才能回复到“仁”（忱）于上天的理念，回复到宗教的原初纯粹性。所以他在对颜渊解释这一著名的话语时进一步说：“一日克己复礼，天下归仁焉。”[①]所以我们一定要知道，孔子的“仁”必定是忠诚于上帝祖先，而不是仁爱在世之人，只有这样理解，我们才能真正进入到孔子的内心世界。“克己复礼”是手段，“为仁”——实现“仁”、回复“仁”才是目的。这样的理解正可以为新出的《上博简》的《君子为礼》篇所证实。该简说：“君子为礼，以依于仁。”[②]传统学术由于昧于“仁”的真实意义，一直没有很好地解决“礼”与“仁”的关系，现在到了彻底澄清的时候了。

接下来我们就要替孔子来回答这样一个质问，为什么“克己复礼”才能达成“仁”、回复“仁”呢？我们又要从“礼”说起。

传统学术都认为，周公是“周礼”的制定者，是中国礼乐文化的创始人。现在我们必须再次正告，这些说法都是应该重新认识的。我们知道，“礼”在后世是作为整个社会宗教仪规和行为规范来使用的，但这种“礼”字我们在西周乃至春秋的铭文中，从来没有发现。从历史观相学的角度来判断，作为总体社会宗教和行为规范的“礼”是孔子的发明和创造。或者不排除在孔子之前已有人提出来，但是一直到孔子，才大张旗鼓地把“礼”作为新教的旗帜和口号提出来。我们现在应该大

---

① 《论语·颜渊》。

② 马承源主编：《上海博物馆藏战国楚竹书》（五），上海古籍出版社，2005，第254页。

声地说，孔子才是中国礼文明的创始人。

历史观相告诉我们，孔子最早提出的是“礼仪”概念，“礼”是后来的简称。他之所以提出“礼仪”的概念，是因为他要改革“威仪”，他要用“礼仪”来替代“威仪”。

这样的讲法一定会使部分读者坠入云雾。我们从《中庸》入手来解决这个课题吧。《中庸》中有段话很有气势：

> 大哉！圣人之道洋洋乎！发育万物，峻极于天。优优大哉！礼仪三百，威仪三千。待其人然后行。故曰：苟不至德，至道不凝焉。

这段话的本身意义不是我们这里讨论的要点，吸引我们的是“礼仪三百，威仪三千”这八个字。传统学术都以为“礼仪三百，威仪三千”表示礼仪的大类为三百种，而威仪作为礼仪的细目则有三千种，应该说，这是典型的“我注六经”，是一种“以文会意”式的想当然，一旦我们深入到古典中国文化演化的脉络中去，就会知道，这句话在不经意中透露出了一个至为关键的信息：孔子的宗教改革目标就是要删繁就简，把原来十分繁杂拖沓的“威仪”大大“瘦身”，从三千缩减至三百，应该说，这样的改革力度在中国历史上是极为少见的。

没错，孔子的宗教改革简单说来就是一个“瘦身”运动，它的主要目的就是要对已经过于臃肿繁杂、徒具形式的“威仪”体系进行全面的精简和革新。

于是我们就要再次回到“威仪”上来。

我们前面讲过，“威仪”本是指人们的行为规范，因为这些行为规范符合上天的意志，从而具备了上天一样的威力和权威，所以称为“威仪”。《尚书》中的人们都非常注重自己的行为表现，生怕有亏于“威仪”，而有亏于威仪就意味着得罪上天，是非常严重的过犯。到了后来，“威仪”慢慢变成了社会主体——君子们的标志，《雅诗》中君子的一言一行必须符合威仪，有威仪者才配称为君子，否则就是小人了。可以想到，这时的威仪应该包括了一些具体的条目，哪些行为符合威仪，哪些表现不符合威仪，人们都应该有明确的知识。不管怎样，我们知道，早期的威仪指的是人的行为规范，虽然也会有具体的条目，但应该还远远不够“三千”之数。不知道到何时，“威仪”不仅意味着人们的行为规范，它进而变成了整个社会、宗教、政治等方方面面的仪式、规范、典章制度的总称。正像我们在前面所说，整个古典中国曾经是一个威仪的国度。发生这一转变的具体时间我们不得而知，但与《墙盘》同时出土的西周中期的《瘐钟》有一句话很能说明“威仪”在当时的意义。它说：“丕显高祖、亚祖、文考，克明厥心，疋尹典厥威义，用辟先王。”[①]我们都知

① 中国社会科学院考古研究所编：《殷周金文集成释文》第一卷，编号247。

道，“威义”既“威仪”，先秦无“仪”字。高明教授在解释这段时说：

> 谓其祖考辅助尹氏主持各种威仪之事。“威仪”即礼的仪式，也即所谓之“礼容”，《礼记·中庸》所云：“礼仪三百，威仪三千”，可见当时演习周礼之繁，微氏家族就是当时主持礼仪的世袭史官。[①]

应该说，高明教授的解释是相当到位的。但是，我们同时必须指出，高明教授是站在秦汉以后的传统中国的学术来诠释古典中国。从古典中国本身来说，微氏家族世袭的就是“威仪”事务。与该器一同出土的《瘐簋》铭文正好可以证明我们这里的说法。该铭文说：“显皇祖考司威义，用辟先王。”[②]微氏家族世袭官职就是“司威义”，而不是“司礼义”，他们主持管理的是有关“威仪”的事项。这说明，至少到西周中期，“威仪”超越了原有的“行为规范”的内涵，已经变成了总揽宗教和政治生活各种典章制度和仪式仪规的称谓。它的作用和意义相当于后世的“礼”，但在当时，人们并没有后世“礼”的概念，只知道“威仪”这一称谓。

我们知道，周王室政权主要由两大“寮”——卿事寮和太史寮——组成，尹氏是太史寮的官长[③]。由此不难知道，凡太史寮所主管的事务都应该属于“威仪”的范畴。这一点也很好理解，相对于卿事寮的实用功能，太史寮主要从事的都是与宗教、文化相关的事务，它们与上帝祖先总有直接间接的关系，把太史寮的事务称为“威仪”是最合适不过的了。

西周的铜器铭文中给人最深刻印象的莫过于册命仪式，应该说，在所有的铭文中，有关册命的铭文往往既详尽又规范。这样的册命仪式一般都由尹氏出面主持，由此可知，册命仪应该是当时至为重要的“威仪”了。我们可以看看几个尹氏（史）主持的册命威仪。

免簋：

> 唯十又二月初吉，王在周，昧爽，王格于大庙，邢叔佑免即命，王授作册尹书，俾册命免，曰：令汝疋周师司歔，赐汝赤[illegible]市，用事，免对扬王休，用作尊簋，免其万年永宝用。[④]

---

① 高明：《中国古文字学通论》，北京大学出版社，1996年，第391页。

② 中国社会科学院考古研究所编：《殷周金文集成释文》第三卷，编号4171。

③ 参见杨宽《西周史》，第323页。

④ 中国社会科学院考古研究所编：《殷周金文集成释文》第三卷，编号4240。

楚簋：

唯正月初吉丁亥，王格于康宫，仲倗父入佑楚立中廷。内史尹氏册命楚赤❷市、銮旂、取債五锊，司莽鄙官内师舟，楚敢拜手稽首，疐扬天子丕显休，用作尊簋，其子子孙孙万年永宝用。①

颂簋：

唯三年五月既死霸甲戌，王在周康昭宫，旦，王格大室，即位，宰引佑颂入门立中廷，尹氏受王命书，王呼史虢生册命颂，王曰：颂，令汝官司成周贮，监司新造贮，用宫御，赐汝玄衣、黹纯、赤市、朱黄、銮旂、鋚勒，用事，颂拜稽首，受命册，佩以出，返入覲璋。颂敢对扬天子丕显鲁休，用作朕皇考龚叔皇母龚姒宝尊簋，用追孝祈介康𧹞纯祐、通禄永命，颂其万年眉寿无疆，畯臣天子灵终，子子孙孙永宝用。②

师虎簋：

唯元年六月既望甲戌，王在杜空，格于大室，邢伯入佑师虎即位立中廷，北向，王呼内史吴曰：册命虎。王若曰：虎，载先王既令乃祖考事嫡官司左右戏繁荆，今余唯帅型先王令，令汝更乃祖考嫡官司左右戏繁荆，敬夙夜，勿废朕命，赐汝赤舃，用事，虎敢拜稽首，对扬天子丕丕鲁休，用作朕烈考日庚尊簋，子子孙孙其永宝用。③

通过上述引文，我们可以知道，当时的人们对于仪式程序的重视达到了后人难以想象的地步：在具体明确的日期，周王亲自到达宗庙，受命人在他人"入佑"之下立于大厅中央，(还要面向北方)，尹氏或内史代替周王宣读册命，最后赏赐相关宝物。每一个环节都有条不紊、一丝不苟。特别值得我们注意的是，这些受命之人也对这些册命仪式的程序和细节非常在意，并乐此不疲、一字一句地把它们全部镌刻在青铜宝器上。凡此种种，都不由得使我们想到，这些"威仪"在当时人们心目中的重要性。再强调一下，这些册命活动是当时众多"威仪"的一种，如果我

① 中国社会科学院考古研究所编：《殷周金文集成释文》第三卷，编号4249。

② 中国社会科学院考古研究所编：《殷周金文集成释文》第三卷，编号4332。

③ 中国社会科学院考古研究所编：《殷周金文集成释文》第三卷，编号4316。

们要称呼它们，应该称它们为“册命仪”，而不能称它们为“册命礼”。当时的人们尚没有后世“礼”的概念。

可以想见，至少到西周中期，“威仪”就囊括了生活中特别是宗教生活中的方方面面。尹氏太史这些史官除了要筹备主持上述这些册命仪，各种各样的祭祀也都应该是威仪的一部分。周代祭祀上帝祖先的宗教仪式多种多样，如燎、柴、郊、社、禘、类、宜、造、祃、礿、祠、尝、烝等等，所有这些祭祀都呈现为一种威仪或多种威仪，像前面的册命仪一样，它们有严格的程序和仪典。这些仪典无疑构成了“三千威仪”的主要内容。另外，与这些祭祀仪相关的各种丧葬仪典也都应该在太史寮的事务之内，属于“威仪”之列。

我们可以继续推想，后世称为“藉礼”、“射礼”、“乡饮酒礼”、“冠礼”、“贽见礼”、“婚礼”等带宗教色彩的各种社会活动，乃至各种军礼，在当时都应该是尹氏太史们的工作范围，都是“威仪”的一部分。它们在当时只能相应地称为“藉仪”、“射仪”、“享酒仪”、“冠仪”、“贽见仪”、“婚仪”等等。它们同样有严格的程序和仪节。它们构成了“三千威仪”的另一主要内容。只可惜，我们现在对它们的细节已经很难了解了。必须说明的是，现本《仪礼》是汉人的实践和想象，不能说与春秋时代的中国毫无关联，但我们必须要清楚两者之间四五百年的时间差。

大致可以说，到了西周后期，“威仪”在社会生活中占据了越来越重要的地位，进入春秋之后，整个古典中国似乎真是成了“威仪”中国，中国文明仿佛就是一个“威仪”文明了。观相的历史学告诉我们，孔子之时的中国真的已经是“威仪三千”了。

铜器铭文中的“威仪”或许能为我们提供更加有说服力的信息：

> 叔向父禹簋：肇帅型先文祖恭明德、秉威义。①
> 虢叔旅钟：秉元明德，肇帅型皇考威义。②
> 蔡侯盘：威义游游，灵颂托商。③

在当时人们的心目中，“威仪”是与“明德”可以相提并论的东西，可见“威仪”地位之高。而从传统学术的观点来看，这些地方是应该出现“礼”或“礼义”的地方，现在我们在面世的西周和春秋铜器铭文中只见“威义”而不见“礼义”，无疑说明，在当时，“礼义”，或“礼”还未进入世人的意识中。

---

① 中国社会科学院考古研究所编：《殷周金文集成释文》第三卷，编号4242。
② 中国社会科学院考古研究所编：《殷周金文集成释文》第一卷，编号239。
③ 中国社会科学院考古研究所编：《殷周金文集成释文》第四卷，编号6010。

春秋时代的人们特别愿意听到的一句赞语应该就是“淑于威仪”，这句赞语或许能告诉我们特别想要的信息。我们在好几处铜器铭文中还能见到：

> 沇儿镈：淑于威义，惠于盟祀。①
> 王子午鼎：惠于政德，淑于威义。②
> 王孙遗者钟：惠于政德，淑于威义。③
> 王孙诰编钟：惠于政德，淑于威义。④

“淑”普通理解为“美好”，“淑于威义”与前面的“秉威义”含意有重合的地方，意味着有关人士能够行为美好，有好的仪表仪态呈现于社会，但我们认为，这里的“淑”字更有“贤淑，熟悉、精通”之意，“淑于威义”是说当事人特别熟练、通晓各种威仪。

如果我们的判断不太差的话，可以知道，春秋之后，特别是孔子之前的春秋中晚期，“威仪”确实已经包罗万象，囊括了社会生活的方方面面，成了一个复杂繁密的技术体系。一般之人似乎很难全部通晓这“三千威仪”，而“淑于威义”就成了“淑人君子们”最看重的品德了。

行文到此，我想读者朋友肯定就不难理解，为什么孔子宗教改革的对象就是当时中国社会的“威仪”体系了。像所有的宗教改革运动一样，孔子的改革针对的就是教会（社会）的腐败，作为一个由“威仪”主导的国度，当时中国的腐化首先表现在“威仪”上。

也正是基于这一点，我们说，《左传》、《国语》这两部有关春秋年间的文献，只能算作汉人的想象，而不能当成春秋时代的信史。这两部文献几乎没有对“威仪”这一春秋年间至为重要的概念置一词。⑤

（二）

“威仪”的理念本是要求世人的行为以尊崇满足上天的意志为准，一个真正的“威仪”社会恰就是一个虔诚忠信的社会。但是，孔子时代（孔墨时代）的威仪已经偏离了它的正轨。此时的威仪已经成为徒具形式的繁文缛节，大多失去了它们的精神实质。人们追求的只是威仪的数量和它们的程序细节，甚而至于人们以崇拜

---

① 中国社会科学院考古研究所编：《殷周金文集成释文》第一卷，编号203。

② 中国社会科学院考古研究所编：《殷周金文集成释文》第二卷，编号2811。

③ 中国社会科学院考古研究所编：《殷周金文集成释文》第一卷，编号261。

④ 刘翔、卢岩：《近出殷周金文集录》第1册，第165页。

⑤ 尽管《左传》是刘歆时代的文献，但它对“仁”的理解倒很切合古典中国的心灵。

上帝之名行自我享乐之实，完全背离了“威仪”的理念。在孔子、马丁·路德这些真正的宗教家看来，宗教本是纯粹精神性的信仰，最理想的教会是无形的教会，宗教的世间性是不得已之事。用黑格尔的语言来说，当人们把注意力放在威仪的数量和程序细节这些“外在性”上面的时候，正说明信仰本身的“内在精神性”的消失。教会的腐败、社会的失序也就自然发生了。[①] 我们上面引述的西周时代的册命仪式就表现了当时人们对“外在性”的追求，秦公大墓的宏大规模和曾侯乙墓陪葬器物的数量众多和精美绝伦表明了两位君主追求的是纯粹“外在性”，而我们前引的以“自我享乐”和“娱乐世人”为追求的铜器的问世，则真真切切地表明了古典中国“威仪”的败坏。

孔子这些宗教改革家的历史使命就是要对已经腐化的威仪体系进行根本性的改革，他要清除附着在古典信仰上过多的“外在性”。

首先，孔子想用三百种清新简洁的礼仪来取代原有的三千项陈腐繁杂的威仪，这大概就是“礼仪三百，威仪三千”最早的意涵。我们当然知道，这里的“三百”和“三千”都是比方之辞，不一定是孔子当时的真实表述。但它从一个侧面揭示了当时社会腐败的广度和深度，当然也就表明了孔子改革的难度。百分之九十的原有典章制度和仪式仪规都是多余的，对于任何一个改革家来说，要完成这一使命都不是轻而易举的事，只能寄希望于“谋事在人，成事在天”了。

当然，孔子的革新不仅仅体现在大幅度地减少威仪的数量上，他更在意的是保持宗教仪式的“内在性”，坚守信仰的精神实质。这就要说到，为什么孔子把他的新教定名为“礼”的缘由。

杨宽先生曾对“礼”的来历有精辟的解说：

> “礼”这个名称的来历，是和这种饮酒醴的“礼”有密切关系的。原来“醴”字和“礼”本是一字，同作“豊”，像两玉盛在器内之形。……前面谈过，“飨礼”是由“乡饮酒礼”加工制订而成，“飨礼”献给宾客的是“醴”，不同于“乡饮酒礼”献的是“酒”，……同时献“醴”之礼已更形式化，只是给宾客嘴里啐一下，不是给喝的，已纯粹成为一种敬献的仪式，如同用玉盛在礼器里敬献一样，因而这种敬献仪式也称为“豊”。当时贵族专门设有“飨礼”，用“醴”来敬献贵宾，成为一种隆重的尊敬仪式，既用之于贵宾，又推广到贵神，因而“豊”又从“示”而称为“礼”。推而广之，一切仪式的举行中，也常用“醴”来敬宾，凡是用

---

① 参见[德]黑格尔《历史研究》，第386—388页；另见[美]威尔·杜兰《马丁·路德时代》，台湾幼狮文化公司译，东方出版社，2007年，第233页。

"醴"来敬宾的，也都称为"礼"了。①

杨宽先生这段对"礼"的来历的解释，应该说使我们对中国之所以被人们称为"礼仪之邦"有了一个权威的说明。惜乎杨宽先生的这一精辟解说没有得到充分认可，也没有得到应有的发挥。

原来，孔子之所以要把他的新教定名为"礼"教，是因为"礼"的繁体为"禮"，而"禮"即源于"醴"字。"醴"是周代的一种敬神的威仪——享醴仪——中的主角。周代有两种相近的敬神威仪，其中之一叫享酒仪，就是后世所谓"乡饮酒礼"；另一个叫享醴仪。在青铜铭文中，这两种威仪（注意，不能叫作礼，此时"礼"还未出现。）分别称为"享醴"和"享酒"。"享酒"是一个更古老的敬神仪式，商代就已存在，在商代的铭文中，多见"享酒"一词②，而从未见"享醴"。可见"享醴"是周代才出现的敬神威仪。而在周代的铭文中，可见周王既举行"享酒"仪也举行"享醴"仪。③

如上引杨宽先生所说，享醴仪源于享酒仪，但是它们在文化史上的意义却有着重大的区别。享酒仪中人们是真的饮酒；而享醴仪中人们只是象征性地用嘴碰一下醴品，不是真的喝。在孔子看来，这两种敬神的仪式代表了对上帝祖先截然不同的态度，享醴仪代表了对神的真诚信仰，而享酒仪则几乎是威仪堕落、社会腐败的一种标志，因为人们常常在这样的享酒聚会中狂饮烂醉，完全失去了敬神的神圣、圣洁意味。这一点我们在《诗·宾之初筵》中可以有很好的感受。该诗描述的似乎就是一个享酒聚会。本来是庄重，神圣的祀拜上帝祖先的场合，但当时的人们已经把它变成了完全的放荡无忌和自娱自乐：

> 宾之初筵，温温其恭。其未醉止，威仪反反。曰既醉止，威仪幡幡。舍其坐迁，屡舞仙仙。其未醉止，威仪抑抑。曰既醉止，威仪抑抑。是曰既醉，不知其秩。宾既醉止，载号载呶。乱我笾豆，屡舞僛僛。是曰既醉，不知其邮。侧弁之俄，屡舞傞傞。

---

① 杨宽：《西周史》，第768页。

② 见《尹光鼎》和《宰甾簋》，引自杨宽《西周史》，第748页；另见《宰甫壶》，载中国社会科学院考古研究所编《殷周金文集成释文》第四卷，编号5395。

③ "享酒"一词见于《遹簋》，载中国社会科学院考古研究所编《殷周金文集成释文》第三卷，编号4207。"享醴"分别见于《大鼎》，载中国社会科学院考古研究所编《殷周金文集成释文》第二卷，编号2807；《长甶盉》，载中国社会科学院考古研究所编《殷周金文集成释文》第五卷，编号9455。《三年瘐壶》则记周王既"享醴"又"享酒"（享逆酒），载中国社会科学院考古研究所编《殷周金文集成释文》第五卷，编号9726。

人们常说“威仪扫地”，这首诗可以作为古典中国威仪败坏的一个典型素描。我们都知道，商朝的灭亡就是由于商人沉湎于酒，商朝的覆灭与酒的泛滥有直接关系。从我们前引的青铜铭文中多次提到“享酒”仪来看，商人的沉湎于酒，很多时候似乎就是在“享酒”仪的名义下进行的。

在孔子看来，宗教改革的首要任务就是要清除像享酒仪一类的陈腐败坏的威仪旧俗，建立能真正体现信仰和崇拜意义的新的仪式体系。他认为，与“享酒”仪正相反对，“享醴”仪特别能体现信仰和祀拜的“内在性”和“精神性”，特别切合真正宗教典仪的理念，所以他把新的宗教规范和祀拜体系称为“醴仪”，以有别于原有的“威仪”，并进而定名为“禮仪”，也就是“礼仪”，简称“礼”。可以想见，孔子设想的“礼仪”三百，都应该是像“享醴”仪那样能充分体现宗教虔诚的仪式，遗憾的是，我们现在已经很难知道“三百礼仪”的具体条目了。

我们有必要再次申明，第一个把宗教和社会仪式规范都用“礼”来统称的，应该是孔子，而不是别人。

现在，我想读者朋友就能深刻地理解孔子的宗教改革主张“克己复礼为仁”了：只有礼仪才能恰当地表达人们对上帝祖先的宗教虔诚，而在礼仪上人们就不能像在“享酒仪”上那样自我放纵，必须克服自己的感性欲望。

这里我们要再次对一位学界后生表示敬意，赵书妍极为正确地指出，孔子的主张只能是“克己履礼为仁”，“复”在古代与“履”同意[①]。通过以上分析，我们知道，西周直至春秋前期人们并没有后世“礼”的概念，所以孔子的主张是要求人们按他的新教——礼仪的规范来作为。孔子之前的周代并没有“礼制”，当然就谈不上“恢复”了。

我们这里还要强调一下“礼”与“履”的内在关联。“礼”除了上面讲过的“克己”的意含外，“履”——实行、践履也是它的内涵之一。“礼”就必须亲自实践，不能自我履行的就不能叫“礼”。孔子说“吾不与祭，如不祭”[②]就是“礼”“履”内在关联的最好说明。《说文》对“礼”的解释：“礼，履也。”《周易·序卦》：“履者，礼也。”《帛书周易》中“履卦”的“履”字直接写成“礼”字，这些都表明，“礼”与“履”有一种互通的意义关联。孔子的新教“礼”，就是要求人们去履行相关的仪典，去与上帝祖先亲身感通交流。这也是孔子说“祭神如神在”本来含意，这也是为什么孔子说“克己履礼为仁(忱)”的缘由。“礼”只有亲自参与(履)才能表现本人的“仁”(忱)，如果不能亲自参加，只是委派别人代行自己的义务，则恰好表示本人的“不仁”(不

① 赵书妍、李振宏：《“克己复礼”的百年误读和思想真谛》，载《河北学刊》2005年第2期。

② 《论语·八佾》。

忱)。我们看到,孔子的呼吁应该是很有时代感的。春秋以来,很多需要君主亲自参加的祭祀祈祷活动往往变成了例行公事,常常是委派他人(太史类的官员)来完成。在孔子看来,这都是不仁(不虔诚)的表现。

当然,我们这里也要替传统的理解美言几句。把"克己复礼为仁"的"复"理解成"回复"、"恢复"也有它学理上的依据。虽然把"礼"当成新教的旗帜,当成宗教仪式和社会规范的总纲起自孔子,但与"礼"关系紧密的"享醴"仪似乎确是周公的发明。我们在前面说过,商代只有享酒仪没有享醴仪,进入周代以后,才有享醴仪的问世。而享醴仪的发明权似乎就是周公。在《尚书·洛诰》中,周公先说:"王,肇称殷礼,祀于新邑,咸秩无文。"成王后来回答:"公!明保予冲子。公称丕显德,以予小子扬文武烈,奉答天命,和恒四方民,居师;惇宗将礼,称秩元祀,咸秩无文。"这段文字似乎是传世文献中最早提到"礼"的地方。从文献的语境分析,周公和成王这里提到的"礼"似乎就是"享醴"仪,这种享醴仪作为整个"元祀"——大型祭祀——的一部分或一个环节,或许就是周公的发明。周公之所以要发明享醴仪,正是有监于殷人对酒的沉湎。《尚书》中有一篇《酒诰》,是周公为了防止周人重蹈殷人的覆辙专门制作的。凡此种种,表明周公为代表的周朝哲人对于酗酒的危害是十分警觉的。周公正是为了防止酒祸,所以才发明享醴仪。在这个意义上,把"克己复礼"的"复"理解成"回复"、"恢复"也不为过。孔子时常以周公为自己的表率,《论语》中孔子说:"甚矣吾衰也!久矣吾不复梦见周公!"①《吕氏春秋》也说孔子、墨子常梦中向文王周公请教②。我们知道,宗教改革运动的初衷就是要恢复、回复早期信仰的纯洁性。孔子心目中的早期纯洁性无疑是以周公为标志的,孔子宗教改革的理想就是要使社会回复到周公的时代。在这个意义上说,"克己复礼为仁"就变成了一个正确无比的宗教改革运动的宣誓了。

(三)

历史观相术告诉我们,孔子当年肯定对他提倡的"礼教"有相对具体的方案。前面说过,"礼仪三百",不管是真三百还是一个比方数,我们现在已经很难找到这些文献了。《论语》,特别是《礼记》中所提到的有关孔子对"礼"的一些具体规定,与其说是孔子的原意,还不如说是汉儒的设想。有一点是可以肯定的,孔子心目中的"礼制"重心应该在天下国家社会的治理方面,而不是如现本《礼记》那样总是

① 《论语·述而》。

② 《吕氏春秋·博志》:"盖闻孔丘、墨翟,昼日讽诵习业,夜亲见文王、周公旦而问焉。用志如此其精也,何事而不达?何为而不成?"

在“婚丧嫁娶”和“待人接物”这些普通家庭琐屑之上浪费光阴①。我们可以举《史记·孔子世家》中几段话说明孔子当年的礼教理想：

> 其后定公以孔子为中都宰，一年，四方皆则之。由中都宰为司空，由司空为大司寇。

这说明孔子有一整套相当行之有效的行政管理措施，孔子的“礼教”中应该会有这方面的内容。

> 定公十年春，及齐平。夏，齐大夫黎鉏言於景公曰：“鲁用孔丘，其势危齐。”乃使使告鲁为好会，会於夹谷。鲁定公且以乘车好往。孔子摄相事，曰：“臣闻有文事者必有武备，有武事者必有文备。古者诸侯出疆，必具官以从。请具左右司马。”定公曰：“诺。”具左右司马。会齐侯夹谷，为坛位，土阶三等，以会遇之礼相见，揖让而登。献酬之礼毕，齐有司趋而进曰：“请奏四方之乐。”景公曰：“诺。”於是旍旄羽袚矛戟剑拨鼓噪而至。孔子趋而进，历阶而登，不尽一等，举袂而言曰：“吾两君为好会，夷狄之乐何为於此！请命有司！”有司卻之，不去，则左右视晏子与景公。景公心怍，麾而去之。有顷，齐有司趋而进曰：“请奏宫中之乐。”景公曰：“诺。”优倡侏儒为戏而前。孔子趋而进，历阶而登，不尽一等，曰：“匹夫而营惑诸侯者罪当诛！请命有司！”有司加法焉，手足异处。景公惧而动，知义不若，归而大恐，告其群臣曰：“鲁以君子之道辅其君，而子独以夷狄之道教寡人，使得罪於鲁君，为之柰何？”有司进对曰：“君子有过则谢以质，小人有过则谢以文。君若悼之，则谢以质。”於是齐侯乃归所侵鲁之郓、汶阳、龟阴之田以谢过。

齐人来归还郓、汶阳、龟阴田之事，在《春秋经》中也有记载，应该是一个相当重大的事件。一个真正的历史人物自然会有所作为，作为时代精神化身的孔子，他思考的重心应该是在这样的国家大事上。孔子的“礼教”内容首先应该包括的是上述这方面的军国之礼（尽管孔子本身也许并没有专门研究战术兵法），而不是普通家居的日常伦理安排。

> 定公十三年夏，孔子言於定公曰：“臣无藏甲，大夫毋百雉之城。”使仲由为季氏宰，将堕三都。於是叔孙氏先堕郈。季氏将堕费，公山不狃、叔孙辄率

---

① 现本《仪礼》和《周礼》是汉人的作品，不在这里讨论。

费人袭鲁。公与三子入于季氏之宫，登武子之台。费人攻之，弗克，入及公侧。孔子命申句须、乐颀下伐之，费人北。国人追之，败诸姑蔑。二子奔齐，遂堕费。将堕成，公敛处父谓孟孙曰："堕成，齐人必至于北门。且成，孟氏之保鄣，无成是无孟氏也。我将弗堕。"十二月，公围成，弗克。

"堕三都"更是表现孔子理想的大事件，这事件《春秋经》中有记载，《史记·鲁世家》中有记载，《公羊传》还有传记。"家不藏甲，邑无百雉之城"，这是孔子"礼教"的核心内容，类似这样的社会国家的大政方针、管理规范才应该是孔子当年"改革"的重点内容。遗憾的是，孔子"堕三都"的大手笔行政没能成功，它预示着孔子在鲁国难以实现自己的宏大理想。而孔子的周游列国，也应该就是想把在鲁国未能完成的改革理想付诸实施。

定公十四年，孔子年五十六，由大司寇行摄相事，有喜色。门人曰："闻君子祸至不惧，福至不喜。"孔子曰："有是言也。不曰'乐其以贵下人'乎?"於是诛鲁大夫乱政者少正卯。与闻国政三月，粥羔豚者弗饰贾；男女行者别於涂；涂不拾遗；四方之客至乎邑者不求有司，皆予之以归。

在后世的儒门中，孔子是一个所谓"爱人"的仁者，他们不知道，一个真正的上帝的信徒，一个真正的宗教家，只知道有上天祖先，只会对上天祖先负责。正如马克斯·韦伯在论述加尔文的宗教信念时所说，一个真正的宗教家"唯一关心的是上帝，而不关心人类；上帝不是为了人而存在，而人却是为了上帝而存在"[①]。孔子作为一个古典宗教虔诚的信徒，他的理想不是"爱人"，而是"爱上天"、"信天命"，"唯仁者能好人，能恶人"[②]。该爱的时候就爱，该恶的时候就恶，一切从相关对象的作为而定，一切以上天的意志为准。对于像少正卯这样的扰乱上天秩序的"乱政者"绝对不应该心慈手软。从这段文献，我们可再次看出，孔子对于政治，对于管理国家社会是有一整套方案的，而这些方案应该就是他"礼教"革新的核心内容。同样遗憾的是，这样的内容我们已经无法窥探了，在后世儒家有意无意地遮蔽中，孔子几乎形成了一个婆婆妈妈的家庭主妇型的人格，而且还给出了一个不轻不重的借口：

---

① [德]马克斯·韦伯：《新教伦理与资本主义精神》，彭强、黄晓京译，陕西师范大学出版社，2002年，第82页。

② 《论语·里仁》。

或谓孔子曰："子奚不为政？"子曰："《书》云：'孝乎惟孝，友于兄弟，施于有政。'是亦为政，奚其为为政？"①

另外我们从孔子的弟子和后辈的表现，也不难知道，真正的孔子，他的政教改革的重心是在天下国家层面。

在传统学术的视野中，孔子是儒门之宗，他的弟子似乎都是所谓"谦谦君子"，是些文质彬彬而又弱不禁风的长绅峨冠之士，除了坐而论道、空谈心性外，就只会些待人接物、婚丧嫁娶的伦理小道。但我们知道，孔子的若干弟子如子路、子游、子贱等都是当时的宰邑，有如现在的市长、镇长，是有相当全面的行政能力的，而子路的做派更像是一名武士。我们也知道孔子的再传弟子吴起在楚国实施过规模宏大的改革举措，取得过相当好的效果。虽然他本人最后葬身箭海，但他的改革大业并没有失败。特别能说明问题的也许是子贡了，《史记·仲尼弟子列传》有详细的记载：

端沐赐，卫人，字子贡。少孔子三十一岁。

子贡利口巧辞，孔子常黜其辩。问曰："汝与回也孰愈？"对曰："赐也何敢望回！回也闻一以知十，赐也闻一以知二。"

子贡既已受业，问曰："赐何人也？"孔子曰："汝器也。"曰："何器也？"曰："瑚琏也。"

陈子禽问子贡曰："仲尼焉学？"子贡曰："文武之道未坠於地，在人，贤者识其大者，不贤者识其小者，莫不有文武之道。夫子焉不学，而亦何常师之有！"又问曰："孔子适是国必闻其政。求之与？抑与之与？"子贡曰："夫子温良恭俭让以得之。夫子之求之也，其诸异乎人之求之也。"

子贡问曰："富而无骄，贫而无谄，何如？"孔子曰："可也；不如贫而乐道，富而好礼。"

田常欲作乱於齐，惮高、国、鲍、晏，故移其兵欲以伐鲁。孔子闻之，谓门弟子曰："夫鲁，坟墓所处，父母之国，国危如此，二三子何为莫出？"子路请出，孔子止之。子张、子石请行，孔子弗许。子贡请行，孔子许之。

遂行，至齐，说田常曰：……田常许之，使子贡南见吴王。

说曰：……吴王大说，乃使子贡之越。

越王除道郊迎，身御至舍而问曰："此蛮夷之国，大夫何以俨然辱而临之？"子贡曰：……越王大说，许诺。送子贡金百镒，剑一，良矛二。子贡不受，

① 《论语·为政》。

遂行。

报吴王曰：……吴王许诺，乃谢越王。於是吴王乃遂发九郡兵伐齐。

子贡因去之晋，谓晋君曰：……晋君许诺。

子贡去而之鲁。吴王果与齐人战於艾陵，大破齐师，获七将军之兵而不归，果以兵临晋，与晋人相遇黄池之上。吴晋争强。晋人击之，大败吴师。越王闻之，涉江袭吴，去城七里而军。吴王闻之，去晋而归，与越战於五湖。三战不胜，城门不守，越遂围王官，杀夫差而戮其相。破吴三年，东向而霸。

故子贡一出，存鲁，乱齐，破吴，强晋而霸越。子贡一使，使势相破，十年之中，五国各有变。

子贡好废举，与时转货赀。喜扬人之美，不能匿人之过。常相鲁卫，家累千金，卒终于齐。

我们不敢说，这里的文字都是完全的信史，但上述引文至少可以告诉我们，子贡这些孔门的优秀弟子不屑于日常伦理和待人接物这些所谓的“礼数”，他们的理想就是要从天下国家层面来改造社会，纵横捭阖、指点江山是孔门礼教的重中之重。

三　孔子晚年致力于《春秋》的撰述和乐诗的整理

我们可以知道，孔子在革新社会的实践没能如愿后，他把大部分心思放在了学术上，《史记》中说他对《诗》、《书》、《礼》、《乐》、《易》、《春秋》都有自己的作为，我们当然不必全信。但历史观相告诉我们，孔子晚年确实在《春秋》上下过大功夫：

子曰：“弗乎弗乎，君子病没世而名不称焉。吾道不行矣，吾何以自见于后世哉？”乃因史记作春秋，上至隐公，下讫哀公十四年，十二公。据鲁，亲周，故殷，运之三代。约其文辞而指博。故吴楚之君自称王，而春秋贬之曰“子”；践土之会实召周天子，而春秋讳之曰“天王狩于河阳”：推此类以绳当世。贬损之义，后有王者举而开之。春秋之义行，则天下乱臣贼子惧焉。孔子在位听讼，文辞有可与人共者，弗独有也。至于为春秋，笔则笔，削则削，子夏之徒不能赞一辞。弟子受春秋，孔子曰：“后世知丘者以春秋，而罪丘者亦以春秋。”①

① 《史记·孔子世家》。

这里的文字是说孔子“因史记作春秋”，按孔子自己的讲法叫作“述而不作”。传统上，总认为《春秋三传》也是孔子的微言大义，但这明显是汉人的一个传说。真实的历史是，传世本《春秋经》才是孔子整理史记的成果。

孔子为什么要费大功夫编述《春秋》，这正是他的“礼教”的必然要求。孔子因为自己的改革主张不能大行于世，于是就想借助历史场景来寄托他的政治（宗教）理想，来向世人传播他的思想主张。他说：“我欲借之空言，不如见之行事之深切明了。”①他希望后人能够把他未竟的理想实现于世，正是在这个意义上，墨家后来的不辞辛劳、强力果敢的苦行救世就是对孔教的最好补充。

孔子之所以在《春秋》上下功夫，也是为了贯彻他的“正名”主张，这是孔子的新教——“礼教”的基本内容。当时的社会混乱的原因固然很多，但名实不符，僭越无序是造成纲纪陵夷的关键因素。

从历史观相来看，孔子修《春秋》，最大的动作，也可以说最大的贡献，就是擅自为各个诸侯国确定爵位。后世都知道春秋各诸侯国分属“公、侯、伯、子、男”等五等爵位。如鲁国、宋国属公爵，齐国、晋国属侯爵，郑国、秦国属伯爵，楚国、吴国属子爵，许国属男爵。过往的传统学术总以为这五等爵位在周初就存在，是由周公确定的。但是，一旦我们深入到历史脉络中去，我们就会知道，周初之时，一切都在草创之中，并没有《周礼》般的宏大周密的政权架构和爵位制度。当时的诸侯都既可称为“公”，也可称为“侯”，还能称为“伯”（根据场合的不同）。而“子”最初本是指君主或诸侯未成年之子，与“父”（也就是君）形成一个对照，君（父）原则上都是封建主，有自己的采地封疆，而子是未成年的未来封建主。“男”的称谓则似乎完全是孔子个人的发明了。

孔子之所以要擅自为各诸侯国定爵位，如上所说，就是由于当时的时局相当混乱，什么人都可以擅自封侯，随意称公，甚至自称王者也不在少数。我们知道，吴国、楚国早就自称王了，在青铜器中，我们也知道，当时一些非常小的诸侯也有擅自称王的。在孔子这样的宗教改革家看来，这些都是对周王天子地位的挑衅，其实就是对古典宗教本身的挑衅。周天子作为古典宗教的教主，从理论上讲，绝不会容忍这些目无纲纪、无法无天的“不仁”（忧）的行为。他应该会根据各国与周天子的历史和现实关系给各国一个相应的名位（爵位）。但是，现实世界，周天子

① 语出《春秋繁露·俞序第十七》：“仲尼之作春秋也，上探正天端，王公之位，万民之所欲，下明得失，起贤才，以待后圣，故引史记，理往事，正是非，见王公，史记十二公之间，皆衰世之事，故门人惑，孔子曰：‘吾因其行事，而加乎王心焉，以为见之空言，不如行事博深切明。’”可见在董子的心目中，孔子作的也是《春秋经》。

对各国的擅权僭越完全无能为力、无动于衷，作为古典宗教忠实信徒的孔子恨不得亲自出马强制各诸侯国按它们的本分接受相应的爵位。万般无奈之下，孔子只好在历史文献中给各诸侯国分配相应的名分爵位了。他期望未来的周王或者像齐桓晋文那样的强人能够实现他心目中的天下秩序和社会理想。孔子为什么说："知我者，其惟春秋乎！罪我者，其惟春秋乎！"根本的原因就在这里。给各国封爵本是周天子的职权，现在孔子以一介庶民的身份竟然要做天子才有资格做的事，难道不是通天大罪吗？但是，如果有人能够明白孔子的良苦用心，能够理解孔子恢复天下秩序的宏大理想，那自然就不会怪罪于他了。在这里，《孟子》书算是讲到了要害。《孟子·滕文公下》说："《春秋》，天子之事也。是故孔子曰：'知我者，其惟《春秋》乎！罪我者，其惟《春秋》乎！'"

孔子晚年除修《春秋》之外，应该也做过整理《诗书》的工作，《史记·孔子世家》：

> 孔子语鲁大师："乐其可知也。始作翕如，纵之纯如，皦如，绎如也，以成。""吾自卫反鲁，然后乐正，雅颂各得其所。"
>
> 古者诗三千余篇，及至孔子，去其重，取可施於礼义，上采契后稷，中述殷周之盛，至幽厉之缺，始於衽席，故曰"关雎之乱以为风始，鹿鸣为小雅始，文王为大雅始，清庙为颂始"。三百五篇孔子皆弦歌之，以求合韶武雅颂之音。礼乐自此可得而述，以备王道，成六艺。

孔子是否整理过《尚书》不得而知，但孔子应该确实花过不少工夫在乐诗方面。顾颉刚先生极为有见地的认定，《诗经》中的诗篇其实都是古典中国的乐歌①，也就是说，它们都是用乐器按一定的曲调伴奏吟唱的。所谓"韶、武、雅、颂"就是相应的四种曲调。某篇的诗词适合哪种曲调是很有讲究的，适合"韶"调用"武"调来伴奏就会有问题，适合"雅"的诗词用"颂"声来搭配也不行。虽然我们知道，现本《诗经》不太可能是孔子删除整理的结果，但孔子应该在这方面花过不少的工夫。孔子肯定对入乐的诗进行过筛选，他只"取可施于礼义"者，对那些达不到孔子标准的过于低俗和有淫秽嫌疑的作品肯定就会删除不用。在这个意义上，我们说，孔子"论次诗书，修起礼乐"②是有相当的历史真实性的。

笔者认为，传世典籍中有关孔子的文献大多都需要仔细甄别才能用于真正的学术研究中，但值得一提的是，20年前出土的《郭简楚简》有两篇文献应该能较真

---

① 参见刘梦溪主编《中国现代学术经典——顾颉刚卷》，河北教育出版社，1996年，第183—184页。

② 《史记·儒林列传》。

实地反映出宗教改革家孔子的思想和风格。其一是《鲁穆公问于子思》：

鲁穆公问于子思曰："何如而可谓忠臣？"子思曰："恒称其君之恶者，可谓忠臣矣。"公不悦，揖而退之。成孙弋见，公曰："向者吾问忠臣于子思，子思曰：'恒称其君之恶者，可谓忠臣矣。'寡人惑焉，而未之得也。"成孙弋曰："噫，善哉言乎！夫为其君之故杀其身者，尝有之矣；恒称其君之恶者，未之有也。夫为其君之故杀其身者，效禄爵者也。恒[称其君]之恶者，[远]禄爵者。[为]义而远禄爵，非子思，吾恶闻矣。"①

其二是《忠信之道》：

不讹不孚，忠之至也。不欺弗知，信之至也。忠积则可亲也，信积则可信也。忠信积而民弗亲信者，未之有也。至忠如土，化物而不伐；至信如时，毕至而不结。忠人无讹，信人不倍。君子如此，故不忘生，不倍死也。

太久而不渝，忠之至也。陶而睹常，信之至也。至忠无讹。至信不倍，夫此之谓此。大忠不说，大信不期。不说而足养者，地也。不期而可遇者，天也。似天地也者，忠信之谓此。

口惠而实弗从，君子弗言尔；心疏而貌亲，君子弗申尔。故行而争悦民，君子弗由也。三者，忠人弗作，信人弗为也。

忠之为道也，百工不楛，而人养皆足。信之为道也，群物皆成，而百善皆立。君子其施也忠，故恋亲附也；其言尔信，故但而可受也。忠，仁之实也。信，义之期也。是故古之所以行乎闵喽者，如此也。②

四　文献中的孔子观相

(一)《论语》中的孔子

孔子要用"礼教"来整齐社会，他就必须得有整理社会的具体方案。可惜的是，当时孔子具体的礼教科目已经不得而知了，《周礼》当然是王莽时代汉人的作品，《礼记》、《仪礼》也基本上反映的是汉人的理想和实践，虽然其中有一些可以追

① 见李零《郭店楚简校读记》(增订本)，第85页。

② 见李零《郭店楚简校读记》(增订本)，第100页。

溯到孔子。相对而言,《论语》中似乎还保留下不少能反映新教立场的言论:

子曰:"巧言令色,鲜矣仁!"[①]

子曰:"攻乎异端,斯害也已。"[②]

孔子谓季氏:"八佾舞于庭,是可忍也,孰不可忍也。"三家者以《雍》彻。子曰:"'相维辟公,天子穆穆',奚取于三家之堂?"[③]

子曰:"人而不仁,如礼何? 人而不仁,如乐何?"[④]

或问禘之说。子曰:"不知也。知其说者之于天下也,其如示诸斯乎!"指其掌。祭如在,祭神如神在。子曰:"吾不与祭,如不祭。"[⑤]

子曰:"居上不宽,为礼不敬,临丧不哀,吾何以观之哉?"[⑥]

子曰:"唯仁者能好人,能恶人。"[⑦]

子曰:"君子之于天下也,无适也,无莫也,义之与比。"[⑧]

子曰:"君子喻于义,小人喻于利。"[⑨]

子曰:"觚不觚,觚哉! 觚哉!"[⑩]

颜渊问仁。子曰:"克己复礼为仁。一日克己复礼,天下归仁焉。为仁由己,而由人乎哉?"颜渊曰:"请问其目?"子曰:"非礼勿视,非礼勿听,非礼勿言,非礼勿动。"[⑪]

子曰:"刚、毅、木、讷近仁。"[⑫]

子曰:"志士仁人,无求生以害仁,有杀身以成仁。"[⑬]

子曰:"礼云礼云,玉帛云乎哉? 乐云乐云,钟鼓云乎哉?"[⑭]

---

① 《论语·学而》。
② 《论语·为政》。
③ 《论语·八佾》。
④ 《论语·八佾》。
⑤ 《论语·八佾》。
⑥ 《论语·八佾》。
⑦ 《论语·里仁》。
⑧ 《论语·里仁》。
⑨ 《论语·里仁》。
⑩ 《论语·雍也》。
⑪ 《论语·颜渊》。
⑫ 《论语·子路》。
⑬ 《论语·卫灵公》。
⑭ 《论语·阳货》。

上述的引语文字上或许有后人捉笔的嫌疑，但这些话语的思想基本能反映宗教改革时代的精神实质。

“非礼勿视，非礼勿听，非礼勿言，非礼勿动”，这最能表现孔子整齐社会的心理。在孔子的时代，克服物欲横流、随心所欲，坚持严格的符合上天意志的行为规范是最紧迫之任务。在新近出土的《上博简·君子为礼》篇中，孔子有与此文意相近、但文字稍异的表述：“言之而不义，口勿言也；视之而不义，目勿视也；听之而不义，耳勿听也；动之而不义，身勿动也。”[①]这说明，上述这段“四非”规定是孔子礼教革新运动中特别重要的主张，同时表明，在战国年间，“礼”和“义”是可以互通的两个概念。“礼”就是“义”，就是“仪”，都是指符合上天意志的行为规范。

为什么“仁”需要“刚、毅、木、讷”，为什么“仁”反对“巧言令色”，用启蒙时代的仁爱思维是无法理解的。因为“仁”就是“忧”——忠诚、虔敬，一个真正的宗教信徒，他的所有心思都放在宗教本身，放在对上天祖先的虔敬那里，所以会情不自禁地表现出他的“刚毅”，自然会有这些“木讷”的表现。“觚不觚，觚哉！觚哉！”和“八佾舞于庭，是可忍也，孰不可忍也”这两句话特别能表现出一个真正的宗教信仰的心境。需要再次指出，真正的孔子不太可能大讲特讲、念念不忘积极意义上的“乐”的，孔子的时代，旧的“威仪”已经泛滥、失序，孔子以及他的同道必须要用消极意义上“礼”来节制，以使社会保持它的正常运转，以继续得到上天的认可。《论语》是传统中国公认的有关孔子言行的权威记录。作为一个观相的历史学，我们没有过分相信传统观点的必要。我们觉得，总的来看，今本《论语》是战国后期乃至秦汉以后儒家子弟对孔子及儒家其他重要人物的言论汇集。它反映的是儒家弟子对先师的记忆和理解。按照斯宾格勒的看法，任何一个文化的早期文献都会被它的晚期后人进行所谓“理性主义”的改写(所谓整理)。这表明，研究历史离不开力透纸背的洞察力，仅仅牢记传世的文献是远远不够的。这也表明，历史研究离不开考古的成果，当然更要紧的，历史研究必须装备斯宾格勒的“历史观相术”。既然，《吕氏春秋》对孔子的记忆都带有浓重的理性偏向，我们当然不能期待从传世本《论语》中归纳出真实的孔子。在很多篇幅中，《论语》中的孔子基本上是一个人文主义者，是一个典型的启蒙型人物。按斯宾格勒的说法，很多时候，与其说古代文献能帮助我们了解古代历史，不如说它更能遮蔽历史，所以，研究历史，必须要有一双观相的眼睛，我们才能在重重迷雾中辨别哪些是真实的峦峰，哪些是云雾造成的假象。如以下数条特别能反映启蒙思想：

---

① 参见马承源主编《上海博物馆藏战国楚竹书》(5)，第253页。

曾子曰:“夫子之道,忠恕而已矣!”①

子贡曰:“我不欲人之加诸我也,吾亦欲无加诸人。”子曰:“赐也,非尔所及也。”②

仲弓问仁。子曰:“出门如见大宾,使民如承大祭。己所不欲,勿施于人。在邦无怨,在家无怨。”③

樊迟问仁。子曰:“爱人。”问知。子曰:“知人。”④

应该说,这些话明显是孔子后学的托附。真正的宗教改革家都是像马丁·路德一样的立场坚定的人物,他们对自己的信仰有着不可动摇的信心。关键是,他们有一种强烈的整理社会的使命感。他们特别像鲁迅先生,是决不宽容的人格。在他们看来,只有他们的宗教理想才是人生唯一值得过的理由。像马丁·路德一样,作为宗教改革领袖的孔子是一位高唱着“上帝是我坚固保障”,⑤无畏艰难,奋勇向前的坚强斗士。正如斯宾格勒所说:“路德——像从1000年以来出现的每一个改革家一样——对教会的斗争不是因为教会要求太多,而是因为它要求太少。”⑥真正的宗教运动领袖都是由于对教会的世俗化不满,对整个社会(特别是宗教社会)的堕落和腐化不满,才会发起改革运动。所以“爱人”这种典型的启蒙时代的话,不可能出现在宗教改革家的口中。“己所不欲,勿施于人”这种典型的卢梭、康德式的观点不可能出现在加尔文的思想中。

(二)《吕氏春秋》中的孔子

在《吕氏春秋》,孔子大都以历史学家、历史评论家的面目出现:

伯禽将行,请所以治鲁。周公曰:“利而勿利也。”荆人有遗弓者,而不肯索,曰:“荆人遗之,荆人得之,又何索焉?”孔子闻之曰:“去其‘荆’而可矣。”老聃闻之曰:“去其‘人’而可矣。”故老聃则至公矣。⑦

孔子闻之曰:“善哉!祁黄羊之论也,外举不避雠,内举不避子。祁黄羊

① 《论语·里仁》。
② 《论语·公冶长》。
③ 《论语·颜渊》。
④ 《论语·颜渊》。
⑤ 参见[德]奥·斯宾格勒《西方的没落》第二卷,吴琼译,第272页。
⑥ [德]奥·斯宾格勒:《西方的没落》第二卷,吴琼译,第272页。
⑦ 《吕氏春秋·贵公》。

可谓公矣。"①

故欲胜人者，必先自胜；欲论人者，必先自论；欲知人者，必先自知。《诗》曰："执辔如组。"孔子曰："审此言也，可以为天下。"子贡曰："何其躁也！"孔子曰："非谓其躁也，谓其为之于此，而成文于彼也。"圣人组修其身而成文于天下矣。……孔子见鲁哀公，哀公曰："有语寡人曰：'为国家者，为之堂上而已矣。'寡人以为迂言也。"孔子曰："此非迂言也。丘闻之，得之于身者得之人，失之于身者失之人。不出于门户而天下治者，其惟知反于己身者乎！"②

孔子闻之曰："异哉！直躬之为信也。一父而载取名焉。"③

孔子闻之，曰："临难用诈，足以却敌；反而尊贤，足以报德。文公虽不终，始足以霸矣。"④

襄子曰："江河之大也，不过三日。飘风暴雨，日中不须臾。今赵氏之德行，无所于积，一朝而两城下，亡其及我乎！"孔子闻之曰："赵氏其昌乎？"⑤

鲁国之法，鲁人为人臣妾于诸侯，有能赎之者，取其金于府。子贡赎鲁人于诸侯，来而让，不取其金。孔子曰："赐失之矣。自今以往，鲁人不赎人矣。"取其金，则无损于行；不取其金，则不复赎人矣。子路拯溺者，其人拜之以牛，子路受之。孔子曰："鲁人必拯溺者矣。"孔子见之以细，观化远也。⑥

孔子曰："丘尝与之言曰：'诚乎此者刑乎彼。'宓子必行此术于亶父也。"夫宓子之得行此术也，鲁君后得之也。⑦

三苗不服，禹请攻之，舜曰："以德可也。"行德三年，而三苗服。孔子闻之，曰："通乎德之情，则孟门、太行不为险矣。故曰德之速，疾乎以邮传命。"⑧

孔子闻之曰："夫善哉！不以腐肉朽骨而弃剑者，其次非之谓乎！"⑨

孔子闻之曰："夫修之于庙堂之上，而折冲乎千里之外者，其司城子罕之谓乎！"⑩

---

① 《吕氏春秋·去私》。
② 《吕氏春秋·先己》。
③ 《吕氏春秋·当务》。
④ 《吕氏春秋·义赏》。
⑤ 《吕氏春秋·慎大》。
⑥ 《吕氏春秋·察微》。
⑦ 《吕氏春秋·具备》。
⑧ 《吕氏春秋·上德》。
⑨ 《吕氏春秋·知分》。
⑩ 《吕氏春秋·召类》。

孔子闻之,曰:"夫智可以微谋、仁可以托财者,其郈成子之谓乎!"①

孔子卜,得贲。孔子曰:"不吉。"子贡曰:"夫贲亦好矣,何谓不吉乎?"孔子曰:"夫白而白,黑而黑,夫贲又何好乎?"②

叔向归曰:"郑有人,子产在焉,不可攻也。秦、荆近,其诗有异心,不可攻也。"晋人乃辍攻郑。孔子曰:"《诗》云:'无竞惟人。'子产一称而郑国免。"③

鲁哀公问于孔子曰:"乐正夔一足,信乎?"孔子曰:"昔者舜欲以乐传教于天下,乃令重黎举夔于草莽之中而进之,舜以为乐正。夔于是正六律,和五声,以通八风,而天下大服。重黎又欲益求人,舜曰:'夫乐,天地之精也,得失之节也,故唯圣人为能和。乐之本也。夔能和之以平天下,若夔者一而足矣。'故曰'夔一足',非'一足'也。"④

文王貌受以告诸侯。作为璇室,筑为顷宫,剖孕妇而观其化,杀比干而视其心,不适也。孔子闻之曰:"其窍通则比干不死矣。"⑤

孔子闻之曰:"此五人者之所以为王者佐也,不肖主之所弗安也。"⑥

故子贡问孔子曰:"后世将何以称夫子?"孔子曰:"吾何足以称哉?勿已者,则好学而不厌,好教而不倦,其惟此邪!"天子入太庙祭先圣,则齿尝为师者弗臣,所以见敬学与尊师也。⑦

孔子畏于匡,颜渊后,孔子曰:"吾以汝为死矣。"颜渊曰:"子在,回何敢死?"颜回之于孔子也,犹曾参之事父也。古之贤者与,其尊师若此,故师尽智竭道以教。⑧

孔子穷乎陈、蔡之间,藜羹不斟,七日不尝粒。昼寝。颜回索米,得而爨之,几熟,孔子望见颜回攫其甑中而食之。选间,食熟,谒孔子而进食。孔子佯为不见之。孔子起曰:"今者梦见先君,食洁而后馈。"颜回对曰:"不可。向者煤炱入甑中,弃食不祥,回攫而饭之。"孔子叹曰:"所信者目也,而目犹不可信;所恃者心也,而心犹不足恃。弟子记之:知人固不易矣。"故知非难也,孔子之所以知人难也。⑨

---

① 《吕氏春秋·观表》。
② 《吕氏春秋·壹行》。
③ 《吕氏春秋·求人》。
④ 《吕氏春秋·察传》。
⑤ 《吕氏春秋·过理》。
⑥ 《吕氏春秋·不苟》。
⑦ 《吕氏春秋·尊师》。
⑧ 《吕氏春秋·劝学》。
⑨ 《吕氏春秋·任数》。

孔子见温伯雪子，不言而出。子贡曰："夫子之欲见温伯雪子好矣，今也见之而不言，其故何也？"孔子曰："若夫人者，目击而道存矣，不可以容声矣。"故未见其人而知其志，见其人而心与志皆见，天符同也。圣人之相知，岂待言哉？白公问于孔子曰："人可与微言乎？"孔子不应。白公曰："若以石投水，奚若？"孔子曰："没人能取之。"白公曰："若以水投水，奚若？"孔子曰："淄、渑之合者，易牙尝而知之。"白公曰："然则人不可与微言乎？"孔子曰："胡为不可？唯知言之谓者为可耳。"白公弗得也。①

《吕氏春秋》中的孔子基本上是以"孔子闻之曰"这样的句式出现，这表明，在《吕氏春秋》编者的心目中，孔子主要是一个学者，这种学者身份成为后世把孔子当成"至圣先师"最早的依据。在《史记·孔子世家》中，我们也可以见到孔子的这种博学家和人物品评家身份。但从上述这些评议中，我们隐约可以看到他的宗教改革家背景。

鲁季孙有丧，孔子往吊之。入门而左，从客也。主人以玙璠收，孔子径庭而趋，历级而上，曰："以宝玉收，譬之犹暴骸中原也。"径庭历级，非礼也；虽然，以救过也。②

孔子之弟子从远方来者，孔子荷杖而问之曰："子之公不有恙乎？"搏杖而揖之，问曰："子之父母不有恙乎？"置杖而问曰："子之兄弟不有恙乎？"杙步而倍之，问曰："子之妻子不有恙乎？"故孔子以六尺之杖，谕贵贱之等，辨疏亲之义，又况于以尊位厚禄乎？③

这两段引述表明孔子是非常重视"礼"的，所以后世儒家都把孔子当成了儒家的创始人。这里我们必须说，这些文字的内容大致符合孔子宗教修正的思想，但这里的表述应该都是吕子时期的语言。我们说过，历史上真实的孔子在意的是消极意义上的"礼"，强调的是礼的节制作用。这样的"礼"与"仁"——对上天的虔信、对宗教仪式和行为规范的恭敬——是密不可分的。

孔子穷于陈、蔡之间，七日不尝食，藜羹不糁。宰予备矣，孔子弦歌于室，颜回择菜于外。子路与子贡相与而言曰："夫子逐于鲁，削迹于卫，伐树于宋，

---

① 《吕氏春秋·精谕》。

② 《吕氏春秋·安死》。

③ 《吕氏春秋·异用》。

穷于陈、蔡。杀夫子者无罪，藉夫子者不禁，夫子弦歌鼓舞，未尝绝音。盖君子之无所丑也若此乎?”颜回无以对，入以告孔子。孔子憱然推琴，喟然而叹曰:“由与赐小人也。召，吾语之。”子路与子贡入，子贡曰:“如此者，可谓穷矣!”孔子曰:“是何言也？君子达于道之谓达，穷于道之谓穷。今丘也拘仁义之道，以遭乱世之患，其所也，何穷之谓？故内省而不疚于道，临难而不失其德，大寒既至，霜雪既降，吾是以知松柏之茂也。昔桓公得之莒，文公得之曹，越王得之会稽。陈、蔡之厄，于丘其幸乎!”孔子烈然返瑟而弦，子路抗然执干而舞。子贡曰:“吾不知天之高也，不知地之下也。”古之得道者，穷亦乐，达亦乐，所乐非穷达也。道得于此，则穷达一也，为寒暑风雨之序矣。故许由虞乎颍阳，而共伯得乎共首。[①]

季孙氏劫公家，孔子欲谕术则见外，于是受养而便说。鲁国以訾。孔子曰:“龙食乎清而游乎清，螭食乎清而游乎浊，鱼食乎浊而游乎浊。今丘上不及龙，下不若鱼，丘其螭邪!”[②]

孔子之劲，举国门之关，而不肯以力闻。[③]

孔子始用于鲁，鲁人鷖诵之曰:“麛裘而韠，投之无戾。韠而麛裘。投之无邮。”用三年，男子行乎涂右，女子行乎涂左，财物之遗者，民莫之举。[④]

孔子见齐景公，景公致廪丘以为养。孔子辞不受，入谓弟子曰:“吾闻君子当功以受禄。今说景公，景公未之行而赐之廪丘，其不知丘亦甚矣!”令弟子趣驾，辞而行。孔子，布衣也，官在鲁司寇，万乘难与比行，三王之佐不显焉，取舍不苟也夫![⑤]

孔子周流海内，再干世主，如齐至卫，所见八十余君。委质为弟子者三千人，达徒七十人。七十人者，万乘之主得一人用可为师，不为无人。以此游，仅至于鲁司寇。[⑥]

这里的引文表明了孔子绝对不是普通的学者型人物，他是有强烈的救世情怀的。如果没有强烈的宗教使命感，他不会忍受如此的物质困苦和精神委曲。后面三段引文从一个启蒙主义的立场对孔子的个人人生做了一个中肯的评价，从中也不难看出一个虔诚的宗教改革家为了理想不计利害、矢志不移的奋斗。

---

① 《吕氏春秋·慎人》。
② 《吕氏春秋·举难》。
③ 《吕氏春秋·慎大》。
④ 《吕氏春秋·乐成》。
⑤ 《吕氏春秋·高义》。
⑥ 《吕氏春秋·遇合》。

第三节 墨子——古典中国的清教运动

一 古典中国的清教——墨教

如果说，真实的孔子在后世人们的心目中有了极大的曲解，那历史上的墨子则几乎被后世遗忘了。虽然，《史记·孔子世家》对孔子及其学派的记载有若干夸张传说的味道，但毕竟历史文献给了后人一种辩驳的机会和平台。作为春秋战国之际与孔子和礼教同样声势浩大、影响深远的墨子和墨家，竟然在历史文献中没有自己的落脚之处①，这不能不说是传统学术最大的失败。这也似乎是儒家在传统学术占压倒性优势地位的一个最好证明。

在传统学术中，除《墨子》以外，《汉书》、《史记》和《庄子·天下篇》都对墨子或墨家有自己的评述。在《汉书》中，墨家是“兼爱”、“尚贤”、“右鬼”、“非命”的形象：

> 墨家者流，盖出于清庙之守。茅屋采椽，是以贵俭；养三老五更，是以兼爱；选士大射，是以上贤；宗祀严父，是以右鬼；顺四时而行，是以非命；以孝视天下，是以上同；此其所长也。及蔽者为之，见俭之利，因以非礼，推兼爱之意，而不知别亲疏。②

在《史记》中，墨家主要是节用和节葬之形象：

> 墨者亦尚尧舜道，言其德行曰：“堂高三尺，土阶三等，茅茨不翦，采椽不刮。食土簋，啜土刑，粝粱之食，藜霍之羹。夏日葛衣，冬日鹿裘。”其送死，桐棺三寸，举音不尽其哀。教丧礼，必以此为万民之率。使天下法若此，则尊卑无别也。夫世异时移，事业不必同，故曰“俭而难遵”。要曰强本节用，则人给家足之道也。此墨子之所长，虽百长弗能废也。③

---

① 《史记》曾提到有墨子这个人，见《孟子荀卿列传》，只有“盖墨翟，宋之大夫，善守御，为节用。或曰并孔子时，或曰在其后”短短二十几个字。

② 《汉书·艺文志》。

③ 《史记·太史公自序》。

在《庄子·天下篇》中，有比《史记》、《汉书》更生动的描述，还指出了墨家有后世弟子：

> 不侈于后世，不靡于万物，不晖于数度，以绳墨自矫，而备世之急。古之道术有在于是者，墨翟、禽滑厘闻其风而说之。为之大过，已之大顺。作为《非乐》，命之曰《节用》。生不歌，死无服。墨子泛爱兼利而非斗，其道不怒。又好学而博，不异，不与先王同，毁古之礼乐。黄帝有《咸池》，尧有《大章》，舜有《大韶》，禹有《大夏》，汤有《大濩》，文王有辟雍之乐，武王、周公作《武》。古之丧礼，贵贱有仪，上下有等。天子棺椁七重，诸侯五重，大夫三重，士再重。今墨子独生不歌，死不服，桐棺三寸而无椁，以为法式。以此教人，恐不爱人；以此自行，固不爱己。未败墨子道。虽然，歌而非歌，哭而非哭，乐而非乐，是果类乎？其生也勤，其死也薄，其道大觳。使人忧，使人悲，其行难为也。恐其不可以为圣人之道，反天下之心。天下不堪。墨子虽独能任，奈天下何！离于天下，其去王也远矣！墨子称道曰："昔禹之湮洪水，决江河而通四夷九州也。名山三百，支川三千，小者无数。禹亲自操橐耜而九杂天下之川。腓无胈，胫无毛，沐甚雨，栉疾风，置万国。禹大圣也，而形劳天下也如此。"使后世之墨者，多以裘褐为衣，以屐蹻为服，日夜不休，以自苦为极，曰："不能如此，非禹之道也，不足谓墨。"相里勤之弟子，五侯之徒，南方之墨者若获、已齿、邓陵子之属，俱诵《墨经》，而倍谲不同，相谓别墨。以坚白同异之辩相訾，以奇偶不仵之辞相应，以巨子为圣人。皆愿为之尸，冀得为其后世，至今不决。墨翟、禽滑厘之意则是，其行则非也。将使后世之墨者，必以自苦腓无胈、胫无毛相进而已矣。乱之上也，治之下也。虽然，墨子真天下之好也，将求之不得也，虽枯槁不舍也，才士也夫！

《史记》、《汉书》和《庄子》的墨子和墨家形象基本上都包括在传世本《墨子》书的前面部分。总之，在传统中国的心目中，墨子和墨家是一个以"兼爱非攻"为口号，以苦行来救世的极富宗教色彩的学派。

应该说，上述传统学术对墨家的描述都有它真实的一面，代表了墨家后期的发展和传统学术对它的关照。但它们绝对代表不了墨子和墨学的本来面目。它们既没有辨明墨子的源头，也没有理清墨家的流变。

现在我们知道，墨家不仅是"极富宗教色彩的实行家"，它其实就是古典中国真正的宗教本身。他们是"上天"、"上帝"在人间的代表，类似于西方基督教（特别是新教）在西方社会的角色。他们的使命就是替上天维持人间的秩序。长久以来，传统中国都对墨者苦行救世不能很好地理解。人们一直在疑惑为什么墨者们会有"摩顶放踵"那种常人所不具有的实践动力。传统中国已经长时期泯失了我们本有的信仰,因而无法领会一种真正的宗教本来就有的强大精神动力[①]。

如果孔子以"贵仁"为标志的宗教改革可以与西方马丁·路德的新教运动相比拟的话,那墨子以"贵廉"为旗帜的宗教运动完全可能与约翰·加尔文新教及其随后的"清教"运动相提并论。没错,我们认为,斯宾格勒的文化形态学(发生学)为我们提供了历史观相的方法,这对我们深入理解古典中国特别有意义。斯宾格勒的历史观相学很强调所谓"相似的类比"(Analogy)[②],意即不同文化的人和事虽然物理的空间和时间差别很大,但是却具备发生学(形态学)上的相似性(所谓同时代性),因此,研究者可以根据某一文化中一个标志性的人和事来对戡另一文化中处于同一位置中的人和事。当其中一个文化由于某种原因缺乏相应的现实素材时,可以由另一文化中的"同时代"素材提供合理的推想。我们认为,由于孔子、墨子遗留下的素材太过笼统,真假杂陈,鱼目混珠,我们确实有必要借助于西方文化的"同时代"人物路德和加尔文,对他们的研究或许可以为我们研究孔墨提供意想不到的思路。对马丁·路德的研究可以使我们更好地探讨孔子的真面貌,而对约翰·加尔文的研究更是我们发现真实墨子的不可或缺的路径。

按斯宾格勒的历史观相学,任何一个文化在宗教改革的后期都会有一个标志性的现象,那就是"清教"。西方古典文化的毕达哥拉斯和阿拉伯文化中的穆罕默德就是各自文化中"清教"的代表。

可以说,清教在基本精神方面与新教的其他教派并没有大的不同。它们都是因对原有的宗教社会腐败的现状不满而寻求改变。要说清教与其他新教有什么明显的不同,或许是前者更强调它的执行力,它有一种强烈的实践倾向。斯宾格勒说:

> 当克伦威尔和他的坚如磐石、笃信圣经、口唱赞美诗的独立派跃马出征的时候,当毕拉哥拉斯信徒队伍出于对其职责训示的残酷的忠诚而摧毁了华丽的锡巴里斯(Sybaris)城并对该城永远地加以道德沦丧的污名的时候,当早期哈里发的军队不仅征服了国家而且征服了心灵的时候,清教的精神就体现出来了。[③]

---

① 近来在《中国学术论坛》等网站上有署名"南方在野"者发表了一篇文章——《墨子的精神动力从哪里来?》,这种疑惑对于传统中国已经不是一天两天的事了,它深刻地反映了费拉中国的信仰迷失。

② 参见商戈令《史宾格勒》,第46页。

③ [德]奥·斯宾格勒:《西方的没落》第二卷,吴琼译,第278页。

克伦威尔独立派军队带有明显的清教色彩，这对欧洲文化人士来讲是常识。但古希腊的著名哲学家竟然首先是一个宗教领袖，这一点不仅我们东方人不明白，对于欧洲原有的知识来说，也是一个崭新的认知。所以斯宾格勒解释说：

> 毕达哥拉斯不是一个哲学家。根据前苏格拉底人士的所有论述来看。他是一个圣徒、一个先知，一个狂热的宗教团体的创立者，这个团体使用一切的政治和军事手段，来强迫周围的人接受其真理。克罗顿（Croton）对锡巴里斯的毁灭是一次仇恨的爆发，这一仇恨与那种把查理一世及其奢华的保皇党的所谓教义错误和世俗倾向全都看作必须彻底加以毁灭根除的东西的仇恨是完全一致的。一种提炼过、并在概念上加以坚固的神话，连同那些严厉的伦理律令，使得毕达哥拉斯派的信徒深信他们将在所有其他人之前获得拯救。……同样地，克伦威尔的铁甲军在马斯顿荒野和纳斯比击溃王室的“非利士人”和“亚马力人”时，心中也是充满了这样的信念。[①]

原来，毕达哥拉斯不是一个哲学家，而是一个宗教领袖，一个宗教改革人物。这对于我们中国文化人来说，震撼诚然巨大。但我们在惊奇于斯宾格勒的全新观点的同时，不由得不从心底发出一声感叹，继而由衷地发出一声喝彩：原来古典中国的墨子竟然会是一个典型的毕达哥拉斯人物。

笔者认为，中国学人要一下子把毕达哥拉斯从一个学术领袖变身成为一个宗教领袖有相当的难度。我们可从欧洲清教运动的代表人物加尔文在日内瓦清教社会的一些举措来加深对墨子的理解。

下面是百度百科有关约翰·加尔文的内容：

> 加尔文 1509 年 7 月 10 日生于法国北部皮卡迪的努瓦荣。……最迟不晚于 1534 年秋，加尔文终于成为新教徒。
>
> 加尔文主张大大简化教会组织，规定教职人员从信徒中民主选举产生，从而彻底改革了教会组织。他把复杂的天主教七礼减去五个（坚赎礼、赎罪礼、涂油礼、授职礼、婚礼），也不许望弥撒、崇拜偶像、朝圣和斋戒。他认为在真正的教会里只有牧师、教师、长老和执事四种人是不可缺少的，其他人员一律精减。牧师负责执行圣诫，施行圣礼，发出规劝。教师负责讲解《圣经》。执事经管信徒捐款和教会的收入，用来发放教职人员的薪俸、修理教堂和救济穷人。长老的职责是监视每个人的行为，对“做坏事或生活无节的人”进行

---

① ［德］奥·斯宾格勒：《西方的没落》第二卷，吴琼译，第 280 页。

劝告，并且还是权力很大的宗教法庭的成员。所以，在加尔文教里，长老的地位十分突出，人们称之为宗教改革的警察，也称加尔文教会为长老会。有时，声望高的教师和牧师亦称长老。加尔文要求长老品行高尚、完美无缺、敬畏上帝高于一切，并在精神上能够深思远虑。

……

1537年1月，加尔文向日内瓦议会提出成立新的市政府方案，未获批准。1541年11月，加尔文重返日内瓦时，方案被议会通过，定为法律。方案主张成立由长老、市议员和市政官等组成的宗教法庭，密切监视每个人的生活和行动。从宗教法庭的所作所为，同样可以清楚地看出加尔文宗教改革的资产阶级性质。加尔文规定：长老发现干“坏事”的人，马上提醒教区长进行规劝，邻居和亲属也有相劝的责任；规劝无效，就发出警告并向全体教徒公布；如果仍然无效，则开除出教。开除出教的人被认为是受魔鬼支配的人，可听传道受教育，但不能与信徒随便交谈。方案规定每个居民必须“表白和说明他们的信仰”，以便长老知晓“谁赞成福音，谁不赞成福音并喜爱教皇的王国甚于耶稣基督的王国”。宗教法庭每星期四举行一次例会，称“星期四晨会”，任务是检查有无违法乱纪现象，共同商量应当采取的补救措施。加尔文虽非宗教法庭正式成员，但经常出席法庭例会，是法庭的实际负责人。宗教法庭虽然镇压天主教会的反抗活动，但对群众的控制也很严，稍有不从，便施加劝告、罚款、监禁，甚至驱逐出境或活活烧死。我们从加尔文拟定的关于日内瓦郊区农村的法规，可以看到对群众的控制达到何等程度。法规规定：星期天，除非遇到有人需要留在家里照料孩子或家畜，全家人都应当去听讲道。如果有人在讲道开始以后到会，予以警告。假如还不改正，罚款三个苏铜币。还规定：对念玫瑰经、崇拜偶像、朝圣、望弥撒、举行天主教斋戒、遵行宗教节日以及对所谓攻击上帝的语言或渎神的人，根据不同情节进行劝告、监禁、以口吻地、罚款或送交法庭惩处。为了提倡资产阶级的节俭，加尔文规定：凡唱下流放荡的歌曲、跳维罗拉舞或其他任何舞蹈者监禁三天，然后送交议会。对喝醉酒、赌博、吵架的人，也照此办理。

……

人们称加尔文是新教的教皇、日内瓦是新教的罗马，不是没有道理的。

以上所引来自2013—8—21的百度百科，它的文献出处不得而知，但它基本能反映加尔文新教的大致面貌。由于本书不是专门研究探讨欧洲文化的，且此处所引的内容仅及于基本历史事实，所以应该不会对本书造成负面影响。我们只是想使今天的中国学人能对墨子有一个更具象的了解。

其实，只要我们全身心投入到《吕氏春秋》所提示的相关情景中去，只要我们愿意用一种观相的历史学去审视《墨子》书后面的《墨守》部分，我们也是可以勾勒出古典中国真实的墨子的。

原来，古典中国真实的墨翟也不是学术派别的创始人，我们现在所看到的《墨子》书是后人，当然首先是墨家的后人所撰写编辑的。墨子稍后于孔子的时代，他有与孔子相同的情怀和志向，人们都知道，孔子的宗教改革理想并没有能得以实现，整个社会失序的现实并没有根本性的改观。墨子从孔子的毕生奋斗中反思到，普通意义上的传教举措，比如单纯的呼吁呐喊，乃至普通意义上的教学授徒都难以从根本上改革当时中国的腐败面貌，也许时代需要切实地行动，古典宗教需要一个战斗教会、一个力行宗派才能保持它的活力。于是，他和他的同道门生们因而发起了古典中国最强有力的“清理淫俗、整齐乾纲”的清教运动。我们都知道，在西方基督教历史中，清教是素以它的执行力和实效性而著称的，斯宾格勒就对路德的改革远没有加尔文的改革更有成效而大发感慨。不过无论是斯宾格勒，还是加尔文本人都认定，清教运动是新教发展的逻辑结果①。所以我们首先得说，墨子的墨教是孔子新教运动合逻辑的发展。

必须再次申明，传统中国有关墨教留下来的东西太少了。不幸中之万幸，《吕氏春秋》给我们保留了极其难得的只言片语，使我们不致在面对古典中国一次划时代的大事变时，完全哑口无言。

二　《吕氏春秋》中的墨子与墨家

我们在本书一开始时，就罗列并逐条解释了《吕氏春秋》中所记录的四个关于墨子和墨家巨子的故事。

其中特别有代表性意义的是《去私》篇墨者巨子腹䵍大义灭亲的故事。我们仍然有必要再引述一遍：

> 墨者有巨子腹䵍，居秦，其子杀人，秦惠王曰：“先生之年长矣，非有他子也，寡人已令吏弗诛矣，先生之以此听寡人也。”腹䵍对曰：“墨者之法曰：‘杀人者死，伤人者刑。’此所以禁杀伤人也。夫禁杀伤人者，天下之大义也。王虽为之赐，而令吏弗诛，腹䵍不可不行墨子之法。”不许惠王，而遂杀之。子，人之所私也。忍所私以行大义，巨子可谓公矣。

---

① ［德］奥·斯宾格勒：《西方的没落》第二卷，吴琼译，第275—276页。

这种大公无私、大义灭亲的行为是最能反映出墨子的清教风格的。很可惜，这样的墨者形象几乎没有在传统中国形成任何影响。

我在《被遗忘与曲解的古典中国》一书中，曾断言《史记》、《汉书》中的许多所谓“酷吏”实为真正的墨家传人。[①]

另外，在《吕氏春秋·高义》中有一段话也很值得好好论说一下：

子墨子游公上过于越。公上过语墨子之义，越王说之，谓公上过曰：“子之师苟肯至越，请以故吴之地阴江之浦书社三百以封夫子。”公上过往复于子墨子，子墨子曰：“子之观越王也，能听吾言、用吾道乎？”公上过曰：“殆未能也。”墨子曰：“不唯越王不知翟之意，虽子亦不知翟之意。若越王听吾言用吾道，翟度身而衣，量腹而食，比于宾萌，未敢求仕。越王不听吾言、不用吾道，虽全越以与我，吾无所用之。越王不听吾言、不用吾道，而受其国，是以义翟也。义翟何必越，虽于中国亦可。”

这段话在《墨子·鲁问》中有不同的文字表述：

子墨子游公尚过于越。公尚过说越王，越王大说，谓公尚过曰：“先生苟能使子墨子至于越而教寡人，请裂故吴之地方五百里，以封子墨子。”公尚过许诺。遂为公尚过束车五十乘，以迎子墨子于鲁。曰：“吾以夫子之道说越王，越王大说，谓过曰：‘苟能使子墨子至于越而教寡人，请裂故吴之地方五百里，以封子。’”子墨子谓公尚过曰：“子观越王之志何若？意越王将听吾言，用我道，则翟将往，量腹而食，度身而衣，自比于群臣，奚能以封为哉！抑越王不听吾言，不用吾道，而我往焉，则是我以义粜也。钧之粜，亦于中国耳，何必于越战！”

这里的墨子所谓的“吾言、吾道”到底是什么意思呢？人们往往情不自禁地以为就是传世本《墨子》中的“兼爱、尚贤、右命、非鬼”等十主张[②]。现在，在我们对墨子的历史地位有了明确的认识之后，我们应该知道，墨子（早期墨家）的主张并不是上述《墨子》书所谓“十主张”。墨子之道其实就是墨教之法，也就是古典中国的清教运动的主张。从我们上述对欧洲清教运动的引述可以有一个大致的对比，

① 郭智勇：《被遗忘与曲解的古典中国——〈吕氏春秋〉对传统学术的投诉》，第 30—37 页。

② 梁启超先生曾把《墨子》书从《尚贤》篇到《非儒》篇十个主题部分确定有“墨子十条”。

古典中国的墨教也应该是主张简朴纯洁的生活，极力反对奢靡和腐化的。虽然墨子当时未必有《墨子》书“十主张”中“节用”、“非乐”等方面的文字，但我们必须说，现本《墨子》书的“节用”、“非乐”等主张是完全符合墨教的基本规范的。

顺便要提一下，从这个故事《吕氏春秋》版本和《墨子》版本中，我们能发现时代精神的变迁。在《吕氏春秋》版本中，墨子只愿意“比于宾朋”，但在《墨子》书版本中，墨子却甘愿“比于群臣”。不要小看了这个用语的变化，它能给我们提供很好的精神变迁的实例。在《吕氏春秋》所标志的古典清教时代，一个真正的墨家始祖从来不曾想过要给别人做臣子。他一心想的是如何带领社会回归正道，他只能做导师，不可能去做听任指派的臣子。笔者曾指出现本《墨子》书的成书年代应在《吕氏春秋》以后。[①] 只有到了《墨子》书的时代，由于皇帝的信仰的强化，由于“士”意识的弱化，才可能出现墨子愿做臣子的情况。

从观相的历史学出发，可以想见，东周之所以失去天子的地位，战国初期很多古老谱系之所以被取代，如田齐取代吕齐、韩赵魏最终代晋，应该都和墨子的清教运动分不开。

最值得指出的是，春秋战国之际，吴越争霸，而越国最终灭亡，吴国成为列国霸主，应该是墨子和墨教最显著的历史成就。当然，这里仅仅限于从观相学的框架进行相应的历史推理，但我们必须承认，这样的历史观相是很有它的学术意义的。在《吕氏春秋》、《墨子》等众多典籍中，都有越王恳请墨子前往越国指导的记载，但墨子是否前往却不得而知。从历史的逻辑来看，墨子最后终于成行的可能性是很大的。越王之所以要邀请墨子前往越国，当然是由于墨子的清教式政教主张，从上述历史文献的记载中，墨子之所以犹豫不决，无疑也是担心越国不能遵守自己的墨教主张。从越国最终灭亡吴国的结局来看，墨子似乎确实携带弟子前往了越国，并按照墨教的主张整兵教民，并在不算太长的时间内，改变了越国相对吴国来说的弱势局面。《史记》等历史文献记载，孔子的弟子子贡在越国灭亡吴国的过程中起过相当大的作用，但这些“合纵连横”的功夫无疑要以国力的增强为前提，否则，我们无法想象，单凭子贡的三寸之舌就能击败吴国。我们似乎可以大胆想象，越亡吴这一重大的历史事件是孔教和墨教联手推动的古典中国的变局。

我们这里的历史推理还可从《吕氏春秋》中秦国（特别是秦惠王时期）与墨教的紧密关系来加以印证。在《吕氏春秋》中，多次提出，墨者与秦惠王的交往：

> 墨者有田鸠，欲见秦惠王，留秦三年而弗得见。客有言之于楚王者，往见楚王。楚王说之，与将军之节以如秦。至，因见惠王。告人曰：“之秦之道，乃

---

① 郭智勇：《被遗忘与曲解的古典中国——〈吕氏春秋〉对传统学术的投诉》，第 131 页。

之楚乎?”①

东方之墨者谢子,将西见秦惠王。惠王问秦之墨者唐姑果。唐姑果恐王之亲谢子贤于己也,对曰:“谢子,东方之辩士也。其为人甚险,将奋于说,以取少主也。”王因藏怒以待之。谢子至,说王,王弗听。谢子不说,遂辞而行。②

当然最有代表性的是我们多次引述过的墨者巨子腹䵍之故事。可以看出,秦惠王时,墨教就是秦国的国教,而墨者的领袖(巨子)其地位无疑就是秦国的国师,是秦国的大护法。秦国之所以能在战国时期所向披靡,原因固然不是一个,但墨教的国教地位,应该是其中最主要的因素。

说到这,我们就情不自禁地要进行另一个历史推理。世人都以为,商鞅是所谓“法家”,他是因为厉行变法,得罪了秦国的贵族才被清算的。从历史的观相术来说,商鞅(公孙鞅)根本不能算是所谓的“法家”,他其实是作为“法家”的对手“儒家”、作为一个启蒙理想的实行者才遭到清算的。因他的主要对手是秦惠王,而秦惠王是一个典型的墨教人士。他对儒家的启蒙主义思想和做法不以为然,在骨子里面就是一个商鞅的反对派,而商鞅自己的品行不端是导致被车裂的直接原因。《吕氏春秋》有这方面的清楚说明:

先王之于论也极之矣。故义者,百事之始也,万利之本也,中智之所不及也。不及则不知,不知趋利。趋利固不可必也。公孙鞅、郑平、续经、公孙竭是已。以义动则无旷事矣,人臣与人臣谋为奸,犹或与之,又况乎人主与其臣谋为义,其孰不与者?非独其臣也,天下皆且与之。公孙鞅之于秦,非父兄也,非有故也,以能用也。欲堙之责,非攻无以。于是为秦将而攻魏。魏使公子卬将而当之。公孙鞅之居魏也,固善公子卬。使人谓公子卬曰:“凡所为游而欲贵者,以公子之故也。今秦令鞅将,魏令公子当之,岂且忍相与战哉?公子言之公子之主,鞅请亦言之主,而皆罢军。”于是将归矣,使人谓公子曰:“归未有时相见,愿与公子坐而相去别也。”公子曰:“诺。”魏吏争之曰:“不可。”公子不听,遂相与坐。公孙鞅因伏卒与车骑以取公子卬。秦孝公薨,惠王立,以此疑公孙鞅之行,欲加罪焉。公孙鞅以其私属与母归魏,襄疵不受,曰:“以君之反公子卬也,吾无道知君。”故士自行不可不审也。③

---

① 《吕氏春秋·首时》。
② 《吕氏春秋·去宥》。
③ 《吕氏春秋·无义》。

《墨子·墨守》部分是后期墨者的实用手册。在《墨子》中似乎墨者只是“救守”、“非攻”的代表，这显然也是墨家后来演变所致。从历史观相的角度，可以想见，早期的墨家无疑是富有进攻性的。他们以整理天下、澄清乾坤为己任，不可能满足于“墨守”。

正如《吕氏春秋》中所说，墨家的主张是“贵廉”，也就是“贵义”。现本《墨子》书中大部分内容无疑是后期墨家的思想主张，但它其中的一个命题——“万事莫贵于义”[①]却是墨家最看家的主张。就像孔子的“贵仁”与“贵礼”意义相同一样，墨家的“贵廉”与“贵义”也是同一思想的两种表述而已。前者是从主观方面强调人的自觉性，后者是从客观方面强调行为的现实表现。

但我们必须知道，墨子、墨家的“义”就是孔子、孔教的“礼”，我们在前面讲过，在孔墨之后战国时代，礼和义很多时候是可以互通的两个概念。它们指的都是孔子改革后的“礼仪”而不是改革前陈腐的“威仪”。但孔门弟子更愿意用“礼”，似乎是由于他们更强调“礼”的革新意识和孔子的地位，而墨家更愿意用“义”(仪)，似乎是由于他们更在意“义”的执行力和实效性。在墨子和早期墨家看来，当务之急是严格地按“礼仪”来作为，来生活与战斗。把新教理想体现在日常生活中，实现于社会秩序内，是墨家最关切的东西，这也是墨家之所以“贵廉”的原因。“廉”本身既有“严格”、“一丝不苟”的意思，也有“清洁”、“净化”的意思。

现在我们可以对孔墨为代表的宗教改革运动总结一下。在古典中国，“德”有“仁”(忱)、“义”(威仪)和“勤”三个方面的内容。在宗教改革时期，“仁”(忱)的主要承担者是孔子以及他的“礼教”;“义”(仪)的主要承担者是墨子与他的清教运动;当然我们必须说，孔子同样重视“义”，墨子对皇天上帝同样有发自内心的虔敬。或许由于他们身份职业的不同，所以表现出来的行为结果使后人用“贵仁”来标示孔子，用“贵廉”来指示墨家。

对于“勤”这一古老的美德，现存的史料都可以强烈地表明孔墨两家同样都是不知疲倦、为了理想而奋斗不已的坚强人格。孔子为了宣扬自己的主张周游列国，尝尽了人间的辛酸苦辣，到了晚年，仍然笔耕不辍、诲人不倦，可以说是中国文明勤奋的典范。而墨子更是为了“救世”而至“腓无胈，胫无毛，沐甚雨，栉疾风”[②]，成为古往今来中国人心目中最勤勉忍劳的榜样。《吕氏春秋》与《墨子》同有记载的一个故事成为墨子勤力忍苦的最有代表性的事例：

> 公输般为高云梯，欲以攻宋。墨子闻之，自鲁往，裂裳裹足，日夜不休，十

---

① 《墨子·贵义》。

② 《庄子·天下》。

日十夜而至于郢。……公输般九攻之，墨子九却之，不能入。故荆辍不攻宋。①

曾有学人对墨子所表现出的坚韧自苦表示难以理解，这无疑是由于过往两千年来我们已经遗忘了我们曾经虔诚过的缘故。墨子当年之所以如彼地忘我，如彼地坚韧，关键是由于他是一个真诚的宗教家。在一个忠诚的信徒看来，上帝与他同在，为了实现上帝的意志，用加尔文的话语，“为了荣耀上帝”②，任何艰难困苦都是不足挂齿的。

但是，我们可以看到，与青春时期的古典心灵不同，宗教改革时期的中国心灵，已经明显感受到“德”与“功”的不相协。我们曾经说过，在诗书的时代，古典心灵向来总是“歌功颂德”的，《诗经》《雅》《颂》的许多的篇章就是专门“歌功颂德”的，在传世和新近发现的许多西周青铜铭文中也有不少“歌功颂德”的内容。因为“有德者方有功，有功者必有德”是青春期古典心灵的基本世界观和生命感。但进入宗教改革时期后，我们发现，古典中国渐渐呈现出“功”“德”相舛的迹象，此时的人类慢慢有了一种“义”“利”相违的感受。孔子作为宗教改革运动的旗手，一生奋斗一息、死而后已，但一直没有实现自己的远大抱负，最后只好在对自己的学生后辈的教育著述中寄托自己的宏大愿望；相对孔子来说，墨子的当世境遇比孔子更显沉浊，后世除了知道墨子的勤劳忍苦与甘于清贫之外，几乎不知道他享受过任何现实的荣誉和实利。我们所能深刻感受到的孔墨似乎命中注定就是来到这个世界做牺牲、作道德榜样的。他们自己似乎也从没有想过要追求任何物质利益，他们应该有强烈的自觉，皇天上帝赋予他们革新宗教的使命，他们的牺牲就正是他们生命的意义。③

在《吕氏春秋》中，我们还能看到不少类似的自愿牺牲的人格。这应该是宗教改革时期古典中国的写照。

石可破也，而不可夺坚；丹可磨也，而不可夺赤。坚与赤，性之有也。性也者，所受于天也，非择取而为之也。豪士之自好者，其不可漫以污也，亦犹此也。昔周之将兴也，有士二人，处于孤竹，曰伯夷、叔齐。二人相谓曰：“吾闻西方有偏伯焉，似将有道者，今吾奚为处乎此哉？”二子西行如周，至于岐

① 《吕氏春秋·开春》。

② 参见[德]马克斯·韦伯《新教伦理与资本主义精神》，彭强、黄晓京译，第100—113页。

③ 《论语》中有“富贵如可求也，虽执鞭之士，吾亦为之”这样的话语。真正明白古典中国的人应该知道，这不是真正的宗教改革领袖孔子，而是古典中国启蒙时期托附的孔子。

阳，则文王已殁矣。武王即位，观周德，则王使叔旦就胶鬲于次四内，而与之盟曰："加富三等，就官一列。"为三书，同辞，血之以牲，埋一于四内，皆以一归。又使保召公就微子开于共头之下，而与之盟曰："世为长侯，守殷常祀，相奉桑林，宜私孟诸。"为三书，同辞，血之以牲，埋一于共头之下，皆以一归。伯夷、叔齐闻之，相视而笑曰："嘻！异乎哉！此非吾所谓道也。昔者神农氏之有天下也，时祀尽敬而不祈福也；其于人也，忠信尽治而无求焉；乐正与为正，乐治与为治；不以人之坏自成也，不以人之庳自高也。今周见殷之僻乱也，而遽为之正与治，上谋而行货，阻丘而保威也。割牲而盟以为信，因四内与共头以明行，扬梦以说众，杀伐以要利，以此绍殷，是以乱易暴也。吾闻古之士，遭乎治世，不避其任；遭乎乱世，不为苟在。今天下暗，周德衰矣。与其并乎周以漫吾身也，不若避之以洁吾行。"二子北行，至首阳之下而饿焉。人之情，莫不有重，莫不有轻。有所重则欲全之，有所轻则以养所重。伯夷、叔齐，此二士者，皆出身弃生以立其意，轻重先定也。①

"立其意"即"立其义"，伯夷、叔齐"不食周粟，而饿死于首阳山"的故事即来源于此。需要指出的，通俗的说法是说二子誓死忠于旧主，而这里表达的却是，二子之所以不愿臣于西周，则是由于对武王之"义"——行为规范的不苟同。伯夷、叔齐是周初的人物，与吕子的时代有近千年的时间间隔，时代精神已经大不一样。这个故事的真实性我们仍然可以有自己的怀疑，但为了"义"而牺牲自己的"利"却是宗教改革时期古典中国的基本思维。这里的伯夷、叔齐无疑是墨家心目中的理想人格。

荆人与吴人将战，荆师寡，吴师众。荆将军子囊曰："我与吴人战，必败。败王师，辱王名，亏壤土，忠臣不忍为也。"不复于王而遁。至于郊，使人复于王曰："臣请死。"王曰："将军之遁也，以其为利也。今诚利，将军何死？"子囊曰："遁者无罪，则后世之为王臣者，将皆依不利之名而效臣遁。若是，则荆国终为天下挠。"遂伏剑而死。王曰："请成将军之义。"乃为之桐棺三寸，加斧锧其上。②

我们在本书的开头就引用过这个故事。从观相学的角度看，子囊所说的"遁者无罪，则后世之为王臣者，将皆依不利之名而效臣遁。若是，则荆国终为天下

① 《吕氏春秋·诚廉》。
② 《吕氏春秋·高义》。

挠”，无疑是吕子们的功利主义诠释，不大可能是当时的真实情况。在一个真正有宗教情怀的人看来，将军之“义”自然是一往无前、有进无退，临阵脱逃绝不是一个真正的武士应具之“仪则”。子囊的行为虽有利于楚国，但作为将军已显失为将者之“义”，唯一死方可。子囊将军的自愿牺牲是宗教改革时代精神的最好写照。这样的自愿牺牲在墨家的历史中也应该是常常可见的，只可惜历史文献留存下来的太少了。《吕氏春秋》也只给我们留下一个极为难得、同时极具代表性的墨者自愿牺牲的事例：

> 墨者巨子孟胜，善荆之阳城君。阳城君令守于国，毁璜以为符，约曰：“符合听之。”荆王薨，群臣攻吴起，兵于丧所，阳城君与焉。荆罪之，阳城君走。荆收其国。孟胜曰：“受人之国，与之有符。今不见符，而力不能禁，不能死，不可。”其弟子徐弱谏孟胜曰：“死而有益阳城君，死之可矣；无益也，而绝墨者于世，不可。”孟胜曰：“不然。吾于阳城君也，非师则友也，非友则臣也。不死，自今以来，求严师必不于墨者矣，求贤友必不于墨者矣，求良臣必不于墨者矣。死之，所以行墨者之义而继其业者也。……孟胜死，弟子死之者百八十。①

现在看来，这里孟胜在死前所说的一席话也应该是吕子们的附加。这个故事发生的时间就是吴起死亡的时间，为公元前 381 年，当时应该是墨家清教运动最高潮的时候。彼时的清教运动带头人是不可能有“有益还是无益”这样的思想的。

> 东方有士焉，曰爰旌目，将有适也，而饿于道。狐父之盗曰丘，见而下壶餐以铺之。爰旌目三餔之而后能视，曰：“子何为者也？”曰：“我狐父之人丘也。”爰旌目曰：“嘻！汝非盗邪？胡为而食我？吾义不食子之食也。”两手据地而吐之，不出，喀喀然遂伏地而死。②

这个故事我们在前面也引述过，但这样的故事是值得向两千年前就失去了信仰的中国文化传人们多灌输几次的。对于没有宗教情怀的人来说，爰旌目这样的举动完全是“非理性的”，是无法理解的。

正是由于上述这些功与德的相互乖舛，这些义与利的强烈反差，使得古典心灵有了“非理性”意识。古典心灵由此跨入理性主义时代。

---

① 《吕氏春秋·上德》。

② 《吕氏春秋·立意》。

三　墨教社会之观相

我们前面讲过，孔子礼教改革的理想绝对不是呈现在后世传统文献中的东西，但孔子的社会理想到底是什么，今天的我们已经很难复原了。墨子稍后于孔子，有关墨子的文献也大多泯灭了，但值得宽慰的是，《荀子》有关秦国的见闻使后人可以大致了解一下清教社会的面貌：

应侯问孙卿子曰："入秦何见？"

孙卿子曰："其固塞险，形势便，山林川谷美，天材之利多，是形胜也。入境，观其风俗，其百姓朴，其声乐不流污，其服不佻，甚畏有司而顺，古之民也。及都邑官府，其百吏肃然，莫不恭俭、敦敬、忠信而不楛，古之吏也。入其国，观其士大夫，出于其门，入于公门，出于公门，归于其家，无有私事也，不比周，不朋党，倜然莫不明通而公也，古之士大夫也。观其朝廷，其闲听决百事不留，恬然如无治者，古之朝也。故四世有胜，非幸也，数也。是所见也。故曰：佚而治，约而详，不烦而功，治之至也，秦类之矣。"①

我们前面说过，秦国是战国年间一个相当典型的墨教国家。这段文献的价值是不应该被忽视的，特别是，我们知道，《荀子》在这里是站在批评秦国的立场作的这番议论，所以它尤其显得珍贵。

云梦《睡虎地秦简》的出土为我们提供了特别有说服力的战国秦的实物资料，使人们对一个真正的清教——墨家的社会有了更近身的接触。它可以为《荀子》这里对秦国的描述作进一步的实物证明。《睡虎地秦简》包含了众多详尽细密的律法条款，可谓面面俱到、锱铢无遗。在后世看来，这表明了秦律的"繁苛"，但这其实正是中国式清教——墨教社会的本质特征，这是墨家"贵廉"风格的自然呈现。"一丝不苟"、"无懈可击"、严格、严明、严密、刻板，这些都是墨教的本质要求。《睡虎地秦简》中的《语书》就很能代表墨教的立场：

廿年四月丙戌朔丁亥，南郡守腾谓县、道啬夫：古者，民各有乡俗，其所利及好恶不同，或不便于民，害于邦。是以圣王作为法度，以矫端民心，去其邪避(僻)，除其恶俗。法律未足，民多诈巧，故后有闲令下者。凡法律令者，以

① 《荀子·强国》。

教道(导)民,去其淫避(僻),除其恶俗,而使之之于为善殹(也)。今法律令已具矣,而吏民莫用,乡俗淫失(泆)之民不止,是即法(废)主之明法殹(也),而长邪避(僻)淫失(泆)之民,甚害于邦,不便于民。故腾为是而修法律令、田令及为闲私方而下之,令吏明布,令吏民皆明智(知)之,毋巨(歫)于罪。今法律令已布,闻吏民犯法为闲私者不止,私好、乡俗之心不变,自从令、丞以下智(知)而弗举论,是即明避主之明法殹(也),而养匿邪避(僻)之民。如此,则为人臣亦不忠矣。若弗智(知),是即不胜任、不智殹(也);智(知)而弗敢论,是即不廉殹(也)。此皆大罪殹(也),而令、丞弗明智(知),甚不便。今且令人案行之,举劾不从令者,致以律,论及令、丞。有(又)且课县官,独多犯令而令、丞弗得者,以令、丞闻。以次传;别书江陵布,以邮行。

凡良吏明法律令,事无不能殹(也);有(又)廉絜(洁)敦悫而好佐上;以一曹事不足独治殹(也),故有公心;有(又)能自端殹(也),而恶与人辨治,是以不争书。恶吏不明法律令,不智(知)事,不廉絜(洁),毋(无)以佐上,緰(偷)随(惰)疾事,易口舌,不羞辱,轻恶言而易病人,毋(无)公端之心,而有冒柢(抵)之治,是以善斥(诉)事,喜争书。争书,因恙(佯)瞋目扼捾(腕)以视(示)力,訏询疾言以视(示)治,誈訑丑言麃斫以视(示)险,坑阆强肮(伉)以视(示)强,而上犹智之殹(也)。故如此者不可不为罚。发书,移书曹,曹莫受,以告府,府令曹画之。其画最多者,当居曹奏令、丞,令、丞以为不直,志千里使有籍书之,以为恶吏。①

对"廉洁"的看重、对"法律"严格遵行,在在都提示秦朝政治的清教——墨家特色。但是,我们必须得说,不论是《荀子》书,还是《睡虎地秦墓竹简》,它们都是比较晚出的文字,多少已经受到启蒙运动的洗礼。

现本《墨子》书为我们提供了墨教早期的一些遗迹,这也许是今天的中国文化人更加需要重视的。笔者曾专门指出,《墨子》书的前面部分并不代表真正的墨子和早期墨家,在整本《墨子》书中,比较能代表早期墨家风格和主张的应该是《墨守》部分的《号令》等篇章。我曾在《被遗忘与曲解的古典中国》一书中全文引用过《墨子·号令》篇,并对该篇《墨子》书不被传统学术重视大发过一段感叹,这里有必须再引述一下:

我想在座各位中国文化人对这一段虽然谈不上太陌生,但多少是有些隔膜的。原因之一是文字的错乱使人们不容易对它有到位的理解,更关键的

① 《睡虎地秦墓竹简》,文物出版社,1990年,第13、15页。

是，你们的注意力基本上没有放在这样的章节上。其实这才是真正的墨家文字啊。读完这段文字，我们是不是多少想起一点《吕氏春秋》中的两个墨者巨子孟胜和腹䵍的故事。前者发生在《上德》篇，孟胜为了一个已失去意义的约定死守阳城；后者发生在《去私》篇，腹䵍依墨者之法铁面无私诛杀了自己犯死罪的儿子。好好看一看，再好好想一想吧！我们是不是可以毫无困难地假定，上述《墨子·号令》中的相关法规就是腹䵍等人制定的，而严格按照守城法则来履行职责的人就是以孟胜为代表的墨者。

你们都被刘向父子无意中戏耍了！……墨子和墨者在当时都是实行家，并没有写书宣扬自己思想主张的内在要求。《墨子》《备城门》后的所谓《墨守》部分只是墨者的常用手册或教导弟子的实用教材，但这些倒真是可以体现墨者风格的文献。你们看，《号令》中随处可见的“断”、“斩”、“杀”、“族”，无处不在的“令行禁止、信赏必罚”，无不在告诉我们墨子和墨者组织与生俱来的“廉”风，那样的清劲，那样的果决，那样的冷酷，那样的无情……。是的，相对后世的“仁爱”温情来说，经典的墨家是很冷酷的。①

《墨子·号令》等篇不是墨家社会的真实描绘，只能算是当时墨家的一个战时城市管理日用守则，但我们认为，它从一个侧面提供了一个墨教社会的运作模式，读者朋友或许可以从中看出古典中国的“毕达哥拉斯”风格和“加尔文”做派。斯宾格勒认为，宗教改革的精神就是把生活当成战场，真正的宗教人生就是一场与魔鬼持续不断的战斗②。在这个意义上，上述的墨教文献或许更有它的现实历史根基。

其实，墨家的“清劲”和“严酷”并不是墨子等墨家人士的发明，它来源于古典中国青春时期的“说一不二”。我们在《尚书·周书·费誓》中就能强烈地体会到这种青春宗教的权力意志：

鲁侯伯禽宅曲阜，徐、夷并兴，东郊不开。作《费誓》。

公曰：“嗟！人无哗，听命。徂兹淮夷、徐戎并兴。善敹乃甲胄，敿乃干，无敢不吊！备乃弓矢，锻乃戈矛，砺乃锋刃，无敢不善！今惟淫舍牿牛马，杜乃擭，敜乃阱，无敢伤牿。牿之伤，汝则有常刑！马牛其风，臣妾逋逃，勿敢越

① 郭智勇：《被遗忘与曲解的古典中国——〈吕氏春秋〉对传统学术的投诉》，第28—29页。

② “路德……，在他看来，生活就是与魔鬼的生死决战，他呼吁每个人都投入这场战斗。”[德]奥·斯宾格勒：《西方的没落》第二卷，吴琼译，第275页；又277页：“现在，第一次，人们怀着满腔的怒火投身于反对魔鬼的战斗，他们全都觉得那魔鬼就在身旁。”

逐，祇复之，我商赉尔。乃越逐不复，汝则有常刑！无敢寇攘，逾垣墙，窃马牛，诱臣妾，汝则有常刑！

甲戌，我惟征徐戎。峙乃糗粮，无敢不逮，汝则有大刑！鲁人三郊三遂，峙乃桢榦。甲戌，我惟筑，无敢不供，汝则有无余刑，非杀？鲁人三郊三遂，峙乃刍茭，无敢不多，汝则有大刑！”

秩序井然是墨教社会的一个最基本特色。法度森严、令行禁止、赏信罚必是它给人们的第一印象，这不禁使人联想起“法家”：这不是法家的表现吗？怎么是墨家呢？难道墨家与法家有关联吗？

这正是本书要特意加以说明的问题。传统学术总认为墨家与法家是完全不同的两家，前者是主张“兼爱”、“非攻”的，后者才是主张严刑峻法的。这里我们要好好提示一下读者，真正的墨家（至少是原初的墨家）其实就是主张对社会实施严苛管制的。这其实也是每一个清教社会都具备的特色。当年的毕达哥拉斯社团是如此，我们前面提到的加尔文的日内瓦清教国更是如此。墨教是古典中国的清教，它的核心主张是“廉”，对社会进行严格管治自然是它的题中之意，一点也不奇怪。只是由于后期墨家学派对“兼爱”、“非攻”的强调，使人们遗忘于墨家的本来面目。

在古典中国的宗教改革之后，首先兴起的就是墨家宗派。注意，这里提到了“宗派”这一概念，与“宗派”相对应的是“学派”。“宗派”是实实在在的一个宗教派别，它有自己的组织架构，有它的领袖和成员。比如我们这里所说的墨家就是典型的宗派，它有自己的领袖——巨子，它有一批数量可观的成员——墨者。而“学派”则只是一种学术意义上的分判，不同的学派代表不同的思想、不同的主张。由此我们知道，一个宗派自然也会是一个学派，因为任何一个宗派都会有自己的主张；而一个学派则往往只是一个学派，并不一定有自己的宗派。墨家首先是一个宗派，其次才是一个学派，而所谓“法家”是一个相当晚出观念，它自始至终都是作为一个学派存在的。它并没有像墨家一样的现实社会组织。没有人会说自己是法家，也没有人知道自己到底是不是法家，直到相当晚的时候，或许是到司马谈著《论六家要旨》时，乃至刘歆编《艺文志》时，人们才知道，某种思想应该归属法家，某本著作应该归属法家。

弄清宗派和学派的分别对于我们理解古典中国的精神演变相当重要。我们知道，古典中国有所谓“百家”，这些所谓“百家”有的时候是说的“宗派”，有的时候则意指学派。当司马谈把当时中国的思想派别分为六家——儒、墨、阴阳、名、法、道的时候，当刘歆把诸子分为儒、墨、阴阳、名、法、道、纵横、杂、农、小说十家时，他们说的是学派。其实，所有的这些学派、宗派都源自墨家和儒家。只有墨家和儒家才是真正的宗派。

回到我们的话题。墨家社会是一种典型的清教社会。对于个人来说，它特别强调“义”，强调行为规范的极端重要性；对于社会来说，它最重视的是秩序井然，是有条不紊，是按部就班。

《吕氏春秋·十二纪》每一纪开头的部分代表了墨教心目中理想社会运行模式。我们可以来看看前面《孟春纪》和《仲春纪》相关内容：

> 孟春之月，日在营室，昏参中，旦尾中。其日甲乙，其帝太皞，其神句芒，其虫鳞，其音角，律中太蔟，其数八，其味酸，其臭膻，其祀户，祭先脾。东风解冻，蛰虫始振，鱼上冰，獭祭鱼，候雁北。天子居青阳左个，乘鸾辂，驾苍龙，载青旗，衣青衣，服青玉，食麦与羊，其器疏以达。是月也，以立春。先立春三日，太史谒之天子曰：“某日立春，盛德在木。”天子乃斋。立春之日，天子亲率三公、九卿、诸侯、大夫，以迎春于东郊；还，乃赏公卿、诸侯、大夫于朝。命相布德和令，行庆施惠，下及兆民。庆赐遂行，无有不当。乃命太史，守典奉法，司天日月星辰之行，宿离不忒，无失经纪。以初为常。是月也，天子乃以元日祈谷于上帝。乃择元辰，天子亲载耒耜，措之参于保介之御间，率三公、九卿、诸侯、大夫，躬耕帝籍田。天子三推，三公五推，卿、诸侯、大夫九推。反，执爵于太寝，三公、九卿、诸侯、大夫皆御，命曰“劳酒”。是月也，天气下降，地气上腾，天地和同，草木繁动。王布农事，命田舍东郊，皆修封疆，审端径术。善相丘陵阪险原隰，土地所宜，五谷所殖，以教道民，以躬亲之。田事既饬，先定准直，农乃不惑。是月也，命乐正入学习舞。乃修祭典，命祀山林川泽，牺牲无用牝，禁止伐木；无覆巢，无杀孩虫、胎夭、飞鸟，无麛无卵；无聚大众，无置城郭，掩骼霾髊。是月也，不可以称兵，称兵必有天殃。兵戎不起，不可以从我始。无变天之道，无绝地之理，无乱人之纪。孟春行夏令，则风雨不时，草木早槁，国乃有恐；行秋令，则民大疫，疾风暴雨数至，藜莠蓬蒿并兴；行冬令，则水潦为败，霜雪大挚，首种不入。
>
> 仲春之月，日在奎，昏弧中，旦建星中。其日甲乙，其帝太皞，其神包芒，其虫鳞，其音角，律中夹钟，其数八，其味酸，其臭膻，其祀户，祭先脾。始雨水，桃李华，苍庚鸣，鹰化为鸠。天子居青阳太庙，乘鸾辂，驾苍龙，载青旗，衣青衣，服青玉，食麦与羊，其器疏以达。是月也，安萌牙，养幼少，存诸孤；择元日，命人社；命有司，省囹圄，去桎梏，无肆掠，止狱讼。是月也，玄鸟至，至之日，以太牢祀于高禖。天子亲往，后妃率九嫔御，乃礼天子所御，带以弓韣，授以弓矢，于高禖之前。是月也，日夜分，雷乃发声，始电。蛰虫咸动，开户始出，先雷三日，奋铎以令于兆民曰：“雷且发声，有不戒其容止者，生子不备，必

有凶灾。"日夜分,则同度量,钧衡石,角斗桶,正权概。是月也,耕者少舍,乃修阖扇。寝庙必备。无作大事,以妨农功。是月也,无竭川泽,无漉陂池,无焚山林。天子乃献羔开冰,先荐寝庙。上丁,命乐正入舞舍采,天子乃率三公、九卿、诸侯,亲往视之。中丁,又命乐正入学习乐。是月也,祀不用牺牲,用圭璧,更皮币。仲春行秋令,则其国大水,寒气总至,寇戎来征;行冬令,则阳气不胜,麦乃不熟,民多相掠;行夏令,则国乃大旱,暖气早来,虫螟为害。

其他十个纪的开篇也都是类似的内容。这些文字反映了《吕氏春秋》的时代精神,与经典的墨教时代相比,应该已经有了相当的变化,但秦国作为一个清教(墨教)传统浓厚的国度,这些文字仍然不失为我们了解墨教社会的一个难得的素材。这里表现出的繁而不乱、有条不紊无不在提醒我们墨教社会特有的层次感、节奏感、秩序感和庄严感。吕不韦心目中的理想社会是所谓"清世":

维秦八年,岁在涒滩,秋甲子朔。朔之日,良人请问十二纪。文信侯曰:尝得学黄帝之所以诲颛顼矣,"爰有大圜在上,大矩在下,汝能法之,为民父母"。盖闻古之清世,是法天地。凡十二纪者,所以纪治乱存亡也,所以知寿夭吉凶也。上揆之天,下验之地,中审之人,若此则是非可不可无所遁矣。天曰信,信维生;地曰固,固维宁;人曰顺,顺维听。三者咸当,无为而行①。

吕子向往的"清世"是一个"天信、地宁、人顺"的社会,它无疑应该是一个墨教价值至上的秩序井然的世界。

墨教社会对秩序的尊崇不仅反映在社会管理的严格上,也表现在墨家对"名"——语言文字的重视上。阅读《墨子》的人估计都会有这样的疑问,为什么以"兼爱"、"非攻"为招牌的《墨子》书会有一个专门讲"名词解释"的所谓《墨经》部分,过往的学术都没有很好地加以说明。

现在我们知道,墨家对"名"的重视有它的必然性。原初墨家非常重视社会秩序,强调社会运作的有条不紊、井然有序。而良好的社会管理离不开清楚明白的法律章程,法律章程当然离不开语言文字。要实现一个天清地宁的墨教社会,就必须要对"名"进行严格的管理和规范。

孔子非常重视"正名",认为"名不正,则言不顺,言不顺,则事不成"②。他晚年花了相当的工夫"修《春秋》",就是要向世人提示"正名"的重要性。在这方面,

① 笔者按:此段原作"天曰顺,顺维生;地曰固,固维宁;人曰信,信维听",据文意改。
② 《论语·子路》。

墨家可以说是孔子事业最得力的继承者。

现本《墨子》书的《墨经》部分包括《经上》、《经下》、《经说上》、《经说下》、《大取》、《小取》等篇。传统学术一般都把《墨经》当成是所谓后期墨家的作品，在笔者看来，传统学术刚好颠倒了前后关系，其实《墨经》部分，至少是其中的《经》篇应是最早的墨家文献。我们来看看最有代表性的《经上》篇[①]：

〔1〕故，所得而后成也。
〔2〕体，分于兼也。
〔3〕知，材也。
〔4〕虑，求也。
〔5〕知，接也。
〔6〕恕，明也。
〔7〕仁，体爱也。
〔8〕义，利也。
〔9〕礼，敬也。
〔10〕行，为也。
〔11〕实，荣也。
〔12〕忠，以为利而强低也。
〔13〕孝，利亲也。
〔14〕信，言合于意也。
〔15〕佴，自作也。
〔16〕诮，作嗛也。
〔17〕廉，作非也。
〔18〕令，不为所作也。
〔19〕任，士损己而益所为也。
〔20〕勇，志之所以敢也。
〔21〕力，刑之所以奋也。
〔22〕生，刑与知处也。
〔23〕卧，知无知也。
〔24〕梦，卧而以为然也。

① 杨宽先生认为，《墨子·经上》篇是墨子本人之作，杨俊光教授很认可这一观点。参见杨俊光《墨经研究》，南京大学出版社，2002年，第3—4页；又本书所引《经上》篇以杨俊光教授的校订为准，见前引氏著《墨经研究》，第1—7页。

〔25〕平，知无欲恶也。
〔26〕利，所得而喜也。
〔27〕害，所得而恶也。
〔28〕治，求得也。
〔29〕誉，明美也。
〔30〕诽，明恶也。
〔31〕举，拟实也。
〔32〕言，出举也。
〔33〕且，且言然也。
〔34〕君，臣、萌通约也。
〔35〕功，利民也。
〔36〕赏，上报下之功也。
〔37〕罪，犯禁也。
〔38〕罚，上报下之罪也。
〔39〕同，异而俱于之一也。
〔40〕久，弥异时也。
〔41〕宇，弥异所也。
〔42〕穷，或有前不容尺也。
〔43〕尽，莫不然也。
〔44〕始，当时也。
〔45〕化，征易也。
〔46〕损，偏去也。
〔47〕大益。
〔48〕儇，俱柢。
〔49〕库，易也。
〔50〕动，或徙也。
〔51〕止，以久也。
〔52〕必，不已也。
〔53〕平，同高也。
〔54〕同长，以缶相尽也。
〔55〕中，同长也。
〔56〕厚，有所大也。
〔57〕日中，缶南也。
〔58〕直，参也。

〔59〕圜，一中同长也。
〔60〕方，柱隅四讙也。
〔61〕倍，为二也。
〔62〕端，体之无序而最前者也。
〔63〕有间，中也。
〔64〕间，不及旁也。
〔65〕纑，间虚也。
〔66〕盈，莫不有也。
〔67〕坚白，不相外也。
〔68〕撄，相得也。
〔69〕似，有以相撄，有不相撄也。
〔70〕次，无间而不相撄也。
〔71〕法，所若而然也。
〔72〕佴，所然也。
〔73〕说，所以明也。
〔74〕攸，不可两不可也。
〔75〕辩，争彼也。辩胜，当也。
〔76〕为，穷知而縣于欲也。
〔77〕已，成、亡。
〔78〕使，谓、故。
〔79〕名，达、类、私。
〔80〕谓，移、举、加。
〔81〕知，闻、说、亲。名实合、为。
〔82〕闻，博、亲。
〔83〕见，体、尽。
〔84〕合，缶、宜、必。
〔85〕欲缶权利，恶缶权害。
〔86〕为，存、亡、易、荡、治、化。
〔87〕同，重、体、合、类。
〔88〕异，二、不体、不合、不类。
〔89〕同异交得，放有无。
〔90〕闻，耳之聪也。
〔91〕言，口之利也。
〔92〕诺，不一利用。

〔93〕服，执說音，利。巧转则求其故。

〔94〕法同，则观其同。

〔95〕法异，则观其宜。

〔96〕止，因以别道。

〔97〕缶，无非。

《经上》篇虽然未必为墨子自作，但它是墨家早期的作品应该是没有问题的。应该特别指出的是，该篇所提出的近百个名词包含了墨家最核心的价值观念。《吕氏春秋》告诉我们，墨家特别重视“廉”（贵廉），我们在这里就看到了“廉”字，除了“廉”，我们还看到“耻”、“忠”、“信”、“勇”、“任”、“令”（矜）等与“廉”有意义关联的概念，这表明“廉”确是墨家最看重的价值，同时也印证了《吕氏春秋》文本的可靠性。《经上》的内容显示，第一，早期墨家是一个虔诚的宗教派别，在近百个墨家最核心的名词概念中，除了有“廉”以及相关的伦理观念外，还包括“仁”、“礼”、“智”等古典中国最深入人心的价值观念；第二，《经上》的内容特别提到“方”、“圆”、“端”、“间”、“同长”、“日中”、“似”（比）、“撄”、“盈”等名词概念，表明了墨家的“墨者”身份，古代中国的建筑师和木匠的工作离不开“墨”（墨斗、墨线、墨尺等），墨家似乎就是一个以建筑界人士为骨干的宗派，史传墨翟与鲁班为攻城与守城在宋国大展拳脚，这也提示人们，鲁班与墨翟似乎都是墨者。值得指出的是，墨者的职业身份与他们的“贵廉”风格有密切关系，建筑师和工匠的理念就内含“廉”，它们的工作都要求“严格”、“严谨”、“精确”。

必须提醒一下，上述《经上》的“义，利也”一栏恐怕是后人的增补，不应该是《墨经》最早的内容。我们知道，墨家的核心诉求是“万事莫贵于义”，“义”是所有《墨经》近百个核心价值的总纲，上引墨经中所有的内容都属于“义”，所以“义”不应该与其他概念并列。也就是说，《墨经》这一标题在墨家人士看来，就是《义经》。“义”是墨家行为规范的总纲，其他各个具体概念是隶属于总纲的节目。我们从“义，利也”这一表述中，也能想到，这肯定不是早期墨家的信念。在早期墨家看来，“义”是上天的规定，是上帝意志的体现，遵守“义”、奉行“义”是为了尊崇上天，荣耀上天，与“利”毫无关联。

还有，上述《经上》中的“仁，体爱也”，过往的理解恐怕也都存在可疑。以早期墨家的强烈宗教情怀来分析，这里的“仁”是指对上帝祖先的虔诚信仰，所以“体爱”的意思应该是“发自内心的敬仰、爱戴”之意。

现在我们知道，墨家的贵“廉”风格表现在方方面面。对待自我，“廉”就是廉洁、自持，对待他人和社会，“廉”就是严格、苛刻。墨家的“廉”还表现在语言文字交流方面，墨家特别在意“名正言顺”。在早期墨家看来，对语言文字的准确使用是一个健康社会的基本要求。《吕氏春秋》中有相当明显的"正名"思想，它在相当程度中可以作为我们了解墨教社会的指标。

《吕氏春秋》中"正名"思想包括两个方面。其一是"名实相称"、"刑名相当"。牛就是牛，马就是马，不能相混：

> 名正则治，名丧则乱。使名丧者，淫说也。说淫则可不可而然不然，是不是而非不非。故君子之说也，足以言贤者之实、不肖者之充而已矣，足以喻治之所悖、乱之所由起而已矣，足以知物之情、人之所获以生而已矣。凡乱者，刑名不当也。人主虽不肖，犹若贤用，犹若听善，犹若为可者。其患在乎所谓贤从不肖也，所为善而从邪辟，所谓可从悖逆也。是刑名异充，而声实异谓也。[①]
>
> 正名审分，是治之辔已。故按其实而审其名，以求其情；听其言而察其类，无使方悖。夫名多不当其实，而事多不当其用者，故人主不可以不审名分也。……今有人于此，求牛则名马，求马则名牛，所求必不得矣，而因用威怒，有司必诽怨矣，牛马必扰乱矣。百官，众有司也；万物，群牛马也。不正其名，不分其职，而数用刑罚，乱莫大焉。夫说以智通，而实以过悗；誉以高贤，而充以卑下；赞以洁白，而随以污德；任以公法，而处以贪枉；用以勇敢，而堙以罢怯。此五者，皆以牛为马、以马为牛，名不正也。故名不正，则人主忧劳勤苦，而官职烦乱悖逆矣。国之亡也，名之伤也，从此生矣。白之顾益黑，求之愈不得者，其此义邪！故至治之务，在于正名。[②]

其二是言意相符，心里想的与嘴上说的要统一，不能口是心非。

> 言者以谕意也。言意相离，凶也。乱国之俗，甚多流言，而不顾其实，务以相毁，务以相誉，毁誉成党，众口熏天，贤不肖不分。以此治国，贤主犹惑之也，又况乎不肖者乎？[③]
>
> 非辞无以相期，从辞则乱。乱辞之中又有辞焉，心之谓也。言不欺心，则近之矣。凡言者以谕心也。言心相离，而上无以参之，则下多所言非所行也，所行非所言也。言行相诡，不祥莫大焉。[④]

① 《吕氏春秋·正名》。
② 《吕氏春秋·审分》。
③ 《吕氏春秋·离谓》。
④ 《吕氏春秋·离谓》。

于是，我们看到，墨家不仅是古典中国法家的源头，它同时也是古典中国著名学派名家的源头。注意，这里说的“名家”也是“学派”而非“宗派”。

最后，我们要特别指出，墨教社会是一个特别虔敬的社会，对上帝祖先的崇拜、对天地神灵的信仰是它的本质特征。在《墨子》书的《墨守》部分，《迎敌祠》透露了这方面的信息：

> 敌以东方来，迎之东坛，坛高八尺，堂密八。年八十者八人，主祭青旗。青神长八尺者八，弩八，八发而止。将服必青，其牲以鸡。敌以南方来，迎之南坛，坛高七尺，堂密七。年七十者七人，主祭赤旗。赤神长七尺者七，弩七，七发而止。将服必赤，其牲以狗。敌以西方来，迎之西坛，坛高九尺，堂密九。年九十者九人，主祭白旗。素神长九尺者九，弩九，九发而止。将服必白，其牲以羊。敌以北方来，迎之北坛，坛高六尺，堂密六。年六十者六人，主祭黑旗。黑神长六尺者六，弩六，六发而止。将服必黑，其牲以彘。从外宅诸名大祠，灵巫或祷焉，给祷牲。

即便是在战争最紧迫的时候，对天地鬼神的祠祷仍然需要有板有眼，按部就班，这是墨教的基本性格。

战国年间(特别是战国早期)的中国是一个墨教的天下，只是传世文献没能很好地传达这方面的信息。出土的实物可以为我们弥补这方面的缺憾。

几十年来前，在山西侯马等地发现了大批盟书，反映了当时的时代风尚。其中以侯马盟书最为突出。朱顺龙教授指出，1965 年，在山西侯马市东部浍河北岸战国初期的晋国遗址，出土了一大批“盟书”。主盟者名嘉，盟辞内容为举行集会、制定公约、对天盟誓的誓文，分为“自誓”、“反纳室”、“宗盟”以及“诅咒”、“卜筮”等。文字绝大部分为朱书，亦有墨书。书于石策或玉策上。策则呈圭形，也间有长方形、圆形、不规则形等。总数达五千余片。……字数不等，多者二百二十余字。[①] 我们现选取其中两篇隶写于下：

> □敢不半其腹心以事其宗，而敢不尽从嘉之盟、定公平邿之命，而敢或祇改亶及奂卑不守二宫者，而敢有志复赵化及其子孙于晋邦之坠(地)者，及群虖盟者，吾君其明殛视之，麻夷非是。[②]
>
> □敢不半其腹心以事其宗，而敢不尽从嘉之盟、定公平邿之命，而敢或祇

① 参见朱顺龙、何立民编著《中国古文字学基础》，上海社会科学出版社，2004 年，第 320—321 页。

② 隶写参见高明教授《中国古文字学通论》，北京大学出版社，1996 年，第 427 页。

> 改亶及奂卑不守二宫者，而敢有志复赵化及其子孙、……史醜及其子孙，于晋邦之坠(地)者，及群虖盟者，吾君其明亟视之，麻夷非是。[①]

现在的人们也许会说，那时的人怎么那样的迷信和落后，做这些毫无价值的事情。今天的人们攻击他们迷信或许是正确的，但要说他们这样做毫无价值，恐怕就会大错特错。我们要知道，单在侯马一地，就出土了5000片盟书玉片，可见当时盟誓的广泛。如果毫无意义，当时的人为什么如此"乐此不疲"呢？对此，我们不得不认定，当时的人们是普遍相信盟誓的权威性的，也就是说，当时的人们是普遍相信上帝、上天和各路神灵的。如果没有这样的社会心理基础，我们就无法理解这种现象的广泛性。而对上帝和神灵的虔诚正是清教社会的一个基本前提。对上帝、神灵的虔敬是古典中国的清教——墨教的一个基本要求。

我们再来看《诅楚文》：

> 有秦嗣王，敢用吉玉瑄璧，使其宗祝邵鼛布忠，告于丕显大神巫咸，以底楚王熊相之多罪。昔我先君穆公及楚成王，实戮力同心，两邦若壹，绊以婚姻，袗以齐盟。曰：叶万子孙，毋相为不利。亲即丕显大神巫咸而质焉。今楚王熊相康回无道，淫佚耽乱，宣侈竞从，变输盟制。内之则暴虐不辜，刑戮孕妇，幽刺亲戚，拘圉其叔父，置诸冥室椟棺之中；外之则冒改久心，不畏皇天上帝，及丕显大神巫咸之光烈威神，而兼倍十八世之诅盟。率诸侯之兵，以临加我，欲灭伐我社稷，伐灭我百姓，求蔑法皇天上帝及丕显大神巫咸之恤。祠之以圭玉牺牲，逑取我边城新隍，及鄔长亲，我不敢曰可。今又悉兴其众，张矜亿怒，饰甲底兵，奋士盛师，以逼我边竞。将欲复其凶迹，唯是秦邦之羸众敝赋，鞟输栈舆礼使介老将之，以自救也。繄应受皇天上帝及丕显大神巫咸之几灵德，赐克剂楚师，且复略我边城。敢数楚王熊相之倍盟犯诅，箸诸石章，以盟大神之威神。[②]

虽然到今天为止，学界还在争论《诅楚文》成文的具体年代，但它是典型的秦国文字，是战国年间秦国国家意志的反映，这是没有任何疑问的。它揭示出战国秦人对"皇天上帝"的虔信，表明了秦国的墨教性格。

---

① 隶写参见高明教授《中国古文字学通论》，第427页。

② 转引自朱顺龙、何立民编著《中国古文字学基础》，第318页。

四　焚书辨

(一)

接下来,我们要就著名的历史公案"焚书坑儒"发表自己的见解。我们认为,这也是本书的使命之一。

当然,我们首先得说一说秦始皇嬴政。历史观相告诉我们,秦始皇是一个墨家信徒。

前面说过,《吕氏春秋》的理想是"古之清世",很明显,这是所有清教人士——墨家的共同理想。"天曰信,信维生;地曰固,固维宁;人曰顺,顺维听",就是一个清世的基本状态。

传统学术对文信侯极尽污蔑抹黑之能事。在两千多年后的今天,我们想要在中华大地建设一个真正的清世(一个盛世必是一个清世),我们在历史文化方面所要做的头等大事,就是要恢复《吕氏春秋》的本来面目和应有的地位,恢复吕不韦在中国文化中不应被抹杀的荣誉。

说到吕不韦,就不得不说秦始皇嬴政了。在传统文化中,嬴政无疑是典型的暴君,甚至是人们心目中最大的暴君。近世以来,不少人士对秦始皇的历史作用有很高的评价,赞扬他统一中国、统一文字和度量衡等等。这些都不在我们的讨论范围以内。值得一提的是,程步先生在他的系列丛书《真秦始皇》中对嬴政的个人道德、历史成就等方方面面进行了举证和论说,意欲将嬴政的形象从中国历史上最大的暴君变成中国历史上最大的仁君。笔者对程步先生的成就是充分认可的。但不打算过多评说嬴政的成败和功过。我认为有必要从文化形态学对秦始皇的举措加以更多的说明。

要再次申明的是,两千年的学术都遗忘了一个基本事实:战国时的秦国是一个墨教主导的国家,也就是说,战国秦是一个以清教作为文化背景的国度。这一点,传统学术是有意淡忘的。我们在《吕氏春秋》中到处可以看到墨者的身影,(我们说过,不独秦国,在战国特别是战国早期,整个中国几乎都是墨教的天下。)在《吕氏春秋·去私》篇,我们看到,墨者的巨子与秦国的国王秦惠王关系绝不是普通君臣之间的关系,腹䵍应该是当时秦国的国师,这一点稍具理解力的人士是完全不会反对的。我们之所以说吕子有很浓的墨教背景,不仅仅是因为他在《吕氏春秋·序意》篇表达了对"清世"的向往,更是由于秦国的文化习俗。

从秦始皇嬴政本身的表现来看,他也应该是一个有强烈清教——墨教倾向的人。我们甚至可以说，相对于吕不韦等人的墨教背景之言，秦始皇似乎更是一个真正的墨教信徒。

《史记》中现有的对秦始皇嬴政本人的历史记载明显经过后人的有意涂抹和篡改。比如，《史记·秦始皇本纪》中的很多文字有明显不合常理、经不起推敲的地方，对此，李开元先生的《秦始皇的秘密》有很好的说明。在笔者看来，《秦始皇本纪》的后面部分几乎像在写玄幻小说，完全不像一个权威性的历史文献。

尽管后世文人也对秦始皇极尽了污蔑抹黑的能事，但他们还没有大胆到篡改刻石。所以我们认为，研究秦始皇、研究秦代，刻石文字是绝对不能忽视的。下面我们把《史记·秦始皇本纪》中的刻石内容罗列如下，不难看出秦始皇和秦朝的清教本质。

《二十八年泰山刻石》：

> 皇帝临位，作制明法，臣下修饬。二十有六年，初并天下，罔不宾服。亲巡远方黎民，登兹泰山，周览东极。从臣思迹，本原事业，祗诵功德。治道运行，诸产得宜，皆有法式。大义休明，垂于后世，顺承勿革。皇帝躬圣，既平天下，不懈於治。夙兴夜寐，建设长利，专隆教诲。训经宣达，远近毕理，咸承圣志。贵贱分明，男女礼顺，慎遵职事。昭隔内外，靡不清净，施于后嗣。化及无穷，遵奉遗诏，永承重戒。

又《琅邪刻石》：

> 维二十八年，皇帝作始。端平法度，万物之纪。以明人事，合同父子。圣智仁义，显白道理。东抚东土，以省卒士。事已大毕，乃临于海。皇帝之功，劝劳本事。上农除末，黔首是富。普天之下，抟心揖志。器械一量，同书文字。日月所照，舟舆所载。皆终其命，莫不得意。应时动事，是维皇帝。匡饬异俗，陵水经地。忧恤黔首，朝夕不懈。除疑定法，咸知所辟。方伯分职，诸治经易。举错必当，莫不如画。皇帝之明，临察四方。尊卑贵贱，不逾次行。奸邪不容，皆务贞良。细大尽力，莫敢怠荒。远迩辟隐，专务肃庄。端直敦忠，事业有常。皇帝之德，存定四极。诛乱除害，兴利致福。节事以时，诸产繁殖。黔首安宁，不用兵革。六亲相保，终无寇贼。驩欣奉教，尽知法式。六合之内，皇帝之土。西涉流沙，南尽北户。东有东海，北过大夏。人迹所至，无不臣者。功盖五帝，泽及牛马。莫不受德，各安其宇。

《二十九年之罘刻石》：

维二十九年，时在中春，阳和方起。皇帝东游，巡登之罘，临照于海。从臣嘉观，原念休烈，追诵本始。大圣作治，建定法度，显箸纲纪。外教诸侯，光施文惠，明以义理。六国回辟，贪戾无厌，虐杀不已。皇帝哀众，遂发讨师，奋扬武德。义诛信行，威燀旁达，莫不宾服。烹灭强暴，振救黔首，周定四极。普施明法，经纬天下，永为仪则。大矣哉！宇县之中，承顺圣意。群臣诵功，请刻于石，表垂于常式。其东观曰：维二十九年，皇帝春游，览省远方。逮于海隅，遂登之罘，昭临朝阳。观望广丽，从臣咸念，原道至明。圣法初兴，清理疆内，外诛暴强。武威旁畅，振动四极，禽灭六王。阐并天下，甾害绝息，永偃戎兵。皇帝明德，经理宇内，视听不怠。作立大义，昭设备器，咸有章旗。职臣遵分，各知所行，事无嫌疑。黔首改化，远迩同度，临古绝尤。常职既定，后嗣循业，长承圣治。群臣嘉德，祗诵圣烈，请刻之罘。旋，遂之琅邪，道上党入。

《三十二碣石刻石》：

遂兴师旅，诛戮无道，为逆灭息。武殄暴逆，文复无罪，庶心咸服。惠论功劳，赏及牛马，恩肥土域。皇帝奋威，德并诸侯，初一泰平。堕坏城郭，决通川防，夷去险阻。地势既定，黎庶无繇，天下咸抚。男乐其畴，女修其业，事各有序。惠被诸产，久并来田，莫不安所。群臣诵烈，请刻此石，垂著仪矩。

《三十七年会稽刻石》：

皇帝休烈，平一宇内，德惠修长。三十有七年，亲巡天下，周览远方。遂登会稽，宣省习俗，黔首斋庄。群臣诵功，本原事迹，追首高明。秦圣临国，始定刑名，显陈旧章。初平法式，审别职任，以立恒常。六王专倍，贪戾慠猛，率众自强。暴虐恣行，负力而骄，数动甲兵。阴通间使，以事合从，行为辟方。内饰诈谋，外来侵边，遂起祸殃。义威诛之，殄熄暴悖，乱贼灭亡。圣德广密，六合之中，被泽无疆。皇帝并宇，兼听万事，远近毕清。运理群物，考验事实，各载其名。贵贱并通，善否陈前，靡有隐情。饰省宣义，有子而嫁，倍死不贞。防隔内外，禁止淫泆，男女絜诚。夫为寄豭，杀之无罪，男秉义程。妻为逃嫁，子不得母，咸化廉清。大治濯俗，天下承风，蒙被休经。皆遵度轨，和安敦勉，莫不顺令。黔首修洁，人乐同则，嘉保太平。后敬奉法，常治无极，舆舟不倾。从臣诵烈，请刻此石，光垂休铭。

真正的秦始皇特别重视“廉清”、“修洁”，特别在意秩序、安宁。可以说，这是典型的“清教”式的理想。特别是，这些刻石中数处提及净化男女关系，都特别能表明嬴政的墨家清教背景。

另外，尽管两千年来，费拉儒家为主流的传统学术没有放过任何污蔑栽赃秦始皇的机会，但世人仍然公认他是一个勤勉的君主。史载他每天审阅的文件“以衡石量”，他统一中国后的七年间五次巡视全国，创造了空前绝后的勤政记录[①]。上述的《琅玡刻石》称颂他“忧恤黔首，朝夕不懈”，看来是有相当的事实依据的。要知道，他本来是完全可以在咸阳好好享受生活的。当年的中国不是现在的中国，不可能有各种现代化的交通工具和各种后勤接待安排。秦皇的巡游不像后世的肖小之辈，是为了游山玩水，他完全是为了国家社稷。我们现在也没有任何秦始皇巡游如何骚扰社会、影响民间的记录。这些都很能表明秦始皇的墨教风格。

（二）

当然，本书不是专门研究嬴政的著作，我们评说秦始皇，主要是为了评说著名的历史公案“焚书坑儒”。对于“坑儒”，李开元教授有很好的辩驳[②]。这里想就“焚书”之事特加说明，先来看看相关的记载：

> 始皇置酒咸阳宫，博士七十人前为寿。仆射周青臣进颂曰：“他时秦地不过千里，赖陛下神灵明圣，平定海内，放逐蛮夷，日月所照，莫不宾服。以诸侯为郡县，人人自安乐，无战争之患，传之万世。自上古不及陛下威德。”始皇悦。博士齐人淳于越进曰：“臣闻殷周之王千余岁，封子弟功臣，自为枝辅。今陛下有海内，而子弟为匹夫，卒有田常、六卿之臣，无辅拂，何以相救哉？事不师古而能长久者，非所闻也。今青臣又面谀以重陛下之过，非忠臣。”始皇下其议。丞相李斯曰：“五帝不相复，三代不相袭，各以治，非其相反，时变异也。今陛下创大业，建万世之功，固非愚儒所知。且越言乃三代之事，何足法也？异时诸侯并争，厚招游学。今天下已定，法令出一，百姓当家则力农工，士则学习法令辟禁。今诸生不师今而学古，以非当世，惑乱黔首。丞相臣斯昧死言：古者天下散乱，莫之能一，是以诸侯并作，语皆道古以害今，饰虚言以乱实，人善其所私学，以非上之所建立。今皇帝并有天下，别黑白而定一尊。私学而相与非法教，人闻令下，则各以其学议之，入则心非，出则巷议，夸主以

---

① 参见《史记·秦始皇本纪》。

② 参见李开元《秦始皇的秘密》，中华书局，2009年。

为名，异取以为高，率群下以造谤。如此弗禁，则主势降乎上，党与成乎下。禁之便。臣请史官非秦记皆烧之。非博士官所职，天下敢有藏诗、书、百家语者，悉诣守、尉杂烧之。有敢偶语诗书者弃市。以古非今者族。吏见知不举者与同罪。令下三十日不烧，黥为城旦。所不去者，医药卜筮种树之书。若欲有学法令，以吏为师。”制曰：“可。”①

这段话在《史记·李斯列传》也有记载，但文字表述有相当的差异：

丞相谬其说，绌其辞，乃上书曰：“古者天下散乱，莫能相一，是以诸侯并作，语皆道古以害今，饰虚言以乱实，人善其所私学，以非上所建立。今陛下并有天下，别白黑而定一尊；而私学乃相与非法教之制，闻令下，即各以其私学议之，入则心非，出则巷议，非主以为名，异趣以为高，率群下以造谤。如此不禁，则主势降乎上，党与成乎下。禁之便。臣请诸有文学诗书百家语者，蠲除去之。令到满三十日弗去，黥为城旦。所不去者，医药卜筮种树之书。若有欲学者，以吏为师。”始皇可其议。

对比两段文字，我们首先要指出，“有敢偶语诗书者弃市。以古非今者族。吏见知不举者与同罪”这一句话《李斯列传》中没有，只出现在《秦始皇本纪》中。不难看出，这一段是后来加上去的。我们前面说过，末世儒家为代表的传统中国对秦王嬴政的污蔑到了无以复加的地步。这句话本身就特别有代表性。本来，没有这句话，这段制令是相当通畅的一段文字。而有了这句话在其中，整段话就显得极为突兀。特别是，这句话所体现的精神实质与后面的文字完全不同，“黥为城旦”，在秦汉时期是非常轻的罪，但“弃市”，特别是“族”就是相当严重的惩罚了。这个制令的本意是收缴民间书籍，如果刻意不上缴，那就是对当局的公然蔑视。这样的故意对抗，最大的处罚只是“黥为城旦”，但是与收缴书籍并无直接关系的“偶语诗书”却要受到“弃市”这样严厉的惩罚，这根本不符合逻辑。还有，什么是“偶语诗书”，“以古非今”是什么意思，这些条文如何操作、如何把握。可以说，这样的话语完全不是正式的法律语言，根本不具备可操作性。要知道，清教社会一

① 《史记·秦始皇本纪》。

个最大的特色就是它的理智清明，它对理性的尊崇[①]，它对可行性的强调。

今天，我们可以非常肯定地认定，这句话是“无中生有”出来的。

近年来的出土文献已经澄清了秦代暴政的传说。《睡虎地秦墓竹简》告诉我们，秦始皇时期的秦朝刑法其实已经相当宽适，“偶语诗书者弃市，以古非今者族”这样的残忍法条完全不像始皇时代秦律的性格。[②]

其次，我们必须澄清，秦始皇所认可的李斯的意见是“挟书”，而不是“焚书”。“挟”是“挟持、携带、收藏”的意思，与“焚”——烧毁的含意完全不同。“挟书令”之记载最早见《汉书・惠帝纪》，书载“惠帝四年三月，除挟书令”，由之可知秦始皇当年的制令为“挟书”之法令，而不是“焚书”的全国性强迫。不要小看这两个字的区别。在传统学术所影响的世人的心目中，总认为，秦始皇是要把所有古代的典籍全部焚毁，从而使自己的任性意志可以无所顾忌的成为整个社会的法律准则。在传统学术所营造的语境中，秦始皇是一个任性妄为的独裁者，是一个无法无天的暴君，是一个视古典价值为多余无用，立意要灭绝古典文化的人。可以说，在这一点上，秦始皇所受的冤枉是无以复加的。

其实，秦始皇所坚持的只是要为民间藏书建立一套明确的法律规定。首先，他的制令中明确表明，“种树、医药和卜筮”等实用类的书籍不在限制之列，他的制令主要针对的是诗、书、百家语。这些书籍都是与思想教化直接相关的，特别是《诗》、《书》在当时都是属于宗教类的文献。值得再次重申一次，在古典中国，《诗》、《书》（特别是《书》）就相当于《圣经》（*Bible*）在西方文化中的地位。他的意思是，任何人都可以携带、收藏图书典籍，实用类书籍完全自由、不受限制，但是如

---

① 我们可以从《史记・秦始皇本纪》的一段话看出秦始皇嬴政理性、理智的强大，丞相绾等言：“诸侯初破，燕、齐、荆地远，不为置王，毋以填之。请立诸子，唯上幸许。”秦始皇下其议於群臣，群臣皆以为便。廷尉李斯议曰：“周文武所封子弟同姓甚众，然后属疏远，相攻击如仇雠，诸侯更相诛伐，周天子弗能禁止。今海内赖陛下神灵一统，皆为郡县，诸子功臣以公赋税重赏赐之，甚足易制。天下无异意，则安宁之术也。置诸侯不便。”秦始皇曰：“天下共苦战斗不休，以有侯王。赖宗庙，天下初定，又复立国，是树兵也，而求其宁息，岂不难哉！廷尉议是。”从个人的感情上说，谁都愿意分封自己的子弟，像中国历史上的其他君王一样。但秦始皇这里非常平实的一段话，却道出了一个真正的墨教人士超远的理性自制。联想到汉代所谓“非刘氏而王者，天下共击之”的平庸情怀，再想到此话一出没过几十年，刘氏自己就因为相互猜忌而流血不止，武帝万般无奈之下又采用所谓“推恩令”举措，我想秦始皇在上天肯定为他的后人如此不长进而苦笑不已。对于真正的中国情怀之说，秦始皇的境界实远在汉代诸帝之上。

② 在《史记・乐书》中，人们还可见到李斯对《诗》《书》的认可：治道亏缺而郑音兴起，封君世辟，名显邻州，争以相高。自仲尼不能与齐优遂容於鲁，虽退正乐以诱世，作五章以刺时，犹莫之化。陵迟以至六国，流沔沈佚，遂往不返，卒於丧身灭宗，并国於秦。秦二世尤以为娱。丞相李斯进谏曰：“放弃诗书，极意声色，祖伊所以惧也；轻积细过，恣心长夜，纣所以亡也。”

果要收藏诗书类典籍，就必须按照有关规定，不符合规定的书籍必须上交官府“杂烧之”。

《秦始皇本纪》虽然被后人篡改，添加了一些不实之词，但它里面所保留的一句话“非博士官所职”却极为重要，是我们今天全面正确理解秦始皇挟书令的关键话语。后世的文人学者不知道出于什么样的原因，对一句一点都不难理解的话语总是熟视无睹，要不就装聋作哑。“非博士官所职，天下敢有藏诗、书、百家语者，悉诣守、尉杂烧之”，秦始皇、李斯要收缴、烧毁的，是博士官所不认可的诗、书、百家语之类的书籍，而不是所有的古典文献。也就是说，只要是博士官所“职”的，也就是，只要是官方认可的文献，无论是什么文献，《诗》也好，《书》也好，百家语也好，都可以家藏。这句“非博士官所职”是理解李斯“挟书令”最要紧的限制语。如果没有这句话，就成了后世所理解的那样，秦始皇、李斯无疑是古典文化的罪人；而有了这句话，那秦始皇、李斯的意图就应该做全新的解读。

所以，今天的人们必须明白，秦始皇、李斯的用意不仅不是要灭绝古典典籍，他们的本意刚好是反过来，他们是为了保护古代经典的权威和纯洁。

自然人们会问，为什么秦始皇、李斯要收缴、烧毁“非博士官所职”的诗书百家语类书籍呢？

观相的历史学告诉我们，这是由于当时的社会存在不少“大逆不道”的所谓诗书和大量“假冒伪劣”的所谓百家语。秦始皇、李斯的收烧书籍直接目的是整理当年的文化环境，净化当时的政教思想。

这里我们有必要提示一下当时的时空背景。战国末年，是中国古典社会启蒙运动极度高涨的时候，思想解放、学术自由到了无以复加的地步，从今天的角度看，这当然是一种进步。但从另外的角度看，任何事情跨越极端之后，都会走向它的反面。过度的学术自由，就会形成各种极端思潮和各种无政府甚至反社会的思想主张。而一些反社会的人士，出于各方面的原因，为了宣扬、传播自己的主张，会情不自禁地假借古人，以经典的名义作自己的招牌。可以想见，战国末年的中国人人都可成百家语的创作者，个个都可以做诗书的解说人。于是，李斯上书中所说的话就成了现实：“语皆道古以害今”，“而私学乃相与非法教之制，闻令下，即各以其私学议之，入则心非，出则巷议，非主以为名，异趣以为高，率群下以造谤。”

应该说，从历史的观相来看，当年的秦政府确实面临着强烈的整顿社会秩序的内在要求。具体在舆论方面，当时真可谓是“百家争鸣”的时期。每个人对政府的举措都要发表自己的看法，问一问为什么。人们对政府政策措施的指指点点、说三道四、吹毛求疵，无疑会影响到行政的效率，对于一个负责任的社会管理者来说，能够避免当然最好，但以秦始皇所处的“伟大的总结性体系”时代精神来看，这些并不可怕，因为他们对此有着充分的自信。但是，在墨教人士的心目中，《诗》、

《书》就是古典中国的《圣经》，它们与皇天上帝一样是神圣不可亵渎、高贵不可玷污的，百家语虽然没有诗书那样的神圣，但它们也是先贤思想的精华所在，也具有相当的权威与尊严，如果有人企图假冒上帝祖先的名义，以冒牌的权威经典来扰乱社会，一逞自己的私欲，对于始皇帝这样的墨教信徒来说，则是完全不能接受的，是必须要加以剪除的。对于一个以"法天地"为初衷的墨家传人来说，这是达到"天清地宁"的最基本要求。

不要以为以上这些议论仅是笔者的想象，这更可能是战国后期秦汉之际古典中国的基本事实。秦始皇、李斯的挟书令确有他们不可移易的充分理由。

当年秦始皇、李斯挟书令所针对的书籍的具体内容现在已经不得而知了。其实，即使是李斯本人也不知道，他要收缴的书籍到底有多少种，因为战国后期的中国是一个相当开明的时代，学说主张竞相问世，奇谈怪论蜂拥而出。可以想见，当时的民间藏书应该是"五花八门"、"无奇不有"。作为墨教信徒的始皇帝决意要清理思想文化环境。他的基本思路就是，凡诗、书、百家语这类有关宗教信仰、意识形态方面的书，以博士官的藏书为准，凡不在博士官认可之列的，就属于被收缴烧毁的对象。

（三）

我们可以尝试以一个墨教信徒的心理来设想当时应该被收缴烧毁的书籍。

首先，直接诅咒、诽谤皇天上帝的书籍是始皇李斯要收缴烧毁的首要对象。

我们知道，当年的一些狂妄之徒竟然把皇天上帝本身作为调侃、怨恨乃至谩骂的对象，并且把这些"亵渎神灵"的文字当成《诗》来传颂。这对于虔诚的墨教人士来说是真正的"大逆不道"，是绝对不可饶恕的。

现存《诗经》中有一些所谓"变雅"，如《雨无正》、《小旻》、《小弁》、《巧言》、《板》、《荡》、《桑柔》、《云汉》、《瞻卬》、《召旻》等，其中包含有明显的怀疑上帝乃至怨恨上天的诗句，《云汉》就很有代表性：

> 倬彼云汉，昭回于天。王曰於乎！何辜今之人？天降丧乱，饥馑荐臻。靡神不举，靡爱斯牲。圭璧既卒，宁莫我听？旱既大甚，蕴隆虫虫。不殄禋祀，自郊徂宫。上下奠瘗，靡神不宗。后稷不克，上帝不临。耗斁下土，宁丁我梗。旱既大甚，则不可推。兢兢业业，如霆如雷。周余黎民，靡有孑遗。昊天上帝，则不我遗。胡不相畏？先祖于摧。旱既大甚，则不可沮。赫赫炎炎，云我无所。大命近止，靡瞻靡顾。群公先正，则不我助。父母先祖，胡宁忍予？旱既大甚，涤涤山川。旱魃为虐，如惔如焚。我心惮暑，忧心如熏。群公先正，则不我闻。昊天上帝，宁俾我遁？旱既大甚，黾勉畏去。胡宁瘨我以

旱？憯不知其故。祈年孔夙，方社不莫。昊天上帝，则不我虞。敬恭明神，宜无悔怒。旱既大甚，散无友纪。鞫哉庶正，疚哉冢宰。趣马师氏，膳夫左右。靡人不周。无不能止，瞻卬昊天，云如何里！瞻卬昊天，有嘒其星。大夫君子，昭假无赢。大命近止，无弃尔成。何求为我。以戾庶正。瞻卬昊天，曷惠其宁？

这些诗篇是否成篇于秦始皇挟书令之前，目前尚难定论。但有一点是可以肯定的，如果成篇在挟书令之前，它们不会被秦国官方认可。秦国作为一个以墨教立国的国家，它的博士官不可能收藏这样的公然诽谤上天的诗篇。以秦始皇这样的墨教信徒的心态，上述这样的诗篇绝不能算是真正的《诗》，真正的《诗》只能是歌颂上帝，敬仰皇天，怎么可能去怨恨、谩骂呢?！见到上述这些所谓“变诗”，即使他本人性格再怎样温敦和顺，肯定都会龙颜大怒，这就像天主教的教皇听到有人公开诅咒、辱骂上帝一样，绝对不会听之任之，岂能“不思一为之所也”！（语出曾国藩《讨粤匪檄》）。无能如何，这样的诗篇一定会是秦始皇、李斯收缴焚毁的首要对象。

除了这些“变调”的诗篇，当年的秦朝社会也应该存在相当数量不被官方认可的《书》。

我们知道，传世本《尚书》由今文尚书和古文尚书两部分组成。古文尚书已经被公认为战国之后的托附作品。以秦始皇、李斯的挟书立场，这些所谓的古文类《尚书》无疑也将成为收缴焚毁的首要对象。站在墨教这样的清教立场，任何“假冒伪劣”的东西都是不能容忍的，假冒《尚书》这样的亵渎圣经行为，对于墨教信徒来说，更是罪不容诛。

特别值得指出的是，《古典尚书》有一篇著名的《泰誓》。此文分上中下三篇，我们来看看其中的上中篇。

《周书·泰誓上》：

惟十有一年，武王伐殷。一月戊午，师渡孟津，作《泰誓》三篇。

惟十有三年春，大会于孟津。

王曰：“嗟！我友邦冢君越我御事庶士，明听誓。惟天地万物父母，惟人万物之灵。亶聪明，作元后，元后作民父母。今商王受，弗敬上天，降灾下民。沈湎冒色，敢行暴虐，罪人以族，官人以世，惟宫室、台榭、陂池、侈服，以残害于尔万姓。焚炙忠良，刳剔孕妇。皇天震怒，命我文考，肃将天威，大勋未集。肆予小子发，以尔友邦冢君，观政于商。惟受罔有悛心，乃夷居，弗事上帝神祇，遗厥先宗庙弗祀。牺牲粢盛，既于凶盗。乃曰：‘吾有民有命！’罔惩其侮。

天佑下民，作之君，作之师，惟其克相上帝，宠绥四方。有罪无罪，予曷敢有越厥志？同力，度德；同德，度义。受有臣亿万，惟亿万心；予有臣三千，惟一心。商罪贯盈，天命诛之。予弗顺天，厥罪惟钧。予小子夙夜祗惧，受命文考，类于上帝，宜于冢土，以尔有众，厎天之罚。天矜于民，民之所欲，天必从之。尔尚弼予一人，永清四海，时哉弗可失！"

《周书·泰誓中》

惟戊午，王次于河朔，群后以师毕会。王乃徇师而誓曰："呜呼！西土有众，咸听朕言。我闻吉人为善，惟日不足。凶人为不善，亦惟日不足。今商王受，力行无度，播弃犁老，昵比罪人。淫酗肆虐，臣下化之，朋家作仇，胁权相灭。无辜吁天，秽德彰闻。惟天惠民，惟辟奉天。有夏桀弗克若天，流毒下国。天乃佑命成汤，降黜夏命。惟受罪浮于桀。剥丧元良，贼虐谏辅。谓己有天命，谓敬不足行，谓祭无益，谓暴无伤。厥监惟不远，在彼夏王。天其以予乂民，朕梦协朕卜，袭于休祥，戎商必克。受有亿兆夷人，离心离德。予有乱臣十人，同心同德。虽有周亲，不如仁人。天视自我民视，天听自我民听。百姓有过，在予一人，今朕必往。我武维扬，侵于之疆，取彼凶残。我伐用张，于汤有光。勖哉夫子！罔或无畏，宁执非敌。百姓懔懔，若崩厥角。呜呼！乃一德一心，立定厥功，惟克永世。"

《泰誓》是《古文尚文》中最具代表性的篇章，它的文笔相对来说比较雅训通达，不像《今文尚文》那样诘屈聱牙。它的文字也十分铿锵优美，是相当好的文章。但从文字考据的角度讲，正是由于它的这些"优点"，使它与真正的《尚书》拉开了距离。它不可能是真正的周初的作品。特别是，这篇《书》的几句关键的话表明了它的"晚期性"。

"民之所欲，天必从之"，这句话对于今天的人们来说，是十分顺风入耳的话语，是正确无比的观点，但站在真正的宗教虔敬者的立场来看，这却是一句"大不敬"的狂言。在皇天上帝的面前，下民只有虔诚敬仰、倾心崇拜的本分，怎么可能要至高无上的上天来顺从下民的私欲呢？这样的渎神话语不可能出自周初这样的文化早期，对于始皇帝来说，这也是需要彻底清除的。

这篇书的另一句意义相近的话语更有影响力。"天视自我民视，天听自我民听。"《孟子》书就曾以此句《书》语作为自己的旗帜[①]，也正是因为《孟子》书，这句

① 见《孟子·万章上》。

书语在传统中国得到了最广泛的流传。站在当今世界这样一个“民主”或“民粹”的时代立场，这充分表明了《孟子》书的现代性，但如果我们是秦始皇这样的墨教信徒，单凭这句话，我们就可以判处这篇《书》的火刑：世上还有比这更大逆不道，更狂妄嚣张的话语吗？[①]

按照上述的逻辑，传世本《逸周书》中许多篇章都应该是秦始皇、李斯要收缴焚毁的对象（如果它们确是成文在挟书令之前的话）。

秦始皇、李斯把焚书的首要目标对准这些公开诅咒诋毁皇天上帝的诗书，从今天的立场看，人们也许会认为这是在实施思想禁锢、文化专制，但从当时秦朝官方的墨教立场看来，烧毁这些公开诋毁皇天上帝的异端邪说是最正当不过的事，他们有着我们今天销毁宣扬恐怖暴力、鼓吹宗教极端主义书籍相同的心态。

其次，渲染情爱，有色情肉欲倾向的诗篇也是秦始皇、李斯要收缴烧毁的重点。

传世本《诗经》包括“风”、“雅”、“颂”三个部分，我们在前面讲过，《风》和《雅》有相当的部分应该是春秋之后乃至战国之后的作品。其中《国风》类的诗篇有很大部分十分香艳，这些艳诗十有八九都不会在秦朝官方的藏书之列，所以当年都应该是被收缴焚毁的对象。《国风》中淫俗风格的代表是著名的“郑卫之声”——《郑风》、《卫风》，它们自然都会属于被焚毁的目标，即使是《周南》、《召南》这样的高雅之声，其中的个别曲目，比如 20 世纪古史辨运动中广泛讨论研究过的《野有死麕》，恐怕也会是焚毁的对象。当年的古史辨学人曾对“舒而脱脱兮，无感我帨兮，无使尨也吠”这句诗的具体意含有广泛的讨论，但几乎所有的人都自觉不自觉地承认，这是《诗经》最为香艳的诗句之一，用我们现在的评级标准来看，这句诗的情色级别绝对在三级以上，站在墨教的立场，这无疑属于首批焚毁的对象。

第三，“假冒的百家语”应该是秦始皇、李斯收缴焚毁的另一个重点。

传统中国学术对“托附”一词相当熟悉。我们今天能看到的大量传世本古籍有相当大的比例属于“托附”类。古代中国人与今天的人类思维恰恰相反，明明是自己的思想，却总怕自己的名声不够响亮，总要把自己的作品托付于一个响当当的大人物，即使是一个与自己的时代相隔数百上千年的历史人物也在所不惜。于是大批挂名孔子、老子、管子（管仲）、晏子（晏婴）乃至黄帝、神农的书籍应运而生，其他名声不够响亮的托附作品更是不胜枚举。

以秦始皇、李斯的墨教立场，只要不造成理解上的混乱，他们不会太在意书名

---

① 另《古文尚书·武成》有武王指斥诸神的话语：惟尔有神，尚克相予以济兆民，无作神羞。这里的作者显然不是古典早期的人士。早期的心灵在诸神面前不可能有这样的居高临下的态度。仔细体会，《古文尚书》与《尚书》本身的区别是不难看出来的。

是否为托附，比如，当年市面上有大批挂名“黄帝”、“神农”的书，人们都知道它们是近人托附，而且这些书的内容都有内在的统一性，所以不会在始皇李斯的收缴之列。但是，当时的一些所谓“百家语”书籍明显有张冠李戴、混淆视听，甚至颠倒黑白的嫌疑，极大地影响了文化思想的正常交流，这是特别强调秩序感的始皇李斯所无法认可的。

现在我们可以肯定，当年有不少百家语书籍有意无意篡改、歪曲了它创始者的本意，严重阻碍了文化的正常传承。

笔者的《被遗忘与曲解的古典中国》一书在某种意义上就是向世人控诉战国诸子的思想被歪曲、被曲解的严重局面，所以该书的副标题叫“《吕氏春秋》对传统学术的投诉”。为什么要用这么情绪化的语言来做一本书的标题呢？原因只有一个，战国诸子被后人误解得太严重了。现在看来，战国诸子的思想主张在后世都有不同程度地被误读、被曲解的情况，其中最有代表性的是对墨子、陈骈和阳生（杨朱）思想主张的歪曲。

墨子的核心主张本来是“贵廉”，就是说，墨子最重视的是“人对行为规范、对处世原则的坚持”，但到后来就被曲解成“贵兼”，也就是“兼爱”，于是世人就认为，墨子是一个主张“兼爱”、“非攻”的和平主义者、爱心人士；陈骈（田骈）的核心主张本来是“贵术”，也就是特别强调“处理事情的方式方法”，他本是一个特别有进取心的入世之士，但他的主张却被歪曲成“齐万物以为首”式的所谓“贵齐”，成了一个不讲是非、空度岁月的颓废之徒；最令人愤慨的是，阳生（杨朱）本是古典中国最有代表性的哲学家、思想家，他认为，治理天下最关键的是要遵循事物的内在原理。所以他的思想主张本是“贵已”（贵以）。但是却被后人（包括传统中国最具影响力的《孟子》书）诬蔑成“拔一毛而利天下不为”式的“贵己”。

现在看来，对包括上述三子在内的诸子的无意曲解和有意歪曲在秦始皇挟书令之前就已经广泛存在。

笔者不想替嬴政的焚书事业平反，但我们这里特别要提醒学者们注意到墨家思维——古典中国的清教（墨教）在古典中国文化思想中的重要地位。传统学术总认为秦始皇是为了自己的专制独裁而限制人们的言论自由，但深入到文化脉动中去的人，也许会感受到另一种要求。秦始皇、李斯固然不希望政府的法令被社会误解，从而造成行政效益的低下，他们更加憎恨的是一般非圣无法、蔑视天帝的狂妄思想和亵渎书籍；按照斯宾格勒的观点，任一文化中的清教都会有一种内在地整顿思想文化，规范语言文字的要求，收缴禁书、抑制邪教是清教社会的最基本要求。秦始皇作为一个墨教信徒，他发表挟书令是最正常不过的事。

（四）

这里还要帮“以吏为师”再澄清一下。《秦始皇本纪》这句话之前的“若欲有学法令”也应该是后人的改写，它的正本应是《李斯列传》中“若有欲学者”。全句就是“若有欲学者，以吏为师”。传统学术总认为这句话是要求人们：所有的事都不用自己思想考虑，完全听顺官府的命令就行了。实则这句话是针对上交诗书百家语而言的，它对应的是“非博士官所职”这句话。可以说，它是发表挟书令的逻辑必然。因为挟书令的宗旨是希望民间的诗书百家语藏书要得到官方的认可，那普通民间人士怎样才会知道官方认可的书目呢？于是，唯一的办法是到官府里去咨询，“以吏为师”成为唯一的选择。所以这里的“吏”当然是指博士这类专家。

应该说，《韩非子·五蠹》篇的一段文字对“以吏为师”原意的以讹传讹起到了很大的负面作用。《五蠹》篇说：“故明主之国，无书简之文，以法为教；无先王之语，以吏为师。”这句晚期法家的清楚表述使人们不由自主联想到秦始皇的禁书令，但如果我们真正进入到秦朝浓厚的清教（墨教）的文化氛围中，就会知道，《韩非子》中“以吏为师”与这里的“以吏为师”完全不是一回事。

秦始皇、李斯的思想逻辑应该是：除医药、种树和卜筮等日用书籍之外，所有与宗教、政治相关的书籍都要以官方的文本和官方的解释为准。因此，凡没有列入博士官藏书目录的诗书文本和诸子文本都要上交官府统一销毁，以免引起不必要的思想混乱。如果人们想要了解学习诗书诸子，应该“以吏为师”，以官方的版本和解释为正。由此可知，秦的挟书令是要去除掉未被官方认可的诗书和诸子，官方认可的诗书和诸子文本自然都在保护之列。也正是因为这样，李斯的提议中要专门指出，医药、种树和卜筮之日用书籍不在本规定之内。因为按李斯的提议，任何书必须得到朝廷的认可、有博士官主持，才可以保存在民间，而医药、种树、卜筮之类日用之书不可能有博士官专门主持，如果不加上一句“所不去者，医药卜筮种树之书”之明确表述，就会造成极大的混乱，明显违背李斯强化社会管治之原意。

秦始皇、李斯的本意是保证秦朝官方宗教和意识形态的主导地位，不论是李斯，还是始皇本人都绝对没有与古典文化决裂的意图。在他们看来，他们的挟书令正是要保护古典中国的经典理念不受当时“离经叛道”、“非上无法”思潮的影响。这里还要说一句，后世以为“法”、“法教”是秦始皇背离传统，自逞意志的一套创制，像文化大革命“批林批孔”时代人们所理解的那样，而在秦始皇和李斯的心目中，他们的“法”、“法制”正是古典中国的“法统”所在，是上帝和祖先的精神体现，而当时不断涌现、层出不穷的各种新思潮才是对上帝祖先、对经典价值观的“大逆不道”。

也正是出于这样的“护教”心态，他们才不得已发布“挟书令”。如果认为，他们完全是为了“自逞私意”，故刻意毁灭法统、铲除祖先文明，这才是对秦始皇、李斯，同时也是对古典中国最大的误解和误判。大致可以说，秦始皇、李斯发布挟书令时的心态与孔子当年“笔削春秋、删减诗书”时的心态几乎是一样的，他们的心情就应该是孔子号召“放郑声，远佞人”[①]时心情。往后说，挟书令的精神与汉儒董仲舒建议汉武帝罢黜百家、独尊儒术时的心态也几乎一般无二[②]。他们都是想保卫古典价值，维持法教秩序。其实，秦始皇、李斯这种纯洁宗教、坚守法统的“护教”行为在所有宗教社会、所有文化历史中都是屡见不鲜的，想想西方天主教历史中时常发生的烧毁异端书籍的行为，想想西方中世纪宗教裁判所的严刑酷罚，所谓的“焚书坑儒”实在不值得大惊小怪。人们常常会说，中国文化因为秦始皇的所谓“焚书坑儒”而“文脉”中断了，但有谁会说，西方文化因为宗教裁判所的严酷做派而中断了呢？

我们上面说过，秦始皇丝毫没有要毁灭诗书和诸子的意图。他的意图恰好相反，他是想要保存真正的古典价值，他担心的是真正的古典信仰、真正的诸子思想会受到玷污、受到篡改，从后来历史所展现出的现实情况来看，秦始皇、李斯的担心不幸变成了现实。比如，我们前面专门强调过的，《吕氏春秋》中的三个关键命题：“墨子贵廉”、“陈骈贵术”和“阳生贵己”，在后来的传承中，就竟然变成了“墨子贵兼”、“陈骈贵齐”和“阳生贵己”，两千年来国人都被这样的曲解和篡改所蒙蔽，直到今天绝大部分国人还蒙在鼓里，不明真相，这可以说是五千年中国文明史最大的悲剧。这不是从反面证明了秦始皇整理文字的正当性吗？

最后，还有必要代表秦始皇、吕子向国人慎重申明：秦王朝本身就是古典中国文化的作品。它发源于宗周故地，有着近六百年与古典中国精神共同发生发展的历程。秦始皇作为秦王朝无可争议的法定继承人，与古典中国文化有着水乳交融的关系。古典价值是秦王朝自身得以傲立于世的最坚强的基石。灭绝古典信仰，抛弃古典价值对于秦始皇来说是不可想象的。这一点，恰可与汉高祖刘邦形成鲜明对照。灭绝古典文化、无视古典信仰的只能是古典中国第四等级的代表、真正的无产者、无神论者刘邦之流的作为。

---

① 《论语·卫灵公》。

② 董仲舒在《天人三策》第三策中说：“今师异道，人异论，百家殊方，指意不同，是以上亡以持一统；法制数度，下不知所守。臣愚以为诸不在六艺之科，孔子之术者，皆绝其道，勿使并进。邪辟之说灭息，然后统纪可一而法度可明，民知所从矣。”董子这段话完全可以作为秦始皇挟书令的注脚。

第四章

古典中国之秋——《郭店楚简》与启蒙思想

第一节　走向启蒙

一　孔墨与儒墨

我们首先要把“孔墨”与“儒墨”两个概念说明清楚。

孔子和墨子是中国文化中两个极为重要的人物，儒家和墨家是古代中国两个最重要的学术派别。他们（它们）之间到底是什么关系，历来是学术界感兴趣的问题。现在我们既然已经把他们（它们）放在了文化形态学这一全新的视野中，既然我们认定，孔子和墨子是古典中国的宗教改革家，对这些问题作一个相应的梳理是极有必要的。

在传统学术中，我们经常见到的是“儒墨”对称，“孔墨”对称的情况很少见。传统学术似乎形成了一个基本共识，孔子是儒家的创始人，墨子是墨家的创始人，所以孔墨就是儒墨，孔墨生来就是对立的。现在看来，这一传统认知恐怕是一个极大的误判。

根据我们的历史观相学，孔子和墨子是古典中国宗教改革运动中的两个标志性人物，孔子创立了礼教，墨子创立了墨教。前面讲过，他们两人的情况很类似于西方文化的路德和加尔文的情况。就他们都主张改变当时社会的政教面貌而言，他们是同志，是同道中人；就他们改革的具体主张而言，他们有明确的不同。从历史的展开来说，不能说他们是对手，因为，他们是两个不同时代的改革家，[①]墨子既是孔子事业的承接人，又是孔子事业的反省者。墨子既要把孔子开创的宗教改革大业深入下去，又强烈地感到孔子礼教思路的局限，需要改变改革大业的方向和具体作为，所以他创立了墨教。《淮南子》对孔墨之间的关系有一个基本判断：

> 墨子学儒者之业，受孔子之术，以为其礼烦扰而不说，厚葬靡财而贫民，服伤生而害事，故背周道而行夏政。[②]

应该说，这个认定是有一定的历史真实性的，它表明墨子与孔子有一种承继关系，只是后来墨子通过现实的经验教训才反思到需要改变孔子改革的具体措施。当然，《淮南子》里提到的孔子之术有"烦扰而不说，靡财而贫民"的缺点，这无疑是对孔子礼教的误解。孔子之所以发起礼教，就是嫌原有的古典"威仪"过于"烦扰而不说，靡财而贫民"。《淮南子》在这里很明显把孔子与儒家画上了等号。

我们还是要再回到《吕氏春秋》。在《吕氏春秋》中，孔墨与儒墨并不是一回事，孔子与儒家也并不是一回事。

在《吕氏春秋》中，常见的是孔墨对称：

> 孔子学于老聃、孟苏、夔靖叔。鲁惠公使宰让请郊庙之礼于天子，桓王使史角往，惠公止之。其后在于鲁，墨子学焉。此二士者，无爵位以显人，无赏禄以利人。举天下之显荣者，必称此二士也。皆死久矣，从属弥众，弟子弥丰，充满天下。王公大人从而显之；有爱子弟者，随而学焉，无时乏绝。子贡、子夏、曾子学于孔子，田子方学于子贡，段干木学于子夏，吴起学于曾子；禽滑釐学于墨子，许犯学于禽滑釐，田系学于许犯。孔墨之后学显荣于天下者众矣，不可胜数，皆所染者得当也。[③]
>
> 子张，鲁之鄙家也；颜涿聚，梁父之大盗也；学于孔子。段干木，晋国之大駔也，学于子夏。高何、县子石，齐国之暴者也，指于乡曲，学于子墨子。索卢

---

① 尽管我们不知道墨子的具体生平，但他是孔子的后辈这一点应该是没有人反对的。这里我们要顺便提及钱穆先生的《先秦诸子年代考》这本相当有名望的著作，从本书的立场看，钱著与其说是推进了学术研究，不如说是妨碍了学术进步，因为它没有反省到一个基本事实：传世的诸多所谓先秦典籍大多是汉代的作品，周汉之后的中国人特别喜欢托附，而《庄子》之类的作品又基本都是寓言，建立于虚构基础上的考证不可能有真正的学术价值。

② 《淮南子·要略》。

③ 《吕氏春秋·当染》。

参，东方之巨狡也，学于禽滑黎。此六人者，刑戮死辱之人也。今非徒免于刑戮死辱也，由此为天下名士显人，以终其寿，王公大人从而礼之，此得之于学也。[①]

桀、纣，天子也，而士皆去之。孔、墨，布衣之士也，万乘之主、千乘之君不能与之争士也。自此观之，尊贵富大不足以来士矣，必自知之然后可。[②]

昔舜欲旗古今而不成，既足以成帝矣；禹欲帝而不成，既足以正殊俗矣；汤欲继禹而不成，既足以服四荒矣；武王欲及汤而不成，既足以王道矣；五伯欲继三王而不成，既足以为诸侯长矣；孔丘、墨翟欲行大道于世而不成，既足以成显名矣。[③]

惠盎见宋康王，康王蹀足謦咳，疾言曰："寡人之所说者，勇有力也，不说为仁义者。客将何以教寡人？"……惠盎对曰："孔、墨是也。孔丘、墨翟，无地为君，无官为长。天下丈夫女子莫不延颈举踵，而愿安利之。今大王，万乘之主也，诚有其志，则四境之内皆得其利矣，其贤于孔、墨也远矣。"宋王无以应。[④]

孔子，布衣也，官在鲁司寇，万乘难与比行，三王之佐不显焉，取舍不苟也夫！子墨子游公上过于越。……秦之野人，以小利之故，弟兄相狱，亲戚相忍。今可得其国，恐亏其义而辞之，可谓能守行矣。其与秦之野人相去亦远矣。[⑤]

孔、墨、宁越，皆布衣之士也，虑于天下，以为无若先王之术者，故日夜学之。有便于学者，无不为也；有不便于学者，无肯为也。盖闻孔丘、墨翟，昼日讽诵习业，夜亲见文王、周公旦而问焉。用志如此其精也，何事而不达？何为而不成？[⑥]

孔墨之弟子徒属充满天下，皆以仁义之术教导于天下。[⑦]

汤、武欲继禹而不成，既足以王通达矣。五伯欲继汤、武而不成，既足以为诸侯长矣。孔、墨欲行大道於世而不成，既足以成显荣矣。夫大义之不成，既有成已，故务事大。[⑧]

---

① 《吕氏春秋·尊师》。
② 《吕氏春秋·不侵》。
③ 《吕氏春秋·谕大》。
④ 《吕氏春秋·顺说》。
⑤ 《吕氏春秋·高义》。
⑥ 《吕氏春秋·博志》。
⑦ 《吕氏春秋·有度》。
⑧ 《吕氏春秋·务大》。

提到“儒”的地方不多，只有两处[①]，“儒墨”对称的也只有一个地方：

有道之士，固骄人主；人主之不肖者，亦骄有道之士。日以相骄，奚时相得？若儒墨之议与齐荆之服矣。[②]

牛缺居上地，大儒也。下之邯郸，遇盗于耦沙之中。盗求其橐中之载，则与之；求其车马，则与之；求其衣被，则与之。牛缺出而去，盗相谓曰：“此天下之显人也，今辱之如此，此必诉我于万乘之主。万乘之主必以国诛我，我必不生，不若相与追而杀之，以灭其迹。”于是相与趋之，行三十里，及而杀之。[③]

不难看出，在《吕氏春秋》中，孔墨指的是孔子和墨子两个历史人物。孔墨是吕子们心目中两个典型的正面人物形象，是吕子们特别推崇的、不依靠家庭出身、完全靠个人奋斗而成名的“士”的典型。在《吕氏春秋》的语境中，我们是根本看不出孔子与墨子的对立关系的，更多的倒是像我们上面提到的前后承继和发扬光大的关系。而“儒”在《吕氏春秋》中似乎不是一个正面的形象，这位叫牛缺的大儒虽然没有被吕子们公开批判，但言下却尽是贬弃之意。这种在墨家看来不廉（不讲原则）的动机在前，可悲结局在后的可气而又可悲的举动，实在是一个真正的古典之士所难以接受的。在《吕氏春秋》的语境中，我们是无法把孔子与这样的儒家勾连起来的。

以上论述告诉我们，至少在《吕氏春秋》的时代，孔墨与儒墨是两个不同的概念，这不禁使我们联想到另一个具颠覆性的话题：孔子并不是儒家。

没错，孔子并不是儒家，这是笔者想向国人提出的一个全新的判断。儒家是孔子之后才出现于古典中国的一个宗派，所以孔子不可能是儒家的创始人。我们还要进一步补充说：儒家不仅晚于孔子，它还晚于墨子和墨家。

读者们看到这里，一定会从内心深处发出一声惊叹（不管是褒义还是贬义）！“儒家”竟然是一个相当晚出的派别和组织，而且它还出现在墨家之后？！一般的人肯定是难以接受这样出格的“奇谈怪论”。但是，我必须要强力表态，一个真正

---

① 另在《吕氏春秋·博志》篇中见到“儒”字，是一个叫“尹儒”的人名：养由基、尹儒，皆文艺之人也。荆廷尝有神白猿，荆之善射者莫之能中，荆王请养由基射之。养由基矫弓操矢而往，未之射而括中之矣，发之则猿应矢而下，则养由基有先中中之者矣。尹儒学御，三年而不得焉，苦痛之，夜梦受秋驾于其师。明日往朝其师。望而谓之曰：“吾非爱道也，恐子之未可与也。今日将教子以秋驾。”尹儒反走，北面再拜曰：“今昔臣梦受之。”先为其师言所梦，所梦固秋驾已。上二士者，可谓能学矣，可谓无害之矣，此其所以观后世已。

② 《吕氏春秋·下贤》。

③ 《吕氏春秋·必己》。

的学术只会在意学术本身，而不会在意是否抵触传统的，不管传统的力量多么强大。

我们得从“儒家”之“儒”字说起。

今天的人们总在笼统地说中国文化就是“儒家文化”，但并没有多少人对“儒家”之“儒”字有清楚的把握。

胡适先生几十年前对“儒家”之“儒”的说明相当有说服力，也是相当符合历史真实的，胡适先生说：

> 我们先看看“儒”字的古义。《说文》：“儒，柔也，术士之称。从人，需声。”
>
> 术士是有方术的人；但为什么“儒”字有“柔”的意义呢？“需”字古与“耎”相通；《广雅·释诂》：“耎，弱也。”即是今“輭”字，也写作“软”字。“需”字也有柔软之意；《考工记》：“革，欲其荼白而疾澣之，则坚；欲其柔滑而腥脂之，则需。”郑注云：“故书，需作劘。郑司农云，劘读为柔需之需，谓厚脂之韦革柔需。”《考工记》又云：“厚其帤则木坚，薄其帤则需。”此两处，“需”皆与“坚”对举，需即是柔耎之耎。柔软之需，引申又有迟缓儒滞之意。……
>
> 凡从需之字，大都有柔弱或儒滞之义。“嬬，弱也。”“孺，乳子也。”“懦，驽弱者也。”（皆见《说文》）。《孟子》有“是何濡滞也”。凡从耎之字，皆有弱义。“偄，弱也”（《说文》）；段玉裁说偄即是儒字。稻之软而粘者为“稬”，即今糯米的糯字。《广雅·释诂》：“媆，弱也。”大概古时“需”与“耎”是同一个字，古音同读如弩，或如糯。朱骏声把从耎之字归入“乾”韵，从“需”之字归入“需”韵，似是后起的区别。
>
> “儒”字从需而训柔，似非无故。①

“儒”即“懦”，也即“柔软”之意，这一点，胡适先生已经很好地解释清楚了。

我们必须进一步说明的是，古典中国为什么需要柔软的“儒家”。

胡适先生在他的名文《说儒》中对“儒家”的缘起有详尽的论说，且在很多方面对我们今天的研究很有启发。胡适率先指出，“儒”是古典中国的类似于犹太祭司的宗教性职业，②单指出这一点就给我们以豁然洞开之感，对于笃信中国文化是一个非宗教文化的顽固头脑来说，这无疑开启了一扇全新的学术路向。惜乎先生生在动乱的中国，没有时间来探讨黑格尔的精神哲学，没有精力用中国的历史来校正斯宾格勒的文化形态学。

---

① 胡适：《胡适文集》5，欧阳哲生编，北京大学出版社，1998年，第6—7页。

② 参见胡适《说儒》，见《胡适文集》5，欧阳哲生编，第64页。

现在我们知道，“儒”尽管是一个宗教性的职业，但它是一个相当晚出的宗教派别，而且按斯宾格勒的思维，“儒”家后来不断失去了它的宗教虔敬，变成了与“无神论”为伍的“费拉宗教”的一部分。这一点恐怕是胡适先生当年不曾设想的。现在我们知道，古典中国的早期（斯宾格勒的所谓“青春时期”）是一个极度宗教化的文化，是一个典型的政教合一的社会。它不像西方基督教社会有国王和教宗的两极分立，在中国，天子（宗教领袖）就是帝王（政治首脑），两者不可能分开，所有的其他社会职位也都是政教合一的，不要说“卜”、“筮”这些专门的宗教职位，所谓“公”、“卿”，所谓“尹”、“史”、“宗”、“祝”，甚至“士”等等职位无一不是政教合一的，所以古典中国的早期是不需要一个专门的宗教阶层“儒”的。所以我们在早期文献，如《尚书》、《诗经》中都找不到“儒”字。不仅在传世的早期文献中，没有“儒”字，在如今存世的上万件铜器铭文中，也没有发现任何一个“儒”字，都可以作为我们这一立论的依据。有学者认为，甲骨文中有若干“儒”字，我们认为这一情况需要进一步探讨。首先，这些字到底是不是后世的“儒”字，这是需要进一步研究的；第二，即使这些确实是“儒”字，那它们在当时的语境中到底是什么意思，为什么在漫长的西周时期，都没有再现。

我们认为，“儒家”源自“墨家”。儒家的“柔”是因为墨家的“刚”、墨家的“坚”。因为墨家的“贵廉”特质，它时时处处表现出刚直、坚硬、果决，古典中国的精神正是在对墨家的反思中，才发育展开出“贵柔”的儒家风格。我们要再次申说，“儒家”恰是作为对“墨家”的反动才问世的。

儒家并不是古已有之的宗派，它其实是墨教兴起后，作为墨家的对立面才出现的。这种情况有点类似于西方文化反宗教改革的宗派，如耶稣会。因为对宗教改革的反对，不管是源于情感还是源于理智，西方基督教社会出现了一个维护原有宗教秩序的所谓反宗教改革运动。它的直接的动因是对宗教改革运动，特别是过于激进的宗教改革举措的反省。从精神演化的层面来说，精神的本质特性是它的自我否定，任何精神事物都会自我扬弃，并形成它的对立面，明白黑格尔精神现象学的人对此是不会有丝毫怀疑的。从某种意义上，耶稣会这些反宗教改革的派别也是宗教改革的产物。但不管怎样讲，历史的事实是，先有路德、加尔文的宗教改革派，才会有作为其对立面的耶稣会。

在古典中国，由于孔子墨子的宗教改革运动极大地震撼了原有的宗教（政治）秩序，所以古典精神情不自禁地萌生出它的对立面，不管它产生的动因是出于情感还是出于理智，极有可能二者兼而有之，不管怎么说，作为宗教改革运动自我扬弃的儒家出现了。我们知道，孔子的礼教改革虽然最早兴起，名声很大，但从对社会现实的实际改造方面来说，墨子的墨教才可以说重塑了古典中国。也正是作为对这个深刻变化的反思，儒家出现了。儒家出现以后，处处表现出对墨教的反抗。

首先，墨家的风格是“贵义”——“贵廉”，于是儒家标榜的就是“贵柔”。“廉”是刚正不阿，一丝不苟，而“柔”就是柔顺、柔和、温柔。我们看，上引的那位牛缺大儒，可以说“柔顺”到了最高境界，强盗要什么给什么，一点也不犹豫，似乎还有点得意。这在墨家人士看来，看见强盗行为就应该立刻制止，不把这班盗匪就地正法就已经是对他们足够仁慈了，怎么能容忍他们明目张胆的“不法”行为，容忍盗匪的“不法”就表明了自己的“不义”，对于墨家人士，放纵“不法”是对“贵廉”这一墨家信条的根本性违背，是墨者最大的耻辱。其次，墨家因为致力于实际的救世行动，所以对个人外表服饰没有丝毫的讲究，所以墨家给人的印象是所谓“腓无胈，胫无毛，沐甚雨，栉疾风，……使后世之墨者，多以裘褐为衣，以屐蹻为服，日夜不休，以自苦为极”①。而儒家却反其道而行之，总是要长绅峨冠，儒服雍容。这里要特意提醒一下，“儒服”也不是像人们原来想象的那样是一个古老的传统。早期古典中国虽然很强调“威仪”，重大的仪式上人人都会有与自己身份相当的服饰，但似乎只限于在仪式之中穿着，并没有像后世儒者那样，有事没事，一天到晚都要把儒服穿着在身，以表明自己的儒者身份。从这里面可以看出它的反墨家初衷。

二　从墨教反对派走向启蒙运动

清教运动以后接下来就是启蒙的时代，这是文化形态学（发生学）的基本定论。斯宾格勒说：“在清教精神中，已经埋下了理性主义的种子，经过狂热的几代人之后，这种子突然间到处成长，使自己成了最高的主导。”②按斯宾格勒的逻辑，因为清教运动清理了旧信仰的方方面面，使理性批判主义变得畅通无阻。“太阳突然升起来了——但是，为批判意识的天空打扫干净从而为太阳开辟道路的又是什么呢？”③从文化精神演化的角度看，任何文化本身就带有理性的精神，只是在文化的早期，信仰的力量过于强大，理性批判的力量未能彰显而已。清教运动的初衷，与所有宗教改革运动一样，是为了回归宗教的本来面目。但宗教改革人士想不到的是，他们改革宗教的动力本身就是一种理性批判的精神。特别是，按照斯宾格勒的观点，由于清教式的宗教改革运动是一种城市意识对原有乡村式宗教心灵的反抗。按黑格尔式的精神现象学，乡村心灵是一种原初的主客不分的混沌精神，而城市意识则意味着日渐清醒的个性自觉。所以，清教运动的结局却是文

① 《庄子·天下》。

② ［德］奥·斯宾格勒：《西方的没落》第二卷，吴琼译，第282页。

③ ［德］奥·斯宾格勒：《西方的没落》第二卷，吴琼译，第282页。

化精神的初衷所难以预料的。清教不仅没能使宗教回归传统，它反而使启蒙运动变得不可避免。

古典中国启蒙运动的缘起是：孔子发起新教运动之后，墨子的清教——墨教因其强有力的组织性和实践力成为古典中国思想文化的压倒性优势力量。从历史观相中，我们可以发现，当时的中国几乎可以说是一个墨教的天下。在墨家的“贵廉”主张的引领下，在墨教强有力的行动中，中国精神到达一个极致。对自我的要求是“严格”、“严厉”、“严酷”，与他人的相处是“强硬”、“刚直”、“果决”、“刻板”。整个社会似乎真的进入了一种清正廉明的状况。应该说，这是古典精神的一条必由之路。但我们前面讲过，精神之所以为精神，就在于它有自由，它会反省，它会自我否定（自我扬弃）。古典精神在墨家“贵廉”思潮走向极致之后，再次走向反省。“儒家”作为墨家的反对派出现了。但恐怕连儒家人士本身都想不到的是，以反宗教改革的态势进入历史舞台的儒家，很快就成为启蒙运动的中心力量。儒家精神在对墨教进行充分反省后，它发现，极端墨教主张下的社会过于平淡、过于枯燥、过于呆滞，说到底是缺乏生命应该有的活泼、欢快、乐趣，缺乏一个健康的社会应该有的“人气”、“人情”、“人道”、“人性”。是的，它想到了“人”。于是，古典中国声势浩大的启蒙运动展开了。

我们都知道，启蒙运动的目标就是理性主宰一切。这是一个理性的时代，这是一个真正文化的时代。在古典中国，《郭店楚简》就是这一时代精神的结晶。

《郭店楚简》的发现是最近几十年中国历史文化中的大事。二十年来，国内的行家和世界汉学界都对它倾注了相当的热情和心力，它的意义已经得到整个学界的充分肯定。但《郭店楚简》的学术价值到底体现在哪里，它在中国思想史中的地位到底如何，到今天为止似乎并没有得到充分的展现。中国学术沉溺于该简书的时代归属和学派归属，而没有对我们原有的学术框架做必要的清理，以至于各位行家的论述和断言不是前后矛盾，就是捉襟见肘，总之，到目前为止，似乎并没有见到一个学理充分、逻辑通畅的学术论断。

《郭店楚简》尽管包含了若干不同标题的篇章，除了《鲁穆公问子思》和《忠信之道》两篇保留有明显的宗教改革的风格外，其他的篇章基本上都是古典中国的“启蒙精神”的反映，是古典中国“启蒙运动”的产物。它的意义阐释首先应该从这一基本把握出发，对它的理解也应该围绕这一基本精神来进行。可以说，如果没有《郭店楚简》的出土，我们对古典中国的启蒙精神将很难有全面的认识，[①]我们对古典中国精神演化的历程的追溯就难免会存在重大的缺口，从这一点上说，《郭店楚简》的面世成了本书得以完成的前提条件。

现在我们可以说，《郭店楚简》集中反映了古典中国的启蒙思想，启蒙运动造就了儒家。《郭店楚简》就是儒家的经典文本。

三　天生百物人为贵

过往的论述基本上都把《郭店楚简》中的《老子》诸篇、《太一生水》篇、《五行》篇、《性自命出》篇等作为它的核心内容。这样安排当然有它的理据，但从文化形态学（发生学）的立场来看，《郭店楚简·物由望生》篇（原名《语丛一》）提出的“天生百物人为贵”是一个具划时代意义的表述。《郭店楚简》旗帜鲜明地指出了“天生百物人为贵”这一命题，从目前的资料看，这是中国文化史上第一个明确的人本主义口号。[②] 人们都知道，西方文化有人文主义与人本主义之说，虽然两者都是有关人的思想主张，但严格说来，人文主义更多是指文艺复兴时代从上帝向人类、从宗教向俗世回归的思想倾向，而人本主义则特指启蒙运动所提出的“以人为本”、“以人为中心”的思想倾向。古希腊智者派哲学家普罗泰戈拉“人是万物的尺度”的名言可以说是启蒙精神最有代表性的表述。古典中国虽然尚未发现“以人为本”这样的话语，但“天生百物人为贵”这样的口号已能充分地证明古典中国启蒙时代的来临。

在《郭店楚简》的时代，人更多的是指具体的生命，所以“人为贵”的主题也就是“生为贵”。在《郭店楚简》中，有好几处断简都提到“生为贵”。[③] 虽然不知它的上下文的具体语境，但重视、珍惜生命的意涵是毫无疑问的。我们都知道《吕氏春秋》中有“贵生”的主张，[④]可见《郭店楚简》与《吕氏春秋》的紧密关系。

---

① 或许是中国文化的命运使然。在《郭店楚简》出土之后不久，《上海博物馆藏战国竹书》也横空出世。虽然，此批竹书的具体出土地点不得而知，从它的内容来看，与《郭店楚简》应大致同时代或稍晚。《上博简》作为《郭店楚简》的补充，对于今人了解启蒙时代的古典中国有极其重大的价值。这一切都似乎表明，中国文化要在公元21世纪再现它的辉煌。

② 传世本《孝经》有“天地之性人为贵”之说，《春秋繁露·人副天数》有“天地之精所以生物者，莫贵于人”之说，但很明显，它们的成书时间应都在《郭店楚简》之后。

③ 在《父无恶》篇和《残片》篇中都有“生为贵”这样的断简，见李零《郭店楚简校读记》（增订本），第149、179页。

④ 见《吕氏春秋·贵生》。

李泽厚先生曾非常敏锐地看到了“天生百物人为贵”这一表述的重要性，他指出：“这是对人，对生命的感性存在采取完全肯定的态度。”[①]他把这一认知放在他对《郭店楚简》初步认识的第一条。杜维明先生认为：“《郭店楚简》的意蕴在于它的人文精神，这才是它的价值。”[②]应该说，这也是相当有见地的判断。但到今天为止，学界还没有从文化形态学的高度把它作为古典中国启蒙运动的一面旗帜加以标示。

对人的价值的确认使得《郭店楚简》的哲人们对战争采取了一种完全不同于以往的立场：

> 君子居则贵左，用兵则贵右。兵者非君子之器，不得已而用之，恬淡为上，弗美也。美之，是乐杀人。夫乐杀，不可以得志於天下矣。故吉事尚左，凶事尚右。是以偏将军居左，上将军居右。言以丧礼居之也。故杀人众则以哀悲莅之，战胜则以丧礼居之。[③]
>
> 以道佐人主者，不欲以兵强于天下。其事好还。善者果而已，不以取强。果而勿伐。果而勿骄。果而勿矜。是谓果而勿强，其事好长。[④]

可以看出，《郭店楚简》时代的《老子》书并没有太多阴谋家的味道。他们的不喜欢用兵，完全是站在人道、人本的立场上。“杀人”、“与生命为敌”对于启蒙的精神来说，是无法受到褒奖的。用兵只能是“不得已”，所以说“善者果以已”，没有什么值得骄傲的。

《郭店楚简》中最能体现启蒙运动特征的内容应该就是“仁”的内涵的转变。前面我们讲过，“仁”在古典中国直到孔墨的时代都是“诚”意，代表人们对上帝祖先的忠诚，大致可以说，《郭店楚简》之前的古典中国，“仁”的含意是“敬神”，只有到了古典中国的启蒙运动之后，“仁”的内涵才变成了“爱人”，尽管刚开始的时候，它表示的是晚辈对长辈的“敬爱”，只是到后来，它才变成传统中国意义上的上级对下级、长辈对晚辈的“慈爱”。

现在看来，“仁”的含意的转变就应该发生在《郭店楚简》时代，发生在古典中国的启蒙运动时期。“仁”的内涵的转变在中国思想史上有着极其重要的意义，这是今天和未来的中国文化研究者必须要深刻领会的地方。

---

① 李泽厚：《初读郭店竹简印象记要》，载《郭店楚简与儒家研究——〈中国哲学〉第二十一辑》，辽宁教育出版社，2000年，第1页。

② 参见欧阳桢人《郭店楚简研究新成果》，《人民日报》(海外版)，2000年10月9日007版。

③ 《郭店楚简·老子丙》，见李零《郭店楚简校读记》(增订本)，第26页。

④ 《郭店楚简·老子甲》，见李零《郭店楚简校读记》(增订本)，第4页。

与“仁”的意义转换相对应，“孝”在古典中国的意义也在此时发生了深刻的改变。这里，我们又要对传统学术作一个大力的警告。传统学术中，“孝”似乎就是晚辈对长辈的尊崇、尊敬，但传统学术没有指出“孝”的意义在启蒙运动后(儒家之后)有了方向性的转变。儒家之前的“孝”主要指的是在世的后人对逝去的先辈的尊敬和祭拜，并不针对在世的父祖，这一点只要仔细阅读古典中国早期的青铜铭文就可以得出结论。在青铜铭文中，我们总是看到“孝”与“享”前后相随，所谓“以享以孝”，总是看到“追孝于前文人”这样的句式，这些都在在提示我们，“孝”在早期，针对的是逝去的先辈，而不是在世的长辈。人们“享”的是皇天上帝，“孝”的是在天上的“祖先”。从古代中国祭祖仪式中“尸”的设计也可以看出这一点。

四　不乐无德

与上述对人、对生命的正面肯定相仿佛，《郭店楚简》还有一个十分鲜明的、充满了启蒙精神的命题，这就是“不乐无德”。我们在《五行》篇中可以发现多处：

> 君子无中心之忧则无中心无智，无中心之智则无中心之悦，无中心之悦则无不安，不安则不乐，不乐则无德。……
>
> 不形不安，不安不乐，不乐无德。……
>
> 不聪不明，不明不圣，不圣不智，不智不仁，不仁不安，不安不乐，不乐无德。……
>
> 和则乐，乐则有德，有德则邦家兴。……闻道而乐者，好德者也。[①]

这里的“乐”自然指的是“愉悦”、“快乐”之意，当然包括或主要包括感性的快乐。“德”必须包含“乐”，不愉快就不能算有道德、有德性，这种观点应该说是《郭店楚简》特有的，也是这之前的古典中国所不具备的。这无疑也表明了《郭店楚简》的启蒙主义思想主张，这同样是一种划时代的表述。

启蒙时代的旗帜无疑是理性，但也许人们并没有特别在意的是，只有到了启蒙的时代，感性生命才获得它的彻底正当性。在真正理性的时代，人们是不会贬斥“感性”的，因为“理性”的基础就是“感性”。正如黑格尔所说：在精神发展到理性阶段后，“意识确信在它的个别性里它就是绝对自在的存在，或者它就是一切实

① 《郭店楚简·五行》，见李零《郭店楚简校读记》(增订本)，第78—80页。

在这一观念。”[1]“理性就是意识确知自己即是一切实在这个确定性。”[2]世人都知道黑格尔有“存在即合理”的名言，其实这是典型的启蒙时期的意识。从文化形态学来看，所谓“启蒙”，就是精神为人的现实存在（首先是感性存在）提供合理性证明的过程。所以，一个真正的“启蒙运动”，首先就是为感性存在正名的过程。

《郭店楚简・五行》篇中一而再、再而三提出“不乐无德”，指出“道德”与“快乐”的不可分离的关系，这无疑是值得学界警醒的。遗憾的是，这么多年来，学术界几乎无人对这一划时代的观点主张进行过论述，更没有对它的意义加以阐释。

现在我们知道，这一划时代的主张其实是有所指向的，它所针对的是孔墨的新教。我们前面说过，孔子的新教——礼教的基本主张是“克己复礼为仁”，它要求人们克制自我的私心物欲，严格以“礼”制的规定来约束自我。可以看出，宗教改革精神的根本要求是“人的自我克制”，所以孔子的时代不可能把“乐”——“快乐”当作一种道德指归。与孔子相仿佛，墨子所发起的墨教——古典中国的清教运动把“万事莫贵于义”作为自己的核心诉求，为了“义”的通行和实现，再多的困难，再大的牺牲都值得。墨教精神也不可能有“不乐无德”这样的主张。

于是，我们知道，《郭店楚简》（特别是《五行》篇）其实是一种反孔墨、反宗教改革（严格意义上说是超越孔墨、超越宗教改革）的主张，这表明了古典中国的精神进入了一个新的阶段。

这里我们要稍加指出，这些年来，学术界总是在为《郭店楚简》，特别是《五行》等篇章到底该不该归于子思的作品，到底该不该归于儒家争论不休，但人们似乎从来没有反省过孔子的主张到底是什么。一个以“不乐无德”为基本主张的学派会认一个主张“克己复礼为仁”的人作自己的宗主吗？沉溺于传说和托附泥塘中的传统中国的学术恐怕永远不可能走出自己编织的迷网。

今天的中国学术比任何时候都更需要一个清晰的学术框架，我们迫切需要文化形态学（发生学）。

应该说，《郭店楚简》“不乐无德”的观点是古典中国最早期的功利主义道德主张。我们都知道，功利主义的道德观在西方文化中是启蒙运动的一个基本内容。法国著名启蒙哲学家爱尔维修最早指出趋乐避苦是最基本的人性，是人类道德的基础。[3] 英国功利主义者边沁更把增加快乐减少痛苦当成道德的根本性指标。[4] 英国另一启蒙思想家威廉・葛德文也说：“喜好快乐和厌恶痛苦是人的本性，快乐

---

① [德]黑格尔：《精神现象学》，贺麟、王玖兴译，商务印书馆，1979年，173页。

② [德]黑格尔：《精神现象学》，贺麟、王玖兴译，175页。

③ 参见冒从虎等《欧洲哲学通史》下卷，南开大学出版社，1985年，第85—86页。

④ 参见[英]边沁《道德及立法原理导论》，时殷弘译，商务印书馆，2000年，第57—63页。

是唯一的善，痛苦是唯一的恶。研究道德和政治的唯一目的是为了获得快乐或幸福。”[①]

应该说，《郭店楚简》的“乐德”道德观与他们是“同源的”。

与这种“不乐无德”的观念相呼应。《郭店楚简》认为，人的真情实感本身就是有价值意义的，与此相反，虚情假意则属“可恶”：

> 凡人伪为可恶也。伪斯吝矣，吝斯虑矣，虑斯莫与之结矣。……凡人情为可悦也。苟以其情，虽过不恶。不以其情，虽难不贵。苟有其情，虽未之为，斯人信之矣。未言而信，有美情者也。[②]

这方面也表现《郭店楚简》的时代精神与孔墨时代有了明显的变化。在《郭店楚简》的心目中，“情”不像在孔墨时代那样是需要人们加以克制的东西。“情生于性”[③]，“情出于性”[④]，人们的情感既然是天性所然，当然就有了它不能被忽视的价值意义。

于是，《郭店楚简》把“情”——人的自然情感当作“道义”，也就是道德准则的基本前提，在它看来，真正的道德必须是不违背人的自然情感的：

> 性自命出，命自天降。道始于情，情生于性。始者近情，终者近义。知情[者能]出之，知义者能入之。[⑤]
>
> 礼作于情，或兴之也。当事因方而制之，其先后之序则宜道也。又序为之节，则文也。至容貌所以文，节也。君子美其情，贵其义，善其节，好其容，乐其道，悦其教，是以敬焉。[⑥]
>
> 礼，因人之情而为之节文也。[⑦]

应该说，《郭店楚简》这里的“重情”思想是与孔墨时代的“克制”理念正相反对的。

---

① [英]威廉·葛德文：《政治正义论》，商务印书馆，1980年，第10页

② 《郭店楚简·性》，见李零《郭店楚简校读记》(增订本)，第107页。

③ 《郭店楚简·名数》，见李零《郭店楚简校读记》(增订本)，第169页。这一命题也见于《郭店楚简·性》。

④ 《郭店楚简·性》，见李零《郭店楚简校读记》(增订本)，第107页。

⑤ 《郭店楚简·性》，见李零《郭店楚简校读记》(增订本)，第105页。

⑥ 《郭店楚简·性》，见李零《郭店楚简校读记》(增订本)，第106页。

⑦ 《郭店楚简·物由望生》，见李零《郭店楚简校读记》(增订本)，第159页。

与这种“不乐无德”和“重情”的启蒙观念相适应，古典中国出现了大量的以男女情爱和世俗情感为主题的诗篇。近年来出土的《上海博物馆藏战国楚竹书》(以下简称《上博简》)为我们提供了非常好的实物证据。该简包括《采风曲目》和《逸诗》等内容。《采风曲目》包括三十九个歌谣曲目，虽然没有这些歌谣的具体内容，但从它的曲目名就知道，它们都是地地道道的世俗流行歌曲。我们这里不妨列举几个曲目名称：《良人亡不宜也》、《奚言不从》、《子奴思我》、《子之贱奴》、《出门以东》、《勿过吾门》①。另外，《上博简》中保存的两篇《逸诗》也能佐证我们的观点。这两首《逸诗》没有篇名，整理者根据文意定为《交交鸣□》和《多薪》，两诗的主题似乎都在描述君子之间的友好情谊上，可见也都属于世俗流行歌曲。②

由此，我们可以进一步想到，现本《诗经》的《国风》部分极有可能是战国后的结集。虽然传统学术长期以为，传世本诗经都是西周以前的作品。但是，现在看来，《诗经》中相当大的部分，至少它的《国风》部分应该是春秋以后的作品，而且这里面有相当大的比例是成形于战国年间。这里的革命性观点肯定会受到保守人士的否定，但如果我们深入到文化形态中去，得出这样的结论无疑是顺理成章的。

任何一个文化的早期都会是宗教思想的暴发期，它的作品只能是一些充满了虔敬风格的题材，像我们以前引用的《尚书》和《颂》、《雅》等宗教类的作品。在西周时代出现《关雎》式的情爱类流行诗歌是难以想象的。退一步说，即使在早期社会的世俗群落中有人吟唱“关关雎鸠，在河之洲”之类世俗的歌谣，它也不可能被官方采集。这里顺便要说一说，所谓采风——官方派专人到各地收集歌谣——之说本身就是一个晚期的概念，只有到了启蒙时期以后，当“不乐无德”的观念变成主流社会的观念之后，《国风》类充斥着男女情感的世俗歌谣才能取得它的正当地位，文化精神才会有到民间收集歌谣之想法。

以上这样的认知确实是太具革命性了，以至于笔者很久以来都不敢往这方面深入思考。还好，近年来出土的《上博简》给我们提供了提出新见解的勇气。《上博简》的成书年代，也就是战国中后期，才是古典中国人热衷于创作世俗歌谣的年代，同样，也就是到了此时，才会有专门人士(不一定是官方人士)有意识地收集整理这样的通俗歌谣。由此，我们不难想象，传世本《诗经》中的《国风》部分结集时间应该远在传统的理解之后。我们认为，现本《诗经》应该是汉代以后才结集定形的。

当然，所谓孔子删诗之说无疑也是汉人的想象。

---

① 参见马承源主编《上海博物馆藏战国楚竹简》(四)，上海古籍出版社，2004 年，第 164—170 页。

② 参见马承源主编《上海博物馆藏战国楚竹简》(四)，第 173—178 页。

第二节　思想解放学说

一　《五行》——启蒙运动的理论基础

启蒙运动最大的特点就是它的祛魅性，它对自然的崇尚。按斯宾格勒的说法，在各个文化的启蒙时代都风行过一种所谓"欧赫墨洛斯主义"(Euhemerism)。古希腊学者欧赫墨洛斯在公元前300年左右曾向当时的民众"解释"过他们曾经信奉的神祇，这种"解释"其实是一种解构，是用一种哲学思维来说明当时民众的宗教信仰，用一种自然的观点、机械的思维取代人们惯常的神学思维。[①] 说到底，这是一种思想解放运动，是一种鼓吹人的自由的学说。这种欧赫墨洛斯主义发生在古希腊的启蒙时代，也发生在西方文化的启蒙时代，在古典中国无疑也会有一种祛魅、启蒙的思潮。

我们看到，《郭店楚简》的许多篇章都有这种去神秘化的倾向。我们要先说说《五行》篇。可以说，《五行》篇就是古典中国思想解放的宣言书。

自从《五行》篇1973年首次出土于长沙马王堆汉墓中以后，就引起人们的高度兴趣，当《五行》篇再次出土于湖北荆门后，中国学界和世界汉学界掀起了一个《五行》的研究热潮，可以说，直到现在，《五行》篇的研究热还方兴未艾。

先来看看李零教授整理后的《五行》篇文本：[②]

> 仁形于内谓之德之行，不形于内谓之行。义形于内谓之德之行，不形于内谓之行。礼形于内谓之德之行，不形于内谓之行。智形于内谓之德之行，不形于内谓之行。圣形于内谓之德之行，不形于内谓之德之行。
>
> 德之行五和谓之德，四行和谓之善。善，人道也。德，天道也。君子无中心之忧则无中心无智，无中心之智则无中心之悦，无中心之悦则不安，不安则不乐，不乐则无德。
>
> 五行皆形于内而时行之，谓之君子。士有志于君子道谓之志士。善弗为

---

① 参见[德]奥·斯宾格勒《西方的没落》第二卷，吴琼译，第283页。

② 参见李零《郭店楚简校读记》(增订本)，北京大学出版社，2002年，第78—82页。引者注：为便于阅读，删除了原文中的括号，《郭店楚简》的其他引文皆从此例。

无近，德弗志不成，智弗思不得。思不精不察，思不长不得，思不轻不形。不形不安，不安不乐，不乐无德。

不仁，思不能精。不智，思不能长。不仁不智，“未见君子，忧心不能惙惙；既已见之，心不能悦；亦既见之，亦既觏之，我心则悦”，此之谓也。不仁，思不能精。不圣，思不能轻。不仁不圣，“未见君子，忧心不能忡忡；既见君子，心不能降”。

仁之思也精，精则察，察则安，安则温，温则悦，悦则戚，戚则亲，亲则爱，爱则玉色，玉色则形，形则仁。

智之思也长，长则得，得则不忘，不忘则明，明则见贤人，见贤人则玉色，玉色则形，形则智。

圣之思也轻，轻则形，形则不忘，不忘则聪，聪则闻君子道，闻君子道则玉音，玉音则形，形而圣。

“淑人君子，其仪一也”。能为一，然后能为君子，君子慎其独也。

“瞻望弗及，泣涕如雨”。能“差池其羽”，然后能至哀。君子慎其独也。

君子之为善也，有与始，有与终也。君子之为德也，有与始，无与终也。金声而玉振之，有德者也。

金声，善也，玉音，圣也。善，人道也。德，天道也。唯有德者，然后能金声而玉振之。不聪不明，不明不圣，不圣不智，不智不仁，不仁不安，不安不乐，不乐无德。

不变不悦，不悦不戚，不戚不亲，不亲不爱，不爱不仁。

不直不肆，不肆不果，不果不简，不简不行，不行不义。

不远不敬，不敬不严，不严不尊，不尊不恭，不恭无礼。

未尝闻君子道，谓之不聪。未尝见贤人，谓之不明。闻君子道而不知其君子道也，谓之不圣。见贤人而不知其有德也，谓之不智。

见而知之，智也。闻而知之，圣也。明明，智也。赫赫，圣也。“明明在下，赫赫在上”，此之谓也。

闻君子道，聪也。闻而知之，圣也。圣人知天道也。知而行之，义也。行之而时，德也。见贤人，明也。见而知之，智也。知而安之，仁也。安而敬之，礼也。圣，知礼乐之所由生也，五行之所和也。和则乐，乐则有德，有德则邦家兴。文王之示也如此。“文王在上，于昭于天”，此之谓也。

见而知之，智也。知而安之，仁也。安而行之，义也。行而敬之，礼也。仁，义礼所由生也，四行之所和也。和则同，同则善。

颜色容貌温变也。以其中心与人交，悦也。中心悦旃，迁于兄弟，戚也。

戚而信之，亲也。亲而笃之，爱也。爱父，其继爱人，仁也。

中心辩然而正行之，直也。直而遂之，肆也。肆而不畏强御，果也。不以小道害大道，简也。有大罪而大诛之，行也。贵贵，其等尊贤，义也。

以其外心与人交，远也。远而庄之，敬也。敬而不懈，严也。严而畏之，尊也。尊而不骄，恭也。恭而博交，礼也。

不简，不行。不匿，不辩于道。有大罪而大诛之，简也。有小罪而赦之，匿也。有大罪而弗大诛也，不行也。有小罪而弗赦也，不辩于道也。

简之为言犹练了，大而晏者也。匿之为言也犹匿匿也，小而轸者也。简，义之方也。匿，仁之方也。强，义之方。柔，仁之方也。“不强不絿，不刚不柔”，此之谓也。

君子集大成。能进之为君子，弗能进也，各止于其里。大而晏者，能有取焉。小而轸者，能有取焉。胥儢儢达诸君子道，谓之贤。君子知而举之，谓之尊贤。知而事之，谓之尊贤者也。前，王公之尊贤者也；后，士之尊贤者也。

耳目鼻口手足六者，心之役也。心曰唯，莫敢不唯；诺，莫敢不诺；进，莫敢不进；后，莫敢不后；深，莫敢不深；浅，莫敢不浅。和则同，同则善。

目而知之谓之进之，喻而知之谓之进之，譬而知之谓之进之，几而知之，天也。“上帝临汝，毋贰尔心”，此之谓也。

天施诸其人，天也。其人施诸人，狎也。

闻道而悦者，好仁者也。闻道而畏者，好义者也。闻道而恭者，好礼者也。闻道而乐者，好德者也。

二 语义疏解

应该说，到目前为止，原有对《五行》篇的文字认知还存在若干重大的误区，最大的失误莫过于对于“德之行”与“行”的分别没有得到应有的认识。当我们看到“仁形于内谓之德之行，不形于内谓之行。义形于内谓之德之行，不形于内谓之行。礼形于内谓之德之行，不形于内谓之行。智形于内谓之德之行，不形于内谓之行”这些很连贯、很排比的表述时，都知道世上有两种伦理行为，一种是“德之行”，另一种为“行”。上述的“仁”、“义”、“礼”、“智”都是先说“德之行”，再说“行”，于是当接下来人们看到“圣形于内谓之德之行，不形于内谓之德之行”这句话，就情不自禁地把“不形于内谓之德之行”的“德之”当成是衍字予以删除。这一简单的动作就造成了对这段话语义理理解的严重障碍。以笔者的有限认知，到今天为止，这段文字的原意还没有得到应有的澄清。

我们首先要完成这一基础工作。

必须郑重申明，“圣形于内谓之德之行，不形于内谓之德之行”这句话是当初文本的本来面目，而后来的《帛书五行》篇则极有可能是遗漏了“德之”这两个字，或者也有可能，《帛书五行》的抄写者已经对《五行》篇作了自己的曲解①。不管怎样，从《郭店楚简》本身的文字整体来说，这句话是极为关键的一句，没有了“德之”这两个字，则整篇文字都难以通畅地理解。

人们知道，“仁”、“义”、“礼”、“智”、“圣”是五种常见的伦理品质，在《郭店楚简》问世之前，就已经在古典中国社会中被广泛认知认可。但在古典中国宗教改革运动之前，人们都是从宗教的角度去认识理解它们。“仁”本来是指对上帝祖先的虔诚祀拜；“义”是“威仪”，本来是指与宗教祀拜相关的仪式典章，后来才演变成上帝皇天所规定的人间伦理准则；“礼”是孔子新教改革后所提倡的一种新的宗教规范；“智”与“圣”在古典中国的前启蒙时代没有特别的意义，但基本上也都指与宗教信仰相关的优秀品质。总之，在古典中国的前启蒙时代，“仁”、“义”、“礼”、“智”、“圣”都不外是人们敬仰上帝祖先的概念。但进入启蒙时代以后，不知道什么时候，古典中国的哲人把“仁”、“义”、“礼”、“智”、“圣”五个概念当成了发源于人性的伦理品德。在启蒙哲人看来，虽然“五行”是表现在外的伦理“行为”，但只有真正发端于人心（形于内）的“仁”、“义”、“礼”、“智”、“圣”行为才是“德之行”，才是真正的“德行”；而不发端于人内心（不形于内），仅仅表现于外的“仁”、“义”、“礼”、“智”只不过是“行”而已。注意，这里出现了“五德”和“四行”之别。“仁”、“义”、“礼”、“智”、“圣”全部“形于内”，每一个都是“德之行”，所以加起来是“德之行五”。这五种“德之行”“和谐协调”才能成为真正的“德”，所谓“和谓之德”，这是启蒙哲人最欣赏的品质。但“仁”、“义”、“礼”、“智”这四种伦理品质可以“形于内”，而成为“德之行”，也可以“不形于内”而仅仅成为“行”；但“圣”这一品质很特异，它与其他四种品质不同，当它“形于内”时，自然是“德之行”，但即使它“不形于内”，它仍然是“德之行”。于是，我们看到，在这一世界上，“德之行”有五：“仁”、“义”、“礼”、“智”、“圣”；而“行”只有四：“仁”、“义”、“礼”、“智”。于是，《郭店楚简·五行》篇出现了这样的表述：“四行，和谓之善。”其实，严格说起来，它的语序应该是“行四，和

---

① 《帛书五行》的“说”与“经”之间的距离相隔不能以道里计。不看它的“说”，我们还可以大致明白《五行》篇的内容，如果把两者结合起来看，则只能使正常的理智陷于混乱。可以说，该篇“说”很有代表性，充分反映了汉代学人惯常的牵强附会、强词夺理、自说自话和不学无术。斯宾格勒常感叹文化精神的衰落，没落时代的后人无法把握古典精神，他们对古典文献的解释往往不是帮助而是妨碍人们对古典精神的投入。

谓之善”。

值得再说一次，世上有“德之行”和“行”两种品行之区分，“德之行”是发自内心的自觉行为，而“行”则“不形于内”，只是偶然呈现于外的“善行”。“德之行”有五种：仁、义、礼、智、圣；而“行”只有四种：仁、义、礼、智。

有了上述的澄清之后，《五行》篇很多不解之处就言从意顺了。

“圣”这一品质在古典中国启蒙时代具有极其重要的意义。惜乎这么多年来，并没有文论论及这一点。首先，我们要弄清楚，为什么“圣”不管“形于内”与否都可以称为“德之行”。“圣”古字从耳，表明它是一种用耳感受“天道”的优良品质。《五行》篇说：“德之行五和谓之德，四行和谓之善。善，人道也。德，天道也。”其实我们可以把它简单理解为：有“圣”才算“德”，才是天道；无“圣”即使“四行和”也只能算“善”，只是人道。在《郭店楚简》时代，很显然，由于“天道”远高于“人道”，所以“德”的地位远高于“善”。古语常说“德者，得也”，而所谓“德”说到底就是“得天道”、“与天同行”意思。如何才能“得天道”、“与天同行”呢？自然用“耳”来感受最适宜。在古典启蒙时代，“天道”已经没有神秘感，它好像一曲能揭示宇宙奥秘的音乐，[①]亘古不绝地回荡于天地之间。只要人们具备“圣”的品质，就会沉浸共振于“天道”旋律中。古代中国所谓“圣人”就是这种能“与天同行”的有“德”之人，所以“圣”的品质是“轻”：“圣之思也轻，轻则形，形则不忘，不忘则聪，聪则闻君子道，闻君子道则玉音，玉音则形，形而圣。”因为“轻”才能上升，才能“与天同行”。由于“天道”(也可以说是天音)亘古不息，具备“圣”这种品质的君子(严格说来是圣人)会每时每刻、随时随地与“天道”合二为一，成为“天道”的化身，所以这样的君子圣人并没有“形于内”和“不形于内”的区分，他们的行为就总是“德之行”。对于“仁”、“义”、“礼”、“智”这些“圣”之外的品行，如果它们是由“圣”者来实施，那自然就属于“德之行”，但事实上，普通人或者出于主观善良愿望，或者出于外力强迫，或者因为机缘巧合，他们也时不时地会表现“仁”、“义”、“礼”、“智”的行为，但由于他们没有达到“圣”的境界，所以这样的“仁”、“义”、“礼”、“智”表现只能算“行”，只是“善”境界。这种“善”虽然也可敬可佩，但在古典中国启蒙哲人看来，这不是他们心目中的理想。因为这样的“善行”没有一定之规，没有恒定性，没有可预见性，因而没有真正的有益于社会的功效。上述这种情形可以用现在的街舞来做比方。有德的圣人就是能听懂音乐旋律的高手，在音乐的伴奏下跳着赏心悦目的舞蹈，音乐不停，他的舞蹈都不会失败。而听不懂音乐节奏的舞者，不管他多么用心模仿高手，不管多么尽力手舞足蹈，也许偶尔能踏对一步两步，但这样的舞蹈肯定不

---

① 尼采就曾说过，音乐代表宇宙的意志。

符合人们的期望，而且这样的舞者很快就会因为疲倦而退出舞台。所以有“德”之“圣人”其实就是能感受天道，听懂宇宙旋律的人，正如《五行》篇所说：“圣人，知天道也。”而一旦人听懂了“天道”之乐，他就会自动与宇宙旋律相配合、和谐共振，他的行为就再也不会违背上天的意志，而且从此以后他再也不会倒退到俗人的境界。所以它说：

> 君子之为善也，有与始，有与终也。君子之为德也，有与始，无与终也。金声而玉振之，有德者也。
>
> 金声，善也，玉音，圣也。善，人道也。德，天道也。唯有德者，然后能金声而玉振之。①

为善者，因为没有“天道”的保证，所以必须靠君子的强力忍苦，靠有始有终的个人努力才有可能成功；而为德者，也就是追求“圣”的人，只要他进入“德”的境界，就自动会“与天同步”，而且一辈子不会堕落，所以不存在“有始有终”的主观负担。这里的“金声”和“玉音”无疑是一对比喻，似乎在古人的心中，“金声”洪亮，而“玉音”绵长。历史的经验是，没有达到“圣”境界的“善人”，他们的“善举”虽然也都宏大响亮，但似乎很难长久地保持。正如毛泽东曾经讲过的一句俗话：一个人做点好事并不难，难的是一辈子都做好事，不做坏事。这个世界不是没有善行，但人类需要的是有德者，需要“一辈子只做好事，不做坏事的”圣人。只有到了圣人的境界，才能“金声而玉振之”。注意，这里说“金声，善也，玉音，圣也。善，人道也。德，天道也”。可见在《郭店楚简》中，“圣”与“德”是可以互训的两个概念。

三　《五行》篇的主题是“德”

现在我们来说说《五行》篇的主题。

从现在的文本结构出发，我们不难知道，所谓《五行》篇其实就是古典中国启蒙时代的核心论述，其实我们应该把它命名为《德论》。它的上章是对有关“德”的义理分析，指出“德”本身的关键内容是“形于内”和“不乐无德”，分析“德”与“行”、

---

① 《郭店楚简·五行》，参见李零《郭店楚简校读记》（增订本），第79页。李零不知出于何种考虑，把“君子之为德也，有与始，无与终也”的“无与终也”订写成“有与终也”，根据文意，应该是“无与终也”。

"德"与"善"的关系。下章是论述修养"德"的具体方法，主要是告诉人们，如何才能达至"仁"德、"义"德和"礼"德。

"德"是启蒙精神特别在意的一种诉求。在古典中国的启蒙精神看来，孔子的"非礼勿视，非礼勿听，非礼勿动，非礼勿言"和墨子的"万事莫贵于义"所强调的"克己"过于严苛了，与人类的天性有极大的抵触，不是人生真正的意义所在。从另一个角度看，孔墨对人生的严苛也完全没有必要。人性本来就是具备"仁、义、礼、智、圣"等各种伦理品质的，只是过往的人类没有认识到。只要人们把各种伦理规范变成发自内心的自觉行为（所谓"形于内"），也就是，只要人们都变成"有德"之人，把各种伦理规范变成现实就不仅不是什么难事，反而是十分轻松愉快的事，"不乐无德"，"乐则有德"啊！

于是，问题就从孔墨时代如何使"仁义"普及于世，变成了如何使世上充满有德之君子。《五行》篇的后半部分就告诉人们，只要我们学会调节自己的心态，用下面这种健康的"心术"（思维方式）对待世事人群，每个人都可以变成有德之人：

> 颜色容貌温变也。以其中心与人交，悦也。中心悦旃，迁于兄弟，戚也。戚而信之，亲也。亲而笃之，爱也。爱父，其继爱人，仁也。
>
> 中心辩然而正行之，直也。直而遂之，肆也。肆而不畏强御，果也。不以小道害大道，简也。有大罪而大诛之，行也。贵贵，其等尊贤，义也。
>
> 以其外心与人交，远也。远而庄之，敬也。敬而不懈，严也。严而畏之，尊也。尊而不骄，恭也。恭而博交，礼也。

人一旦有了"德"，会终生与"德"同行，与天同步，任何情况下都不会出轨，像《论语》所说："君子无终食之间违仁，造次必于是，颠沛必于是。"[①]即使独居一人，没有任何人监督，也不会违背自我的内心诉求。这就是君子之所以能"慎其独"的缘由，这也是有德者能"玉振"的缘由：

> "淑人君子，其仪一也"。能为一，然后能为君子，君子慎其独也。
>
> "瞻望弗及，泣涕如雨"。能"差池其羽"，然后能至哀。君子慎其独也。
>
> 君子之为善也，有与始，有与终也。君子之为德也，有与始，无与终也。金声而玉振之，有德者也。
>
> 金声，善也，玉音，圣也。善，人道也。德，天道也。唯有德者，然后能金

---

① 《论语·里仁》。

声而玉振之。不聪不明，不明不圣，不圣不智，不智不仁，不仁不安，不安不乐，不乐无德。

可以想象，如果世上都是有德之人，这个世界自然不会有任何人事烦恼，社会也就成了理想的家园。

这里要强调指出的是，“德”的概念的提出，表明了《郭店楚简》所代表的启蒙精神不仅要超越孔教，它也意图超越墨教。

我们知道，墨教的核心价值观念都包含在《经上》篇中。除了“廉”以及意义相关的忠、信、勇、令、耻、任之外，就是古典中国最普遍认可的仁、义、礼、智、孝等伦理名词。但请注意，这里面没有“德”和“道”，也没有在《五行》篇中特别重要的“圣”概念。不要小看了这一点，这向我们传达了古典中国一个极为重要的信息：在古典中国的墨教改革时代，“德”“道”这两个在后世具有极端重要性的伦理概念还没有进入古典心灵中（“圣”与“德”是同格位的两个概念）。“德”和“道”作为启蒙精神对宗教改革精神的超越，是在启蒙运动之后才进入古典中国的思想文化领域。

我们这里用“超越”而不用“反对”，是因为《郭店楚简》所代表的启蒙精神并不反对“仁义礼”等经典价值。它只是觉得，墨教的伦理理想只到达“行”的层次（“行”也是《墨经》所包含的核心观念之一），墨家追求的“仁”，仅仅是“仁行”，它的“义”也仅仅是“义行”，“礼”也仅仅是“礼行”，“智”也仅仅“智行”，依此类推。在启蒙精神看来，这些“行”固然是好的，是“善”的，但是由于这些都仅仅是“行”，是“不形于内”的——外在于人内心的东西，人们一时半会儿做到这些“行”不难，但要求人们自始至终都能遵奉，终生不渝，则必须要有墨教人士的强大意志力才行，而这在启蒙精神看来，并不现实，也无必要。我们不能要求普通人都能像虔诚的墨教人士那样强力忍苦。更关键的是，人们其实不必非要像孔墨那样“克己”来实现“仁义礼智”的伦理宗教理想。只要人们体认到“德”，把“仁义礼智”修养到“德之行”的层次，把这些伦理要求变成我们“形之于内”的自觉品质，理想社会是可以非常愉快地实现的。“乐则有德”，“不乐无德”，“德”之世界怎能是一个愁容满面的世界呢?!

接下来的问题是，天生的有德之人，也就是圣人并不多。世上的人参差不齐，什么样的人都有，如何培养造就有德之人就成了下一个最紧要的问题，这就是下面《性》篇要解决的问题。

第三节 《郭店楚简》就是古典中国的道德学派

一 《性》篇的主题是“道”

我们先来看看《性》篇：①

1.凡人虽有性，心无定志，待物而后作，待悦而后行，待习而后定。喜怒哀乐之气，性也。及其见于外，则物取之也。性自命出，命自天降。道始于情，情生于性。始者近情，终者近义。知情者能出之，知义者能入之。好恶，性也。所好所恶，物也。善不善，性也。所善所不善，势也。

2.凡性为主，物取之也。金石之有声，弗扣不鸣。人之虽有性心，弗取不出。

3.凡心有志也，无与不可，人之不可独行，犹口之不可独言也。牛生而长，雁生而伸，其性使然，人而学或使之也。

4.凡物无不异也者，刚之树也，刚取之也；柔之约，柔取之也。四海之内，其性一也，其用心各异，教使然也。

5.凡性，或动之，或逆之，或交之，或厉之，或绌之，或养之，或长之。

6.凡动性者，物也；逆性者，悦也；交性者，故也；厉性者，义也；绌性者，势也；养性者，习也；长性者，道也。

7.凡见者之谓物，快于己者之谓悦，物之设者之谓势，有为也者之谓故。义也者，群善之蕝也。习也者，有以习其性也。道者，群物之道。

8.凡道，心术为主。道四术，唯人道为可道也。其三术者，道之而已。诗书礼乐，其始出皆生于人。诗，有为为之也。书，有为言之也。礼乐，有为举之也。圣人比其类而论会之，观其先后而逆顺之，体其义而节文之，理其情而出入之，然后复以教。教所以生德于中者也。礼作于情，或兴之也。当事因方而制之，其先后之序则宜道也。又序为之节，则文也。至容貌所以文，节也。君子美其情，贵其义，善其节，好其容，乐其道，悦其教，是以敬焉。拜，所以□□□其□敏也。币帛，所以为信与徵也，其辞宜道也。笑，礼之浅泽也。乐，礼之深泽也。

---

① 参见李零《郭店楚简校读记》(增订本)，第105—108页。

9.凡声之出于情也信，然后其入拨人之心也够。闻笑声，则鲜如也斯喜。闻歌谣，则陶如也斯奋。闻琶琶之声，则悸如也斯欢。观《赉》、《武》，则齐如也斯作。观《韶》、《夏》，则勉如也斯敛。咏思而动心，膏如也，其居次也久，其反善复始也慎，其出入也顺，始其德也。郑卫之乐，则非其声而从之。

10.凡古乐龙心，益乐龙指，皆教其人者也。《赉》、《武》乐取，《韶》、《夏》乐情。

11.凡至乐必悲，哭亦悲，皆至其情也。哀、乐，其性相近也，是故其心不远。哭之动心，浸杀，其烈恋恋如也，戚然以终。乐之动心也，濬深郁陶，其烈则流如也以悲，悠然以思。

12.凡忧思而后悲，凡乐思而后忻，凡思之用心为甚。欢，思之方也。其声变，则心从之。其心变，则其声亦然。吟，游哀也。噪，游乐也。啾，游声也。呕，游心也。喜斯陶，陶斯奋，奋斯咏，咏斯犹，犹斯舞。舞，喜之终也。愠斯忧，忧斯感，感斯欢，欢斯辟，辟斯踊。踊，愠之终也。

13.凡学者求其心为难，从其所为，近得之矣，不如以乐之速也。虽能其事，不能其心，不贵。求其心有伪也，弗得之矣。人之不能以伪也，可知也。不过十举，其心必在焉。察其见者，情焉失哉？□，义之方也。义，敬之方也。敬，物之节也。笃，仁之方也。仁，性之方也，性或生之。忠，信之方也。信，情之方也，情出于性。爱类七，唯性爱为近仁。智类五，唯义道为近忠。恶类三，唯恶不仁为近义。所为道者四，唯人道为可道也。

14.凡用心之躁者，思为甚。用智之疾者，患为甚。用情之至者，哀乐为甚。用身之忭者，悦为甚。用力之尽者，利为甚。目之好色，耳之乐声，郁陶之气也，人不难为之死。有其为人之節節如也，不有夫柬柬之心则采。有其为人之柬柬如也，不有夫恒始之志则缦。人之巧言利辞者，不有夫诎诎之心则流。人之悦然可与和安者，不有夫奋作之情则侮。有其为人之快如也，弗牧不可。有其为人之菓如也，弗辅不足。

15.凡人伪为可恶也。伪斯吝矣，吝斯虑矣，虑斯莫与之结矣。慎，仁之方也，然而其过不恶。速，谋之方也，有过则咎。人不慎，斯有过，信矣。

16.凡人情为可悦也。苟以其情，虽过不恶。不以其情，虽难不贵。苟有其情，虽未之为，斯人信之矣。未言而信，有美情者也。未教而民恒，性善者也。未赏而民劝，贪富者也。未刑而民畏，有心畏者也。贱而民贵之，有德者也。贫而民聚焉，有道者也。独处而乐，有内□者也。恶之而不可非者，达于义者也。非之而不可恶者，笃于仁者也。行之不过，知道者也。闻道反上，上交者也。闻道反下，下交者也。闻道反己，修身者也。上交近事君，下交得众近从政，修身近至仁。同方而交，以道者也。不同方而交，以故者也。同悦而交，以德者也。不同悦而交，以猷者也。门内之治，欲其逸也。门外之治，欲其制也。

17.凡悦人勿吝也，身必从之，言及则明举之而毋伪。

18.凡交勿烈，必使有末。

19.凡于路毋畏，毋独言独处，则习父兄之所乐。苟无大害，少枉入之可也，已则勿复言也。

20.凡忧患之事欲任，乐事欲后。身欲静而勿羡，虑欲渊而毋伪，行欲勇而必至，貌欲庄而毋伐，心欲柔齐而泊，喜欲智而无末，乐欲怿而有志，忧欲敛而毋昏，怒欲盈而毋希，进欲逊而毋巧，退欲肃而毋轻，欲皆敏而毋伪。君子执志必有夫广广之心，出言必有夫柬柬之信。宾客之礼必有夫齐齐之容，祭祀之礼必有夫齐齐之敬，居丧必有夫恋恋之哀。君子身以为主心。

《性》篇在《上博简》中被命名为《性情》。应该说，这样的命名都有自己的道理。但是，从透视古典中国精神发展历程的角度来看，《性》其实更应该命名为《道论》。这样，《道论》就与《德论》(《五行》)遥相呼应，构成古典中国启蒙时代的纲领性文本。

"德"是人内在的潜质，但并不是人人都会天生有德。人当然可以自我修养，不断提升自己的"德"，但这没有必然性。并不是每个人都会自动地志于"德"，于是社会需要把普通人群转变成有德之人的有效途径，这就是"道"。这个"道"就是"道路"之"道"的意思。在《郭店楚简》看来，人修"德"就像人走路一样。人行走必须要有"道路"才容易到达自己的目的地，不依道而行、东奔西突、横冲直撞只能徒费心力、虚耗岁月，不可能顺利地到达目的地。人要成就自己的"德"，也只能循"道"而为，不能单凭热情，徒呈意气。

特别要指出的是，在《郭店楚简》这样的儒家启蒙人士看来，墨家的问题就在于他们只注重"廉"，只是简单、硬性地要求人们为了"义"而强力忍苦。墨家只有"行"的观念，没有"道"的观念。在儒家看来，没有"道"，如何"行"呢？所以，儒家要超越墨家。

应该说，李零教授对《性》篇的编辑整理是很见功力的，也因为他的努力，使我们对该篇的理解能更加符合它的本来面目。

该篇的上篇是关于"道"的义理说明，下篇主要论述具体的"道术"。或者更准确地说，该篇可以第八章为界分为前后两部分，第一部分包括第一章到第七章，主要是有关的"性"的义理说明；第二部分包括第八到第二十章，是关于如何用心的所谓"心术"的论述。

第一部分："性"在《郭店楚简》作者看来，是走向"德"的前提条件，是"道"的起点。这一部分的要点是提示人们，人的外在表现（所谓“情”）尽管有好有坏，有善有恶，但人的天性其实是完全适合成就“道德”的。值得一提的是，《郭店楚简》特别强调学习在人性中的特异地位，“牛生而长，雁生而伸，其性[使然，人]而学或使之也”。动物因为天性不会学习，所以永远是自然禀性，不会有进步，人却正是因为天性会学习才有成德的可能。

第二部分：成德之道尽管可分为诗、书、礼乐、心术四类，但最关键的还是心术，也就是所谓“人道”，因为诗书礼乐本来就是人发明创造的，要使它们在人的成德道路上发挥作用，关键也在当下人的合理应用。在这一部分，《郭店楚简》突出了“乐”的作用和具体的“心术”。

“乐”在《郭店楚简》看来，在造就人的“德行”方面意义极为重大。“凡学者求其心为难，从其所为，近得之矣，不如以乐之速也。”这一点恰与墨家的“非乐”正相反对。对“乐”的提倡，对“乐”的正名是启蒙思想的一个典型特征。

既然在所有的成德之道中，“心术”最为重要，《郭店楚简》在这一部分就详尽地论述了“心术”的方方面面，并告诉人们该如何“用心”。该篇第十四章和第二十章中的两段文字很有代表性：

> 有其为人之节节如也，不有夫柬柬之心则采。有其为人之柬柬如也，不有夫恒始之志则缦。人之巧言利辞者，不有夫诎诎之心则流。人之悦然可与和安者，不有夫奋作之情则侮。有其为人之快如也，弗牧不可。有其为人之莫如也，弗辅不足。
>
> 君子执志必有夫广广之心，出言必有夫柬柬之信。宾客之礼必有夫齐齐之容，祭祀之礼必有夫齐齐之敬，居丧必有夫恋恋之哀。君子身以为主心。

“心术”就是“用心之术”，用现代的话说，就是“心态”，就是“思维方式”。在原初儒家看来，“心术”极为重要。墨家的行事做派之所以给人感觉过于“严酷”、过于“死板”，就是由于墨家不懂得“心术”，不懂得教导指引人们采取合理的思维方式、健康的心态。如果人们都学会了“心术”，知道如何采取健康的思维方式，社会里就不会有不仁义之人，世界就没有理由不变成“唐虞之世”。

广义地说，《郭店楚简》中的《性》几乎全篇都在告诉人们如何“用心”，而《五行》篇其实也是有关“心术”的理论说明。

必须稍加说明的是，“术”的意含在后世变成了“技术、技巧”，而它的本意就是人们行走之道路。所以在古典中国时代，“术”与“道”是可以通用的两个语词。如果非要分别两者的话，那“道”是道路之总称，而“术”则似乎是具体的路线和行径。总之，在古典时代，“术”就是“道”，“道”就是“术”，都是指人们行走的道路，到后来，“道”、“术”才转化成“道理”、“规律”和“技术”、“技巧”等含义。在《吕氏春秋》等古籍中，“有道之士”就是“有术之士”，“有术之主”就是“有道之主”。

这里我们不禁想到《说文》对“儒”的定义：儒，柔也，术士之称。“儒”的含义是“柔”，这一点我们已经知道了，但许慎还特别加上一个限制词，“术士之称”，儒的基本含意还包括它的“术”，也就是它的“道”。为什么“儒”与“术（道）”有这样的内容关联呢？这同样源于它对“墨”的反对。“墨”有“义”，而“儒”有“术（道）”，儒之术（道）针对的就是墨之义。我们都知道，墨家最在意的就是他们的“义”，所谓“万事莫贵于义”，“义”就是人的行为规范，墨家认为，人按身份各有自己的行为规范（“义”），人生最重要的是严格按“义”来展开人生，按《吕氏春秋》所提供的古典墨家的思维方式，“不义则无为乐生”，这就是墨家之所以“贵廉”的缘由。所以墨家的形象就是典型的“义士”，真正的墨者都是“义士”。

也正是在这一方面，儒家也表现出它对墨家的反动。墨家的招牌是它的“义”，“义”的特质要求人们的刚强、坚定、直截、一丝不苟。儒家认为，虽然“义”无疑有它的正面价值，不能被漠视，但人生有的时候更需要“技巧”，需要“灵活应用”，就像人行走需要“术”（道）一样，用现代的话语来说，就是做事需要讲究“方式方法”才能得偿所愿，才能有事半功倍的效果。原初儒家从刻板、僵硬的墨家做派中反省出“术”（道）的观念。这种强调方式方法的“术（道）”相对于墨家严酷的“义”无疑也是一种“柔”，所以，许慎的“儒，柔也，术士之称”是相当缜密的表达。

墨家强调“义”，而儒家重视“术（道）”，这应该也是两家关键的差别和分歧，似乎也是造成日后两家争辩的要点。

从许慎对“儒”的定义中，我们还进一步认识到，儒家最初就是“术士”，也就是“道家”。儒家最初是道家，这个结论肯定又是人们一下子难以接受的。儒家是儒家，怎么可能又是道家呢？这不是自相矛盾吗？没错，如果我们一开始就以《史记》和《汉书》的六家说和十家说为准，这里的表述当然就不成立。但是，从历史观相中，我们可以清楚地看出，最初的儒家就是道家，更准确的说是“道德家”，是“道向成德之家”。我们在前面已经交代过，古典中国的宗派其实只有两个，最早出现的是墨家，后来才出现作为墨家对立面的儒家。所谓的“法家”和“名家”只是汉代学术中出现的学派，从来没有作为宗派的法家和名家。法家和名家是从墨家分化出来的学派。儒家和道家的情况与此类似。启蒙运动之后，古典中国出现了儒家，它同墨家一样，是一个宗派。虽然它没有墨家那样严密的组织，没有它的领袖（巨子），但它以墨家作为自己的对立面，行事做派有意与墨家对立，特别是它有自己的外在标志——峨冠长绅的儒服，后期更明确以孔子作为自己的祖师，所以它的宗派性质是十分明显的。像墨者一样，所有的儒者都知道自己是有别于墨者的儒者。而“道家”则是一种学派名称。儒者的立身之本是他的“术”、他的“道”，他们因而被人们称为“有道之士”、“有术之主”，他们的思想主张进而被称为“道家”。所以，正如没有人会自称“法家”、“名家”一样，也没有人自称“道家”。我们要更加严格地说，至少刚开始时，没有人自称“道家”。或许在传世本《老子》通行之后，出世的思想成为风尚，古代中国才开始有作为宗派的“道家”，当然这都应该是汉代以后的事了。

回到我们的主题，在《郭店楚简》的逻辑中，如果有道之士们解决了“道”的问题，这个世界就再没有什么难事了，如果人类能在“德”和“道”上取得突破，则孔子就完全没有必要奔走列国，声嘶力竭地呼号“复礼”，墨子也完全没有必要不分昼夜，强力忍苦地倡导“贵义”。这个世界就只会有“快乐”而不会有烦恼。

从《郭店楚简》的现存文字看，原初儒家的“道术”除了“心术”外，至少还包括“领导之术”，告诉君子们如何教育引导民众，如何管理社会。《教》篇和《尊德义》篇可以说就是这样的“领导之术”，下面我们将会论及。除此之外，我们看到，《郭店楚简》时的儒家还非常重视语言艺术，这在《说之道》和《缁衣》篇有明确的记载。

《说之道》：

> 凡说之道，急者为首。既得其急言，必有及之。及之而不可，必文以过，毋令知我。彼邦亡将，流泽而行。
>
> 言以始，情以久。非言不雠，非德无复。言而苟，墙有耳。往言伤人，来言伤己。言之善，足以终世。三世之富，不足以出亡。
>
> 口不慎而户之闭，恶言覆己而死无日。①

《缁衣》：

> 子曰：王言如丝，其出如緍。王言如索，其出如绋。故大人不倡流。《诗》云：“慎尔出话，敬尔威仪。”
>
> 子曰：可言不可行，君子弗言；可行不可言，君子弗行。则民言不危行，行不危言。《诗》云：“淑慎尔止，不衍于仪。”
>
> 子曰：君子道人以言，而恒知行。故言则虑其终，行则稽其所敝，则民慎于言而谨于行。《诗》云：“穆穆文王，于缉熙敬止。”
>
> 子曰：言从行之，则行不可匿。故君子顾言而行，以成其信，则民不能大其美而小其恶。《大雅》云：“白圭之玷，尚可磨也。此言之玷，不可为也。”《小雅》云：“允也君子，展也大成。”《君奭》云：“昔在上帝，割绅观文王之德，其集

① 《郭店楚简·说之道》，见李零《郭店楚简校读记》（增订本），第44页。

大命于厥身。”

子曰：君子言有物，行有格，此以生不可夺志，死不可夺名。故君子多闻，质而守之；多志，质而亲之；精知，略而行之。《诗》云：“淑人君子，其仪一也。”《君陈》云：“出入自尔师虞，庶言同。”

子曰：苟有车，必见其辙。苟有衣，必见其敝。人苟有言，必闻其声；苟有行，必见其成。《诗》云：“服之亡怿。”①

我们看到，这种重视为人做事方式方法的“术”慢慢就变成了儒家与墨家抗衡的资本。儒家“贵术”的思维向各个方面、各个方向发展，最终演变成战国中后期的诸子思想，而又由于各家之术不尽相同，于是就形成了百家争鸣的局面。应该说，诸子百家的局面，特别是百家争鸣的局面并不是整个春秋战国期间的状况，它其实仅仅是战国后期才发生的事态，而这种相互攻讦、不断争辩的状况一直延续到汉代。特别有趣的是，墨家曾经是天下第一家，并且是只重实干，不做文字功夫的一家，到最后竟然也卷入了相互争鸣、你长我短的潮流之中。现本《墨子》就是后期争鸣之墨学的结集。

二　道德学派

不仅《郭店楚简》中的《五行》篇和《性》篇表述的是“德”和“道”的内容。《郭店楚简》的其他主要篇章基本上也都是围绕着“德”与“道”来展开的。

《六德》篇是《郭店楚简》论述“德”的一个重要篇章。在《五行》篇中，古典中国的启蒙之士认为“仁、义、礼、智、圣”五种伦理品质，不必像孔墨所认为的那样要靠坚强的信仰来完成，它们其实是人们可以自觉自愿地加以实施的“德行”。而且，在《郭店楚简》看来，不仅“仁、义、礼、智、圣”可以成了人们的自觉行为，“忠”和“信”本来也是人们发自内心的“德行”。于是，“五行”又扩展为“六德”。

接下来，《郭店楚简》具体对“圣、智、仁、义、忠、信”等六种“德”作了详细的论述：

□□□□□□□。苟不由其道，虽尧求之弗得也。生民斯必有夫妇、父子、君臣，此六位也。有率人者，有从人者；有使人者，有事人者；有教者，有学者，此六职也。既有夫六位，以任此六职也。六职既分，以裕六德。六德者

① 《郭店楚简·缁衣》，见李零《郭店楚简校读记》（增订本），第62—63页。

此。何谓六德？圣、智也，仁、义也，忠、信也。圣与智就矣，仁与义就矣，忠与信就矣。作礼乐，制刑法，教此民尔，使之有向也，非圣智者莫之能也。亲父子，和大臣，寝四邻之抵牾，非仁义者莫之能也。聚人民，任土地，足此民尔，生死之用，非忠信者莫之能也。君子不别，如道导人之。

……

□□□□□□□□□□□，任诸父兄，任诸子弟，大材艺者大官居，小材艺者小官，因而施禄焉，使之足以生，足以死，谓之君，以义使人多。义者，君德也。非我血气之亲，畜我如其子弟，故曰：苟济夫人之善也，劳其□□之力弗敢惮也，危其死弗敢爱也，谓之臣，以忠事人多。忠者，臣德也。知可为者，知不可者；知行者，知不行者，谓之夫，以智率人多。智也者，夫德也。一与之齐，终身弗改之矣。是故夫死有主，终身不嫁，谓之妇，以信从人多也。信也者，妇德也。既生畜之，以从而教诲之，谓之圣。圣也者，父德也。子也者，会埻长材以事上，谓之义；上共下之义，以睦□□，谓之孝；故人则为人也，谓之仁。仁者，子德也。故夫夫，妇妇，父父，子子，君君，臣臣，六者各行其职，而谗谄无由作也。观诸诗书则亦在矣，观诸礼乐则亦在矣，观诸易春秋则亦在矣。亲此多也，钦此多也，美此多矣，道御止。

仁，内也。义，外也。礼乐，共也。内立父子夫也，外立君臣妇也。疏斩布绖杖，为父也，为君亦然。疏衰齐牡麻绖，为昆弟也，为妻亦然。袒免，为宗族也，为朋友亦然。为父绝君，不为君绝父。为昆弟绝妻，不为妻绝昆弟。为宗族绝朋友，不为朋友绝宗族。人有六德，三亲不断。门内之治恩掩义，门外之治义掩恩。仁类□而速，义类□而绝。仁□而放，义强而简。放之为言也，犹放放也，小而□多也。逸其志，求养亲之志，害无不已也。是以放也。

男女别生言，父子亲生言，君臣义生言。父圣子仁，夫智妻信，君义臣忠。圣生仁，智率信，义使忠。故夫夫、妇妇、父父、子子、君君、臣臣，此六者各行其职，而谗谄蔑由作也。君子言信言尔，言诚言尔，设内外皆得也。其反，夫不夫，妇不妇，父不父，子不子，君不君，臣不臣，昏所由作也。君子不啻明乎民微而已，又以知其一矣。男女不别，父子不亲，父子不亲，君臣无义。是故先王之教民也，始于孝弟。君子于此一体者无所废。是故先王之教民也，不使此民也忧其身，失其体。孝，本也。下修其本，可以断谗。生民也必有夫妇、父子、君臣。君子明乎此六者，然后可以断谗。道不可体也，能守一曲焉，可以讳其恶，是以其断谗速。凡君子所以立身大法三，其绎之也六，其衍十又二。三者通，言行皆通。三者不通，非言行也。三者皆通，然后是也。三者，君子所生与之立，死与之敝也。[1]

值得一说的，《郭店楚简》的“仁”德对应的人格是“子”，“义”德对应的人格是“君”，与传统学术所给出的答案是有明显反差的。不仅在这里，我们看到“仁”是一种“爱父”的美德，在《五行》篇，我们就已经看到了“爱父，其继爱人，仁也”这样的表述，表明了这种“爱父”的“仁”是《郭店楚简》的一贯立场。“仁”是晚辈对长辈的一种发自内心的爱恋，这是《郭店楚简》的概念体系与传世文献最不相容的地方。我们知道，传统学术对于“仁”最经典的表述是《孟子》中的“恻隐之心，仁也”[2]，或者是“恻隐之心，仁之端也”，[3]这种“恻隐之心”明显是一种大人强者对小人弱者的慈爱不忍之心。《孟子》常用的说法是“今人乍见孺子将入于井，皆有怵惕恻隐之心”[4]，极其明确地把《孟子》对“仁”的理解作了表白。“晚辈对长辈的爱恋”与“强者”对“弱者”的“不忍”之心从心理学上讲代表着完全不同的心理取向，从伦理学上说代表着两种完全反方向的伦理导向。同一个“仁”，它的价值意义却大不相同，遗憾的是，学者们都没有留意到这一点。

不仅如此，《六德》篇的“义”的含意也与《孟子》等传统典籍大不一样。《孟子》的“义”就是所谓的“羞恶之心，义也”[5]，“羞恶之心，义之端也”[6]。《孟子》的“羞恶之心”主要就是“人能充无穿逾之心，而义不可胜用也；人能充无受尔汝之实，无所往而不为义也”[7]。《礼记》中的“义不食嗟来之食”[8]就是对《孟子》“义”的最佳解释。不难看出，这是弱者对强者的态度。而在《郭店楚简》这里，“义”却是君主对待臣下的“德行”。

由此我们可以看出，今本《孟子》与《郭店楚简》属于两个完全反方向的概念体系。我们无法把《孟子》当成《郭店楚简》的继承。在文化精神演变的序列中，两者之者存在相当长的时间间隔。

《郭店楚简》一个非常重要的内容环节就是如何“教”。这是古典中国启蒙精神的一个重要课题。这里的世界应该充满欢乐，而不需要愁眉苦脸，因为人们都是潜在的有德之人。问题的关键是君子们、有道之士如何去教育世人。“教育”于

---

① 《郭店楚简·六位》，见李零《郭店楚简校读记》(增订本)，第130—132页。
② 《孟子·告子上》。
③ 《孟子·公孙丑上》。
④ 《孟子·公孙丑上》。
⑤ 《孟子·告子上》。
⑥ 《孟子·公孙丑上》。
⑦ 《孟子·尽心下》。
⑧ 《礼记·檀弓下》。

是成为唯一需要关注的问题。

在《郭店楚简》中，“教”就是“导”，也就是“道”：

尊德义，明乎民伦，可以为君。去忿戾，改惎胜，为人上者之务也。

赏与刑，祸福之基也，或前之者矣。爵位，所以信其然也。征侵，所以攻□也。刑罚，所以□与也。杀戮，所以除害了。不由其道，不行。

仁为可亲也，义为可尊也。忠为可信也。学为可益也。教为可类也。

教非改道也，教之也。学非改伦也，学己也。禹以人道治其民，桀以人道乱其民。桀不易禹民而后乱之，汤不易桀民而后治之。圣人之治民，民之道也。禹之行水，水之道也。造父之御马，马之道也。后稷之艺地，地之道也。莫不有道焉，人道为近。是以君子，人道之取先。

察者出，所以知己。知己所以知人，知人所以知命，知命而后知道，知道而后知行。由礼知乐，由乐知哀。有知己而不知命者，无知命而不知己者。有知礼而不知乐者，无知乐而不知礼者。善取，人能从之，上也。

为古率民向方者，唯德可。德之流，速乎置邮而传命。其载也无厚焉，交矣而弗知也，亡。德者，且莫大乎礼乐焉，治乐和哀，民不可惑也。反之此，枉矣。

刑不逮于君子，礼不逮于小人。

攻□往者复，依惠则民材足，不时则无劝也。

不爱则不亲，不□则弗怀，不赖则无威，不忠则不信，弗勇则无复。咎则民□，正则民不吝，恭则民不怨。均不足以平政，埒不足以安民，勇不足以蔑众，博不足以知善，决不足以知伦，杀不足以胜民。

下之事上也，不从其所命，而从其所行。上好是物也，下必有甚焉者。夫唯是，故德可易而施可转也。有是施，小有利，转而大有害者，有之。有是施，小有害，转而大有利者，有之。行此敏也，然后可逾也。

因恒则固，察曲则无僻，不党则无怨，尚思则□□。

人生而有职事者也，非教所及也。教其政，不教其人，政弗行矣。故共是物也而有深焉者，可教也而不可疑也。可教也而不可迪其民，而民不可止也。

尊仁、亲忠、敬庄、归礼，行矣而无远，养心于子谅，忠信日益而不自知也。

民可使道之，而不可使知之。民可道也，而不可强也。桀不谓其民必乱，而民有乱矣。受不若也，可从也而不可及也。

君民者治民复礼，民除害智，□劳之□也。为邦而不以礼，犹□之无□也。非礼而民悦哉，此小人矣。非偷而民服，世此乱矣。治民非还生而已也，不以嗜欲害其义。

> □民爱，则慈也；弗爱，则仇也。民五之方格，十之方争，百之而后服。
>
> 善者民必富，富未必和，不和不安，不安不乐。善者民必众，众未必治，不治不顺，不顺不平。是以为政者教导之取先。教以礼，则民果以劲。教以乐，则民弗德争将。教以辩说，则民艺□长贵以忘。教以艺，则民野以争。教以技，则民少以吝。教以言，则民訏以寡信。教以事，则民力啬以湎利。教以权谋，则民淫昏，远礼无亲仁。先之以德，则民进善焉。①

如果说，孔墨之后古典中国出现了所谓"道"的伦理观念，这个"道"就不仅指君子自我修向"德"的途径，它至少还包含"教导"和"引导"民众向善的含义。

在上述这样的表述中，我们可以看到，《郭店楚简》所代表的古典中国的启蒙精神有一种情不自禁的"平等"意识。在他们的心目中，尽管普通人"民"的境界没有君子们这样高，难以用对待君子的方式来对待他们，但从根本上来说，普通民众是与自己这样的君子秉性相通的，只要君子们愿意以身作则、率先垂范，普通人民是完全可以"教育"好的。这里的关键在两个方面，第一，君子们要有"德"，能做好表率；第二，君子们要有"道"，要注重教育引导人民的方式方法。只要君子们有了"道""德"，这个世界是完全可以运转得和谐完满的。

这种"道""德"的表述也是《缁衣》篇和《教》篇的重心所在。

总之，在《郭店楚简》的意识中，只要社会的脊梁——君子们能够修好自己的"德"，而且还能正确合理地"引导"和"教导"民众，这个世界完全可以变成"唐虞之世"式的理想社会。

在此，我们能看出"德"和"道"的联系和区别。前者主要指自我品德，而后者更包含有一种处世能力。在《五行》篇中，论述的重点是如何成德，变成有德之君子，而在《缁衣》、《尊德义》和《教》等篇中，论述的重点是如何"有道"，如何教导民众，改变世风。大致来说，有德之君子类似于佛教中的小乘罗汉，只能自利自德，而有道之士，则类似于佛教中的大乘菩萨，不仅能自利，还能度人。在这个意义上说，"道"在古典中国启蒙时期就是有关"度人"的学问。

特别值得一说的是，在上述这些教导、引导民众成德进善的论述中，可以看出，它们对待民众的态度与前述《墨子·号令》篇对待民众的态度是截然不同的，这里我们可以看到儒家与墨家另一个根本性的区别。在《号令》篇，官长们对待下级和民众只有"号令"，只有"强制"，只有"迫使"，相对于墨家的"强硬"乃至"粗暴"来说，儒家可以说是相当宽容、宽厚、与人为善的，这无疑也是儒家之所以被称为"儒家"的原因。"儒家"不愧为"柔"，它总是很"柔和"、"温柔"的。

---

①　参见李零《郭店楚简校读记》(增订本)，第139—140页。

第四节 老子与《老子》

一 《郭店楚简·老子》不反对“仁”“义”“礼”

与上述《五行》篇及有关“德”、“道”内容在一起的是整理者们归之于老子名下的文献，李零教授把它们整理成甲、乙、丙三组。这三组文献因为内容与传世本《老子》接近，所以学界情不自禁地把它们归入老子名下，不管是把它当成是传世八十一章本《老子》的辑本，拟或是前身、并行本。[①]

但是，毕竟上述《郭店楚简·老子》与传世本《老子》并不相同，首先，郭店本的内容比较少，并没有涵盖八十一章本的全部[②]；其次，就像学界都一致认可的那样，郭店本并不像八十一章本那样对“仁义”，特别是对“礼”等经典观念采取明显反对的态度，《郭店楚简》中《老子》与传世本《老子》到底是何种关系就成了学界思考讨论的热点话题。

我们认为，《郭店楚简》除《鲁穆公问子思》与《忠信之道》两篇内容代表了古典中国宗教改革运动的精神遗存之外，其余各篇都应该是启蒙运动的文字成果，它们的主要内容都可谓是“自由”和“解放”的学说。以《五行》篇和《性》篇为代表的《郭店楚简》的主体都是有关这方面的内容，它们所针对的都是墨家所代表的“清教运动”，希望世人能从墨教严酷的清规戒律中获得自由和解放。其实上述《郭店楚简》标名为“老子”的内容虽然具体文字表述不同，但它们的思想主旨无疑仍然是一种“解放”学说。它指出，世人没有必要像墨家人士那样强力忍苦，很多时候“自然”、“无为”也许更有作用；人们没有必要像墨家人士那样争强好胜，或许“知足”、“谦下”、“柔弱”也是一种不错的，甚至更好的人生态度。没错，这种“贵柔”的思想其实就是一种“解放学说”，所以它与《郭店楚简》的主体内容是一脉相承的。

我们认为，《郭店楚简》虽然包含不同的篇章，经由不同的抄手共同完成，但它作为一个能反映时代精神的作品集却是一个内容整体，它们是原始儒家的作品集。从文化形态学上说，《郭店楚简·老子》虽然与传世本《老子》有渊源，但两者并不一样，它们反映的是两种时代精神。从成书时间方面来说，前者在前，后者在后，而不可能像有些学者所认为的，前者是后者的抄本。

① 见李零《郭店楚简校读记》（增订本），第 28 页。

② 传世本《老子》有五千字，《郭店楚简·老子》三组加起来总字数仅两千余。

要做这方面的全面论证，也许需要一本专著。我们这里仅指出两个方面。

人们都知道，《郭店楚简·老子》与传世本《老子》有一个明显的不同：前者不反对“仁、义、礼”等经典价值观。

不要小看了《郭店楚简·老子》不反对“仁、义、礼”等古典价值这一点。《郭店楚简》是特别有时代特征的文字，从文化形态学（精神发生学）的角度看，它代表的是古典中国的启蒙时代，是理性宗教的时代。这种时代的精神特质是从人性、人道的角度去诠释、去论证古典宗教观念的，它不可能去反对古典价值。明白了精神发生学的人们，对此是有明确的断定的。要《郭店楚简》时代的学人去反对仁、义、礼、智、圣，就像要康德、黑格尔去反对基督教，要柏拉图、亚里士多德去解构古希腊经典价值一样，这是不可想象的。只有到了传世本《老子》成书之时，古典中国文化精神已近解体，才可能出现传世本《老子》中如“绝圣弃智”、“绝仁弃义”、“礼，忠信之末而乱之首”等激烈反对古典根本价值观的言论。从精神发生学来说，康德不可能像尼采那样思维，柏拉图不可能认同昔勒尼学派（快乐学派）的世界观。

这里要特别指出的是，学界都对《郭店楚简》文本一个看似矛盾的现象缺乏必要的洞察。我们都知道，《郭店楚简·五行》对“智”看得相当重要，把其当成“仁、义、礼、智、圣”五行（五德）的其中一德，在《郭店楚简·六位》中，“智”也是作为丈夫相对妻子的一项美德（夫智妇信），而在《郭店楚简·老子》中，确有明确反对“智”的表述。《老子甲组》白纸黑字地说：“绝智弃辩，民利百倍；绝巧弃利，盗贼无有；绝伪弃诈，民复孝慈。”表面上看，似乎《郭店楚简》有一种内在的矛盾，这也是学界普遍认为《郭店楚简·老子》与《郭店楚简》其他篇章属于不同学派的主要原因。

我们要提醒学界的是，还是要从作为墨家反对派的角度来理解《郭店楚简》。历史观相告诉我们，《郭店楚简·老子》要反对的不是四个古典核心价值“仁、义、礼、智”之一的“智”，它反对的是墨子学派特别重视的另一个“智”。我们知道，《墨经》有三个与“智”相关的名词条目。第三条“知，材也”；第五条“知，接也”；第六条“上知下心，明也”。其中第三条和第五条是从不同的角度解释同一个名词，所以，在原初墨家的核心观念中，有两个“智”。第一个是“知”，也就是“接”和“材”意义上的“知”，用我们现代的话来说，就是“感知、认知、官知”；而第二个是上知下心的“恕”，就是以“明”作为内涵特质的“知”，用我们现代的话来说，就是“心知、德知”，这也是它的字面含意。从历史的观相中，可以知道，《郭店楚简·老子》要反对的是第一种“智”，即所谓“认知”、“感知”；它不可能反对第二种意义上的“智”。第二种智与圣相当，是启蒙时代最重要的品质之一。我们可以再看看《五行》篇有关“智”的表述：

智之思也长，长则得，得则不忘，不忘则明，明则见贤人，见贤人则玉色，玉色则形，形则智。

未尝闻君子道，谓之不聪。未尝见贤人，谓之不明。闻君子道而不知其君子道也，谓之不圣。见贤人而不知其有德也，谓之不智。

见而知之，智也。闻而知之，圣也。明明，智也。赫赫，圣也。“明明在下，赫赫在上”，此之谓也。

《郭店楚简》的作者不可能反对与“圣”紧密相关的“智”。这种智是心知，是德知，是启蒙精神最看重的价值。

《墨经》中的第一种“智”(感知)与另外同样属于墨家核心概念的“辩”、“巧”、“伪”等概念意义关联，而“辩”、“巧”、“伪”这些墨家很重视的名词概念，也是儒家特别反对的，所以这种“智”连同“辩”、“巧”、“伪”成为《郭店楚简》儒家的批判对象。

二　《郭店楚简·老子》的主旨是“贵和守中”

《郭店楚简·老子》强调“和”，而传世本《老子》则强调“胜”。

从《吕氏春秋》和《墨子·号令》篇中，我们知道，墨家管理国家社会的做法是相当直截简单的，也可以说是蛮横粗暴的。它仅仅是列出一些硬性规定，强制、迫使人们，特别是下级和民众无条件服从和遵守。不要说有意违抗，即使是无意的失误都会招致严厉的惩处。我们在《墨子·号令》篇随处可见的“斩、杀、断、族”就是墨家严酷、刻板的真实写照。正是有鉴于此，《郭店楚简》所代表的原初儒家特别重视君子等上层人物的“以身作则”、“率先垂范”。一部《缁衣》基本上就是激励君子“为民表率”的箴言录，在《教》篇和《尊德义》篇中，这种倡导“身先士卒，以身作则”思想也极为强烈。

总的来说，原始儒家不像墨家那样完全无视他人的个人感受，有一种“推己及人”、“己所不欲，勿施于人”的平等主义情怀。它似乎特别重视各方面的均衡，重视社会的和谐。

于是，我们知道，原始儒家的“柔”是一种“柔和”，它非常重视“和谐”、“平衡”。

没错，原始儒家特别在意“社会各阶层的和谐”和“各方势力的平衡、均衡”。它虽然没有明确提出“人人生而平等”这样的西方启蒙运动的口号，但它无疑代表了古典中国启蒙精神对宇宙人生的认知。

讲到"和谐"、"均衡"，我们就要特别说一说《郭店楚简·太一生水》篇。过往的文论在讨论到《太一生水》篇时，总是有意无意把它与《郭店楚简》的其他篇章分开来说，特别是把它与《郭店楚简》中的《老子》各编分开来说，好像它是与《郭店楚简》其余各篇无甚关系的"天外来客"一般。其实，《太一生水》篇本与《老子丙组》出于同一卷，[①]从内容上看，它与《郭店楚简·老子》的思想取向是一致的。我们似乎可以说，《太一生水》篇就是《郭店楚简·老子》的有机组成部分，今天的我们没有必要因为这段文字不见于传世本《老子》就非要把它另立一篇。《郭店楚简·太一生水》篇向我们表述了《郭店楚简》时代古典中国的重要世界观，这就是"和谐"和"均衡"的观念。

> 大一生水，水反辅太一，是以成天。天反辅大一，是以成地。天地复相辅也，是以成神明。神明复相辅也，是以成阴阳。阴阳复相辅也，是以成四时。四时复相辅也，是以成寒热。寒热复相辅也，是以成湿燥。湿燥复相辅也，成岁而止。故岁者，湿燥之所生也。湿燥者，寒热之所生也。寒热者，四时之所生也。四时者，阴阳之所生也。阴阳者，神明之所生也。神明者，天地之所生也。天地者，大一之所生也。是故大一藏于水，行于时，周而又始，以己为万物母；一缺一盈，以己为万物经。此天之所不能杀，地之所不能埋，阴阳之所不能成。君子知此之谓□。不知者谓□。
>
> 天道贵弱，削成者以益生者，伐于强，责于□，□于弱，□于□。下，土也，而谓之地，上，气也，而谓之天。道亦其字也，青昏其名。以道从事者必托其名，故事成而身长。圣人之从事也，亦托其名，故功成而身不伤。天地名字并立，故讹其方，不思相当：天不足于西北，其下高以强。地不足于东南，其上□以□，不足于上者，有余于下。不足于上者，有余于下。[②]

在《太一生水》篇，"水"更多的是一种"平衡"、"均衡"、"和谐"的作用，是保持秩序的一种功能。虽然这里说"天道贵弱"，但这里的"弱"却并非"水"本身的状况，这里的"水"起到的是平衡对立双方——强弱、寒热、湿燥、阴阳——的中介物的作用。这种重视"和谐"、"均衡"的思想特别表现在："天不足于西北，其下高以强。地不足于东南，其上□以□，不足于上者，有余于下。不足于上者，有余于下。"在《郭店楚简》时代，人们对"水"的意象就是它的"平"、"水平"，水总是从高处流向低处，只要是水能自由的地方，那就肯定是一个"平衡"、"均匀"的地方。这种

---

① 见李零《郭店楚简校读记》（增订本），第32页。

② 《郭店楚简·太一生水》，见李零《郭店楚简校读记》（增订本），第22—23页。

“水平”的意象应该说构成了古典中国启蒙时代的时代精神。

与《郭店楚简》中的“水”的形象不太一样，传世本《老子》中的“水”更多的是“弱”的形象，而这样的“弱水”却能胜过金石般的“坚强”，所以在传世本《老子》中，“水”是一个利器，是取胜的法宝。我们来看一看传世本《老子》的相关章节：

10.载营魄抱一，能无离乎？专气致柔，能如婴儿乎？涤除玄览，能无疵乎？爱国治民，能无为乎？天门开阖，能为雌乎？明白四达，能无知乎。

36.将欲歙之，必固张之；将欲弱之，必固强之；将欲废之，必固兴之；将欲取之，必固与之，是谓微明。柔弱胜刚强。鱼不可脱於渊，国之利器不可以示人。

43.天下之至柔，驰骋天下之至坚。无有入无间，吾是以知无为之有益。不言之教，无为之益天下希及之。

65.古之善为道者，非以明民，将以愚之。民之难治，以其智多。故以智治国，国之贼。不以智治国，国之福。知此两者，亦稽式。常知稽式，是谓玄德。玄德深矣，远矣，与物反矣，然后乃至大顺。

67.天下皆谓我道大，似不肖。夫唯大，故似不肖。若肖，久矣其细也夫。我有三宝，持而保之。一曰慈，二曰俭，三曰不敢为天下先。慈，故能勇；俭，故能广；不敢为天下先，故能成器长。今舍慈且勇，舍俭且广，舍后且先，死矣！夫慈，以战则胜，以守则固，天将救之，以慈卫之。

68.善为士者不武，善战者不怒，善胜敌者不与，善用人者为之下。是谓不争之德，是谓用人之力，是谓配天之极。

69.用兵有言，吾不敢为主而为客，不敢进寸而退尺。是谓行无行。攘无臂，扔无敌，执无兵。祸莫大於轻敌，轻敌几丧吾宝。故抗兵相，加哀者胜矣。

70.吾言甚易知，甚易行，天下莫能知，莫能行。言有宗，事有君。夫唯无知，是以我不知。知我者希，则我者贵，是以圣人被褐怀玉。

73.勇于敢则杀，勇于不敢则活。此两者，或利或害。天之所恶，孰知其故。是以圣人犹难之。天之道，不争而善胜，不言而善应，不召而自来，绰然而善谋。天网恢恢，疏而不失。

75.民之饥以其上食税之多，是以饥。民之难治以其上之有为，是以难治。民之轻死以其求生之厚，是以轻死。夫唯无以生为者，是贤於贵生。

76.人之生也柔弱，其死也坚强。草木之生也柔脆，其死也枯槁。故坚强者死之徒，柔弱者生之徒。是以兵强则灭，木强则折。强大处下，柔弱处上。

78.天下莫柔弱于水，而攻坚强者莫之能胜，以其无以易之。弱之胜强，柔之胜刚，天下莫不知，莫能行。是以圣人云，受国之垢，是谓社稷主；受国不祥，是为天下王。正言若反。

80.小国寡民，使有什伯之器而不用，使民重死而不远徙。虽有舟舆，无所乘之；虽有甲兵，无所陈之；使民复结绳而用之。甘其食，美其服，安其居，乐其俗。邻国相望，鸡犬之声相闻，民至老死不相往来。

在传世本《老子》中，水是一种克敌制胜的利器。它虽然柔弱，但它比刚强的金石还更有价值；与此同理，草木在柔弱时就会生，而当死亡时才变成“枯槁”；人在生的时候总是柔弱的，而到死后才会变“硬”；与之相关，“无知”胜“有知”，“无为”胜“有为”，“无生”胜“贵生”，“无兵”胜“有兵”，“为客”胜“为主”，“不敢”胜“勇敢”。于是在传世本《老子》的心目中，宇宙人生的最高价值在“柔弱”，在于“无为”，而它的对立面“坚强”、“有为”则只有“死路一条”。可以说，传世本《老子》是真正的“贵弱”学派，而《郭店楚简》所展开的相关内容只能算是“贵柔”，是一种强调“和谐”、“均衡”的学派，正如《郭店楚简·老子甲》篇中所说：“致虚，恒也；守中，笃也。”[①]《郭店楚简》可以算是“守中”的哲学。

没错，在《郭店楚简》中，虽然时时处处都会感受到“柔弱”、“谦下”、“知足”的重要性，但《郭店楚简》中，基本看不到“胜”字，没有谁好谁坏、孰赢孰输的概念，根本没有“柔”胜“刚”，“弱”胜“强”，“下”胜“上”，“后”胜“先”的思想。《郭店楚简》提醒世人的是，世界是一个辩证的世界，在一个对立双方甚至多方相互依存的世界，没有“刚强”固然不行，而没有“柔弱”也不能成事。世界离不开“上”、“先”、“阳”、“天”，世界同样也离不开“下”、“后”、“阴”、“地”，“上”“下”、“先”“后”、“强”“弱”都有它们存在的必要性，都有它不能被漠视的价值。“强”不需要“战胜”“弱”，“后”也不必“反为”“先”，存在即合理，不必强分谁好谁坏，谁有用、谁无用，和谐、均衡、有秩序才是人类社会乃至宇宙人生最重要的课题。

这种“均衡”、“守中”的思维特别表现在：

圣人欲不欲，……教不教，……

为无为，事无事，味无味。大小之多易必多难。是以圣人犹难之，故终无难。

天下皆知美之为美也，恶已；皆知善，此其不善已。有无之相生也，难易之相成也，长短之相形也，高下之相盈也，音声之相和也，前后之相随也。是以圣人处无为之事，行不言之教。万物作而弗始也，为而弗恃也，功成而弗

---

① 见李零《郭店楚简校读记》(增订本)，第22—23页。

居。夫唯弗居也，是以弗去也。[①]

这段文字可谓《郭店楚简・老子》的精粹，真正的儒者不是片面、单向地“无为”、“无事”，而是和谐、均衡地“为无为”、“事无事”、“欲不欲”、“教不教”。这种和谐均衡的世界观有它的形而上学基础。现实世界本身就是“有无之相生也，难易之相成也，长短之相形也，高下之相盈也，音声之相和也，前后之相随也”。“有”与“无”、“难”与“易”、“长”与“短”、“高”与“下”等等表面上相互反对的因子其实都是世界得以可能的素材，不可或缺。如果说，我们在《郭店楚简》看到的文字似乎对“柔弱”、“谦下”有更多的表白，那也仅仅是因为在墨家清教运动高涨之时，世人完全被墨家强调的刚直、强硬风格所左右，《郭店楚简》代表的原始儒家提倡“柔弱”、“谦下”也只是出于对墨家贵廉风格的反动而已。不管怎么说，在《郭店楚简》的时代，启蒙精神在意的绝不是传世本《老子》里突出的“柔”胜“刚”、“弱”胜“强”、“下”优于“上”的观点。启蒙精神在意的是世界的均衡，社会的和谐，是共生，是共存。

这种追求和谐、均衡的启蒙心态表现在古典价值上，就是对“仁”与“义”的兼顾。《郭店楚简・五行》有：

颜色容貌温变也。以其中心与人交，悦也。中心悦旃，迁于兄弟，戚也。戚而信之，亲也。亲而笃之，爱也。爱父，其继爱人，仁也。

中心辩然而正行之，直也。直而遂之，肆也。肆而不畏强御，果也。不以小道害大道，简也。有大罪而大诛之，行也。贵贵，其等尊贤，义也。

……

不简，不行。不匿，不辩于道。有大罪而大诛之，简也。有小罪而赦之，匿也。有大罪而弗大诛也，不行也。有小罪而弗赦也，不辩于道也。

简之为言犹练了，大而晏者也。匿之为言也犹匿匿也，小而轸者也。简，义之方也。匿，仁之方也。强，义之方。柔，仁之方也。“不强不絿，不刚不柔”，此之谓也。[②]

虽然启蒙思潮更倾向于强调人道、人性的“仁”，但《郭店楚简》的作者仍然觉得不能漠视古典价值“义”，正确的做法是“不强不絿，不刚不柔”，是仁义兼顾，刚柔相济。

---

① 《郭店楚简・老子甲》，见李零《郭店楚简校读记》（增订本），第5页。

② 见李零《郭店楚简校读记》（增订本），第80页。

这种追求和谐、均衡的思想还表现在《六位》篇中。我们前面讲过，在社会关系中，《郭店楚简》不是一味地强调君主至上，而是提出“君义臣忠”这一对相互对待的范畴；在家庭关系中，《郭店楚简》也没有后世董仲舒的“父为子纲，夫为妻纲”的夫权至上和父权至上的观念，而是提出了相当柔和的“父圣子仁”和“夫智妇信”这两对范畴。这些相互对待的六个品德(三对伦理范畴)对于传统中国的思维都是相当陌生的，这需要专文讨论。我们这里仅仅是想向读者申明，《郭店楚简》时代的儒家是特别重视社会和谐和自然均衡的。

必须要指出的是，《郭店楚简》虽然重视社会的和谐，提倡不同阶层、不同身份共生共荣，但这样的和谐不是绝对平等，更不是《孟子》式的民粹主义。《郭店楚简》虽然倡导君子等上层人士要以身作则，作民众的表率，但它并不认为君子与小人同列，社会的骨干仍然是君子，民众、特别是小人必须由有德之君子来领导、引导和教导。在《尊德义》篇就有这方面的明确表述：

> 刑不逮于君子，礼不逮于小人。……民可使道之，而不可使知之。①

到今天为止，仍有许多学人不能接受启蒙时代的《郭店楚简》还有这些不“民主”的思想，不少人甚至为了追求自己的想象而强词夺理。他们不理解，真正的启蒙思想向往的是一个理性的时代，而绝不是一个趋向极端、追求民粹的时代。在理性的精神看来，一个健康的社会不可能是一个完全平均的状况，总会有它的主体和客体，有它的骨架与填充。用我们现在的话说，有它的干部与群众；用古典时代的话语说，有它的君子与小人(或者叫作士与民)。在这样的一个有价值取向的秩序中，领导者只能是君子和士，小人和民众只能是被领导者。在这样一个理性务实的时代，不可能出现现本《孟子》中的“民为上，社稷次之，君为轻”②这样的极端民主主义的思维，《孟子》中借用了一段来自所谓《尚书》的文字：“天视自我民视，天听自我民听。”③在《郭店楚简》时代的理性宗教精神看来，这几乎是欺师灭祖式的亵渎，是完完全全的大逆不道。用现代话语来说，是极端民粹主义的主张。这种渎神式的无神论话语不太可能出现于启蒙时代。④

总之，《郭店楚简·老子》作为《郭店楚简》文本的一部分，总体精神上与其他

---

① 《郭店楚简·尊德义》。

② 《孟子·尽心下》。

③ 《尚书·泰誓》。

④ 从文化形态学(精神发生学)的角度看，《孟子》中这一类的极端无神论，极端民粹思想与传世本《老子》鼓吹的“柔弱胜刚强”式的极端贵无论属于相同的发展阶段，表明古典中国已经进入“费拉”。

篇章是基本一致的，它们都是古典中国启蒙运动的思想结晶，都是原初儒家的作品。而《郭店楚简·老子》与传世本《老子》尽管有很多文字和表述上的接近，但它们的确分属两个不同时代。前者是古典中国启蒙时代的作品，后者则预示着古典中国信仰的消亡。①

三　《郭店楚简·老子》的作者或是太史儋

当然我们这里也情不自禁地想猜测一下《郭店楚简》的作者。

估计这个话题将是未来中国学术的一个重要的课题。我们这里仅仅提出一个可能性：《郭店楚简》是老子学派的作品。当然这里的老子是指的《史记·老子列传》中的第三位老子。《老子列传》说：

> 老子者，楚苦县厉乡曲仁里人也，姓李氏，名耳，字搬，周守藏室之史也。
>
> 孔子适周，将问礼于老子。老子曰："子所言者，其人与骨皆已朽矣，独其言在耳。且君子得其时则驾，不得其时则蓬累而行。吾闻之，良贾深藏若虚，君子盛德容貌若愚。去子之骄气与多欲，态色与淫志，是皆无益于子之身。吾所以告子，若是而已。"孔子去，谓弟子曰："鸟，吾知其能飞；鱼，吾知其能游；兽，吾知其能走。走者可以为罔，游者可以为纶，飞者可以为矰。至于龙，吾不能知其乘风云而上天。吾今日见老子，其犹龙邪！"
>
> 老子修道德，其学以自隐无名为务。居周久之，见周之衰，乃遂去。至关，关令尹喜曰："子将隐矣，强为我著书。"于是老子乃著书上下篇，言道德之意五千余言而去，莫知其所终。
>
> 或曰：老莱子亦楚人也，著书十五篇，言道家之用，与孔子同时云。
>
> 盖老子百有六十余岁，或言二百余岁，以其修道而养寿也。
>
> 自孔子死之后百二十九年，而史记周太史儋见秦献公曰："始秦与周合，合五百岁而离，离七十岁而霸王者出焉。"或曰儋即老子，或曰非也，世莫知其然否。老子，隐君子也。
>
> 老子之子名宗，宗为魏将，封于段干。宗子注，注子宫，宫玄孙假，假仕于汉孝文帝。而假之子解为胶西王卬太傅，因家于齐焉。

---

① 传世本《老子》有一种"含辱忍垢"的思想取向，如78章所谓"受国之垢是谓社稷主。受国不祥是为天下王"；73章所谓"勇于敢则杀，勇于不敢则活"。这也是《郭店楚简·老子》所无法认同的。

世之学老子者则绌儒学，儒学亦绌老子。“道不同不相为谋”，岂谓是邪？李耳无为自化，清静自正。

这里的第三位老子太史儋与《郭店楚简》的成书年代应该是比较接近的。但不管怎么说，《史记》中的三位老子都与传世本《老子》无缘，传世本《老子》的成书年代应该在《吕氏春秋》之后，更确切地说，它在思想史中的排序当在《吕氏春秋》之后。

胡适先生曾有一大胆而独特的见解，认为老子才是儒家的开山之祖，因为老子强调“以德报怨”，而这是儒家柔术的基本特点，[①]我们认为，胡适先生的这一创见很有意义。我们知道，孔子是主张“以直报怨”的，与儒家的柔术并不相同。《吕氏春秋》中的儒者牛缺主动向盗匪上交财物的事例就是“以德报怨”的典型[②]。这里我们要加强一下胡适先生的这一创见。许慎说：“儒”者，柔也，儒家的基本做派就是“柔”，我们在《吕氏春秋》中看到的正是“老耽贵柔”[③]，《吕氏春秋》中另一反映老子宽柔情怀的记载：

荆人有遗弓者，而不肯索，曰：“荆人遗之，荆人得之，又何索焉？”孔子闻之曰：“去其‘荆’而可矣。”老聃闻之曰：“去其‘人’而可矣。”故老聃则至公矣。[④]

《吕氏春秋》中提到的老子（老耽）即使不是儒家的开山祖师，也应该是儒家的代表性人物。但笔者与胡适先生的看法不完全相同，我们认为，儒家的老子不是孔子前辈，而是孔墨的后辈。他应该是《老子列传》提到的第三位老子。

正如笔者在《被遗忘与曲解的古典中国》一书中有“庄子非《庄子》”的感叹一样，我们这里仍然需要感叹：“老子非《老子》。”这种状况在古典中国并非个案，它有着历史观相的必然性，它是中国文化的宿命。

---

① 胡适：《说儒》，见欧阳哲生主编《胡适文存》5，第54—60页。

② 《吕氏春秋·必己》。

③ 《吕氏春秋·不二》。

④ 《吕氏春秋·贵公》。

第五节 古典中国的哲学

斯宾格勒的文化形态学告诉我们，任何高级文化都源自一种高级宗教的爆发，任何一种高级文化的精神总是开始于神学。只有在宗教改革之后，一种“纯哲学”才会产生[①]。如果说宗教改革之前也有“哲学”的话，那所谓的哲学也只能是为宗教辩护的“经院哲学”，只有在经历了宗教改革之后，人类开始了“理智创造”，世俗意义上的“现实哲学”才成为“哲学”的主流。“有关人类生命、周围世界、认识的过程与意义的渎神的（如果我们可以这么说）因果关系观念成为一个问题。”[②]也就是说，在宗教改革之前，人类的精神都是笼罩在“皇天上帝”的全能和权威之中的，所有的思想学术都无法逃脱神学的樊篱，而宗教改革之后，特别是随着启蒙运动的兴起，人们才开始从人类自身和纯自然的角度来考察探究宇宙人生。中国文化也不例外，在孔子的礼教改革之后，古典中国出现了“无神”的哲学，伴随着儒家的启蒙运动，古典中国“纯自然和纯人性”的哲学崭露头角。

斯宾格勒的上述认知可以得到法国哲学家孔德的认可，孔德认为，人类思想文化的发展总要经历三个阶段：第一阶段为神学阶段；第二阶段为形而上学阶段；第三阶段为实证科学阶段。[③] 在形而上学阶段，人们的注意力都放在抽象的问题上，比如宇宙的本体、人性的本源这些宇宙人生的终极问题常常是这个阶段的主要议题。

对于古典中国来说，从神学阶段走过来的人们现在开始把考察探求的重点转向了“天道”和“人道”，以及它们之间的关系。

“天”这个字就是我们判断古典精神演化的最好的一个的素材。我们知道，早期古典时代，“天”是一个宗教的天，意志的天，所以“天”有“天命”，有“天志”，随着形而上学阶段的到来，“天”渐渐地变成了自然的天、物理的天，于是“天道”一词成为人们的惯常用语。可以说，当人们把“天”与“道”连成一词，当“天道”一词成了古典中国的常用词时，表明古典中国进入了“哲学”时代。与之相应，“人道”一词也成为后宗教时代与“天道”相对应的常用词。

① 参见[德]奥·斯宾格勒《西方的没落》第一卷，吴琼译，第 410 页。

② [德]奥·斯宾格勒：《西方的没落》第二卷，吴琼译，第 278 页。

③ [法]孔德：《实证科学教程》，转引自刘放桐等编著《现代西方哲学》（修订本）上册，人民出版社，1981 年，第 42 页。

《郭店楚简》无处不在的“天道”、“人道”等文字中表明其已经进入古典中国的哲学时代。

一 古典中国的自然哲学

(一)道气论与“物由望生”

我们认为,《郭店楚简》保存了古典中国最早期的自然哲学。该简《太一生水》篇:

> 大一生水,水反辅太一,是以成天。天反辅大一,是以成地。天地复相辅也,是以成神明。神明复相辅也,是以成阴阳。阴阳复相辅也,是以成四时。四时复相辅也,是以成寒热。寒热复相辅也,是以成湿燥。湿燥复相辅也,成岁而止。故岁者,湿燥之所生也。湿燥者,寒热之所生也。寒热者,四时之所生也。四时者,阴阳之所生也。阴阳者,神明之所生也。神明者,天地之所生也。天地者,大一之所生也。是故大一藏于水,行于时,周而又始,以己为万物母;一缺一盈,以己为万物经。此天之所不能杀,地之所不能埋,阴阳之所不能成。君子知此之谓□。不知者谓□。①

《太一生水》篇在《郭店楚简》中的篇幅不算很大,但过往的研究对它有很高的评价。不过似乎从没有人把它放到古典中国最早期的哲学论著这样的高度来对待。

黑格尔曾经说中国的学术只不过是一堆伦理格言,言下之意是说古代中国缺乏哲学。其实不光是黑格尔有这种看法,中国自己的传统学术也情不自禁地只关注道德伦理,没有显示出哲学的趣味。现在我们知道,像任何一个高级文化一样,古典中国曾经也是一个有着高度哲学思维的国度。《太一生水》篇就是最有代表性的古典中国的哲学论著。

“太一”才是宇宙的始基,是万物之母。对于今天的人们来说,这没有什么大不了的,因为我们已经有了自然科学的熏陶,懂得了这是一种科学“常识”。但是,对于早期宗教时代的人类来说,他们根本不会有这样的思维,因为这种思维本身就是“大不敬”的,是“渎神”的,是真正的青春时期的心灵所不能容忍的。在文化

① 《郭店楚简·太一生水》,见李零《郭店楚简校读记》(增订本),第32页。

早期的意识中(或潜意识中),上帝皇天才是宇宙的主宰,才是万物的根源。皇天上帝才是一切的终极依据,除了皇天上帝,怎么可能还会有其他终极依托呢?!特别是,《太一生水》篇竟然说"天地"都是"太一"所生,"天"变成了毫无神圣感、毫无权威性的普通"物件",而"太一"倒变成了"天之所不能杀,地之所不能埋"的最终极的本源本体。这对于文化早期的人类来说,是绝对不能接受的。

"大一生水,水反辅太一,是以成天。天反辅大一,是以成地。天地复相辅也,是以成神明。神明复相辅也,是以成阴阳。阴阳复相辅也,是以成四时。四时复相辅也,是以成寒热。寒热复相辅也,是以成湿燥。湿燥复相辅也,成岁而止。"《太一生水》篇先从"成"的视角论述宇宙本原的发生过程,接着又说:"故岁者,湿燥之所生也。湿燥者,寒热之所生也。寒热者,四时之所生也。四时者,阴阳之所生也。阴阳者,神明之所生也。神明者,天地之所生也。天地者,大一之所生也。是故大一藏于水,行于时,周而又始,以己为万物母。"又从"生"的角度把"太一"形成宇宙万物的过程再展示一遍。这种似乎"烦琐"的文字安排恰好说明了《太一生水》的作者是极为在意自己的这段表述的。

这一段篇幅有限的文字根本没有提到"上帝"、"祖先"这些早期人类须臾不可舍弃的观念,这里的"天地"也完全变成了自然的天、日常的地,没有了丝毫的神圣、神秘、神奇的味道。这里的"太一"虽然不是普通人所能感受到的,但可以肯定,对于启蒙时代的哲人来说,它不过是一个理智的代名词而已,毫无秘密可言。

用我们现在熟悉的话语来说,《太一生水》就是一篇表述人们"世界观"的论文。我们都知道,哲学就是有关世界观的学问,是人们对宇宙万物的本质和本源的总体看法。当然,当人们讲"世界观"时,都已经暗含了哲学的前提,按斯宾格勒的逻辑,神学时代的人们不可能有"世界观"的思维,神学心灵把这一切都交给了上帝。当人们愿意论及"世界观"时,这表明一个文化进入了它的哲学时代。

> "世界观"是一种被启蒙的醒觉意识所特有的表现,这种醒觉意识在批判的知性的指导下,在一个无神的光的世界中观察这世界,……[1]

当代的中国人讲到哲学、讲到世界观,就会想到所谓"唯物主义"和"唯心主义"的区分,在西方文化中,人们常用"唯心论"(观念论)和"实在论"加以对待。应该说,这是人类思维的两种基本倾向。按斯宾格勒的文化形态学,任何一个文化的哲学中,一开始就会有"唯心论"和"实在论"的区隔。

在古典中国哲学里,是不是也有"实在论"与"唯心论"的不同呢?《郭店楚简》

---

① [德]奥·斯宾格勒:《西方的没落》第二卷,吴琼译,第283页。

似乎给了我们肯定的回答。

上面我们说的《太一生水》篇无疑是一种“实在论”的世界观。我们知道，学界对“岁”、“湿燥”、“寒热”、“四时”、“阴阳”、“神明”等概念的理解不尽一致，特别是今天的人们总是会把“湿燥”、“寒热”、“四时”等当成属性概念和时间概念，但只要深入到古典思维中去，我们会发现，上述的这些概念与“太一”、“天地”一样，其实都指的是实体。它们都是“实实在在”的东西，是的的确确的“存在”。如果用一个不太严格的说法，上述的这些实体都是一些“气”类的物质。中国古代哲人对“气”有很深的体会和认知。“岁”、“湿燥”、“寒热”、“四时”、“阴阳”、“神明”等其实就是各式各样的“气”，从另外的角度上说，人们之所以会有“湿燥”、“寒热”、“四时”的不同感受，就是由于“气”的不同。“太一”也不过是一种非常精细的“气”，尽管人们的感官不一定能感觉得到，但按斯宾格勒的说法，我们的“内心视觉”是完全可以看到的，我们的理智是完全可以把握到的。正是由于“太一”这种“精气”的不同组合排列，才有世界的运动变化，才有万物的五彩斑斓。所以说“太一”是世界的始基，太一是“万物母”。

但是，我们在《郭店楚简》中还发现了另外的一种“始基”——“天下母”。《老子甲》篇说：

> 有状混成，先天地生。寂寥独立不改，可以为天下母。未知其名，字之曰道。吾强为之名曰大。大曰逝，逝曰远，远曰反。故天大、地大、道大、王亦大。国中有四大焉，王居一焉。人法地，地法天，天法道，道法自然。①

《太一生水》篇说，有一个东西叫“太一”，它是“万物母”，这里又出来一个说法，说有一个“状”的东西，它不是普通意义的“物”，我们可以勉强把它称为“道”。它可以为“天下母”。不难看出，《太一生水》篇的“太一”与《老子甲》篇的“道”是同一个概念，指的都是一种“始基”类的东西，它构成了万物的“质料”。“太一”与“道”是异名同义，这在《吕氏春秋》中有明确的表达：

> 道也者，视之不见，听之不闻，不可为状。有知不见之见、不闻之闻、无状之状者，则几于知之矣。道也者，至精也，不可为形，不可为名，强为之，谓之太一。②

---

① 《郭店楚简·老子甲》，载李零《郭店楚简校读记》(增订本)，第3页。

② 《吕氏春秋·大乐》。

这里我们首先遭遇到古典中国的一种哲学世界观，一个是作为“万物母”、“天下母”的“太一”世界观，如果我们有些文化形态学的素养，我们会情不自禁地说，这无疑就是古典中国的实在论。我们可以把它命名为“气论”或“道气论”，这种实在论，传统中国和今天的人们都能比较好地理解。

在古典中国，不仅上述的阴阳、四时、寒热、湿燥被人们理解成一种“气”，中国文化最广泛使用的“五行”也被当成一种“气”。《吕氏春秋·应同》说：

> 黄帝之时，天先见大螾大蝼。黄帝曰：“土气胜。”土气胜，故其色尚黄，其事则土。及禹之时，天先见草木秋冬不杀。禹曰：“木气胜。”木气胜，故其色尚青，其事则木。及汤之时，天先见金刃生于水。汤曰：“金气胜。”金气胜，故其色尚白，其事则金。及文王之时，天先见火赤乌衔丹书集于周社。文王曰：“火气胜。”火气胜，故其色尚赤，其事则火。代火者必将水，天且先见水气胜。水气胜，故其色尚黑，其事则水。水气至而不知数备，将徙于土。

在今人的心目中，水、火被当成气似乎可以理解，而“土”、“金”和“木”也被当成“气”却是明显有悖于正常思维的。但在古典中国，特别是在古典中国的启蒙时代，似乎不仅“五行”中的金木水火土被当成“气”，几乎所有的可感事物都是“气”，乃至“天”和“地”都是“气”，万事万物都由“气”构成，唯一的区别是各种事物的“气”的凝结度不一样，有松有密、有坚有柔。

这种“气”作为世界本体的实在论在近年出土的《上博简·恒先》篇有清楚的表述：

> 恒先无有，朴、清、虚。朴，大朴；清，太清；虚，太虚。自厌不自牣，“域”作。有“域”焉有“气”，有“气”焉有“有”，有“有”焉有“始”，有“始”焉有“往者”。未有天地，未有作行、出生，虚清为一，若寂水，梦梦清同，而未或明、未或滋生。气是自生，恒莫生气。气是自生自作。恒气之生，不独有与也，“域”恒焉，生“域”者同焉。混混不宁，求其所生。异生异，归生归，违生非，非生违，依生依，求欲自复，复生之。“生”行，浊气生地，清气生天。气信神哉，云云相生，信盈天地。[①]

仔细思量上述一段，很有点像《淮南子·天文训》篇首的那一段，认为“气”是

① 该释文来自百度百科“恒先”条，2014 年 11 月 14 日。参见马承源主编《上海博物馆藏战国楚竹书(三)》，上海古籍出版社，2003 年，第 288—292 页。

宇宙的基质。《上博简》被公认为战国中晚期的作品，我们这里不讨论它的具体时代归属，我们的论述要点是向国人表明，“气论”宇宙观在古典中国是相当普遍的思维定式。

所以我们说，古典中国的实在论世界观就是一个“气论”的世界观。

以上的论述表明，古典中国的哲学家已经有了“天下母”、“万物母”的形而上学观念。它告诉人们，世界的初始本原就是“太一”和“道”，次一级的本原就是“天地”、“神明”、“阴阳”、“四时”、“寒热”和“湿燥”等各类“气”。但是自然世界的具体事物到底如何形成、如何构成仍然没有得到解决。

这里，我们就要提到《郭店楚简》的《物由望生》篇。该篇原整理者定名为《语丛一》，李零教授非常敏锐地注意到“凡物由望生”这句表述在该文本中的核心意义，将该篇更名为《物由望生》，李零教授还特别注意到原整理者有把“望”字解释为“亡”，也就是“无”的倾向，指出该语句的原初表述就是“凡物由望生”。可以说，李先生的这一更正表现了他深厚的文字学功底，更表现了他锐利的学术洞见。

“凡物由望生”的确是《郭店楚简》一个非常核心的命题，而且是一个相当有代表性的哲学命题。把它普通地理解成“有生于无”式的“凡物由无生”是极大的误解。但这个命题到底是什么意思呢？这些年，学术界已经有若干的尝试，但似乎都没有把握到要害。

我们认为，理解这一命题的关键是对“望”的理解。人们总是从“愿望”、“欲望”的角度去理解“望”，其实“望”在古典时代还有一个非常重要的含意，就是“参望”、“参照”、“对比”的意思。我们在本书开头已经有过论述。

“凡物由望生”的本意就是：天下万事万物都是处于“对比”之中。这和现代人常说的“任何事物都是一个矛盾”有相当强的可比性。学过辩证法的人都知道“矛盾无处不在，无时不在”的道理，“凡物由望生”就包含这一道理。亚里士多德在总结古希腊“物理学”的成就时说，古希腊的自然哲学家尽管各家观点经常很不一致，但几乎所有的人都认可一个命题，这就是“事物的本原是对立”[①]这一命题。这一命题的中心意思是说，世界上任何具体的事物都是通过具体的“属性”而为人们所认知的，而“属性”总是两两相对的，如有“冷”就有“热”，有“干”就有“湿”，有“甜”就有“苦”，有“明”就有“暗”。对于人情世故来说，也总在“两两相对”，有“善”就有“恶”，有“美”就有“丑”，有“成功”就有“失败”，有“喜”就有“怒”，等等。总之，这个世界的所有具体事物、各种现象总是处于“望”中，也就是总处在“对待”、“对比”、“比例”之中。气候不是太“热”，就是“太冷”，要不就很舒适——不冷不热；考试不是太“难”，就是太“易”，要不就很恰当——难易适中；人口不是太“多”，就是

---

① [古希腊]亚里士多德：《物理学》，张竹明译，第28页。

太“少”，要不就是恰到好处——不多不少。亚里士多德说：“在自然过程中产生的一切事物，若不是对立两者之一本身，就是由对立两者合成的。”[①]应该说，《郭店楚简》的“凡物由望生”与亚里士多德的“本原为对立”的命题在内容意义上是十分接近的。我们甚至不排除《郭店楚简》受到古希腊哲学思想影响的可能性。

世界上的具体事物都处在“望”中，处在一个对立统一的状态。正是因为这样的“对望”，这样的矛盾对立，世界才得以生成展开。

（二）形名论

我们看到，古典中国除上述的道气论世界观之外，帛书和传世本《老子》提示了另一种不一样的世界观。我们可以把它命名为“名论”或“形名论”世界观。

《老子》中的“有”、“无”两个概念，多少年来耗费了国人无尽的心力和笔墨，但应该说，一直没有得到很好的说明。“有”、“无”到底是什么意思，长久以来，一直困扰着传统中国。笔者以为，“有”和“无”都应该结合人类的主观意识、主观认知来理解，它们都应该与后面的“名”相结合才能代表它的真意。“有”指的是“有名”，“无”指的是“无名”。这是一种非常典型的唯心论哲学世界观。我们必须从《老子》第一章开始：

> 道可道，非常道。名可名，非常名。无名天地之始。有名万物之母。故常无欲以观其妙。常有欲以观其徼。此两者同出而异名，同谓之玄。玄之又玄，众妙之门。[②]

为什么说“道可道，非常道，名可名，非常名”，因为，这里的“道”和“名”不是现实世界的道路和名称制度，而是一种形而上的概念。“道”就是我们前面讲过的一种构成世界的潜在质料，《老子》这里重点在表述“名”这一哲学概念。在《老子》的思维中，“道”与“名”这一对范畴很有点像法国现代哲学家萨特的“存在”（自在存在）和“虚无”（自为存在）。余源培、夏耕对萨特哲学有很好的理解，这里引述一段，相信一定会有利于国人对《老子》形而上学的理解。与我们习惯的唯物论世界观相反，萨特认为事物之所以存在，只是由于人的存在。由于人具有意识，意识的“虚无”作用才使世界呈现在人们的面前，事物才有它在人的世界中的意义：

> 萨特所说的“虚无”及其特性，理解起来确有一定难度，这里举例加以说

---

① ［古希腊］亚里士多德：《物理学》，张竹明译，第30页。

② 《老子·第1章》。

> 明:“我”走进了一间乱七八糟的房间,这间房间作为浑沌的整体浮现在我面前。但是,当我没有意识到它们时,作为“自在的存在”,屋内的任何东西对我来说均无意义和价值可言,因为此刻我并未将它们看作具有具体属性、特殊规定性的对象。然而当我注意力或系于注意力之上的期待,转向这浑沌之中的某物时,也即意识(认识)某物时,情况就发生了变化,“自在”中的某一基质就凸现出来,从整体中分化出来了。比如说,意识就将一张桌子作为认识对象与我自己、与别的其他的东西分隔开来,疏远开来,也就是把其他对象加以虚无化,从而使桌子这个对象从“自在”中突出出来,呈现出来,因而就在人那里有了意义,从而纳入了人与世界的联系之中。这个过程就是“自在”(房间)的虚无化过程,就是对“自在”的否定过程。“自在”(房间)原来是充实的,没有任何空缺,由于“无”的作用,存在内部才出现了裂缝,将其加以分解,产生了有意义的事物(桌子)。这就是“虚无化”。①

我们认为,萨特的世界观在相当的程度上与《老子》的形而上学可以对勘。“太一”(道)虽然是构成现象世界的基础,但它是潜在的(自在的),而“名”——人类的理智认证,也就是人类的命名意识——才是现象世界得以实现的关键。没有意识的虚无作用,没有人的命名认证,世界就只能处在“无名”之“道”这样一种浑沌充实的状态。经过人的理智命名确定之后,世界才呈现出它在语境中的样子。所以它说:“无名,天地之始,有名,万物之母。”世界的存在是建立在人类存在的前提之上的,必须先有人的理智存在,先有人的命名意识,世界才能够有它的意义。我们不得不承认,这是十分典型的“唯心论”。我们这里绝不是为了追求时髦才去拿萨特作招牌,这应该是它的本来面目,两千多年前的古典中国人确已达到了这样的思想深度,惜乎后来的传统学术竟无法领会。接下来的一句可以很好地佐证我们的解释。“故常无欲也,以观其妙;常有欲也,以观其徼。”传统学术几乎没有触及这句话的要害。由于传世本没有“也”字,所以到底在哪里断句,两千年来都没有达成一个共识。现在由于帛书《老子》的出土,知道了“欲”字应在逗号前,作名词用,但这个“欲”究作何解,总是纷纷扰扰,莫衷一是。现在我们知道,这个“欲”就是指的人类普遍的理智心机,人类理解把握世界、命名事物的主观愿望。按斯宾格勒的哲学,人类认识世界的第一步就是“命名”,用“名称”来固定本来迁流变化的现象,只有当事物被人类命名了以后,人类才成为世界的主人②。所以

① 余源培、夏耕:《一个“孤独”者对自由的探索——萨特的〈存在与虚无〉》,云南人民出版社,1989年,第39—40页。

② [德]奥·斯宾格勒:《西方的没落》第一卷,吴琼译,第55页;另见第二卷,第123页。

这里的《老子》奉劝人们要有一个智慧的人生观，把“有欲”（也就是“名”）和“无欲”（也就是“无名”、“道”）两方面很好地结合起来，从“道”的境界考察可以体悟到世界的“奥妙”，从“名”的思路考察当然更多是体认到世界的真切实在（徼），“有”和“无”（“名”和“道”、形式和质料）虽然说是两个东西，但其实说的是同一事物，所以它又说“此两者同出而异名”。这种逻辑理智上的分析对于普通人来说自然不好理解，所以它说：“同谓之玄。玄之又玄，众妙之门。”

这个“欲”用现代西方哲学家叔本华的哲学来说，它就是“意志”，世界的本质是意志，万物的存在是缘于人的欲望——“意志”。没有了人的意志（欲望），世界就不成其为世界。按叔本华的思维，“名”是人们在“欲”（意志、欲望）状态下的结果，有欲就会有名，无欲自然就无名。从主观方面讲，“道”就要求取消意志，达到一种无名、无欲的混沌状态。

“有”与“无”是构成世界的两种基本要素，两者不可或缺。这在《郭店楚简》中有清晰的说明，《老子甲》说：“天下万物生于有，生于无。”这本来是古典中国哲学最经典的形而上学表述。但是，不知由于什么原因，《帛书老子》把这句话衍写为“天下万物生于有，有生于无”，后来的传世本以讹传讹，以至于成为两千年来的不解之谜。[①]

在《老子》看来，“有”和“无”就是一对对立的哲学范畴。“道”（“无”）相对于“名”（“有”）是一种更优胜的境界，在《淮南子》中，我们还可以看到这样的表述：

> 名与道不两明，人受名则道不用，道胜人则名息矣。道与人竞长。章人者，息道者也；人章道息，则危不远矣。[②]

有了这样的思路，我们再来看《郭店楚简·老子》中的另一难解之处：

> 道恒无名，朴虽细，天地弗敢臣。侯王如能守之，万物将自宾。[③]

在传世本《老子》中，这段文字为：

> 道常无名。朴虽小天下莫能臣也。侯王若能守之，万物将自宾。[④]

---

① 或许不能叫“衍写”，而是《帛书老子》为了突出对“无”的强调，有意改写而成。

② 《淮南子·诠言训》。

③ 《郭店楚简·老子甲》，载李零《郭店楚简校读记》（增订本），第 5 页。

④ 《老子·第 32 章》。

这里的“朴”字一直以来没有得到应有的解释。现在我们知道，“道”又可以叫作“朴”。“朴”是未曾被人加工过的原木，“道”是未曾被理智把捉过的真如，所以用“朴”来比喻“道”是很适宜的。

在《郭店楚简》中还有与此相关的一段文字：

道恒无为也。侯王能守之，而万物将自化。化而欲作，将镇之以无名之朴。夫亦将知足。知足以静，万物将自定。①

有了我们现在这样的理解角度，这一段话语自然没有费解之处了。

二 古典中国的人性论

我们说，《郭店楚简》代表了古典中国启蒙运动的精神，不仅是它表达了古典中国的自然哲学，而且由于它的人性哲学。从这里开始，古典中国进入了一个对人的哲学考察时代。

人们都知道，在一个文化早期，一切都在上帝的掌控之下，人类作为上帝在人间的代表，当然只能依附于皇天上帝，成为神的附庸。但是，进入哲学时代以后，古典精神不仅从自然的视角来审视外部世界，它也从自然的角度来审视人类自身。它认为人也不外乎是自然而然的东西，不是什么上帝的近亲，有什么特别神奇的地方。人类和外部世界一样，都是一种近乎机械配件组装成的东西。外部世界无疑是由“太一”这样的质料按照“形名”这样的形式实现出来的。如果说，外部世界的始基是“太一”，那人的本质就是它的“性”。注意，“性”的提出对于古典中国来说，同样是一个划时代的事件。由于有了“性”这个概念，人类就再不需要借助于上帝神灵来理解认知“人自身”。我们看到，在《郭店楚简》中，“性”已经具备了与“太一”相似的意义。有了“太一”，外部世界的万事万物都可以得到说明，同样，有了“性”，人作为精神载体，它方方面面的心理现象都可以得到完全的理解：

情生于性，礼生于情，严生于礼，敬生于严，望生于敬，耻生于望，□生于耻，廉生于□。

---

① 《郭店楚简·老子甲》，载李零《郭店楚简校读记》（增订本），第5页。《老子·第37章》载此段：“道常无为，而无不为。侯王若能守之，万物将自化。化而欲作，吾将镇之以无名之朴。无名之朴，夫亦将无欲。不欲以静，天下将自定。”

欲生于性，虑生于欲，倍生于虑，争生于倍，党生于争。
爱生于性，亲生于爱，忠生于亲。
子生于性，易生于子，肆生于易，容生于肆。
喜生于性，乐生于喜，悲生于乐。
恶生于性，怒生于恶，胜生于怒，□生于胜，贼生于□。
愠生于性，忧生于愠，哀生于忧。
惧生于性，慊生于惧，望生于慊。
智生于性，□生于智，悦生于□，好生于悦，从生于好。
强生于性，立生于强，断生于立。
弱生于性，疑生于弱，北生于疑。
贪生于欲，负生于贪，□生于负。
喧生于欲，哗生于喧，慌生于哗。
浸生于欲，恧生于浸，逃生于恧。
急生于欲，□生于急。①

人之为人，人与外物的不同，当然在于它有各种各样的心理表现。在古典中国的启蒙精神看来，人不外是这些心理现象的集聚体，人的这些“知情意”其实都发源于“性”，都可以通过“性”来予以解释。“性”是人的本质，是人之为人之根源。它是人与生俱来的，是自然而然的东西，没有什么特别神秘、神奇、神圣的意味。人类因为“性”而获得了他们的“自然”资格。

《郭店楚简》不仅用专文把“喜、奴、哀、乐、爱、欲、惧”等人的各种情感表现的最后根源追溯到“性”这一基点上，而且把包罗万象的各种心理现象用“生”这一概念建立起严密的逻辑推理关系。这样的理智安排也是启蒙时代一个标志性特征。我们知道，启蒙运动主要针对的是宗教虔信，它总是想把宇宙人生的各种物理和心理现象安放到一个完全由理智所确定的逻辑链条中。从此以后，人与宗教信仰没有了直接关联，人变成了“自然”人，机械意义上的人。

《郭店楚简·名数》篇把人的各种情感编织成一个严密的思维逻辑架构，五光十色的各种情感最终、最后的指向和归宿是“性”。应该说，这只是完成了整个人性哲学的第一步，启蒙意识还必须说明，为什么同样的一个“性”却能生发出各不相同的现实心理，也就是说，“性”作为人的可能性（潜能）是如何变成人的具体情感（现实）呢？《郭店楚简·性》篇就承担了这一历史任务，它对“性”与“心”、“物”的关系有详尽的论说，可以说它就是一部专论人性从可能到现实的哲学论文。

---

① 《郭店楚简·名数》，参见李零《郭店楚简校读记》（增订本），第169—170页。

凡人虽有性，心无定志，待物而后作，待悦而后行，待习而后定。喜怒哀乐之气，性也。及其见于外，则物取之也。性自命出，命自天降。道始于情，情生于性。始者近情，终者近义。知情者能出之，知义者能入之。好恶，性也。所好所恶，物也。善不善，性也。所善所不善，势也。

凡性为主，物取之也。金石之有声，弗扣不鸣。人之虽有性，心[1]弗取不出。

凡心有志也，无与不可，人之不可独行，犹口之不可独言也。牛生而长，雁生而伸，其性使然，人而学或使之也。

凡物无不异也者，刚之树也，刚取之也；柔之约，柔取之也。四海之内，其性一也，其用心各异，教使然也。

凡性，或动之，或逆之，或交之，或厉之，或绌之，或养之，或长之。

凡动性者，物也；逆性者，悦也；交性者，故也；厉性者，义也；绌性者，势也；养性者，习也；长性者，道也。

凡见者之谓物，快于己者之谓悦，物之设者之谓势，有为也者之谓故。义也者，群善之蕝也。习也者，有以习其性也。道者，群物之道。

凡道，心术为主。道四术，唯人道为可道也。其三术者，道之而已。诗书礼乐，其始出皆生于人。诗，有为为之也。书，有为言之也。礼乐，有为举之也。圣人比其类而论会之，观其先后而逆顺之，体其义而节文之，理其情而出入之，然后复以教。教所以生德于中者也。礼作于情，或兴之也。当事因方而制之，其先后之序则宜道也。又序为之节，则文也。至容貌所以文，节也。君子美其情，贵其义，善其节，好其容，乐其道，悦其教，是以敬焉。拜，所以□□□其□敏也。币帛，所以为信与徵也，其辞宜道也。笑，礼之浅泽也。乐，礼之深泽也。

凡声之出于情也信，然后其入拨人之心也够。闻笑声，则鲜如也斯喜。闻歌谣，则陶如也斯奋。闻琵琶之声，则悸如也斯欢。观《赉》、《武》，则齐如也斯作。观《韶》、《夏》，则勉如也斯敛。咏思而动心，□如也，其居次也久，其反善复始也慎，其出入也顺，始其德也。郑卫之乐，则非其声而从之。

凡古乐龙心，益乐龙指，皆教其人者也。《赉》、《武》乐取，《韶》、《夏》乐情。

凡至乐心悲，哭亦悲，皆至其情也。哀、乐，其性相近也，是故其心不远。哭之动心，浸杀，其烈恋恋如也，戚然以终。乐之动心也，濬深郁陶，其烈则流

① 李零教授的断句为“人之虽有性心，弗取不出”。这里采用原释文。

如也以悲，悠然以思。

凡忧思而后悲，凡乐思而忻，凡思之用心为甚。欢，思之方也。其声变，则心从之。其心变，则其声亦然。吟，游哀也。噪，游乐也。啾，游声也。呕，游心也。喜斯陶，陶斯奋，奋斯咏，咏斯犹，犹斯舞。舞，喜之终也。愠斯忧，忧斯慼，慼斯欢，欢斯辟，辟斯踊。踊，愠之终也。[①]

"物"在该篇中是一个很宽泛的词，它有广义和狭义之分。广义的"物"泛指人遭遇到的各种现实情景，狭义的"物"则指人们所感受到的具体物件。

喜怒哀乐之气，性也。及其见于外，则物取之也。

凡性为主，物取之也。金石之有声，弗扣不鸣。人之虽有性，心弗取不出。

凡物无不异也者，刚之树也，刚取之也；柔之约，柔取之也。四海之内，其性一也，其用心各异，教使然也。

凡动性者，物也。

当它说到上面这些"物"时，它是指出广义上的各种现实情景。

凡动性者，物也；逆性者，悦也；交性者，故也；厉性者，义也；绌性者，势也；养性者，习也；长性者，道也。

凡见者之谓物，快于己者之谓悦，物之设者之谓势，有为也者之谓故。义也者，群善之蕝也。习也者，有以习其性也。道者，群物之道。

在这里，"物"则指的是与"悦"、"故"、"义"、"势"、"习"、"道"相分隔的具体物体。

这篇论说的主要论点李零教授曾作过很好的梳理，应该说他的论断是相当有见地的。[②] 大致说来，"性"是人得自上天的本性，由"命"而来，[③]所以它说："性自命出，命自天降。"

---

① 《郭店楚简·性》，参见李零《郭店楚简校读记》(增订本)，第105—106页。

② 《郭店楚简·老子甲》，参见李零《郭店楚简校读记》(增订本)，第117—119页。

③ 注意，《郭店楚简》虽然也说"性自命出，命自天降"，但它的重点并不在"天命"上，这有点像西方思想史的自然神论、理性宗教，把上帝等同于第一推动，在《郭店楚简》中，"天"与"命"的概念基本上相当于西方文化上的"第一推动"，在完全成了"天命"的第一推动后，皇天上帝再也不管人间之事，人间之事就完全交由"性"了。

"情"是人的情感,是"性"的外部表现,也就是,"性"是可能性、潜能,"情"是现实性、是见诸于世的。《郭店楚简》对"情"很看重,以为"真情"是可欲的,是值得肯定的东西,"凡人情为可悦也,苟以其情,虽过不恶",[①]相反,"凡人伪为可恶也"[②]。同时,人也很难掩饰自己的真情实感,"人之不能以伪也,可知也。不过十举,其心必在焉。察其见者,情焉失哉"[③]。

"心"是人的精神活动主体,"志"是人的主观意志。"心志"与"性情"不同,"性情"是人内在固有的东西,"心志"则受制于外物的刺激和主观的感受,是由后天习性培养,变化不定的东西。

"物"、"悦"、"势"、"故"是指人遭遇到的不同外部环境,可以统称为"物"。

"教"、"习"、"道"、"义"是指人受到的各种教化培养训练,可以统称为"教"。

总之,在《郭店楚简》中,"性"生成各种"情"的演化公式可以归结为:"性"是"情"的依据,也是"情"的限制。有了"性","情"才有可能。"性"化为具体的"情"要受到外部环境"物"的制约,但人们的"心志"(心理取向)对人的现实情感表现有决定性作用。这就牵涉到"教"的意义。

人与动物不同,是因为动物不会学习,只能顺应天性,无法改变,"牛生而长,雁生而伸,其性使然"。但人不一样,人有自由意志,通过学习,可以有选择的自由,所以它说"人而学或使之也"。

前面说过,广义上说,"教"、"习"、"道"、"义"都是"教",都是对人们的教育培养训练,这是指教的方式,而礼乐诗书则是教的具体素材。在"教"中,最重要的是"心术",也就是培养正确的思维方式,训练正面的心志态度。所以"教"就是教育人如何立志,如何端正态度。最能说明问题的是:

> 凡物无不异也者,刚之树也,刚取之也;柔之约,柔取之也。四海之内,其性一也,其用心各异,教使然也。

同一个人、同样的环境,但我们的心志取向不同,就会有不同的现实表现。用"刚"性的态度对待就会有"刚"性的结果,用"柔"性的态度处理就会有"柔"性的结果。所以,"教"就是教人如何"用心",如何"取态"。

"教"就是教化正确的思维方式,培养积极的人生态度,而正确的思维方式、积极的人生态度是养成"德"的关键因素,所以它说:"教,所以生德于中者也。"

---

① 《郭店楚简·性》,参见李零《郭店楚简校读记》(增订本),第107页。

② 《郭店楚简·性》,参见李零《郭店楚简校读记》(增订本),第107页。

③ 《郭店楚简·性》,参见李零《郭店楚简校读记》(增订本),第107页。

三　《周易》——古典中国最具代表性的理智创造

（一）

哲学时代就是一个理智创造的时代。在笔者看来，古典中国启蒙运动最大的理智创造就是《周易》。

笔者如此一说，估计读者们又都会一惊。难道《周易》是孔子之后的作品？！没错，这正是本书的又一颠覆性的观点。

《周易》分两部分，所谓《易经》（狭义的）和《易传》，传统学术尽管各家观点歧异，特别是对《易传》到底是否与孔子有关存在不同看法，但都认为《易经》是比较古老的文本，可以上推至周初甚至更早，因此人们情不自禁地都认可"伏羲八卦，文王六十四卦"的说法。

我们这里要再次谨重地申明，文化形态学（发生学）的观相告诉我们，不仅《易传》是相当晚出的作品，所谓《易经》也都是孔子之后的作品，孔子一生与《周易》无缘，更不要说文王伏羲了。因为，《周易》（《周易》代表性的版本包括传世本，帛书本和近出的《上博简》本，三者基本是同一典籍的前后版本，而上博简本似乎可以算是最早期的《周易》版本了。）本身是古典中国启蒙运动的成果，它不可能出现在孔子之时代，更不用说在孔子之前。只要我们领会了斯宾格勒的文化形态学，这样的认知是毫无疑义的。

当然我们这里并不是说，《周易》与孔子、与文王毫无关系。世界是相互联系的整体，任何两事物都会有它们间的关系。我们这里要说的是，《周易》作为一个完整的文本在孔子之时根本不存在。它的出现恰好表明，在古典中国启蒙精神的激励下，启蒙时代的哲人有意识地创造了《周易》这本典籍，尽管我们今天已经很难知道，到底是谁（或者是谁们）创造了这部书。

传统学术有两个基本的笼统认知，其一，认为《易》就是指的《周易》，也就是传世本《周易》；其二，认为《周易》是一本算命的书。

首先我们要指出，"易"与《周易》并非二而一的关系。传统学术也告诉过我们，在《周易》之外，还有所谓《连山易》和《归藏易》，所以《周易》并非唯一的《易》。但这不是我们论述的重点。我们要正告读者的是，"易"在《郭店楚简》的时代，并不是指《周易》，或许彼时《周易》尚未问世。《物由望生》篇说："易，所以会天道人道也。"[①]由此可知，在《郭店楚简》时代，《易》是启蒙时代中国人理解自然与社会、把握宇宙与人生的哲学类典籍。《物由望生》篇对当时的经典有了分类：

> 礼，交之行述也。
> 乐，或生或教者也。
> 书，□□□□者也。
> 诗，所以会古今之诗也者。
> 易，所以会天道、人道也。
> 春秋，所以会古今之事也。[②]

可以看出，在《郭店楚简》时代，中国人已经形成了后世"六艺"的概念。各种书籍都可归入《诗》、《书》、《礼》、《乐》、《易》、《春秋》等相应的门类中，其中的《诗》、《书》、《礼》、《乐》、《春秋》与后世的理解并无区别，但彼时的《易》却似乎并不是特指《周易》，而是指的有关"天道"、"人道"的书册。如果《易》指的是有关"天道"和"人道"的书，那在《郭店楚简》时代人们的心目中，《郭店楚简》本身在很大程度上就是一部《易》书。比如，它的《五行》篇随处可见"天道"和"人道"的字眼，而该篇的内容就在于会通"天道"与"人道"；它的《性》篇可以说是专门论述"人道"、"人性"的著作。再比如，《郭店楚简》的《太一生水》篇就是典型的有关"天道"的文本，而它的《老子》编也都是关于"天道"、"人道"，以及如何会通"天道"、"人道"的论述。《郭店楚简》的《父无恶》篇、《物由望生》篇和《名数》篇也基本都是关于"天道"和"人道"的表述。所以，我们可以说，站在《郭店楚简》本身的立场，它就是一部《易》书。我们在上面专门提到的《上博简·恒先》篇就可谓典型的"易"学作品。

从文化形态学上说，"易"的概念的出现，代表了古典中国哲学时代的来临，古典中国以此为标志从过往的神学时代进入形而上学时代。也就是从这里开始，古典中国的哲人不再把神（上帝祖先）作为宇宙人生考察的出发点，他们开始从人的角度，从自然理智和世俗理智的角度来探求宇宙人生的终极依托。这就是"易"，《易》就是古典中国的哲学，就是它的形而上学。我们还可以从精神发生学的角度来表述这个意思：当一个文化的精神跨越神学阶段进入到形而上学时代之后，它必然会涌现出它的形而上学——它的哲学。在古典中国，它的哲学（形而上学）就是《易》，《易》的出现有形态学、发生学的必然性。在宗教改革之前，古典中国不会有《易》经，而在宗教改革之后，古典中国必然会出现《易》学。

---

① 李零：《郭店楚简校读记》（增订本），第160页。
② 李零：《郭店楚简校读记》（增订本），第160页。

从另一个角度说，站在《郭店楚简》等启蒙学者的立场，世上所有的书册都可归入“六艺”的框架内，凡是探讨“天道、人道”，也就是探讨宇宙人生终极依托的学问都属于《易》的范畴。这里要特别指出的是，《周易·系辞》说：“形而上者谓之道，形而下者谓之器。”《易》是有关天道、人道的学问，是有关“道”的学问，是形而上的学术，而不是具体的实用知识，不是形而下的“器”——技术。

尽管对于“易”字，人们可以有多种多样的理解，但我们首先必须把《易》类典籍放到文化形态学（发生学）的框架中去把握。《易》是进入到哲学（形而上学）时代的古典中国精神的产物，它是古典中国人对“天道”与“人道”理解的“会集”，同时，它也是古典中国人对“天道”与“人道”的“会通”。注意，《郭店楚简·物由望生》篇中对“易”的解释是十分贴切的：“易，所以会天道人道也。”这个“会”字很有表述力。《易》之“易”一定要包含对天道、人道的会通。只有“会通”了天道、人道的知识才能算是“易”；同理，只要是致力于会通天道、人道的知识，都可算作《易》。所以，我们这里必须说，《易》就是古典中国的哲学，是它的形而上学。原则上，所有关于形而上学，所有关于“道”（而非“器”）的学术学问，都属于《易》。《易》囊括了启蒙时代的哲人对自然和社会（宇宙万物）的哲学理解和形上把握的全部努力，它的范围是相当宽广的。《易》绝不仅仅局限于《周易》所范围的狭小领域。

当然我们必须得说，传世本《周易》也属于“六艺”类的《易》类经典，尽管现在看来，它很有可能是一种相对晚出的《易》类。如果有人要问，它晚到何时才出现，也许我们可以大胆说，它也许是与《郭店楚简》同时期的作品，甚至有可能比《郭店楚简》稍晚成篇，或许《上博简》中的《周易》就是最早期的《周易》文本。不管怎样说，现本《周易》必定是孔子之后才有可能出现的文本。也正是基于上述的认知，我们这里要正告读者：传世本《周易》像所有的“易”学类典籍一样，它是一部哲学著作，而不是占卜的实用书册，这一点很重要。惜乎国人多少年来都有意无意忽视之。其实，《汉书·艺文志》已经告诉了我们这一点。我们都知道，与“易”相关的书在《汉书·艺文志》分属两个大类，其一是“六艺”类，其二是“数术类”，刘歆、班固对它们的理解也是完全不一样的。我们知道，其中的数术类《易》都是有关占卜吉凶的具体操作，这从侧面能够证明，“六艺”类中的《易》是与占卜吉凶不一样的典籍。

（二）

那我们该如何来理解“六艺”类的《易》，也就是，我们该如何来理解传世本《周易》呢？

《周易》是古典中国启蒙运动高潮中古典精神理智创造的成果。它是战国中晚期的作品，这不仅指它的所谓《易传》部分，也包括它的《易经》部分。传世本《周易》是作为一个整体几乎同时问世的，至少我们可以说，《周易》的《易经》部分与《系辞》部分应该是由同一个学派（或同一个人）在一个相当短暂的时间内创作完成的。注意，我们这里用的是“创作”这个词。没错，《周易》就应该是古典中国的启蒙哲人有意创作的作品。这不仅包括它的“传”（《系辞》）也包括它的“经”（狭义的《易经》）。不管怎么说，所谓的《易经》部分与《系辞》部分是很难分开的。《系辞传》自己已经很好地说明了这一点：

> 圣人设卦观象，系辞焉而明吉凶，刚柔相推而生变化。是故吉凶者，失得之象也；悔吝者，忧虞之象也；变化者，进退之象也；刚柔者，昼夜之象也。六爻之动，三极之道也。

“圣人设卦观象”，这是说，所谓的“文王六十四卦”是“圣人”“设”出来的，它是有意设计、创作的，不是像筮占和龟卜活动中现实呈现的“数”（筮数）和“象”（兆象）；而《易经》中的“辞”，也就是卦辞和爻辞是人们有意“系”上去的，也不是现实占卜活动中的“命辞”和“占辞”。“系辞”的“系”很有说服力，它形象生动地表明，《周易》的卦爻之象与卦爻之辞并不是一种现实占卜活动自然形成的组合，而是人工设计的，是人把原本并不在一起的两样东西像佩带装饰挂件一样“系”在了一起。用我们现代的话说，一个“系”字充分地表明了《周易》的《易经》同样是人们的理智创造的成果，而这样的理智创造正是宗教改革后的古典精神的特征。

从历史遗存方面看，古典中国实际发生的筮占都是所谓“数字卦”，它通常是由三个、四个、六个或者更多个数字构成的数字符号组合，这些数字包括一、五、六、七、八、九等。这样的数字卦遗迹从商代一直持续到战国年间。[①] 而《周易·易经》中的卦象（所谓的伏羲八卦或者文王六十四卦）只是在战国之后才出现于《周易》的书册中，从来没有出现在现实历史的筮占场合。这其实已经清楚地表明，传世本《周易》并不是一本实用的筮占书。我们认为，像生物学的自然选择一样，人类的精神发生也应该有排他性的一条演化轨迹，这可以说是精神发生学的排除法。根据精神发生学的排除法，如果当时的文王时代已经有了《周易》的卦法（阴阳卦），历史上就不会再出现上面提到的“数字卦”，而现在出土文物指出，现实历史从商代到战国年间的筮占用的都是“数字卦”，而从未出现过《周易》的阴阳卦，这恰好表明，《周易》的卦法（阴阳卦）是战国以后启蒙哲人的发明。

好好考察《周易》上卦爻辞文本，可以感觉出它的人工创作的意味，细细品味马王堆帛书《周易》中的《易经》文本，这种理智创造的痕迹就更加明显了。

---

① 参见李零《中国方术正考》，中华书局，2006 年，第 198—215 页。

人们总以为,《周易》经文中的卦爻辞很古朴,有不少语词非常不好理解,所以它不会是晚期的作品。我们认为,这完全是传统学术缺乏反思的表现,这些所谓的古朴难懂仅仅是后世学人的一种感受而已,对于战国年间人来讲,或许它们都是很常用的词语,至于像"康侯用锡马蕃庶,昼日三接"①这样对于后人特别生疏的话语,在当时或许仅仅相当于后世所谓的成语,对于当时的人们都是耳熟能详的。其实,在《易经》文本中,绝大部分卦爻辞都是相当通俗的,即使对于今天的人们来说也是如此。特别是《易经》文本中几乎被"利涉大川"、"利见大人"、"利建候"、"利御寇"、"利有攸往"等这些利字当先的文字所充斥,文化形态学(发生学)告诉我们,这些"利"字当先的思维只可能是启蒙运动后才可能出现的思维。在孔子之时、周公的时代是不可能出现在人们的头脑中的。

我们认为,《周易》其实是战国中晚期哲人发明的一种用于训练人们形上思考的哲学教材,可以说,它是训练、提升人们思维能力(抽象思维和辩证思维)的游戏,它是启蒙哲人的"玩意儿"。《系辞》说:

> 是故君子所居而安者,《易》之序也;所乐而玩者,爻之辞也。是故君子居则观其象而玩其辞,动则观其变而玩其占,是以自天祐之,吉无不利。

是的,《周易》就是古典中国启蒙哲人的思维玩具,当然,我们可以说,任何哲学都不过是人的思维玩具。作为一种哲学的《周易》也可以有它的应用,这就是《系辞》中说的:

> 《易》有圣人之道四焉:以言者尚其辞,以动者尚其变,以制器者尚其象,以卜筮者尚其占。

传世本《周易》应该叫阴阳易,它的核心思维是借助于"阴"与"阳"两个对立统一的范畴来理解世界的变化、万物的运动。而《周易》中的"阴"、"阳"概念,无论是作为符号,还是作为文字,都已经是一种哲学的东西,形而上学的东西。我们知道,"阴"和"阳"作为日常意义上的两个字(所谓山南为阳,山北为阴)在很古远的年代就出现了,但作为一对代表对立统一的哲学范畴却只能是宗教改革后的产物。这之后,它们就作为一对"矛盾"出现在古典中国的思想领域,按古典中国自己的讲法,它们构成了一对"望",而且是宇宙人生万事万物中最基本的一对"望"。世界万物充满着"矛盾",现代人说,矛盾是事物发展变化的动力,古典中国人说:

① 《易经·晋卦卦辞》。

“凡物由望生。”人们可以从任何事物中分析出无穷无尽的“望”，但阴阳这一对望可以说是最能够表述古典中国启蒙时代精神的一对“望”——一对矛盾。

现本《周易》除了“阴阳”这对国人印象特别深刻的范畴外，“刚”与“柔”之间的对立统一是《周易》另一可见度很高的一对“望”，甚至可以说，“刚柔”之望在《系辞》等《易传》文本中占据比“阴阳”之望更重要的地位。我们可以来看看《系辞传》上下篇开篇的部分：

> 天尊地卑，乾坤定矣。卑高以陈，贵贱位矣。动静有常，刚柔断矣。方以类聚，物以群分，吉凶生矣。在天成象，在地成形，变化见矣。是故刚柔相摩，八卦相荡，鼓之以雷霆，润之以风雨；日月运行，一寒一暑。乾道成男，坤道成女。乾知大始，坤作成物。乾以易知，坤以简能；易则易知，简则易從；易知则有亲，易從则有功；有亲则可久，有功则可大；可久则贤人之德，可大则贤人之业。易简而天下之理得矣。天下之理得，而成位乎其中矣。
>
> 圣人设卦观象，系辞焉而明吉凶，刚柔相推而生变化。是故吉凶者，失得之象也；悔吝者，忧虞之象也；变化者，进退之象也；刚柔者，昼夜之象也。六爻之动，三极之道也。是故君子所居而安者，《易》之序也；所乐而玩者，爻之辞也。是故君子居则观其象而玩其辞，动则观其变而玩其占，是以自天祐之，吉无不利。
>
> ……
>
> 八卦成列，象在其中矣；因而重之，爻在其中矣；刚柔相推，变在其中焉；系辞焉而命之，动在其中矣。吉凶悔吝者，生乎动者也；刚柔者，立本者也；变通者，趣时者也。吉凶者，贞胜者也；天地之道，贞观者也；日月之道，贞明者也；天下之动，贞夫一者也。

我们看到，在《系辞》传中，几乎是由“刚柔”来代表“阴阳”之义的。不独在《系辞传》中，整个《彖传》和《象传》也通篇都是“刚”与“柔”两字，而且都是用“刚柔”来代表“阴阳”义的。我们还可以大胆地说，《易经》中的“系辞”本身虽然没有多少“刚柔”之词，但它所依附的所谓“爻”——阴爻与阳爻也完全可以用“刚爻”与“柔爻”来代表，而完全不影响对它的理解。

在此，我们要特意地指出，广泛流行于后世的“阴阳”对立的概念，极有可能最早是源于“刚柔”对立。人们是从“刚”与“柔”的对立统一中才领悟到“阴”与“阳”之对立统一，或者可以换一种方式说，人们是从“刚柔”之望中抽象出“阴阳”之望这一对更哲学的范畴。

于是，我们就情不自禁地联想到，墨儒两家风格之别对古典中国启蒙运动的决定性影响。我们知道，墨家的风格是“廉”，也就是“刚”，而儒家之“儒”字它的本意就是“柔”。在我们的历史观相中，我们看到，古典中国的精神正是在对墨儒两家风格对立的反思中把古典中国从宗教(神学)时代带入到哲学时代——形而上学时代。用中国本土的语言，我们可以说，古典中国已经从“法”的时代进入到“道”的时代。①

从精神发生学的观相中，我们可以描述一下《周易》的发生历程。

宗教改革运动之后，随着人们自然理智的不断发展，把古典中国宗教性极强的占卜转变成一个理智的事务成为古典精神的一项历史使命。我们都知道，占卜是古人窥探天意的极富宗教色彩的活动，虽然宗旨都是窥探天意，但占卜并非一回事，占是占，卜是卜，前者是指筮占，用蓍草完成；而后者是指龟卜(或骨卜)，在龟甲或牛骨上完成。原则上，古代中国人凡遇大事，都会蓍龟并用、既占又卜。②从理智发展的角度看，首先它需要把早期文化中的神学变成一个哲学，从盲目听命于上帝祖先转变为依赖人本身，也就是，它需要把原来不可理喻的宗教敕令变成人们自己可以把握理解的哲学。其次它需要把筮占与龟卜两个神学变成一个单一的形而上学。哲人要做的工作表现在理智化和系统化两方面。

《周易·易经》中的核心环节有两个，其一是它的卦象，其二是它的卦名和卦爻辞。

《易经》六十四卦的卦象安排来源于商周以来通行的数字卦。只要把《周易》的卦象与出土资料中数字卦比较一下，不难得出这样的结论。

我们说过，商周之后的现实筮占用的是数字卦，主要用的是三个数字的组合或六个数字的组合，而以六个数的数字卦为主。哲人们的第一步是用阴和阳两个符号(刚爻和柔爻)来替代一、五、六、七、八、九等六个数字，以达成精简的目的。否则，以上述六个数字来组合卦象，将会有六的六次方个组合，大大超出当时的现实需求。而用刚柔(阴阳)两个符号来表示卦象正是哲人占卜活动理智化的核心设想。因为，阴阳两爻分别代表刚与柔这两种力量、两种势力，它们的组合可以使人们进行相应的思维运算，从而使卦象成为可以为人们理解的理智符号，而现实筮占中由六个(或三个)数字组成的数字卦则无法达成这样的意图。

而《易经》中六十四卦的卦名和卦爻辞则来自龟卜。

我们知道，卜求活动会在相关的甲骨正面呈现相应的兆纹，而每次卜求由于

---

① 注意，古典中国“法”带有强烈的宗教意味，与后世的，特别是现代人理解的“法”区别明显。《吕氏春秋·贵公》中有“墨子之法，天下之大义也”之说，在墨者们看来，“法”就是上帝祖先的规定，不是世人的安排。秦始皇、李斯的《焚书令》说“而私学而相与非法教”，始皇、李斯心目中“法”是与“教”，与上天祖先有同样的宗教庄严性的。

② 参见李零《中国方术正考》，第50—51页。

时空、材质和人工操作的不同，它们所形成的兆纹都会有自己的特征。在长期的卜求实践中，人们积累了大量的兆纹信息，并渐渐有了分类的概念。于是，古典中国的哲学家首先对这些兆纹进行了分类。我们现在已经不知道这些分类的具体情况，但历史观相告诉我们，《周易》的六十四卦卦名极有可能就来自这些兆纹分类的名称。《周礼·大卜》："大卜掌三兆之法，一曰玉兆，二曰瓦兆，三曰原兆。其经兆之体，皆百有二十，其颂皆千有二百。"这暗示我们，在长期的卜求活动中，各式各样的兆纹被人们分成一百二十个左右的大类，这就是所谓的"经兆之体，皆百有二十"，所有的卜求结果都可归入这些"经兆之体"中；而每一类的"经兆之体"又可细分为十小类，这就是所谓的"其颂皆千有二百"。这里说的一百二十个"经兆之体"似乎就是《周易》六十四卦名的来源，而其中的一千二百个"颂"是相对于"体"的次级分类和说明，《周易》中的卦爻辞很可能即来源于此。我们从《吕氏春秋》文本中可以找到一个比较有说服力的例子。《吕氏春秋·壹行》说："孔子卜，得贲。孔子曰：'不吉。'子贡曰：'夫贲亦好矣，何谓不吉乎？'孔子曰：'夫白而白，黑而黑，夫贲又何好乎？'"可见"贲"这一卦名最初本是龟卜兆纹之名，后来才变成了《周易》六十四卦之卦名。

（三）

《周易》这本哲学书的要义其实是要把《郭店楚简·太一生水》中的理论，特别是要把《郭店楚简》中著名的命题"凡物由望生"发挥于现实中，也就是说，《周易》是古典中国的启蒙哲学家把哲学理论应用于现实生活中的尝试，在这个意义上，它可以算是一本科学教程。

《周易》的由来可以由它自己的一句话来说明："易有太极，是生两仪，两仪生四象，四象生八卦。"首先，它说"易有太极"，"太极"就是"太一"，这有力地表明了《周易》的宗旨其实就是贯彻《太一生水》篇太一是万物之母的道理。"是生两仪"，两仪由太极生，这无疑就是《太一生水》篇"故岁者，湿燥之所生也。湿燥者，寒热之所生也。寒热者，四时之所生也。四时者，阴阳之所生也。阴阳者，神明之所生也。神明者，天地之所生也。天地者，大一之所生也"所说的意思，这其实也就是《郭店楚简》"凡物由望生"的具体表述。注意，传统学术对"两仪"一直有众多的说法，这些说法其实都可以归入到"望"中。我们前面说过，"望"就是"对望"、"矛盾"、"对立统一"，凡"望"原则上就是一对一对的，也就是"两两相对的"的"仪"。现在看来，"两仪"的"仪"字就是"仪的"的意思，也就是"望"的意思。我们知道，"望"本意是"日月对望"，凡是"望"都包含"两个"对立者。我们也可以说"仪"就是"望"。由"凡物由望生"的哲学命题自然就会想到"太极生两仪"，"太极"或"太一"是世界的终极归宿和依据，而世界要展开为世界，必须要有它的展开途径，至少从人的理智方面,必须这样做。从人的理智方面,我们要更深入具体地把握世界,必须进行"分析",而分析的最简明途径就是"一分为二",把整体区分为部分,把复杂分析为简单,这无疑是当年启蒙哲人的不二选择,"凡物由望生"的命题即来源于此,"太极生两仪"是世界的理智分析的具体进行。由之可知,"两仪"不是指具体的某"两仪",所有两两相"望"的都是"两仪",如上面《太一生水》的"天地、阴阳、神明、寒热、湿燥"等等都是"两仪",而且这样的"两仪"还远不限于此,就像我们现在讲的哲学概念"矛盾"一样,"两仪"是无处不在,无时不在,只要人们愿意去分析,它是可以层出不已、无穷无尽的。在《周易》中,到处表现出"矛盾"、"对立统一",到处都是"两仪"、都是"望",但我们知道,"刚柔"是《周易》作者最重视的"两仪",是最重要的"望"。这种"两仪"的符号标志就是⚊、⚋,所谓阳爻和阴爻,在《周易》哲人心目中,它们更是刚爻和柔爻。

由"太极生两仪"很自然就展开为"两仪生四象"。人们不必争论这"四象"到底是指的哪四象,它是指"四时",指"四位",或者指天上的青龙、白虎、朱雀、玄武等"四象",都不重要,因为在《周易》哲人的心目中,既然"一分为二",逻辑上肯定会展开为"二分为四"。

接下来,自然就会"四象生八卦",这就来到了《周易》这本书的关键时刻。在前面的"两仪"和"四象"阶段,这些"仪"和"象"还都是比较抽象或者至少是远离人们日常生活的,而进入到"八卦",《周易》作者要把哲学玄思与生活世界搭挂钩连起来了。

首先我们来看看《周易》的八经卦,现本《周易》分别名之曰:乾、坤、震、巽、坎、离、艮、兑。但为什么叫这些名称,它们与八经卦的卦象到底是什么关系,尽管《说卦》、《杂卦》、《彖》和《象》等《易传》都述说了不少,但似乎总是未说到切合,未能真正打动人们的求知心。

这里,我们必须指出《周易》传世本和帛书本的不同。比较一下传世本《周易》和帛书《周易》,我们不难发现,传世本《周易》的文字有了明显的改动,正是由于这些改动,使后世对《周易》的本来面目无法把握。我们认为,相对而言,帛书《周易》更能代表它的本来面目。

而帛书《周易》的八经卦名称似乎才是《周易》创作者的本意。在帛书《周易》中,八经卦名分别为:键、川、辰、筭、赣、罗、根、夺①。为什么八经卦会叫这些名号,这些卦名与卦象到底是什么关系呢?

我们认为,理解这些卦名与卦象关系的关键是要从"刚"、"柔"这一对"望"(矛

① 本书所提及的帛书《周易》文本素材全部来自邓球柏教授所著《帛书周易校释》,湖南人民出版社,2002年。

盾)出发来解释《周易》卦象的两个基本符号,传统上人们都用“阳爻”和“阴爻”来理解它们。我们认为,用“刚”和“柔”这一对范畴才是理解《周易》八卦的要害。后面我们还会说到,“刚柔”这一对望本就是《周易》卦爻的初始寓意。

为什么三横的☰叫“键”,传世本改为“乾”,但“乾”字含意不明。《象》传解释该卦:“天行健,君子以自强不息。”透露出“键”是该卦的本字。① “键”本意为“键闭”,也即是铁锁,用它代表“坚强”、“刚健”当然是最好不过的记号。我们说过,《周易》的阳爻本来应该叫“刚爻”,它的寓意就是“刚直”、“坚强”。一个刚爻代表“键”——“刚健”,三个刚爻所组成的卦象当然更应该以“键”来代表。由之我们知道,传世本中“乾”字是后来哲人追求抽象、哲理化的结果。

三个阴爻组成的卦传世本叫“坤”,虽然很文雅,但寓意却不明确,《象》传解释该卦:“地势坤,君子以厚德载物。”只能使我们对“坤”字有一些模棱的感觉。在帛书《周易》中,该卦名为“川”字。邓球柏教授已指出该卦的寓意其实就是“水”、就是“顺”②,我们这里还可以加上一个“柔”字。我们认为,该卦卦名充分表明了《周易》的所谓阴爻更应该叫“柔爻”,它的寓意就是“柔顺”。一个柔爻为“柔”,三个柔爻叠加当然应该叫“川”(也就是“顺”)了。

现在我们终于知道了,原来《周易》中两个最基本的卦象,一个代表“刚健”,一个代表“柔顺”。古典中国启蒙时代两个主要的派别——墨家和儒家——的风格特点在《周易》中再次得到表现。墨儒两家风格的差异似乎主导了古典中国宗教改革运动后的精神生活。

再来看看震卦和巽卦,在帛书本中它们分别叫作“辰”和“筭”。

传世本的中“震卦”常寓意“地震”,难以从卦象中得到贴切的说明。帛书本中的“辰”应该是它的本初字。“辰”在古代指翻土用的犁类农具。我们认为,“辰”特别能代表该卦的意象。该卦由下面一刚爻,上面叠加两柔爻,而该卦的重心在下面的刚爻上,这很像铁犁翻土的意象,上面翻好的土很疏松、很柔和,而决定性的东西却在于土层下面的铁犁,铁犁越坚强、越刚健越好,下面的犁越刚健,上面的土质才会变得越柔和,犁地的效果才越好。该卦的重心是最下部的铁犁——刚爻。

传世本的中“巽”卦常寓意“风”,与卦象的关系也不直接。帛书本中该卦叫“筭”,古代计算用的是“筹策”,用作动词就是“算”的意思。我们认为,该卦的意象与“算”的形象很相似。该卦下面一柔爻,上面叠加两刚爻,重心在柔爻;人们计算思考,全是心理活动,外表一动不动,似乎很静定、很死板,但内心却翻江倒海、起

① 《序卦》说:“乾,健也。”这同样表明“键”才是该卦的本初名。

② 邓球柏:《帛书周易校释》,第259—260页;另《序卦》说:“坤,顺也。”

伏不已，这种“起伏”就是一种“柔”的表现。与“辰”的刚在内而柔在外相反，本卦是刚在外而柔在内。在《周易》设计者看来，“筭”就是这一卦最好的寓意。

接下来看看坎卦和离卦，在帛书本中它们分别叫作“赣”和“罗”。

先来看离卦。传世本的离卦之“离”常代表“火”，很明显，它与卦象间并没有很好的思维联系。帛书本中该卦为“罗”。“罗”在古代本是捕鱼捕鸟用的网，我们认为，用它来代表本卦最贴切不过了。捕鱼也好，捕鸟也好，网最要紧的是中间要柔和，否则就是“鱼死网破”，造成严重的后果，但网的上下四周的桩基却必须足够牢固，足够“坚强”，不然的话不仅鱼鸟无获，连网本身都有可能不知去向。而本卦的卦象也是中间为柔爻，上下为刚爻所包，所以，罗（网）的形象作为该卦的意象自然是最佳选择。

明白了上面的罗卦，再来说赣卦就容易多了。传世本中的坎卦之“坎”字常寓意“水”，这可以说是传统学术最失败的一个例证，以刚爻为重心的坎卦竟然代表的是“水”，这种牵强的意义关联完全不是一个真正的学术应该有的状况。帛书本告诉我们，“赣”才是该卦本初的卦名。“赣”字不像上述的“罗”那样形象，“赣”在此应该是“戇”的省写。“戇”，一般的理解是“愚蠢”，《墨子·非儒》篇有“以为实在，则赣愚甚矣”之说。我们认为，“赣”字在这里与“憨”字意近，是“憨厚”、“老实”的意思。真正“憨厚老实”的人其实仅是外表随和，不计较个人得失而已，他们往往都是特别有原则性的人，他们的内心总是相当坚强。用一句比较文雅的话来说，“赣”者其实就是“外圆内方”之人，他们与“外强中干”者恰成对照。这似乎就是《周易》创作者用“赣”来代表该卦的缘由。“赣”就是“外圆内方”，就是“外柔内刚”。“赣”是该卦最好的文字写照。如果说，“键”卦可以作为古典墨者的写照，而此处的“赣”卦则可以作为原初儒家的标志。

最后我们来看艮卦和兑卦。帛书本中这两卦分别名为“根”和“夺”。

过于抽象化的“艮”字和“兑”字使人们对这两卦卦名与卦象的关系无法说明白。现在帛书本帮我们解决了这个问题，同时说明传世本《周易》和它的各种传记不仅没有帮助人们更好地理解《周易》，相反，它们常常妨害后人对古典先哲们的认知。

传世本的“艮”卦本名为“根”。我们可以结合前述的“辰”卦来解说。“辰”卦意象是“铁犁翻土”，上柔下刚，重点在下；“根”卦的意象是“根茎扎土”，在这个意象中，重心在上部，根茎需要足够坚强，才能扎进土中，而土则需要相对松软，才适合根茎的深入。与“辰”卦相反，“根”是上刚下柔，重心在刚。

传世本的“兑”卦帛书本本名为“夺”。“夺”，一般的字书解释是“强夺”。我们认为，“夺”是会意字，本意是“采摘果实”，它的本意不仅不是“强力抢取”，恰好相反，“夺”的本意是“顺其自然、柔和地摘取”。摘取果实不可能采取过于暴力的做法，否则来年的收成就会大打折扣。或许在《周易》创作者心目中，他（他们）把战国年间齐国田氏代齐当作了“夺”的典范。田氏代齐经历了漫长的时间，采取了一系列收买人心等相当“柔性”的措施，等到吕齐最后一位君主齐康公因绝后无人承继才最后完成“代齐”的历史使命。战国中后期有句流行的话叫“窃钩者诛，窃国者为诸侯，诸侯之门，义士之所存”①，传统学术往往只记住前半句，而有意无意地忘记了后半句。新的诸侯之所以能取代旧诸侯，往往是因为他们讲求“仁义”，他们常豢养一大批有名望的义士，使他们能够很顺利、很平静就能“夺取”国家政权。田氏代齐就可谓“篡国夺权”柔性“夺”的典范。“夺”是文明、文雅的获取，表面上很“温柔、柔和”，但它获取的却是国家社稷，它的成果无疑是很“刚性”，很实实在在的。“柔和的取得”正是“夺”卦意象。

由“太极”（太一）展开为“八卦”是古典中国启蒙哲人把哲学思维附诸生活实践中的初步尝试，而由八经卦展开的六十四重卦则是《周易》作者的最后成就。他们想以此表明，世上并没有什么神秘，上帝也都在哲人们的把握之中，宇宙人生、万事万物无不是“太极”（太一）的具体展开，无不是“刚柔”、“对望”的结果。六十四卦的作者似乎更重视世界的“对望”。

从数学上，把八变成十六，十六变三十二，三十二变六十四，这些都是简单的推衍。但要把六十四卦与生活世界的具体内容相勾连，而且要联系得恰到好处，这绝不是简单的数学运算所能担当的，它反映了古代哲人敏锐的观察力和深刻的洞察力。

“凡物由望生”这一著名的命题在《周易》中具有极端重要性。在八经卦中，“刚”与“柔”这“两仪”的“对望”在其中起到决定性作用；在六十四中，卦象的正与反的对望同样起到最关键的作用。

或许是由于后世文字的讹变，传统学术没有意识到，八经卦可以构成严格的两两对望，键对川、辰对箅、赣对罗、根与夺；传统学术更加没有意识到，六十四卦同样也是两两对望的。只是，六十四卦对望的模式与八经卦不完全相同。

六十四卦可以分成三十二对“望”。除了八经卦的四个望外，屯对蒙、需对讼、师对比、小畜对履、泰对否、同人对大有、谦对豫、随对蛊、临对观、噬嗑对贲、剥对复、无妄对大畜、颐对大过、咸对恒、遯对大壮、晋对明夷、家人对睽、骞对解、损对益、夬对姤、萃对升、困对井、革对鼎、渐对归妹、丰对旅、涣对节、中孚对小过、既济对未济。所以我们可以说，六十四卦实则可以算是三十二卦对，或者可以叫作三十二卦望。传统学术只是朦胧地意识到六十四卦的“对望”关系，如泰卦与否卦之对、损卦与益卦之对、既济卦与未济卦之对，没有看到整个六十四卦都是《周易》作者有意为之的对望，更没有意识到这种对望对整个《周易》理解的决定性意义。

① 《郭店楚简·说之道》，见李零《郭店楚简校读记》（增订本），第44页。

要对六十四卦的卦名意义有准确的把握，才能说我们理解了六十四卦。这方面，传统学术没有表现出它应有的水准，以至于《周易》传播了两千多年，人们对这些卦名意义仍然无法确定，甚至有一些莫名其妙的理解。其实，只要我们少些传统成见的制约，能从"凡物由望生"这样的纯哲学角度来看待这些卦名，能用三十二卦对的模式来理解这些卦名，很多疑难都是可以解决得言从意顺的。

除了前面讲的八经卦所构成的四个卦望外，上述说的"泰望否"、"损望益"、"既济望未济"三卦对的意义人们也都能理解，没有疑问。其实，剩下的五十卦名也需要我们从"对望"的角度，从对立面统一的角度来理解。下面我们可以作一下这方面的尝试。

屯卦与蒙卦是一卦望，它们的意义正好相对。"屯"在这里是"囤积"，是"聚集"的意义；与此相对，"蒙"在这里是"萌"的假借，是"萌生"的意思，前者是囤积未发，后者是萌发初生，两者恰成对望。

需卦与讼卦是一卦望。"需"在这里是"等待"的意思，"需"字帛书本作"襦"，更能反映出该卦的本意，即"耐心等待"之意；而"讼"无疑则指"心中不平难以忍受，急于诉讼以求解决"，两者恰成对望。

师卦与比卦是一卦望。前者强调师道尊严，师生有别；后者为"比"，则是指意气相投，是朋友之道，完全平等，两者恰成对望。

谦卦与豫卦是一卦望。前者指拘谨节制，后者指放松开怀，两者恰成对望。

随卦与蛊卦是一卦望。前者指追随领袖，承顺尊者；后者为"蛊"，此卦的卦爻辞多见"干父之蛊"、"干母之蛊"，卦名的本意在"干"，高亨先生敏锐地指出，该"干"字就是现代话"干掉"，"除去"的意思。[①] 所以蛊卦的意象是革除长辈的恶习，反对尊者，与随卦恰成对望。

临卦与观卦是一卦望。"临"与"观"都是"察看"的意思。但"临"是"临下"，是上级巡视下级，现代人常说的"莅临指导"就是"临"卦的意象；而"观"则是"上视"，是群众参观、省观贵重之地。这两卦也恰成对望。

剥卦与复卦是一卦望。前者是指"剥落"、"朽坏"，后是则是"恢复"之意，两者恰成对望。

咸卦与恒卦也应是一卦望。这一对卦不像上面的卦象那样明显，但细加思量，应该也能确定它们的对望关系。"咸"在这里借为"感"字[②]，是指人感情爆发，一时之冲动；而"恒"则是指生命中长久养成的恒定习性。两者也应是对望。

家人卦与睽卦是一卦望。"家人"在这里是指"像家人一样亲密，相互照应"，而"睽"，帛书本作"乖"，《序卦》也说"睽：乖也"，这里的"睽"、"乖"就是乖离的意

---

① 见高亨《周易大传今注》，齐鲁书社，1998 年，第 155 页。

② 《彖传》："咸，感也。"

思，高亨先生说指“人与人相乖离”[1]，很明显，两者恰成对望。

蹇卦与解卦是一卦望。前者指马腿被绊住，后者指解放、解脱，两者恰成对望。

夬卦与姤卦是一卦望。“夬”字在这里应指“诀”字，而不是传统理解的“决”，该卦名意即“诀别”、“分别”，而不是“决裂”；而“姤”在这意同“遇”字[2]，意即“遭遇”、“相逢”。很明显，两者恰成对望。

萃卦与升卦是一卦望。“萃”字是荟萃，收集之意，而“升”卦帛书本作“登”字，“登”字有进献，贡奉之意。由此可知，这两者恰成对望。

困卦与井卦是一卦望。前者是指身陷困境，古代最典型的困境是身处围城；后者是“井”。在古代，对于围城中的人来说，最重要的是要有水的保障，水的重要性更甚于粮食，所以，井的重要性是决定性的。“困”与“井”也可以构成对望。

革卦与鼎卦是一卦望。现代人“鼎”与“革”连用，“鼎革”代表改朝换代。但在古代，“革”与“鼎”是一对望，前者是指动物毛皮的“革化”，相对来说，毛皮革化之后相对原皮有了相当的改观，于是“革”就意味着“革命”、“改变”，而后者鼎是宗庙重器，是宗族和国家权力的象征。注意，这里的“重器”之“重”字很重要。首先，在所有的古代祭器中，鼎是最贵重、最有权力意味的；其次鼎也是所有古代祭器中最“稳重”的，因为，相对其他器具，鼎总是最重的，要移动它很不容易，再加上鼎的结构特别“稳定”，它往往是三足，所谓“三足鼎立”，这样它就不容易倾覆、翻倒。所以，在古代，鼎成了不改变，长久延续的象征。鼎与革恰成对望。

上面我们用“凡物由望生”的理念来重新理解二十八卦卦名所代表的意象、意义。但仍然有二十二卦卦名的来历没有交代。

我们认为，剩下的这些卦原则上都是可以通过“对望”原则来加以理解的，我们坚信，“对望”原则确是古典哲人的设计初衷。为什么剩下的这些卦名不能像上述那些卦一样比较容易被我们理解，极有可能是有些卦名（含卦爻辞）与卦象的搭配关系在流传的过程中搞乱了，这种情况我们在古籍中常有遇见，而以《墨子·墨经》中的文本错乱最为出名，后人的研究经常要把传世本《墨子》的文字进行重新搭配，才能做出适当的理解。

现在看来，《周易》文本也很有可能存在这样的问题。按照这样的思路，我们可以尝试把剩下的卦名重新搭配一下，看看是否可以找到新的“卦望”。

小畜卦原来与履卦配对，但我们的理智会很自然地想到，它的理想搭配应该是大畜卦，“小”对“大”，天经地义。

履卦对望的卦应该是丰卦。“丰”的含义是丰盛，在古代特指一种很隆重、祭

---

① 高亨：《周易大传今注》，第252页。

② 《彖传》：“姤，遇也。”

品特丰盛的祭祀仪式，而履卦帛书本作“礼”，本书在前面花了很多的篇幅指出“礼”的本意是注重礼拜祭祀仪式的象征意义，孔子的礼教就是要人们在礼拜时革除过往威仪的繁复，用简洁之礼仪来替代丰盛之威仪。所以，丰卦的对望应该是履卦。

同人卦原来与大有卦的卦象相伴，但它们的卦名和卦爻辞毫无关联。这里面极有可能是传写过程中出现了错乱。我们认为，同人卦可以与旅卦组成卦望。先来看看两卦的文字：

13.同人
《同人》：同人于野，亨。利涉大川。利君子贞。
初九，同人于门，无咎。
六二，同人于宗，吝。
九三，伏戎于莽，升其高陵，三岁不兴。
九四，乘其墉，弗克攻，吉。
九五，同人先号咷而后笑，大师克，相遇。
上九，同人于郊，无悔。
56.旅
《旅》：小亨。旅贞吉。
初六，旅琐琐，斯其所取灾。
六二，旅即次，怀其资，得童仆，贞。
九三，旅焚其次，丧其童仆，贞厉。
九四，旅于处，得其资斧，我心不快。
六五，射雉，一矢亡，终以誉命。
上九，鸟焚其巢，旅人先笑后号咷。丧牛于易，凶。

同人卦主要的卦爻辞都是讲与他人一同外出所遭遇到的事态，而旅卦无疑讲的是外出旅行的事；所以它们是有意义关联的事态。从旅卦爻辞中反复讲“得童仆”、“丧童仆”的表述来看，《周易》的作者心目中的“旅”是单个外出旅行的意思（注意，古代是等级社会，童仆是个人私产，某种层面上不算人），如果这种判断是合理的话，则同人卦的卦象是结伴而行，而旅卦的卦象则是单家独户的外出，这自然构成了对望。且同人卦所记载的似乎都是家门口发生的事，而旅卦则是讲远离故乡、寄旅异方，两者也构成明显的对望。如果我们看到同人卦九五爻辞“同人先号咷而后笑”和旅卦上九爻辞“旅人先笑后号咷”，我们会更加情不自禁地要把两者结成对来进行思考。在《周易》中很多卦望它们的卦爻辞基本上都有相同、相近的文字，这表明，《周易》作者在创作它们的时候，是把这些卦望一并加以思考，组织相关的文字编写的。

大有卦的对望应该是无妄卦。“大有”是大有年的意思，指粮食丰收。在古代，靠天吃饭，大有年自然是风调雨顺的结果；而“无妄”则无疑是指无妄之灾，意想不到的自然灾害。两者是非常好的对望。

再来看两卦的卦爻辞，可以看出它们与上述理解是非常吻合的：

14.大有
《大有》：元亨。
初九，无交害匪咎。艰则无咎。
九二，大车以载，有攸往，无咎。
九三，公用亨于天子，小人弗克。
九四，匪其彭，无咎。
六五，厥孚交如威如，吉。
上九，自天祐之，吉，无不利。
25.无妄
《无妄》：元亨，利贞。其匪正有眚，不利有攸往。
初九，无妄往，吉。
六二，不耕获，不菑畲，则利用攸往。
六三，无妄之灾，或系之牛，行人之得，邑人之灾。
九四，可贞。无咎。
九五，无妄之疾，勿药有喜。
上九，无妄行，有眚，无攸利。

噬嗑卦原来与贲卦配对，但明显缺乏意义关联。噬嗑卦本初的卦望应该是颐卦。《象传》说：“颐中有物曰噬嗑”，这其实就已经表明了噬嗑卦与颐卦的意义关联。或许颐卦的卦名后需要加上一个“闭”字，这样意思才更完整。噬嗑对颐闭，前者是丰衣足食的意象，后者缺吃少穿的形象，两者恰成对望。

而贲卦的卦望应该是中孚卦。“贲”是杂色纷呈、色彩斑斓的意象，寓意外表亮丽；而“中孚”是指内心信实。两者恰成对望。

大过卦的对望无疑是小过卦。

原来遯卦配对的是大壮卦，这是明显的误置。遯卦的卦望无疑是晋卦，前者意象是隐退逃遁，后者的意象是奋勇向前。两者恰成对望。

大壮卦的本初卦望无疑是明夷卦。“大壮”是大受创伤的意思，而“明夷”则应是小受损害。这里的“明”借为“敏”，是敏感、不显眼的意思。过往的理解都因为看不到这种对望关系而无法把握到问题的要害。我们可以再看看这两卦的卦爻辞，这种意义关联是不言而喻的：

34.大壮
《大壮》：利贞。
初九，壮于趾，征凶，有孚。
九二，贞吉。
九三，小人用壮，君子用罔，贞厉。羝羊触藩，羸其角。
九四，贞吉，悔亡。藩决不羸，壮于大舆之輹。
六五，丧羊于易，无悔。
上六，羝羊触藩，不能退，不能遂，无攸利，艰则吉。
36.明夷
《明夷》：利艰贞。
初九，明夷，于飞垂其翼。君子于行，三日不食。有攸往，主人有言。
六二，明夷夷于左股，用拯马壮，吉。
九三，明夷于南狩，得其大首，不可疾贞。
六四，入于左腹，获明夷之心，于出门庭。
六五，箕子之明夷，利贞。
上六，不明，晦，初登于天，后入于地。

渐卦的对望不是原来的归妹卦，它的卦望应该是涣卦。“渐”是渐渐接近的意思，而“涣”是突然降临的意思，用水作比方，“渐”是缓慢有规律的涨潮落潮，而“涣”则是突现的海啸、泥石流。

而归妹卦本来的对望应是节卦。先来看看两卦的文字：

54.归妹
《归妹》：征凶，无攸利。
初九，归妹以娣。跛能履，征吉。
九二，眇能视，利幽人之贞。
六三，归妹以须，反归以娣。
九四，归妹愆期，迟归有时。
六五，帝乙归妹，其君之袂不如其娣之袂良。月几望，吉。
上六，女承筐无实，士刲羊无血，无攸利。
60.节
《节》：亨。苦节，不可贞。
初九，不出户庭，无咎。

九二，不出门庭，凶。

六三，不节若，则嗟若，无咎。

六四，安节。亨。

九五，甘节，吉，往有尚。

上六，苦节，贞凶，悔亡。

传统的理解恐怕没有把握住归妹的意象。“归妹”的本有意义极有可能是被人遣归之妹，那遣归的原因极有可能是不受夫家的认可，或者就像爻辞中所说，是由于其人之娣比她本人更受欢迎，她本人不能忍受冷落乃至虐待，于是与夫家冲突骤起，最后被遣归。与此情形相反，节卦似乎就是说的“节妇”的意象，从爻辞中频繁出现的“安节”、“苦节”、“不出户庭”来看，我们这里的推测应该是有相当的可信度的。

这样我们就可以得出六十四卦原本的顺序。

传世的卦序：

1.乾卦；2.坤卦；3.屯卦；4.蒙卦；5.需卦；6.讼卦；7.师卦；8.比卦；9.小畜卦；10.履卦；11.泰卦；12.否卦；13 同人卦；14 大有卦；15 谦卦；16.豫卦；17.随卦；18.蛊卦；19.临卦；20.观卦；21.噬嗑卦；22.贲卦；23 剥卦；24.复卦；25.无妄卦；26.大畜卦；27.颐卦；28.大过卦；29.坎卦；30.离卦；31.咸卦；32.恒卦；33.遁卦；34 大壮卦；35 晋卦；36.明夷卦；37 家人卦；38 睽卦；39.蹇卦；40.解卦；41.损卦；42.益卦；43.夬卦；44.姤卦；45.萃卦；46.升卦；47 困卦；48.井卦；49.革卦；50.鼎卦；51.震卦；52.艮卦；53.渐卦；54 归妹卦；55.丰卦；56.旅卦；57.巽卦；58.兑卦；59.涣卦；60.节卦；61.中孚卦；62.小过卦；63.既济卦；64.未济卦。

我们认定的《周易》原初顺序：

1.乾卦；2.坤卦；3.屯卦；4.蒙卦；5.需卦；6.讼卦；7.师卦；8.比卦；9.小畜卦；10.大畜卦；11.泰卦；12.否卦；13.同人卦；14.旅卦；15.谦卦；16.豫卦；17.随卦；18.蛊卦；19.临卦；20.观卦；21.噬嗑卦；22.颐卦；23.剥卦；24.复卦；25.无妄卦；26.大有卦；27.小过卦；28.大过卦；29.坎卦；30.离卦；31.咸卦；32.恒卦；33.遁卦；34.晋卦；35.大壮卦；36.明夷卦；37.家人卦；38.睽卦；39.蹇卦；40.解卦；41.损卦；42.益卦；43.夬卦；44.姤卦；45.萃卦；46.升卦；47 困卦；48.井卦；49.革卦；50.鼎卦；51.震卦；52.艮卦；53.渐卦；54 涣卦；55.丰卦；56.履卦；57.巽卦；58.兑卦；59.归妹卦；60.节卦；61.中孚卦；62.贲卦；63.既济卦；64.未济卦。

第五章

《吕氏春秋》——伟大的总结性体系

第一节　一本划时代的典籍

按斯宾格勒的文化形态学，启蒙运动之后，就会出现相应的总结性体系。对于每一个文化来说，这都具有一种观相的必然性。这种总结性的体系可以作为一个文化成熟的标志，同样也是一个文化所能达到的最高水平的展示。对于古希腊罗马文化来说，柏拉图和亚里士多德就是它的总结性体系；对于西方文化来说，康德和黑格尔就是它的总结性体系。在笔者看来，《吕氏春秋》就是古典中国文化的总结性体系。[①] 作为一个可与柏拉图、亚里士多德、康德和黑格尔相提并论的伟大的总结性体系，《吕氏春秋》在古典中国文化中的地位可想而知。

这里要特别一提的是吕不韦与亚里士多德的“同时性”。斯宾格勒在他的《西方的没落》一书中经常用到“同时代”的概念，前面说过，这里的“同时代”不是普通意义的“相同的时期”的意思，它指的是两个不同的文化在各自的生成演化历程中处在“相同的发展阶段、演化位置”。按斯宾格勒的文化形态学，《吕氏春秋》与亚里士多德学术体系分别属于古希腊罗马文化和古典中国文化的秋天，所以尽管它

---

① 斯宾格勒把《吕氏春秋》当成了一种调和主义的作品，这表明即使再高明精深的西方学者，对中国文化的了解还是有一些隔膜。

们的实际年代相差近一个世纪，但却是具有相似性的"同时代"作品。我们还可以进一步进行类似的对比。吕不韦对亚里士多德，秦始皇对亚历山大，秦国与马其顿，战国末年的中国与希腊化时代的希腊各城邦。笔者认为，相对于时下流行的各式各样的比较研究，上述这样的"同时代"研究应该成为未来中国学术的重点。

《吕氏春秋》到底是本什么样的书？它在中国精神演化史上到底处于什么样的地位？应该说，这是两千年的传统学术从没有正视、更谈不上解决的问题。

笔者用了十几年时间，力图在这方面有所突破，2012 年出版的《被遗忘与曲解的古典中国——〈吕氏春秋〉对传统学术的投诉》就是这一努力的初步成果。

首先来说说《吕氏春秋》的学术地位，该书假借想象中的胡适的话语有如下的评说：

> 问题的关键是，后人几乎没有人把《吕氏春秋》的学术地位放到它应该有的高度上，总是把它当成可有可无的补充性史料。对自己的观点有支持作用的时候就拿来粘贴一下以增加文章的分量，对自己观点构成反证的时候就当它不存在。这几乎是 2000 多年来历代学人的普遍做法。其实《吕氏春秋》是中国学术史上极为难得的，可以作为典籍鉴定上的"标准器"之用的古籍。考古工作有把能作为断代标准的"器物"作为所谓"标准器"的做法，如果要评比中国早期典籍的成书年代的"断代""器物"，《吕氏春秋》应是最好的标准器之一。公元 20 世纪中国非常出色的学人梁任公将传世的中国古籍文献成书年代的可信度进行信誉评级，《吕氏春秋》被定为最可靠的级别。①

该书更假借想象中的英国学术大师罗素的口气对《吕氏春秋》的学术地位有了更充分的认定：

> 不管怎样讲，现在似乎需要一个重大乃至根本的思想转折。中国历史文化有必要从托勒密体系转向哥白尼体系。我们必须明白，中国历史不是只有一个传统中国，还有一个我们并不熟悉及至根本没有意识到的古典中国。我们必须要从传统中国的参考系出走，《吕氏春秋》似乎就是我们新体系中的"太阳"。②

---

① 梁启超：《汉书诸子略各书存佚真伪表》，载罗根泽编著《古史辨》第 4 册，上海古籍出版社，1982 年，第 74 页。

② 郭智勇：《被遗忘与曲解的古典中国——〈吕氏春秋〉对传统学术的投诉》，第 30 页。

也许读者朋友会认为笔者对《吕氏春秋》的评价太高了，这自然可以理解，因为两千年来的传统学术对人们的影响太深厚了。但是，我们认为，未来的学术将证明这绝不是笔者的一厢情愿。也许我们需要把该书的《致读者》一段再向读者朋友转述一遍：

> 本书的初衷原不为“惊人”，但抑郁两千年的情绪却早就在期待“一鸣”。不管结局如何，这都是我们的宿命。
>
> 本书不是给普罗大众看的，这同样是它的宿命。尼采曾经对他的读者说过：“给你一付好的牙齿，给你一个好的胃，只要你受得了，咱们就合得来。”我们这里也想把这段话送给读者朋友。之所以这样做，不仅是因为这本书内含不少古文原典没有刻意解说，也是由于这本书的怪异表述方式和其中的火药味，当然最根本的，是由于这里的惊世观点和骇俗结论。
>
> 明事理的人都知道，尼采说这段话时满含愤懑，我们这本书同样是怨气外泄。但本书在愤恨的同时有尼采氏所没有的羞愧感。尼采的愤懑源自对人类文明的过于前瞻，他的愤懑有着特有的德国式骄傲。我们这里的悲怨却带着古老的心灵发自深处的内疚。它十分不情愿地向国人承认，这个号称有五千年文明的老大国度两千年来竟昏庸衰弱到连自己的方言土语都不能理解的地步。
>
> 还好，我们终于来到公元21世纪。
>
> 近百年前胡适先生在留美归来后，曾借用荷马的诗句信心满满地说：“今天我们回来了，你们看便不同了……”今天我们只愿说：“总算回到家了，故乡真好啊！”
>
> 回到古典中国去吧！那里是精神久别的家园，那里是文化复兴的基地。[①]

一个真正对中国文化的复兴有关切的人是完全可以理解笔者的心声的。不过还得加上一句：如果真的要好好理解古典中国，就必须得把《吕氏春秋》当成“太阳”来关照各种学术和古籍，而不是相反，仅把《吕氏春秋》当成可有可无的“冥王星”或各种空间悬浮物。

该书还以德国著名哲学家黑格尔的名义分析了《吕氏春秋》两千年来不受重视的原因：

---

① 见郭智勇《被遗忘与曲解的古典中国——〈吕氏春秋〉对传统学术的投诉》扉页。

> 依我看，后来的中国人在对待《吕氏春秋》的时候最易犯的一个错误，就是简单地把它看成一个文件汇编，一个"类百科全书"，认为它并没有一个内在的主线，基本的纲领。其实，虽然《吕氏春秋》没有像近代学术那样有一个条理清晰的表述体系，但它的文本已经非常到位地向世人展示了一个与传统中国有重大区别的古典中国。注意，这里有了"两个中国"的概念。这不是近代中国与"台独"相关的空间概念，它是一个历史意义上的时间概念。它的意思是，在文化的意义上，《吕氏春秋》所代表的早期中国与秦汉以后的中国有不同的面貌。前者可以称为古典中国，后者则为传统中国。以《吕氏春秋》为代表的古典中国在传统中国，特别是在传统中国学术中是常常被曲解和被遗忘的。……
>
> 每一个民族、每一个国家都有它独特的思想意识，而一个国家、一个民族的每一个历史阶段也都有它独特的"精神"面貌，这应该是世界历史的基本特征。作为一个时代精神的产物，每一本书都难以摆脱时代的印记。从这个意义上说，每一部作品都无不彰显它的"时代精神"。[①]

把文化中国分为"传统中国"与"古典中国"两个概念应该是这本书一个相当重要的举措。虽然过往的人们都知道文化中国在其漫长的历史过程中在不断发展变化，但似乎它的主导精神并没有改变，似乎三千年的中国精神像韩愈所想象的，有一个从尧、舜、禹、汤、文、武、周公到孔子、孟子再到他韩愈等而下之的所谓"道统"[②]。这是一条以"博爱之谓仁"为纲领的、站在后世儒家立场上的传统。从某种意义上说，韩愈的分析自有他的道理。不过当我们进入了现代中国，当我们以黑格尔的精神哲学作为我们的学术立场后，特别是当我们明白了斯宾格勒的文化形态学，明白了中国文化作为一个古老的文化应该有它完整的发生、发展、成熟乃至衰退的历史进程之后，我们就必须得对文化中国有完全不同面向的观察。按斯宾格勒的思维，我们需要对中国文化进行"观相"。

我们首先必须正视文化中国的衰落这一基本事实，进而我们需要弄清楚中国的衰退到底发生在何时。可以说，作为几大古文明之一的中国文明的衰落是学界普遍认定的常识，但它到底衰退于何时却是众说纷纭的事。世俗的观点认为中国的衰落发生于清朝末年，像我们多少年来被灌输的那样。我想只要有一点历史感的人就会知道这只是一种政治上的"假说"。部分有反省力的学者认为中国文明的衰退发生于宋明以后。梁启超先生则更进一步，他认为唐代以后中国精神就已

---

① 郭智勇：《被遗忘与曲解的古典中国——〈吕氏春秋〉对传统学术的投诉》，第 30 页。

② 参见〔唐〕韩愈《原道》，见《古文观止》下册，岳麓书社，1984 年，第 73—83 页。

"厌倦",梁任公说:

> 这种文明烂熟的结果,养成社会种种惰气。自唐天宝间两京陷落,过去的物质文明已交末运,跟着晚唐藩镇和五代一百多年的纷乱,人心愈发厌倦,所以到了宋朝,便喜欢回到内生活的追求,向严肃朴素一路走去。①

应该说,梁任公的学术境界是近代中国学术中十分难得的,我们必须得向近代中国的国师这种深刻的反省精神表示由衷的敬意。

不过我们这里要特别标榜出国父孙中山先生的观点。他说:

> 旷观中国有史以来,文明发达之迹,其事昭然若揭也。唐虞三代,甫由草昧而入文明;乃至成周,则文物已臻盛轨,其时之政治制度、道德文章、学术工艺几与近代之欧美并驾齐驱,其进步之速大非秦汉以后所能望尘追迹也。中国由草昧初开之世以至于今,可分为两时期:周以前为一进步时期,周以后为一退步时期。②

周秦之后,文化中国就已经衰退了。我想站在传统立场上的中国人是很难接受这一观点的。在很多人看来,这几乎是匪夷所思、不可想象的,但是,这种看似激进的观点为什么不能成立,过往数十年却并没有什么人做出像样的回应。在笔者看来,这正是国父中山先生的先见之处,这也恰能表现国父敢于自我反省的博大胸怀。传统旧文化喜欢替古人讳(本质上是一种不敢面对自己过去的孱弱心理),不愿意把本民族的病态予以真正的揭示。而一个真正有志于民族伟大复兴的心灵是必须有勇气正视和反省基本事实的。

笔者在多年前就对中国文化的衰落有自己的深切感受,对斯宾格勒在《西方的没落》一书中对中国文化的"早衰"论述有相当的认同,但很长时间内都不敢贸然唱和。直到看见国父在近百年前的相似观点后才恼怒于自己的胆怯,并进而对中山先生发生了源自于内心深处的钦佩。人们都说中山先生只是近代中国政治上的"国父",其实我们一点也不能忘记,中山先生更应该是现代中国文化之父。

只要认识到中国文化的精神在秦汉年间的转向,那文化上"两个中国"的概念就容易得到认可。古典中国曾经是一个蓬勃向上的有进取心的中国,而传统中国则是一个向内收敛,不思进取的文化。建立起这样一种"两个中国"的观点对于理

① 梁启超:《中国近三百年学术史》,上海三联书店,2006年,第2页。

② 黄彦编:《孙文选集》上册,广东人民出版社,2006年,第50页。

解《吕氏春秋》在中国文化中的里程碑意义,对于理解我们这本书有极为重要的作用。

说到"时代精神"这样一种黑格尔式的话语,似乎人人都在用这个名词,似乎人人都能把握好这个概念。笔者认为,至少到今天为止并没有多少中国学人对此有深刻的认知。我们这里不妨请大家再看看一个真正的思想家到底是怎样说的:

> 我们不必相信,我们思想上的问题,或现代世界感兴趣的问题,可以在古代哲学家那里去找到答案。我们现代的问题有了某些思想上的教养作为先在的条件。因此每一哲学属于它的时代,受它的时代的局限性的限制,即因为它是某一特殊的发展阶段的表现,个人是他的民族、他的世界的产儿。他的民族和世界的结构和性格都表现在他的形体里。个人无论怎样为所欲为地飞扬伸张——他也不能超越他的时代、世界。因为他属于那唯一的普遍精神;这普遍精神就是他的实质和本质,他如何会从它里面超越出来呢?这同一的普遍精神就是哲学要用思维去加以把握的。哲学就是这普遍精神对它自身的思维,因此也就是它的确定的实质的内容。每一哲学都是它的时代的哲学,它是精神发展的全部锁链里面的一环,因此它只能满足那适合于它的时代的要求或兴趣。①
>
> 但人们在某一时代内并不只是作一般的哲学思考,而某一特定哲学之出现,是出现于其一特定的民族里面的。而这种哲学思想或观点所具有的特性,亦即是那贯穿在民族精神一切其他历史方面的同一特性,这种特性与其他方面有很紧密的联系并构成它们的基础。因此一定的哲学形态与它所基以出现的一定的民族形态是同时并存的:它与这个民族的法制和政体、伦理生活、社会生活、社会生活中的技术、风俗习惯和物质享受是同时并存的。
>
> ……
>
> 那在基督教内必然出现的哲学是不能在罗马找到的,因为全体的各方面都只是同一特性的表现。因此政治史、国家的法制、艺术、宗教对于哲学的关系,并不在于它们是哲学的原因,也不在于相反地哲学是它们存在的根据。毋宁应该这样说,它们有一个共同的根源——时代精神。时代精神是一个贯穿着所有文化部门的特定的本质或性格,它表现它自身在政治里面以及别的活动里面,把这些方面作为它的不同的成分。它是一个客观状态,这状态的一切部分都结合在它里面,而它的不同的方面无论表面看起来是如何地具有多样性和偶然性,并且是如何地互相矛盾,但基本上它绝没有包含着任何不

① [德]黑格尔:《哲学史演讲录》第一卷,贺麟、王太庆译,商务印书馆,1959年,第48页。

一致的成分在内。这个特定的阶段是由一个先行的阶段产生出来的。……同样,个人作为时代的产儿,更不是站在他的时代以外,他只在他自己的特殊形式下表现这时代的实质,——这也就是他自己的本质。没有人能够真正地超出他的时代,正如没有人能够超出他的皮肤。但另一方面从形式看来,哲学也可以说是超出它的时代,即哲学是对时代精神的实质的思维,并将此实质作为它的对象。就哲学是在它的时代精神之内来说,则这精神就是哲学的特定的内容,但同时哲学作为知识又超出了这内容,而与这内容处于对立的地位。但这种超出只是形式的,因为哲学除此以外更没有别的内容。这种哲学知识的本身无疑地就是精神的实现、精神的自我认识。所以这种形式的区别也就是一种真正的实际的区别。这种知识于是就成为产生一种发展的新形式的媒介。这些新形式只是知识的不同形态。通过这种知识,精神建立了知识与对象间的区别。这又包含着一个新的区别,因而就产生了新的哲学。这新的哲学已经是精神的一种较广的性格。它是此后即将实现出来的精神的内在诞生之地。关于这一点的具体情形,以下即将讨论到。于是我们将会看出:在希腊还只是哲学,而在基督教世界里就进入现实了。①

站在现代中国的立场,我们必须说,要理解好《吕氏春秋》,就应该读懂黑格尔的精神哲学。② 当然我们首先得说,要深刻地把握住《吕氏春秋》的里程碑地位,就必须得读懂斯宾格勒的《西方的没落》。我们前面讲过,斯宾格勒是德国近现代的思想大师。尽管他本人对黑格尔的著作提及不多,但他们之间的师承关系那是一目了然的。简单说来,斯宾格勒的文化形态学就是黑格尔精神哲学的一种自然的推进。

今天的国人必须要在黑格尔"时代精神"的语境中才能充分理解《吕氏春秋》的里程碑地位。我们必须要进入斯宾格勒的文化形态学的思维框架中,才能明白一个总结性体系对于一个文化的指标性意义。

这里我们首先要说说《吕氏春秋》这本书到底该如何来定位,笔者在《被遗忘与曲解的古典中国》一书中借胡适先生对该书有一个基本的认定:

《吕氏春秋》是中国文化思想史上第一部总编者和成书年代都十分清楚

① [德]黑格尔:《哲学史演讲录》第一卷,贺麟、王太庆译,第56—57页。

② 也许有人说,黑格尔是一个哲学大家,他不仅有精神哲学,也有自然哲学和逻辑学。如果一个人这样说话,表明他根本没有读懂黑格尔。黑格尔的哲学就是精神的哲学,他的所有学问都是精神的表现。

的文本，对中国文化思想史的研究极为重要，惜乎历来对它的重视程度与它本身的重要性极不相称。这里面的原因大致有两个。

其一，正如《四库全书提要》中所说："论者鄙其为人，故不甚重其书。"由于吕不韦在历史上的负面形象，《吕氏春秋》极少被人征引，更妄论研究了，所以自后汉高诱注解以来，一直到清朝毕沅才再有人认真加以关注。近代以来，《吕氏春秋》不再因吕不韦之缘故而被人有意冷落，我曾在《中国中古思想史长编》中对《吕氏春秋》有相当正面的探讨。郭沫若先生在其名作《十批判书》中对《吕氏春秋》思想作了精彩的分析，特别是对吕不韦历史地位的拨乱反正给人以截断众流之感。

其二，由于《汉书·艺文志》把《吕氏春秋》归类为"杂家"，历代学者都以为它仅是一部先秦文字材料的堆积，其中没有一以贯之的思想线索，因而没有很高的学术价值，所以历来并未引起足够的学术兴趣。

总的来讲，高诱的概括——"以道德为标的，以无为为纲纪，以忠义为品式，以公方为检格"——是学界一致认可的对《吕氏春秋》的评价。近代以来，不少学者都有对《吕氏春秋》的专门研究，但对其的总体评价并没有超出高氏的窠臼。不能说，高诱的归纳有什么明显的误读，只不过这样的评判似乎过于宽泛，没有把《吕氏春秋》的中心思想简明扼要地指出。

人们想当然地认为，"杂家"就是所谓"漫羡而无所归心"的杂乱之编，其实这只是杂家的末流，在《汉书·艺文志》中，就有刘向对杂家的中肯评价："杂家者流，盖出于议官，兼儒、墨，合名、法，知国体之有此，见王治之无不贯，此其所长也。"真正的杂家与"杂乱"的理解正相反对，它是兼采各家所长，在纷纭的世界体现王道一以贯之之特色，可谓"杂而不乱"，"杂中见道"。真正的杂家其实可说是入世的道家，它要在世俗生活中表现王道之力量、王道之美。①

这一段文字写于几年前，虽然作者现在对许多问题有了更深刻全面的看法，但这段文字本身仍然不乏它的价值。"杂家"在过往两千年中国文化人的价值评判中基本都是负面的形象，但实则在它的始创者刘向刘歆的心目中，"杂家"本是一个"兼容并包"的"王道"形象。"杂家"其实就是斯宾格勒文化形态学中的所谓"伟大的总结性体系"，是一个文化最成熟的思想结晶，反映了该文化的最高水平。现在我们可以进一步知道，传统中国之所以会情不自禁地贬低"杂家"，是由于我们总是想当然地以"儒家"作为我们的正宗。而在《吕氏春秋》中，它已经把原初墨

① 郭智勇：《被遗忘与曲解的古典中国——〈吕氏春秋〉对传统学术的投诉》，第250页。

家、原初儒家作为代表和源头的诸子思想收拢于一身，真可谓“博采众长、融汇百家”。可以再强调一下，《吕氏春秋》作为古典中国“伟大的总结性体系”，它既承继了孔墨为代表的宗教改革运动的保教立场，又充分吸取了以《郭店楚简》为代表的启蒙运动的思想成果。它代表了古典中国文化的最高成就。

本书认为，对《吕氏春秋》的研究必将成为未来中国学术的显学。笔者的第一本著作就是对《吕氏春秋》的研究，对吕子的研究也必将成为笔者未来岁月的中心环节。下面我们要从古典中国精神演化的视角，看看作为伟大的总结性体系，《吕氏春秋》的意义到底在哪。它是笔者对《吕氏春秋》的最新认识，也同时为我们提示了未来研究《吕氏春秋》的方向。

第二节 “法天地”——《吕氏春秋》的核心思想

《吕氏春秋·序意》有一段极为重要的表述：

> 维秦八年，岁在涒滩，秋甲子朔。朔之日，良人请问十二纪。文信侯曰：尝得学黄帝之所以诲颛顼矣，“爰有大圜在上，大矩在下，汝能法之，为民父母”。盖闻古之清世，是法天地。凡十二纪者，所以纪治乱存亡也，所以知寿夭吉凶也。上揆之天，下验之地，中审之人，若此则是非可不可无所遁矣。天曰信，信维生；地曰固，固维宁；人曰顺，顺维听。三者咸当，无为而行。

本来，顾名思义，“序意”就是要说出吕子编撰该书的意图，它应该是后人研究探讨《吕氏春秋》最需要留心的地方。但传统学术似乎并没有注意到这一点。

这一篇的位置安排也很有问题，该篇的位置本应该是篇题为“廉孝”的一段文字，而《序意》篇从《吕氏春秋》全书看，应该放在《有始览》的第三篇，原处该位置的《去尤》篇与《先识览》中《去宥》篇重复。现在我们可以有充分的自信认为，现本《吕氏春秋》在后世流传过程中，受到过有意无意地改动。《吕氏春秋》作为古典中国最高成就的作品，作为深受墨教影响的作品，该书篇目的安排是很有讲究的，是吕子们高度重视秩序的体现，绝不可能呈现传世本这样的“苟且随意”的安排。

这段《吕氏春秋》最重要的文字历来被人当成可有可无的章节，乃至一个简单的文字错误也没有被历代学人发现纠正。这段文字中的“天曰顺，顺维生；地曰固，固维宁；人曰信，信维听”明显发生了错乱，它的本来面目应该是“天曰信，信维生；地曰固，固维宁；人曰顺，顺维听”。我们的上述引文已经做出了这样的纠正，笔者认为，任何一个对《吕氏春秋》思想主旨有深入体认的学人对这样的纠正绝不会有丝毫的疑问。

古典中国精神之青春期是一种“敬天”的精神。但到了《吕氏春秋》时代，“法天”变成了它的标志。过往的学术都对吕子们这一明确表达的“法天地”理想情怀等闲对待。为何刘向、刘歆等人要把《吕氏春秋》归入所谓“杂家”，也是由于他们已经不能感受到“天”在古典中国文化中的分量；为何后世的人们都不把《吕氏春秋》当成一个真正的典籍，就是由于我们已经不能领会“法天地”在当时人们心目中的重要性和崇高性。吕子的时代，“天”虽然没有了商周时期的神圣威严，但它在人们的心目中仍是崇高和尊贵的榜样。

在敬天的时代，敬天的意识就是无条件地按天的旨意行为，所谓“威仪”就是这个意思。但“法天”意识与此不同，人们应该怎样“法天”呢？《吕氏春秋》有很好的展示：

> 孟春之月，日在营室，昏参中，旦尾中。其日甲乙，其帝太皞，其神句芒，其虫鳞，其音角，律中太蔟，其数八，其味酸，其臭膻，其祀户，祭先脾。东风解冻，蛰虫始振，鱼上冰，獭祭鱼，候雁北。天子居青阳左个，乘鸾辂，驾苍龙，载青旗，衣青衣，服青玉，食麦与羊，其器疏以达。是月也，以立春。先立春三日，太史谒之天子曰：“某日立春，盛德在木。”天子乃斋。立春之日，天子亲率三公、九卿、诸侯、大夫，以迎春于东郊；还，乃赏公卿、诸侯、大夫于朝。命相布德和令，行庆施惠，下及兆民。庆赐遂行，无有不当。乃命太史，守典奉法，司天日月星辰之行，宿离不忒，无失经纪。以初为常。是月也，天子乃以元日祈谷于上帝。乃择元辰，天子亲载耒耜，措之参于保介之御间，率三公、九卿、诸侯、大夫，躬耕帝籍田。天子三推，三公五推，卿、诸侯、大夫九推。反，执爵于太寝，三公、九卿、诸侯、大夫皆御，命曰“劳酒”。是月也，天气下降，地气上腾，天地和同，草木繁动。王布农事，命田舍东郊，皆修封疆，审端径术。善相丘陵阪险原隰，土地所宜，五谷所殖，以教道民，以躬亲之。田事既饬，先定准直，农乃不惑。是月也，命乐正入学习舞。乃修祭典，命祀山林川泽，牺牲无用牝，禁止伐木；无覆巢，无杀孩虫、胎夭、飞鸟，无麛无卵；无聚大众，无置城郭，掩骼霾髊。是月也，不可以称兵，称兵必有天殃。兵戎不起，不可以从我始。无变天之道，无绝地之理，无乱人之纪。孟春行夏令，则风雨不时，草木早槁，国乃有恐；行秋令，则民大疫，疾风暴雨数至，藜莠蓬蒿并兴；行冬令，则水潦为败，霜雪大挚，首种不入。
>
> ……

孟夏

一曰：孟夏之月，日在毕，昏翼中，旦婺女中。其日丙丁，其帝炎帝，其神祝融，其虫羽，其音徵，律中仲吕，其数七，其性礼，其事视，其味苦，其臭焦，其祀灶，祭先肺。蝼蝈鸣，丘蚓出，王菩生，苦菜秀。天子居明堂左个，乘朱辂，驾赤骝，载赤旗，衣赤衣，服赤玉，食菽与鸡，其器高以觕。是月也，以立夏。先立夏三日，太史谒之天子曰："某日立夏，盛德在火。"天子乃斋。立夏之日，天子亲率三公九卿大夫，以迎夏于南郊。还，乃行赏，封侯、庆赐，无不欣说。乃命乐师习合礼乐。命太尉赞杰俊，遂贤良，举长大；行爵出禄。必当其位。是月也，继长增高，无有坏隳。无起土功，无发大众，无伐大树。是月也，天子始絺。命野虞出行田原，劳农劝民，无或失时；命司徒循行县鄙，命农勉作，无伏于都。是月也，驱兽无害五谷，无大田猎，农乃升麦。天子乃以彘尝麦，先荐寝庙。是月也，聚蓄百药，靡草死，麦秋至。断薄刑，决小罪，出轻系。蚕事既毕，后妃献茧，乃收茧税，以桑为均，贵贱少长如一，以给郊庙之祭服。是月也，天子饮酎，用礼乐。行之是令，而甘雨至三旬。孟夏行秋令，则苦雨数来，五谷不滋，四鄙入保；行冬令，则草木早枯，后乃大水，败其城郭；行春令，则虫蝗为败，暴风来格，秀草不实。

……

孟秋

一曰：孟秋之月，日在翼，魂斗中，旦毕忠。其日庚辛，其帝少皞，其神蓐收，其虫毛，其音商，律中夷则，其数九，其味辛，其臭腥，其祀门，祭先肝。凉风至，白露降，寒蝉鸣，鹰乃祭鸟，始用行戮。天子居总章左个，乘戎路，驾白骆，载白旗，衣白衣，服白玉，食麻与犬，其器廉以深。是月也，以立秋。先立秋三日，大史谒之天子曰："某日立秋。盛德在金。"天子乃斋。立秋之日，天子亲率三公九卿诸侯大夫，以迎秋于西郊。还，乃赏军率武人于朝。天子乃命将帅，选士厉兵，简练桀俊，专任有功，以征不义，诘诛暴慢，以明好恶，巡彼远方。是月也，命有司修法制，缮囹圄，具桎梏，禁止奸，慎罪邪，务搏执；命理瞻伤察创、视折审断，决狱讼，必正平，戮有罪，严断刑。天地始肃，不可以赢。是月也，农乃升谷，天子尝新，先荐寝庙。命百官始收敛，完堤防，谨壅塞，以备水潦；修宫室，附墙垣，补城郭。是月也，无以封侯、立大官，无割土地、行重币、出大使。行之是令，而凉风至三旬。孟秋行冬令，则阴气大胜，介虫败谷，戎兵乃来；行春令，则其国乃旱，阳气复还，五谷不实；行夏令，则多火灾，寒热不节，民多疟疾。

……

孟冬

一曰：孟冬之月，日在尾，昏危中，旦七星中。其日壬癸，其帝颛顼，其神玄冥，其虫介，其音羽，律中应钟。其数六，其味咸，其臭朽，其祀行，祭先肾。水始冰，地始冻，雉入大水为蜃。虹藏不见。天子居玄堂左个，乘玄辂，驾铁骊，载玄旗，衣黑衣，服玄玉，食黍与彘，其器宏以弇。是月也，以立冬。先立冬三日，太史谒之天子曰："某日立冬，盛德在水。"天子乃斋。立冬之日，天子亲率三公九卿大夫，以迎冬于北郊。还，乃赏死事，恤孤寡。是月也，命太卜祷祠龟策，占兆审卦吉凶。于是察阿上乱法者则罪之，无有揜蔽。是月也，天子始裘，命有司曰："天气上腾，地气下降，天地不通，闭而成冬。"命百官谨盖藏。命司徒循行积聚，无有不敛；附城郭，戒门闾，修楗闭，慎关籥，固封玺，备边境，完要塞，谨关梁，塞蹊径，饬丧纪，辨衣裳，审棺椁之厚薄，营丘垄之小大、高卑、薄厚之度，贵贱之等级。是月也，工师效功，陈祭器，按度程，无或作为淫巧，以荡上心，必功致为上。物勒工名，以考其诚；工有不当，必行其罪，以穷其情。是月也，大饮蒸，天子乃祈来年于天宗。大割，祠于公社及门闾，飨先祖五祀，劳农夫以休息之。天子乃命将率讲武，肄射御、角力。是月也，乃命水虞渔师收水泉池泽之赋，无或敢侵削众庶兆民，以为天子取怨于下，其有若此者，行罪无赦。孟冬行春令，则冻闭不密，地气发泄，民多流亡。行夏令，则国多暴风，方冬不寒，蛰虫复出。行秋令，则雪霜不时，小兵时起，土地侵削。

我们这里仅引用了《吕氏春秋》中《孟春》、《孟夏》、《孟秋》和《孟冬》四篇，在《吕氏春秋》中，还有《仲春》、《季春》、《仲夏》、《季夏》、《仲秋》、《季秋》、《仲冬》和《季冬》等其他八篇相应的章节。《吕氏春秋·十二纪》中的每一纪都由相应的时节带动全篇。过往的学术对此种安排也等闲看待，把它当成后世所谓的"月令"或"节令"。以为吕子们如此编排该书，只是要提醒人们节气月令在日常生活中的重要性。不能说这样的解释完全没有道理，但至少可以说，这样的理解太过偏离了事情的重心。

我们说过，《吕氏春秋》的核心内容就是《十二纪》，而吕不韦清楚明白地说过，《十二纪》的宗旨就是"法天地"。把这样的理解作为一个前提，我们就会明白，上述以月令带动的十二纪就是吕子们"法天地"的具体安排。

我们可以看出，上引的每一篇文字，都是以天上太阳所在的位置开始，继之以所主之"日"、"帝"、"神"，接下来是相应的"虫"、"音"、"律"、"味"、"臭"、"祀祭"，再接下来是描述风和动植物的状况。这是第一部分。第二部分指出天子所应居住的住所、所应坐的车、所应驾的马、所应用的旗、所应穿的衣、所应带的玉、所应吃的食物和所应使用的器皿。第三部分指出以天子为中心的国家社会应如何履行相关的宗教、农业和其他重大事项。第四部分是一些基本禁忌，并指出违犯禁忌的后果。

传统学术大都认为是《吕氏春秋》把《礼记》中的《月令》分裂为十二篇，再附带他文，言下之意是认为，吕子们只是勉强地把当时已经存在的农业文献与其他现存的文献割裂拼凑从而构成《吕氏春秋》，《十二纪》本身的内容是随意选取的，它们与所引领的各篇内容也是随意组合的①。余嘉锡先生曾对这种浅薄的认识以有力的回击。② 观相的历史学告诉我们，《十二纪》是吕子们的特意安排。他们是为了突出"法天地"这一主旨才有意这么做的。首先我们要弄清楚，《十二纪》与农业的节气时令是前因后果的关系，也就是说，先有《十二纪》，后来才有《月令》，而不是相反。特别重要的是，《十二纪》主要是一种近似宗教意义的安排，而不是所谓农业经验总结。

我们看到，《十二纪》的表述模式是：首先"天"如何如何显现，于是"天子"就如何如何表现，接下来整个社会又该如何如何作为，最后以相关的禁忌结束。明眼人一看就应知道这里讲的是人附天数、天人感应的知识，有相当强的宗教诉求，和纯农业知识其实是有极大的差距的。这里特别要指出"天子"这个词，它表明古典中国的一个基本思维：整个宇宙人间都是"天"——上帝所有的，人间的最高权威也仅仅是"天子"，天的子而已。"法天"当然要从"天子"做起。天子都要"法天"，其他人士还能不"法天"吗？应该知道，在当时人们的意识中，"法天"是具有宗教含义的，是一种集体表象。我们这些后世之人已经不能理解"天"在当时人们心里的分量。

在这里，吕子们首先要向世人展示的是"天"的"信"。孟春之月，天总是"日在营室，昏参中，旦尾中。其日甲乙，其帝太皞，其神句芒，其虫鳞，其音角，律中太蔟，其数八，其味酸，其臭膻，……东风解冻，蛰虫始振，鱼上冰，獭祭鱼，候雁北"。孟夏之月，天总是"日在毕，昏翼中，旦婺女中。其日丙丁，其帝炎帝，其神祝融，其虫羽，其音徵，律中仲吕，其数七，其味苦，其臭焦，……蝼蝈鸣，蚯蚓出，王菩生，苦菜秀"。孟秋之月，天总是"日在翼，魂斗中，旦毕忠。其日庚辛，其帝少皞，其神蓐收，其虫毛，其音商，律中夷则，其数九，其味辛，其臭腥，……凉风至，白露降，寒蝉鸣，鹰乃祭鸟"。孟冬之月以及其余八个月，天象物候的显现也总是表现出自己独特的面貌。古往今来，日新月异，但上天总是年复一年、岁复一岁定期向人们作自

---

① 《四库全书总目提要》的相关内容很有代表性："《十二纪》即《礼记》之《月令》，顾以十二月割为十二篇，每篇之后，各间他文四篇。惟夏令多言乐，秋令多言兵，似乎有义，其余绝不可晓。先儒无说，莫之详矣。"

② 见陈奇猷《吕氏春秋校释》上册，学林出版社，1984年，第3页。

己的显现，从来不迟到、不早退。可以说，天之信是《吕氏春秋》"法天地"思想的前提，如果没有了"天信"，则世界就不成其为世界，吕子也就没有写书宣传自己思想的必要了，正如《吕氏春秋》本身所说：

> 天行不信，不能成岁；地行不信，草木不大。春之德风；风不信，其华不盛，华不盛，则果实不生。夏之德暑，暑不信，其土不肥，土不肥，则长遂不精。秋之德雨，雨不信，其谷不坚，谷不坚，则五种不成。冬之德寒，寒不信，其地不刚，地不刚，则冻闭不开。①

这里要提醒读者的是，按《吕氏春秋》的逻辑，上天是一个人格性的有机体，是一个类似于人的"大活物"。它像人一样有自己的自由意志，它完全可以随意地玩弄天象、气候、节令，使人们无所适从、徒叹奈何。天的"信誓旦旦"完全是出于它自己的善意。正因为上天总是讲信用，万物才能生长，世界才会成立，所以吕子们心目中的理想世界——"清世"的第一条就是"天曰信，信维生"。

接下来就是"地曰固，固维宁"。这一条是"天曰信，信维生"的自然延伸，"天信"自然"地固"。这里要稍加说明的是，在古典中国早期的意识中，"地"并没有取得与"天"同等的地位，只有到了启蒙运动之后，当"天"从纯粹宗教性的上帝祖先的概念渐渐演变成人的感官和理智能感受到和理解到的自然之天、哲学之天之后，"地"才变成了与"天"相对的另一半。从某种意义上说，"地"变成了"天"的一部分，"天地"变成了一个整体。

"地之固"与"天之信"一样，是《吕氏春秋》整个论述的一个前提。当然，我们知道，按吕子们的逻辑，"地"与"天"一样，它也是一个有人格的"活物"——有机体。"地"并不是命定要稳固的，地之固完全出于它自己的意志，出于它对人类的善意。我们在《吕氏春秋·制乐》篇中就看到"地动"这种"不宁"的表现。但周文王认为，这表明他有罪，上天在惩罚他。他因而"改行重善以移之"。

我们看到，在吕子们"法天地"的思维中，"天"已经从过往的高高在上，人根本无法企及的神圣、神奇、神秘的天神，变成了与"人"同格同位的存在。但我们必须得说，吕子们的"天地"虽然没有了原有宗教意义上纯粹上帝祖先的含意，但是这时的"天地"仍然是一个充满了道德感之巨大有机体。它是人们的道德表率，是人类的伦理楷模。

于是，我们来到了《吕氏春秋》最核心的思想——"人曰顺，顺维听"。从某种意义上说，一部《吕氏春秋》就是一部倡导"顺而听"的书。人们自然知道，这里的

---

① 《吕氏春秋·贵信》。

"顺"、"听"当然是"人"顺应"道",听从"天"。因为,《吕氏春秋》中的"天地"凭借着它的"天信地固"成了"道德表率"和"伦理楷模",所以,人类只能向"天"学习,效法天地,"顺天听道"。应该说,这就是《吕氏春秋》最核心的思想,是它所有表述的最内在的逻辑,也是古典中国文化顶峰时期人们的主流思维。

国人都知道"道家",但对"道家"之"道"人们常常有自己的理解,站在吕子们的立场,他们才是真正的"道家",他们的最核心诉求就是"顺天从道"。

为什么天子在不同的月份,不同的时节需要居住于不同的房间,着不同的服饰,吃不同的食物,用不同的器皿,而百官有司乃至整个天下百姓需要有不同的作为,完全都是为了"法天地"这个主题。既然天地已经通过天象物候表明了它的意图,那人当然只能顺应天意,配合天地有相应的行为。

在此,我们还需要对"法天"的意识和"敬天"的意识补充几句。"法天"的意识不同于"敬天"的思维。敬天意识充满了对天帝的绝对敬畏,它是对"天"的盲目听从,是对"威仪"信条的无条件遵守,是绝对的"仁"(诚)和"廉"。但"法天"的意识与此不同,虽然它也仰望天帝,但对它来说,"天"并没有太多畏惧的必要,对于"法天"意识来说,更多的是对天地秩序的一种内心赞同,是对上天尊严的自觉认可。大致可以说,敬天意识是一个被动的祈使句:我们必须这样做;而法天意识却充满了主动性:我们愿意这样做。由此我们知道,"法天"的时期是一个充分自觉的时期。

我们认为,《吕氏春秋》中的"与元同气"观念对我们了解古人的"法天地"思维有决定性的作用。请看:

> 凡帝王者之将兴也,天必先见祥乎下民。黄帝之时,天先见大螾大蝼。黄帝曰:"土气胜。"土气胜,故其色尚黄,其事则土。及禹之时,天先见草木秋冬不杀。禹曰:"木气胜。"木气胜,故其色尚青,其事则木。及汤之时,天先见金刃生于水。汤曰:"金气胜。"金气胜,故其色尚白,其事则金。及文王之时,天先见火赤乌衔丹书集于周社。文王曰:"火气胜。"火气胜,故其色尚赤,其事则火。代火者必将水,天且先见水气胜。水气胜,故其色尚黑,其事则水。水气至而不知数备,将徙于土。天为者时,而不助农于下。类固相召,气同则合,声比则应。鼓宫而宫动,鼓角而角动。平地注水,水流湿;均薪施火,火就燥;山云草莽,水云鱼鳞,旱云烟火,雨云水波,无不皆类其所生以示人。故以龙致雨,以形逐影。师之所处,必生棘楚。祸福之所自来,众人以为命,安知其所。夫覆巢毁卵,则凤凰不至;刳兽食胎,则麒麟不来;干泽涸渔,则龟龙不往。物之从同,不可为记。子不遮乎亲,臣不遮乎君。君同则来,异则去。故君虽尊,以白为黑,臣不能听;父虽亲,以黑为白,子不能从。黄帝曰:"芒芒昧昧,因天之威,与元同气。"故曰同气贤于同义,同义贤于同力,同力贤于同居,

同居贤于同名。帝者同气，王者同义，霸者同力，勤者同居则薄矣，亡者同名则觕矣。其智弥觕者，其所同弥觕；其智弥精者，其所同弥精。故凡用意不可不精。夫精，五帝三王之所以成也。成齐类同皆有合，故尧为善而众善至，桀为非而众非来。《商箴》云："天降灾布祥，并有其职。"以言祸福人或召之也。①

什么是"元"，"与元同气"是什么意义？这是一个困扰中国学界多年的老问题。

"元"从根本上讲是指天的本体，也就是"天元"。天在古典中国哲人的心目中是一个有机体，具有自己的生命特征。"天元"——天之有机本体具有一种周期性的生命表征，它会通过"气"的方式表现出来，这就是《吕氏春秋·应同》中所说的：

黄帝之时，天先见大螾大蝼。黄帝曰："土气胜。"土气胜，故其色尚黄，其事则土。及禹之时，天先见草木秋冬不杀。禹曰："木气胜。"木气胜，故其色尚青，其事则木。及汤之时，天先见金刃生于水。汤曰："金气胜。"金气胜，故其色尚白，其事则金。及文王之时，天先见火赤乌衔丹书集于周社。文王曰："火气胜。"火气胜，故其色尚赤，其事则火。代火者必将水，天且先见水气胜。水气胜，故其色尚黑，其事则水。水气至而不知数备，将徙于土。

天的本体——元在不同的时期表现出它的特质，这就像一个生物有机体在它的生命历程中有它的各种生命征象一样。"天元"首先表现为"土气"，其后依次表现为"木气"、"金气"、"火气"和"水气"。我们知道，土、木、金、火、水五种元素基本上可以代表天地万物的构成因子，这在人类历史的各种不同文化中都有大概相同的认知。这说明，当中国古典人从宗教信仰的思维过渡到自然哲学（理智）思维后，他们会情不自禁地把"土、木、金、火、水"五种自然元素当成世界的基本构成元素，并力图用这样的基本元素来理解和解释世界万物构成机制。这就像古希腊哲学家把"水"、"气"、"火"当成是世界的始基一样。只是作为有机生命的"天"，它并不像人和普通生物一样，历经它的生命周期后会走向死亡，天这个有机体它只表现为生命周期的循环反复，所以"水气至而不知数备，将徙于土"，"水气"的时代结束以后，"天元"就是回复到"土气"的阶段。

今天的人们都知道中国文化有强烈的"天人合一"、"人副天数"的思想，应该说，古典中国在很早以前就形成了这样的观念。

---

① 《吕氏春秋·应同》。

"天人合一"的一个基本前提是"天"本身必须是一个有机体，只有这样，人这样的有机体才能与它相合、相副。在古典中国哲人的心目中，"天"这个有机体最重要的特质就是它的"气循环"，人要与天合一，就必须"与元同气"。就是说，当"天"表现"土气"的时候，人们的一切作为都应该围绕"土"来进行，这就是上述黄帝所说的"其事则土"的意思；当天表现"木"气的时候，人们的一切作为都应该围绕"木"来进行，这就是上述所说的"其事则木"的意思；当"天"表现"金气"的时候，人们的一切作为都应该围绕"金"来进行，这就是上述所说的"其事则金"的意思。以此类推，"金"之后是"火"，"火"之后是"水"，"水"之后再回复到"土"。于是，土、木、金、火、水就构成了天的五种"行"，这里的"行"应该是行动，运行的意思，因为天元的本体要通过"气"的作用来表现，而"气"当然就会"运行"，宇宙这个大生命体的本体(元)会通过"土、木、金、火、水"五种"气"来表现它的意志。

与天相适应，人这个小宇宙也应该有与"天"的五行相对称的行为品质，于是古典中国的哲人把"仁"、"义"、"礼"、"智"、"圣"这五种原本并没有内在关联的名词概念组合成一个体系，与天的"五行"相对应而构成人的"五行"，所以《郭店楚简》的"五行"必须以天的"五行"为前提。如果没有《吕氏春秋·应同》篇提到的天的"五行"(土、木、金、火、水)，《郭店楚简》的人的"五行"(仁、义、礼、智、圣)就没有成立的可能。

只是我们现在还无法确定天的五行(土、木、金、火、水)与人的五行(仁、义、礼、智、圣)的对应关系。但从理智上可以看出，它们肯定存在这样的对应关系。[①]

就是由于古典中国这种强烈的天人合一观念，所以我们在《郭店楚简》能看到"德"与"时"的密切关系。"五行皆形于内而时行之，谓之君子。""行之而时，德也。"为什么"德"与"时"关系如此紧密呢？因为人们的作为必须要"与元同气"，与天同行，天元要求人们"仁"的时候，你就不应该"义"；天元要求人们"义"的时候，你就不应该"礼"，这就叫作"行之而时"，其实也就是"与元同气"的意思。

这里又来到一个非常重要的关头。在古典中国启蒙时代的哲人心目中，仁、义、礼、智、圣不仅是五种重要的伦理品质，它更是五种心理物理现象，所谓"仁之思"、"智之思"、"圣之思"，所谓"不仁，思不能精"；"不智，思不能长"；"不圣，思不能轻"。这里的"思"固然是一种思想(心理现象)，但它们同时也是一个物理现象，是一种气，或者可以更确切地说，是一种气的运行。正是因为这些"仁思"、"智思"、"圣思"是一种物理意义上的气之运行，所以才会有所谓"精"、"长"、"轻"之说。

"天"天然具备土、木、金、火、水等五种元素以构成自己，它通过土、木、金、火、

① 《春秋繁露》中有土、木、金、火、水和仁、义、礼、智、信的对应关系。

水等五种气表现自己当下的“元”(意志本体),人也本然地具备仁、义、礼、智、圣等五种内在品质,他也需要通过仁、义、礼、智、圣这五种“思”——这种思想之气来与天元之气相配合。

这一切都表明,《郭店楚简》是古典中国启蒙时代的作品。

应该说,《吕氏春秋·十二纪》是后世阴阳五行家的先驱,是日者和历书的源头。但我们必须知道,吕子的《十二纪》是吕子们“法天地”思想的自然体现。《吕氏春秋》的天人感应充满着健康阳光的情调,绝没有后世阴阳家那样的“忌讳和畏惧”感①,这无疑是一个文化的黄金时期与它的没落时期精神气质的区别所致。

第三节 古典中国的宇宙图像和天下观念

《吕氏春秋》是古典中国伟大的总结性体系,它率先为后人展示了古典中国的宇宙模式和世界图像。这方面内容主要包括在《有始览》中:

> 天地有始,天微以成,地塞以形,天地合和,生之大经也。以寒暑日月昼夜知之,以殊形殊能异宜说之。夫物合而成,离而生。知合知成,知离知生,则天地平矣。平也者,皆当察其情,处其形。天有九野,地有九州,土有九山,山有九塞,泽有九薮,风有八等,水有六川。何谓九野?中央曰钧天,其星角、亢、氐;东方曰苍天,其星房、心、尾;东北曰变天,其星箕、斗、牵牛;北方曰玄天,其星婺女、虚、危、营室;西北曰幽天,其星东壁、奎、娄;西方曰颢天,其星胃,昴,毕;西南曰朱天,其星觜嶲、参、东井;南方曰炎天,其星舆鬼、柳、七星;东南曰阳天,其星张、翼、轸。何谓九州?河、汉之间为豫州,周也;两河之间为冀州,晋也;河、济之闲为兖州,卫也;东方为青州,齐也;泗上为徐州,鲁也;东南为扬州,越也;南方为荆州,楚也;西方为雍州,秦也;北方为幽州,燕也。何谓九山?会稽、太山、王屋、首山、太华、岐山、太行、羊肠、孟门。何谓九塞?大汾、冥阸、荆阮、方城、殽、井陉、令疵、句注、居庸。何谓九薮?吴之具区,楚之云梦,秦之阳华,晋之大陆,梁之圃田,宋之孟诸,齐之海隅,赵之钜鹿,燕之大昭。何谓八风?东北曰炎风,东方曰滔风,东南曰熏风,南方曰巨风,西南曰凄风,西方曰飂风,西北曰厉风,北方曰寒风。何谓六川?河水、赤水、辽水、黑水、江水、淮水。凡四海之内,东西二万八千里,南北二万六千里。水道

① 《史记·太史公自序》:“尝窃观阴阳之术,大祥而众忌讳,使人拘而多所畏。”

> 八千里，受水者亦八千里。通谷六，名川六百，陆注三千，小水万数。凡四极之内，东西五亿有九万七千里，南北亦五亿有九万七千里。极星与天俱游，而天枢不移。冬至日行远道，周行四极，命曰玄明。夏至日行近道，乃参于上。当枢之下无昼夜。白民之南，建木之下，日中无影，呼而无响，盖天地之中也。天地万物，一人之身也，此之谓大同。众耳目鼻口也，众五谷寒暑也，此之谓众异。则万物备也。天斟万物，圣人览焉，以观其类。解在乎天地之所以形，雷电之所以生，阴阳材物之精，人民禽兽之所安平。

相对于其他方面的篇幅，吕子们对于古典中国的世界观表述得不是特别详细。这固然是由于吕子们的论述重心更多的在社会人生方面，也不排除在后世的流传中遗失了若干内容。但总的来说，《吕氏春秋》已经对古典中国的世界图像有了一个概要式的说明，承担了它作为总结性体系的一个功能。通过这些文字我们完全可以把握古典中国的宇宙模式和世界图像。在此，我们还要感谢《淮南子》的作者们，由于有了他们的进一步努力，使得我们在两千年后，能对古典中国的世界观有相当深入的了解。也许，当年的淮南子们就是有感于《吕氏春秋》对古典中国世界图像介绍的粗疏，所以在他们的作品《淮南子》中，有针对性地开辟了三大篇（即《天文训》、《地形训》和《时则训》）来详细论述古典中国的世界图像。当我们对《吕氏春秋》的有关论述不是特别清楚明白时，《淮南子》的相关论述恰好可以作相应的补充。

“天地有始，天微以成，地塞以形，天地合和，生之大经也。”吕子们对于天地开辟这样的大事似乎不应该如此简单地应付过去。还好，《淮南子》替吕子们完成了这样的任务。在《天文训》中，淮南子们说：

> 天坠未形，冯冯翼翼，洞洞灟灟，故曰太昭。道始生虚廓，虚廓生宇宙，宇宙生气。气有涯垠，清阳者薄靡而为天，重浊者凝滞而为地。清妙之合专易，重浊之凝竭难，故天先成而地后定。天地之袭精为阴阳，阴阳之专精为四时，四时之散精为万物。积阳之热气生火，火气之精者为日；积阴之寒气为水，水气之精者为月；日月之淫为精者为星辰，天受日月星辰，地受水潦尘埃。昔者共工与颛顼争为帝，怒而触不周之山。天柱折，地维绝。天倾西北，故日月星辰移焉；地不满东南，故水潦尘埃归焉。

基本上可以说，《吕氏春秋》与《淮南子》的宇宙生成论完全是同源的，前者是简单表述，后者是详细发挥。这再次表明了斯宾格勒的观点，一个文化的不同时期尽管会有不一样的人生态度，但任何文化都只有唯一的宇宙模式和世界图像。

古典中国从《吕氏春秋》到《淮南子》经历了约一百年的时间。一百年尽管在历史长河中不算很长时间，古典中国在此期间却经历了从文化走向文明的转折，可以说，古典中国的面貌有了相当的改变，但这不影响我们通过《淮南子》的文字来了解《吕氏春秋》时代的世界观。

从《吕氏春秋》和《淮南子》的上述文字中，我们知道，古典中国是一种以"气"为本体的宇宙生成论。古希腊时代的哲学家，曾经设想过多样的世界始基，如泰勒士认为是水，阿那克西曼德认为是"不定形"，阿那克西美尼认为是气，赫拉克利特以为是"火"。但从古典中国的情况来看，似乎所有的古典哲人都认为"气"是唯一的始基。至少就目前有的文献资料来看，没有例外。

古典中国世界观的一个特异处是，不仅认为日月星辰和天地万物是由气构成的（凝结成），而且像上述提到的"四时"（春、夏、秋、冬）也是一种"气"，这与我们现代人的思维有相当大的距离。乃至象《郭店楚简·太一生水》篇所说的"阴阳"、"寒热"、"燥湿"和"岁"都是由气构成的。应该说，这的确是古典中国的一种思维意象。甚至音乐在古人看来也是一种气的活动的结果。我们可以在《吕氏春秋》看到这样的表述：

> 音乐之所由来者远矣。生于度量，本于太一。太一出两仪，两仪出阴阳。阴阳变化，一上一下，合而成章。浑浑沌沌，离则复合，合则复离，是谓天常。天地车轮，终则复始，极则复反，莫不咸当。日月星辰，或疾或徐，日月不同，以尽其行。四时代兴，或暑或寒，或短或长，或柔或刚。万物所出，造于太一，化于阴阳。萌芽始震，凝凙以形。形体有处，莫不有声。声出于和，和出于适。和适先王定乐，由此而生。[①]

我们在《郭店楚简》甚至可以看到，"思"——人的思想、思维本身——也是一种气的活动：

> 不仁，思不能精。不智，思不能长。不仁不智，"未见君子，忧心不能惙惙；既已见之，心不能悦；亦既见之，亦既觏之，我心则悦"，此之谓也。不仁，思不能精。不圣，思不能轻。不仁不圣，"未见君子，忧心不能忡忡；既见君子，心不能降"。
>
> 仁之思也精，精则察，察则安，安则温，温则悦，悦则戚，戚则亲，亲则爱，爱则玉色，玉色则形，形则仁。

---

① 《吕氏春秋·大乐》。

智之思也长，长则得，得则不忘，不忘则明，明则见贤人，见贤人则玉色，玉色则形，形则智。

圣之思也轻，轻则形，形则不忘，不忘则聪，聪则闻君子道，闻君子道则玉音，玉音则形，形而圣。[①]

古典中国这种本体气用我们现代话语来说，它既是物理本体，也是心理本体，用这些年“八股”式的“唯物唯心”范畴来归类的话，我们是很难对中国文化有真正的理解的。赫拉克利特曾经把世界比喻为一团火，在一定尺度下燃烧，在一定的尺度下熄灭。[②] 在古典中国人的心中，世界就是一箱气，时而流动，时而凝结；时而致密，时而稀薄。

在《吕氏春秋》中，我们在《精通》等篇中可见“仁”的经典意含——“忧”，也就是“诚”。在古典中国看来，“仁”——“诚”不仅是一种主观的良好愿望，而且有一种客观的感通的效果。这里的关键是因为天地间充满了“精气”。万事万物都由“精气”联通，人们可以通过“精气”来影响、感动他人乃至上天，而圣人、有德者的影响力似乎明显高于普通人。后世学者对“仁”的感通性的领会应该就是来自于此：

人或谓兔丝无根。兔丝非无根也，其根不属也，伏苓是。慈石召铁，或引之也。树相近而靡，或軵之也。圣人南面而立，以爱利民为心，号令未出，而天下皆延颈举踵矣，则精通乎民也。夫贼害于人，人亦然。今夫攻者，砥厉五兵，侈衣美食，发且有日矣，所被攻者不乐，非或闻之也，神者先告也。身在乎秦，所亲爱在于齐，死而志气不安，精或往来也。德也者，万民之宰也。月也者，群阴之本也。月望则蚌蛤实，群阴盈；月晦则蚌蛤虚，群阴亏。夫月形乎天，而群阴化乎渊；圣人行德乎己，而四荒咸饬乎仁。养由基射兕，中石，矢乃饮羽，诚乎兕也。伯乐学相马，所见无非马者，诚乎马也。宋之庖丁好解牛，所见无非死牛者，三年而不见生牛，用刀十九年，刃若新磨研，顺其理，诚乎牛也。钟子期夜闻击磬者而悲，使人召而问之曰：“子何击磬之悲也？”答曰：“臣之父不幸而杀人，不得生；臣之母得生，而为公家为酒；臣之身得生，而为公家击磬。臣不睹臣之母三年矣。昔为舍氏睹臣之母，量所以赎之则无有，而身固公家之财也，是故悲也。”钟子期叹嗟曰：“悲夫！悲夫！心非臂也，臂非椎、非石也。悲存乎心而木石应之。”故君子诚乎此而谕乎彼，感乎己而发乎人，

① 《郭店楚简·五行》。

② 参见冒从虎等编著《欧洲哲学通史》上卷，南开大学出版社，1985 年，第 36 页。

岂必强说乎哉？周有申喜者，亡其母，闻乞人歌于门下而悲之，动于颜色，谓门者内乞人之歌者，自觉而问焉，曰："何故而乞？"与之语，盖其母也。故父母之于子也，子之于父母也，一体而两分，同气而异息。若草莽之有华实也，若树木之有根心也。虽异处而相通，隐志相及，痛疾相救，忧思相感，生则相欢，死则相哀，此之谓骨肉之亲。神出于忠而应乎心，两精相得，岂待言哉？[①]

说到这里，也许有人会说，那如何解释《太一生水》篇呢？因为它说到，太一生水，似乎水才是世界的最基本质料。我们再来看看该篇文字：

太一生水，水反辅太一，是以成天。天反辅大一，是以成地。天地复相辅也，是以成神明。神明复相辅也，是以成阴阳。阴阳复相辅也，是以成四时。四时复相辅也，是以成寒热。寒热复相辅也，是以成湿燥。湿燥复相辅也，成岁而止。故岁者，湿燥之所生也。湿燥者，寒热之所生也。寒热者，四时之所生也。四时者，阴阳之所生也。阴阳者，神明之所生也。神明者，天地之所生也。天地者，大一之所生也。是故大一藏于水，行于时，周而又始，以己为万物母；一缺一盈，以己为万物经。此天之所不能杀，地之所不能埋，阴阳之所不能成。君子知此之谓□。不知者谓□。

天道贵弱，削成者以益生者，伐于强，责于□，□于弱，□于□。下，土也，而谓之地，上，气也，而谓之天。道亦其字也，青昏其名。以道从事者必托其名，故事成而身长。圣人之从事也，亦托其名，故功成而身不伤。天地名字并立，故讹其方，不思相当：天不足于西北，其下高以强。地不足于东南，其上□以□，不足于上者，有余于下。不足于上者，有余于下。

我们知道，"太一"是一种无形之本始，是形上之"道"，其实在中国人的思维中，气就是介于有形无形的东西，所以，如果有人说"太一"就是一种形上之气，对于中国人来说，绝对不会有什么思维障碍。特别要引起注意的是，"太一生水"中的"水"我们不能把它简单地理解成普通自然意义上的"水"，而应该把它理解成"水气"或"水性气"，这样才能够完满地把握住这篇论文。之所以该篇作者首先要认定"水"在创生世界万物过程中的优先地位，是因为，他认为，宇宙的本体有一种"水性"。这也就是为什么在接下来的一段作者马上要说到"天道贵弱"的原因。正由于宇宙的本体是一种"水性"，所以天道才会扶弱锄强，才会"不足于上者，有余于下。不足于上者，有余于下"。由此我们知道，"太一生水"的宇宙生成论只能

① 《吕氏春秋·精通》。

是启蒙时代人们追求平等的思想意识的反映。它仅仅是一个特定时期古典中国人的意识形态。我们在上述《淮南子》宇宙生成论的后面部分也能看到这样的表述。水有两个特点，其一是它的“弱”，其二是它“平”，向往“平”应该说是“太一生水”宇宙生成论的社会心理基础。

这种追求平等、均衡的思想应该说是古典中国晚期的一大特色。在《吕氏春秋》中，“平”是吕子们心目中与“道”可相提并论的一种价值：

> 昔先圣王之治天下也，必先公。公则天下平矣。平得于公。①
>
> 天下太平，万物安宁。皆化其上，乐乃可成。成乐有具，必节嗜欲。嗜欲不辟，乐乃可务。务乐有术，必由平出。平出于公，公出于道。故惟得道之人，其可与言乐乎！亡国戮民，非无乐也，其乐不乐。……世之学者，有非乐者矣，安由出哉？大乐，君臣、父子、长少之所欢欣而说也。欢欣生于平，平生于道。②
>
> 乐无太，平和者是也。故治世之音安以乐，其政平也；乱世之音怨以怒，其政乖也；亡国之音悲以哀，其政险也。凡音乐，通乎政而移风平俗者也。……故先王之制礼乐也，非特以欢耳目、极口腹之欲也，将以教民平好恶、行理义也。③
>
> 知合知成，知离知生，则天地平矣。平也者，皆当察其情，处其形。④
>
> 解在乎天地之所以形，雷电之所以生，阴阳材物之精，人民禽兽之所安平。⑤
>
> 此六人者，所作当矣，然而非主道者。故曰作者忧，因者平。惟彼君道，得命之情，故任天下而不强，此之谓全人。⑥
>
> 故子华子曰：“厚而不博，敬守一事，正性是喜。群众不周，而务成一能。尽能既成，四夷乃平。唯彼天符，不周而周。此神农之所以长，而尧舜之所以章也。”⑦
>
> 逸四肢，全耳目，平心气，而百官以治，义矣，任其数而已矣。⑧

---

① 《吕氏春秋·贵公》。
② 《吕氏春秋·大乐》。
③ 《吕氏春秋·适音》。
④ 《吕氏春秋·有始》。
⑤ 《吕氏春秋·有始》。
⑥ 《吕氏春秋·君守》。
⑦ 《吕氏春秋·知度》。
⑧ 《吕氏春秋·察贤》。

“平”还是治理天下国家最好的方式手段，后世常用的“平天下”应该就来源于此。顺便要说一下的是，在吕子的时代，“平”与“安”有内在的关联，《道德经》中就有“安平大”之说，上述引文也提到人民的“安平”，在《淮南子》中，这种“平则安，安则平”的思维也特别多见。这不由得使我们想起，《离骚》的作者自称“灵均”，传统的理解是“均”即“平”，屈原字平，所以它的作者是屈平。但我们似乎可以更大胆一些，“均”即“平”，“平”则“安”也，所以《离骚》的作者正是淮南王刘安也。在笔者看来，古往今来，没有比淮南王刘安更委屈、更屈辱的了。“屈平”或者就是“屈辱之刘安”之化名。这里当然是笔者的一些猜想，但任何深入体会过《离骚》的人，总是会情不自禁地与刘安联想起来。

《吕氏春秋》的天地宇宙模式的表述也相对简略：

> 凡四极之内，东西五亿有九万七千里，南北亦五亿有九万七千里。极星与天俱游，而天枢不移。冬至日行远道，周行四极，命曰玄明。夏至日行近道，乃参于上。当枢之下无昼夜。白民之南，建木之下，日中无影，呼而无响，盖天地之中也。

这方面我们同样要借助于《淮南子》：

> 阖四海之内，东西二万八千里，南北二万六千里，水道八千里，通谷其名川六百，陆径三千里。禹乃使太章步自东极，至于西极，二亿三万三千五百里七十五步。使竖亥步自北极，至于南极，二亿三万三千五百里七十五步。凡鸿水渊薮，自三百仞以上，二亿三万三千五百五十里，有九渊。禹乃以息土填洪水以为名山，掘昆仑虚以下地，中有增城九重，其高万一千里百一十四步二尺六寸。上有木禾，其修五寻，珠树、玉树、琁树、不死树在其西，沙棠、琅玕在其东，绛树在其南，碧树、瑶树在其北。旁有四百四十门，门间四里，里间九纯，纯丈五尺。旁有九井玉横，维其西北之隅，北门开以内不周之风，倾宫、旋室、县圃、凉风、樊桐在昆仑阊阖之中，是其疏圃。疏圃之池，浸之黄水，黄水三周复其原，是谓丹水，饮之不死。河水出昆仑东北陬，贯渤海，入禹所导积石山，赤水出其东南陬，西南注南海丹泽之东。赤水之东，弱水出自穷石，至于合黎，余波入于流沙，绝流沙南至南海。洋水出其西北陬，入于南海羽民之南。凡四水者，帝之神泉，以和百药，以润万物。
>
> 昆仑之丘，或上倍之，是谓凉风之山，登之而不死。或上倍之，是谓悬圃，登之乃灵，能使风雨。或上倍之，乃维上天，登之乃神，是谓太帝之居。扶木在阳州，日之所曊。建木在都广，众帝所自上下，日中无景，呼而无响，盖天地

之中也。若木在建木西，末有十日，其华照下地。

九州之大，纯方千里，九州之外，乃有八殥，亦方千里。自东北方曰大泽，曰无通；东方曰大渚，曰少海；东南方曰具区，曰元泽；南方曰大梦，曰浩泽；西南方曰渚资，曰丹泽；西方曰九区，曰泉泽；西北方曰大夏，曰海泽；北方曰大冥，曰寒泽。凡八殥。八泽之云，是雨九州。

八殥之外，而有八纮，亦方千里，自东北方曰和丘，曰荒土；东方曰棘林，曰桑野；东南方曰大穷，曰众女；南方曰都广，曰反户；西南方曰焦侥，曰炎土；西方曰金丘，曰沃野；西北方曰一目，曰沙所；北方曰积冰，曰委羽。凡八纮之气，是出寒暑，以合八正，必以风雨。

八纮之外，乃有八极，自东北方曰方土之山，曰苍门；东方曰东极之山，曰开明之门；东南方曰波母之山，曰阳门；南方曰南极之山，曰暑门；西南方曰编驹之山，曰白门；西方曰西极之山，曰阊阖之门；西北方曰不周之山，曰幽都之门；北方曰北极之山，曰寒门。凡八极之云，是雨天下；八门之风，是节寒暑。八纮、八殥、八泽之云，以雨九州而和中土。[①]

从上引文字，特别是《淮南子》中的文字，可以知道，古典中国人心目中的宇宙模式是所谓的“盖天说”。正如李零教授所说：“观察者把天穹看作覆碗状，而把大地看作沿‘二绳四维’向四面八方延伸的平面。天穹以斗极为中心，四周环绕列星，下掩而与地平面相切。”[②]传统学术总认为，中国古代曾经有过盖天说之外的其他天地模式。但斯宾格勒的文化形态学告诉我们，一种文化只能有一种宇宙模式。对于古典中国来说，《吕氏春秋》的简要介绍和《淮南子》的详细说明，清楚地表明了作为中国文化前提的宇宙模式只能是盖天说，浑天说、宣夜说等其他的学说，只不过是古典中国文明化之后（汉代之后）人们的理智想象，或者是对外来学说的一种学术介绍。再说一遍，一种文化的宇宙模式是决定一个文化的先决条件。对于中国古典文化来说，商周之际，古典中国人就已经在无意识的情况下形成了盖天说世界图像。并在这样一种世界图像下展开了古典中国的文化历程。与此相伴随，作为自觉意识中的宇宙模式终于在古典中国文化的成熟时期（战国后期）出现了，并首先在《吕氏春秋》得到简要阐述，并在其后的《淮南子》中得到完整的说明。

《淮南子》的宇宙模式带有文明期所固有的过度修饰的语言风格，但它无疑对古典中国的世界观作了很好的展示。

---

① 《淮南子·地形训》。

② 李零：《中国方术正考》，第101页。

从这样的展示中，我们知道，“中国”不仅仅是一个普通的地名，它是中国文化的核心观念。

对于中国文化精神来说，世界就是由“中国”与“周边”所构成的。在天上，北斗或北极就是“中宫天极”，“太一常居”之所[①]，这就是天上的“中国”，整个天空，所有的星辰都围绕“中宫”运转。在地下，天子所在的地域称为京畿，可谓真正的“中国”，其他所有区域都以相对中国的关系而取得自己的地位。《尚书·禹贡》篇可以说就是表达这种“中国情结”最好的文字：

> 九州攸同，四隩既宅，九山刊旅，九川涤源，九泽既陂，四海会同。六府孔修，庶土交正，厎慎财赋，咸则三壤成赋。中邦锡土、姓，祗台德先，不距朕行。
>
> 五百里甸服：百里赋纳总，二百里纳铚，三百里纳秸服，四百里粟，五百里米。
>
> 五百里侯服：百里采，二百里男邦，三百里诸侯。
>
> 五百里绥服：三百里揆文教，二百里奋武卫。
>
> 五百里要服：三百里夷，二百里蔡。
>
> 五百里荒服：三百里蛮，二百里流。
>
> 东渐于海，西被于流沙，朔南暨声教讫于四海。禹锡玄圭，告厥成功。

由此，我们也知道，《禹贡》应该是古典中国成熟期以后的作品。现在看来，它极有可能是王莽时期中国精神的心声。在《周礼》中，我们看到很多处以“中国”为中心向外扩散影响的段落，它的整体思维方式和文字与《禹贡》几乎是一样的，这足以表明了它们的“同时性”。现在应该不会再有人相信《周礼》是周公的作品。

“中国”的概念是中国文化最核心的观念，最根深蒂固的观念。《尚书》中，我们的先人就已经一遍又一遍地在告诉人们，我们是“中国”，我们是上帝最看重的人群。《诗经》作者们也反反复复地敬告人们，我们身处中国，应该有对得起“中国”的威仪。在三千年前的青铜器中，我们的先人就自豪地宣称“吾其宅兹中国”，[②]表明了我们在整个宇宙中的卓越地位。

---

① 见《史记·天官书》。

② 语出《何尊》，见刘翔、陈抗等编著，李学勤审订《商周古文字读本》，第73页。

第四节 “天下为公”——古典中国的“民主”

我们看到,《吕氏春秋》作为古典中国伟大的总结性体系,已经具备了比较完备的科学和民主观念。我们在本书开头,已经把《吕氏春秋》为代表的古典中国的科学思想予以介绍,这里我们还要进一步展示它的“民主”思想,也就是中国文化中著名的“天下为公”思想。

“天下为公”的论述最先出现于《吕氏春秋·贵公》篇:

> 昔先圣王之治天下也,必先公。公则天下平矣。平得于公。尝试观于上志,有得天下者众矣,其得之以公,其失之必以偏。凡主之立也,生于公。故《鸿范》曰:“无偏无党,王道荡荡。无偏无颇,遵王之义。无或作好,遵王之道。无或作恶,遵王之路。”天下,非一人之天下也,天下之天下也。阴阳之和,不长一类;甘露时雨,不私一物;万民之主,不阿一人。

在《贵公》篇之后的《去私》篇中,吕子们对“天下为公”的思想有进一步的说明:

> 天无私覆也,地无私载也,日月无私烛也,四时无私行也。行其德而万物得遂长焉。

当然,“天下为公”的思想最集中地体现在“天下非一人之天下,天下之天下也”这句响亮的口号上。尽管在现实历史中没有表现出应有的力量,这仍然是一句激励中国士人两千多年的政治宣言。这句古典中国真正的“民主”诉求,非常值得我们在此好好分析梳理一下。

吕子时代的文化精英们已经非常理性、清醒地看到了君主制的内在由来。设置官长、拥立天子完全是出于人们的利害考量。天子君主并没有先验的存在价值,统治者都是人们自行创设的:“置君非以阿君也,置天子非以阿天子也,置官长非以阿官长也。德衰世乱,然后天子利天下,国君利国,官长利官。”[①]立天子,置国君非本然如此而是后天人为,是人们理性计量的结果:

---

① 《吕氏春秋·恃君》。

凡人之性，爪牙不足以自守卫，肌肤不足以捍寒暑，筋骨不足以从利辟害，勇敢不足以却猛禁悍。然且犹裁万物，制禽兽，服狡虫，寒暑燥湿弗能害，不唯先有其备，而以群聚邪！群之可聚也，相与利之也。利之出于群也，君道立也。故君道立则利出于群，而人备可完矣。昔太古尝无君矣，其民聚生群处，知母不知父，无亲戚兄弟夫妻男女之别，无上下长幼之道，无进退揖让之礼，无衣服履带宫室畜积之便，无器械舟车城郭险阻之备。此无君之患。故君臣之义，不可不明也。自上世以来，天下亡国多矣，而君道不废者，天下之利也。故废其非君，而立其行君道者。君道何如？利而物利章。[①]

上古本来无君主，人（以家族为单位）各自谋生，只因群聚有利于人们的共同利益，于是才结成群体（部落国家），但“此四方之无君者也。其民麋鹿禽兽，少者使长，长者畏壮，有力者贤，暴傲者尊，日夜相残，无时休息，以尽其类。圣人深见此患也，故为天下长虑，莫如置天子也；为一国长虑，莫如置君也”[②]。“乱莫大于无天子。无天子，则强者胜弱，众者暴寡，以兵相残，不得休息”[③]。人们为了自我的切身利益而置国君天子，而非先天地须受制于他人的统治。正如董子所言：“且天之生民，非为王也；而天立王，以为民也。故其德足以安乐民者，天予之，其恶足以贼害民者，天夺之。”[④]天子国君既为后天人为所成，由于人们的需要而立，所以如果他违背了人们的初衷，成了社会的累赘，那被人们所推翻就是顺理成章的：“在上无道，据傲荒怠，贪戾虐众，恣睢自用也，辟远圣制，謷丑先王，排訾旧典，上不顺天，下不惠民，徵敛无期，求索无厌，罪杀不辜，庆赏不当。若此者，天之所诛也，人之所雠也，不当为君。”[⑤]推翻这样的君主用董子的话说就是替天行道：“故夏无道而殷伐之，殷无道而周伐之，周无道而秦伐之，秦无道而汉伐之，有道伐无道，此天理也。”[⑥]用《孟子》中的话说就是“贼仁者谓之‘贼’，贼义者谓之‘残’。残贼之人谓之‘一夫’。闻诛一夫纣矣，未闻弑君也。”[⑦]天子也非天赋神授，唯有德者得之：

---

① 《吕氏春秋·恃君》。“利而物利章”应作“利而勿利焉”，意即利人而不利己。见陈奇猷《吕氏春秋校释》下册，第1326—1327页。

② 《吕氏春秋·恃君》。

③ 《吕氏春秋·谨听》。

④ 《春秋繁露·尧舜不擅移汤武不专杀》。

⑤ 《吕氏春秋·怀宠》。

⑥ 《吕氏春秋·怀宠》。

⑦ 《孟子·梁惠王下》。

“有从布衣而为天子者，有从千乘而得天下者。”①

写到这里，读者诸君肯定有与笔者同样的感慨：这里所说的不是很像社会契约论者们所表达的道理吗？谁能说中华没有反独裁的思想呢？惜乎自秦汉大一统以来，一人专制代替了众封建国，对君主的反制失去了它的土壤，知识分子也慢慢成了专制的应声虫。前汉景帝时代尚有辕固生与黄生于帝前就汤武是受命还是弑上的争论，②而到了后汉章帝《白虎通义》时期，君主则完全取代了父的位置，成为至高无上的君父，从而已不再是天子而是天本身了。③ 这种令人悲伤的精神上的倒退直到明末清初的黄宗羲才有改观。④

我们现在的问题是，《吕氏春秋》中果真就已经有了现代西方的民主思想了吗？郭沫若先生就有这样的看法：

> “天下为公”这样的话，现在说起来，当然是很平常的了，但在家天下的时代，尤其是奴隶领主政权的时代，那应该具有一种钢铁的声音。既认“天下为公”，自然就是把天下国家的主体移到人民身上来。处理天下国家的事当然也就是人民的事，但人民要选择贤者来处理，所以说：“君之所以出，出乎众。”⑤

按郭氏的意思，吕子们就已经有了“主权在民”，“自由选举”等真正现代西方的民主思想了。这里的关键在于，郭氏把《吕氏春秋》中“君之所以出，出乎众也”中的“出乎众”理解为“自众举出”⑥。这显然是作了过分的诠释。这一句话的上下文是这样的：

---

① 《吕氏春秋·首时》。

② 见《史记·儒林列传》。

③ 见金春峰《汉代思想史》，中国社会科学出版社，1997 年，第 492—493 页。

④ 黄氏的《原君》道出了中国近二千年士人被压抑的情怀：“有生之初，人各自私也，人各自利也。天下有公利而莫或兴之，有公害而莫或除之。有人者出，不以一己之利为利，而使天下人受其利，不以一己之害为害，而使天下人释其害。……后之为人君者不然。以为天下利害之权皆出于我，我以天下之利尽归于己，以天下之害尽归于人，亦无不可。使天下之人不敢自私，不敢自利，以我之大私为天下之在公，……视天下为莫大之产业，传之子孙，受享无穷，……屠毒天下之肝脑，离散天下之子女，以博我一人之产业……以奉我一人之淫乐。然则为天下之大害者，君而已矣。向使无君，人各得自私也，人各得自利也。岂设君之道固如是夫！”何其酣畅之至哉！稍稍沉思，不难发现，黄氏的思想脉络在《吕氏春秋》中历历可见。

⑤ 郭沫若：《中国古代社会研究》下册，第 995 页。

⑥ 参见郭沫若《中国古代社会研究》下册，第 992 页。

天下无粹白之狐，而有粹白之裘，取之众白也。夫取于众，此三皇五帝之所以大立功名也。凡君之所以立，出乎众也。立已定而舍其众，是得其末而失其本。得其末而失其本，不闻安居。故以众勇无畏乎孟贲矣，以众力无畏乎乌获矣，以众视无畏乎离娄矣，以众知无畏乎尧、舜矣。夫以众者，此君人之大宝也。①

不难看出，“君之所以出，出乎众也”本意是说，有了人与人组成的社会，才有君主产生的必要。群众的存在是君主成立的前提。这里丝毫未提及君主的产生方式，更谈不上民主选举的问题。

《吕氏春秋》没有民主的思想，学界中已不乏真知灼见。胡适先生在《中国中古思想史长编》中对《吕氏春秋》的研究就有精到的论述：

《吕氏春秋》的政治思想虽然侧重个人的欲恶，却并不主张民主的政治。《不二篇》说：听群众人议而治国，国危无日也。为什么呢？因为治国是一件繁难的事，需要很高等的知识和很谨慎的考虑，不是群众能为的。②

诚如斯言，吕子们对民众是缺乏信心的：

大智不形，大器晚成，大音希声。禹之决江水也，民聚瓦砾。事已成，功已立，为万世利。禹之所见者远也，而民莫之知。故民不可与虑化举始，而可以乐成功。孔子始用于鲁，鲁人鷖诵之曰：“麛裘而韠，投之无戾。韠而麛裘。投之无邮。”用三年，男子行乎涂右，女子行乎涂左，财物之遗者，民莫之举。大智之用，固难逾也。子产始治郑，使田有封洫，都鄙有服。民相与诵曰：“我有田畴，而子产赋之。我有衣冠，而子产贮之。孰杀子产，吾其与之。”后三年，民又诵之曰：“我有田畴，而子产殖之。我有子弟，而子产诲之。子产若死，其使谁嗣之？”使郑简、鲁哀当民之诽訾也，而因弗遂用，则国必无功矣，子产、孔子必无能矣。③

史起的事例也是一个很好的证明：

---

① 《吕氏春秋·用众》。
② 胡适：《中国中古思想史长编》，安徽教育出版社，1999年，第60页。
③ 《吕氏春秋·乐成》。

明日，召史起而问焉，曰："漳水犹可以灌邺田乎？"史起对曰："可。"王曰："子何不为寡人为之？"史起曰："臣恐王之不能为也。"王曰："子诚能为寡人为之，寡人尽听子矣。"史起敬诺，言之于王曰："臣为之，民必大怨臣，大者死，其次乃藉臣。臣虽死藉，愿王之使他人遂之也。"王曰："诺。"使之为邺令。史起因往为之。邺民大怨，欲藉史起。史起不敢出而避之。王乃使他人遂为之。水已行，民大得其利，相与歌之曰："邺有圣令，时为史公。决漳水，灌邺旁。终古斥卤，生之稻粱。"使民知可与不可，则无所用贤矣。[①]

从《吕氏春秋》的思想体系来看，吕子们把整个宇宙（天）视为一个伦理的有机体，整个宇宙的伦理架构就是所谓的"元"。天下万事万物都在这个架构中有它应有的位置，服从应有的秩序，天子也不例外。正如董子所说："屈民以伸君，屈君以伸天。""以元之深正天之端，以天之端正王之政，以王之政正诸侯之位。"[②]只有这个架构本身才是最重要的，而组成这个架构的结点却无关轻重。这正如李泽厚先生在评述董子的思想时所说："这样便使每一个单项，无论是君还是臣是刑还是德，都有一个确定的位置而被制约于整体结构。……皇帝虽高踞万民之上，却又仍然受制于系统之中。"[③]在这样的框架中，不可能蕴含民主的思想。所以"天下乃天下之天下"实则是说"天下"乃"天之天下"、"元之天下"。按吕子和董子，"天下"必须符合应有的秩序，一个秩序井然的宇宙与社会才是他们的目标。这就是我们常说的"天下为公"的本初意，"公"就是这个秩序。吕子们的"天下"也可以理解为"天下人"，但此一"天下人"应是单数，而不是如现代西方通行的"一人一票制"之复数。

以个人的权力意识为基础的现代民主思想不可能诞生在吕子的时代。

当然，我们这里并非无条件地承认以简单多数原则为代表的"民主"作为政治制度的优越性。首先，何为"民主"，就是一个有待考察的问题，现代世界不论是最现代化、最文明的国家，还是最落后、最原始的国家无不冠以"民主"头衔，使人不知道"民主"到底意味着什么？刘小枫教授在其力作《现代性社会理论绪论》中揭示了自由民主与所谓人民民主的深刻差异。[④] 冯达文先生认为："近代以来社会比较通行、比较认可的做法，是借投票由多数机械决定。……这无疑意味着，公共礼法再也不会与'天理'、'良知'存在着内在的与必然的关联性。"[⑤]所以形式上的

① 《吕氏春秋·乐成》。

② 《春秋繁露·重政》。

③ 李泽厚：《中国古代思想史论》上册，第155页

④ 参见刘小枫《现代性社会理论绪论》第六章，上海三联书店，1998年。

⑤ 冯达文：《宋明新儒学略论》，第347页。

所谓“民主”似乎并未获得应有的正当性。一些西方体制的欠发达国家持续的政治动荡与长期的经济疲弱，是对这种“简单多数原则”有力的反驳。这些国家一人一票制所造成的社会混乱和停滞恰好说明了吕子们“听群众人①议而治国，国危无日也”②判断的正确。

吕子们既反对个人专制，又不主张现代西方意义上的民主。人们不禁要问，吕子们有没有行之有效的政治主张呢？如果拿现代意义上的政治学理论去衡量两千多年前的吕子们，当然不会有满意的答案。但我们必须说，从《吕氏春秋》中是可以看出古典中国的政治理想的。古典中国的政治理想就是所谓“禅让”，也就是“传贤”。之所以如此，是因为天子虽贵为天子，但他毕竟是人，他没有对天下的所有权。他只能按照天意履行自己的职责，而天意是“利而勿利”，也就是为公而不是为私，故传贤是理所当然的。

传贤的理论基础就是上面提到过的“天下为公”：

> 天无私覆也，地无私载也，日月无私烛也，四时无私行也。行其德而万物得遂长焉。黄帝言曰：“声禁重，色禁重，衣禁重，香禁重，味禁重，室禁重。”尧有子十人，不与其子而授舜；舜有子九人，不与其子而授禹，至公也。③

天下是“天”之“天下”，是天下人之“天下”，天子王伯是人们请来做饭菜的“庖人”，无权私有天下：

> 庖人调和而弗敢食，故可以为庖。若使庖人调和而食之，则不可以为庖矣。王伯之君亦然。诛暴而不私，以封天下之贤者，故可以为王伯。若使王伯之君诛暴而私之，则亦不可以为王伯矣。④

与《吕氏春秋》大致同时的出土古籍《郭店楚简》对古典中国的禅让理想也多有论及，可以作为对吕子时代政治思潮的一个很好的补充：

> 唐虞之道，禅而不传。尧舜之王，利天下而弗利也。禅而不传，圣之盛也。利天下而弗利也，仁之至也。……尧舜之行，爱亲尊贤。爱亲故孝，尊贤

---

① 陈奇猷先生认为“人”疑为“之”，见氏著《吕氏春秋校释》，第 1124 页。

② 《吕氏春秋·不二篇》。

③ 《吕氏春秋·去私》。

④ 《吕氏春秋·去私》。

故禅。孝之施，爱天下之民。禅之传，世亡隐德。孝，仁之冕也，禅，义之至也。……唯顺乎脂肤血气之情，养性命之政，安命而弗夭，养生而弗伤，知天下之政者，能以天下禅。……不禅而能化民者，自生民未之有也。[①]

我们都知道《墨子》书的主题之一是“尚贤”，“尚贤”也是它的另一主题“尚同”的前提。它虽然没有明确指出天子君王的禅让制度，但其中的内在逻辑无疑是指向禅让的。

从《吕氏春秋》和同时期的古籍中不难看出，禅让传贤理想一度在古典中国有相当充分的影响力。战国时燕国曾经有过禅让的尝试，[②]《说苑》记载秦始皇曾经一度有禅让的意图，[③]汉文帝对于自己不能博求天下贤圣而禅之犹有愧色[④]，而西汉末年王莽是另一个失败的禅让政治实践。

《吕氏春秋》对禅让传贤没有指出具体的实施步骤，《郭简楚简》中的一段话反映了当时哲人的思考：

古者圣人二十而冠，三十而有家，五十而治天下，七十而致政，四肢倦惰，耳目聪明衰，禅天下而授贤，退而养其生。此以知其弗利也。[⑤]

五十岁开始治天下，七十岁因“耳目聪明衰”而“禅天下而授贤”。今天的我们是不能不被两千年前古典哲人的智慧而折腰的。

禅让的关键是“传贤”，也就是如何决定谁是贤者。这方面吕子们有很好的表述：

舜一徙成邑，再徙成都，三徙成国，而尧授之禅位，因人之心也。[⑥]

这里的“人之心”明显是指的“众心之心”，或者说是“天下之心”、“社会心声”。传贤是要因“人之心”，而不是仅由“主之心”。

“人之心”如何确定？吕子们没有也不可能给出如现代社会常见的操作指南。但从《吕氏春秋》的内在思路完全可以看出，“师”在其中承担着关键性的角色。

---

① 李零：《郭店楚简校读记》（增订本），第95—96页。
② 见《史记·燕世家》。
③ 见《说苑·至公》。
④ 见《史记·文帝纪》。
⑤ 李零：《郭店楚简校读记》（增订本），第96页。
⑥ 《吕氏春秋·贵因》。

问题又回到了“天下为公”这一信条所包含的“公”的原则该如何决定？如果这个“公”的判断由一个最高行政统治者决定（无论他是皇帝还是总统）那这个“公”自然就失去了它的正当性，天下也就成了一人的天下，而非天下之天下了；而如果“公”的原则由一个非在行政位置并与决定的事务无利害冲突的公认的智者（是一人，还是多人无关紧要，关键是处身利害关系之外，古代希腊的元老院、现代西方的陪审团即此）来决定，则似乎对这一问题可有一个合理性的解决。《吕氏春秋》中一直强调的“师”就处在这样一个位置。

> 神农师悉诸，黄帝师大挠，帝颛顼师伯夷父，帝喾师伯招，帝尧师子州支父，帝舜师许由，禹师大成贽，汤师小臣，文王、武王师吕望、周公旦，齐桓公师管夷吾，晋文公师咎犯、随会，秦穆公师百里奚、公孙枝，楚庄王师孙叔敖、沈尹巫，吴王阖闾师伍子胥、文之仪，越王句践师范蠡、大夫种。此十圣人、六贤者未有不尊师者也。今尊不至于帝，智不至于圣，而欲无尊师，奚由至哉？此五帝之所以绝，三代之所以灭。[①]

可见在吕子的心目中，“师”的地位是极高的，而吕不韦本人就是有志于做这样的导师的：

> 维秦八年，岁在涒滩，秋甲子朔。朔之日，良人请问十二纪。文信侯曰：尝得学黄帝之所以诲颛顼矣，“爰有大圜在上，大矩在下，汝能法之，为民父母”。……[②]

徐复观先生说：“吕氏门客更要求人君能尊师，把师的地位放到君臣关系之外，以达到君师分立，这是一个了不起的进步。”[③]余英时在《士与中国文化》一书中就曾肯定了中国古代有道统与政统的分立，惜乎秦汉之后，在政统的强力下，这种分立渐渐消失了[④]。

笔者的意思不是说《吕氏春秋》已经为我们提供了现成的可操作的方案，这里的思路是，在我们学习外来的政治文化时，切不要忘记民族本有的精神财富。试想我们如果能保证吕子们所说的“导师”在国家政治中的解释权问题，也许真的可

① 《吕氏春秋·尊师》。

② 《吕氏春秋·序意》。

③ 徐复观：《两汉思想史》，第32页。

④ 参见余英时《士与中国文化》第二部分《道统与正统之间》。前汉石渠阁会议与后汉的白虎观会议上由皇帝的“临决称制”即意味着“道统”的彻底投降。

为世界政治文明提供有中国特色的贡献。

道统(法统)提供正义的保障,而政统提供操作的效率。这难道不可以构筑起一个很有吸引力的有中国特色的理想政治么?

最后,我们当然要特别指出,《吕氏春秋》的政治的主体是“士”而不是普通民众,尽管两者并没有出身上的差别。在吕子们看来,没有“士”这一社会精英集体作为前提,“天下为公”的理想就不可能实现。笔者在《被遗忘与曲解的古典中国》一书对古典中国之“士”有详尽的分析说明[①],这里不赘述。

第五节 理性而高尚的人生观

我们要特别指出,《吕氏春秋》之所以配称为“伟大的总结性体系”,是由于它提供了一个理性而高尚的人生观。

我们在前面讲《郭店楚简》时,提到了“天生百物人为贵”和“生为贵”这样的启蒙命题,但《郭店楚简》只是提出了此类命题,并没有展开来讨论。在《吕氏春秋》中,我们看到,“贵生”和“本生”这样的内容得到了广泛的探讨。

在《吕氏春秋》中,“启蒙”是从“本生”、“贵生”开始的。感性生命是人们的第一需要。“本生”的意思就是把保全生命作为人生的根本;“贵生”就是以把生命当成最大的价值。对于人来说生命本身是最宝贵的,最可欲的。

与生命相比天下不足取:

> 倕,至巧也。人不爱倕之指,而爱己之指,有之利故也。人不爱昆山之玉、江汉之珠,而爱己之一苍璧小玑,有之利故也。今吾生之为我有,而利我亦大矣。论其贵贱,爵为天子,不足以比焉;论其轻重,富有天下,不可以易之;论其安危,一曙失之,终身不复得。[②]
>
> 身者,所为也;天下者,所以为也。审所以为,而轻重得矣。今有人于此,断首以易冠,杀身以易衣,世必惑之。是何也?冠,所以饰首也,衣,所以饰身也,杀所饰要所以饰,则不知所为矣。世之走利有似于此。危身伤生,刈颈断头以徇利,则亦不知所为也。[③]

---

① 参见郭智勇《被遗忘与曲解的古典中国——〈吕氏春秋〉对传统学术的投诉》第三章。

② 《吕氏春秋·重己》。

③ 《吕氏春秋·审为》。

尧以天下让于子州支父，子州支父对曰："以我为天子犹可也。虽然，我适有幽忧之病，方将治之，未暇在天下也。"天下，重物也，而不以害其生，又况于他物乎？[①]

土地更加不值得用生命去交换：

韩魏相与争侵地。子华子见昭 侯，昭釐侯有忧色。子华子曰："今使天下书铭于君之前，书之曰：'左手攫之则右手废，右手攫之则左手废，然而攫之必有天下。'君将攫之乎？亡其不与？"昭釐侯曰："寡人不攫也。"子华子曰："甚善。自是观之，两臂重于天下也。身又重于两臂。韩之轻于天下远；今之所争者，其轻于韩又远。君固愁身伤生以忧之，戚不得也。"昭釐侯曰："善。教寡人者众矣，未尝得闻此言也。"子华子可谓知轻重矣。[②]

太王亶父居邠，狄人攻之。事以皮帛而不受，事以珠玉而不肯，狄人之所求者，地也。太王亶父曰："与人之兄居而杀其弟，与人之父处而杀其子，吾不忍为也。皆勉处矣！为吾臣与狄人臣，奚以异？且吾闻之，不以所以养害所养。"杖策而去。民相连而从之，遂成国于岐山之下。太王亶父可谓能尊生矣。能尊生，虽贵富，不以养伤身；虽贫贱，不以利累形。今受其先人之爵禄，则必重失之。生之所自来者久矣，而轻失之，岂不惑哉！[③]

真正的有道之人把管理国家、统治天下的所谓"帝王之功"仅仅当成"业余爱好"：

故曰：道之真，以持身；其绪余，以为国家；其土苴，以治天下。由此观之，帝王之功，圣人之余事也，非所以完身养生之道也。今世俗之君子，危身弃生以徇物，彼且奚以此之也？彼且奚以此为也？[④]

生命是人的根本，没有了生命则一切都无从谈起。所以在吕子们看来，建立国家和政府的本意就应该是保全生命。遗憾的是，世上的"不道之主"却往往背道而驰：

---

① 《吕氏春秋·贵生》。

② 《吕氏春秋·审为》。

③ 《吕氏春秋·审为》。

④ 《吕氏春秋·贵生》。

始生之者，天也；养成之者，人也。能养天之所生而勿撄之谓天子。天子之动也，以全天为故者也。此官之所自立也。立官者，以全生也。今世之惑主，多官而反以害生，则失所为立之矣。譬之若修兵者，以备寇也。今修兵而反以自攻，则亦失所为修之矣。①

生命最可宝贵，于是保全生命成了吕子们思考的重心。如何才能“全生”呢？吕子们认为健康愉快地度过一生就是最好的选择。在吕子们看来，尽量顺其自然地走完生命历程就是“尽其数”，《淮南子》所谓“形神俱没”者是也。② “数”即王充所谓“强弱寿夭之命”③。

“数”者人各不同，怎样才能“尽其数”呢？

首先，“尽数”在于去害：

天生阴阳、寒暑、燥湿、四时之化、万物之变，莫不为利，莫不为害。圣人察阴阳之宜，辨万物之利以便生，故精神安乎形，而年寿得长焉。长也者，非短而续之也，毕其数也。毕数之务，在乎去害。何谓去害？大甘、大酸、大苦、大辛、大咸，五者充形则生害矣。大喜、大怒、大忧、大恐、大哀，五者接神则生害矣。大寒、大热、大燥、大湿、大风、大霖、大雾，七者动精则生害矣。故凡养生，莫若知本，知本则疾无由至矣。④

其次是“知本”，就是要“收集精气”，而“集气”最紧要的是运动：

故凡养生，莫若知本，知本则疾无由至矣。精气之集也，必有入也。集于羽鸟，与为飞扬；集于走兽，与为流行；集于珠玉，与为精朗；集于树木，与为茂长；集于圣人，与为夐明。精气之来也，因轻而扬之，因走而行之，因美而良之，因长而养之，因智而明之。流水不腐，户枢不蝼，动也。形气亦然。形不动则精不流，精不流则气郁。郁处头则为肿、为风，处耳则为挶、为聋，处目则为䁾、为盲，处鼻则为鼽、为窒，处腹则为张、为疛，处足则为痿、为蹷。轻水所，多秃与瘿人；重水所，多尰与躄人；甘水所，多好与美人；辛水所；多疽与痤人；苦水所；多尪与伛人。⑤

---

① 《吕氏春秋·本生》。
② 见《淮南子·俶真训》。
③ 见《论衡·气寿篇》。
④ 《吕氏春秋·尽数》。
⑤ 《吕氏春秋·尽数》。

第三是注意饮食：

凡食，无强厚味，无以烈味重酒，是以谓之疾首。食能以时，身必无灾。凡食之道，无饥无饱，是之谓五藏之葆。口必甘味，和精端容，将之以神气，百节虞欢，咸进受气。饮必小咽，端直无戾。[①]

总之，"贵生"最重要的是保全生命本身，虽然人们做不到长生不老，但要尽量展示生命在时间方面的潜力，也就是所谓"毕其数"：

天生阴阳、寒暑、燥湿、四时之化、万物之变，莫不为利，莫不为害。圣人察阴阳之宜，辨万物之利以便生，故精神安乎形，而年寿得长焉。长也者，非短而续之也，毕其数也。[②]

人的本性有长寿的潜力，但人们往往被外物所迷惑：

夫水之性清，土者扣之，故不得清。人之性寿，物者扣之，故不得寿。物也者，所以养性也，非所以性养也。今世之人，惑者多以性养物，则不知轻重也。[③]

过分的奢侈往往是害生的东西：

贵富而不知道，适足以为患，不如贫贱。贫贱之致物也难，虽欲过之，奚由？出则以车，入则以辇，务以自佚，命之曰"招蹶之机"。肥肉厚酒，务以自强，命之曰"烂肠之食"。靡曼皓齿，郑卫之音，务以自乐，命之曰"伐性之斧"。三患者，贵富之所致也。[④]

所以，吕子们的"全生"最要紧的是"节乎性"：

① 《吕氏春秋·尽数》。
② 《吕氏春秋·尽数》。
③ 《吕氏春秋·本生》。
④ 《吕氏春秋·本生》。

凡生之长也，顺之也；使生不顺者，欲也。故圣人必先适欲。室大则多阴，台高则多阳；多阴则蹷，多阳则痿。此阴阳不适之患也。是故先王不处大室，不为高台，味不众珍，衣不燀热。燀热则理塞，理塞则气不达；味众珍则胃充，胃充则中大鞔，中大鞔而气不达。以此长生可得乎？昔先圣王之为苑囿园池也，足以观望劳形而已矣；其为宫室台榭也，足以辟燥湿而已矣；其为舆马衣裘也，足以逸身暖骸而已矣；其为饮食酏醴也，足以适味充虚而已矣；其为声色音乐也，足以安性自娱而已矣。五者，圣王之所以养性也，非好俭而恶费也，节乎性也。①

真正的养生要求的是情欲的节制，而不是情欲的放纵：

天生人而使有贪有欲。欲有情，情有节。圣人修节以止欲，故不过行其情也。故耳之欲五声，目之欲五色，口之欲五味，情②也。此三者，贵贱、愚智、贤不肖欲之若一，虽神农、黄帝，其与桀、纣同。圣人之所以异者，得其情也。由贵生动，则得其情矣；不由贵生动，则失其情矣。此二者，死生存亡之本也。③

所以，吕子的“贵生”其实是“贵性”：

今有声于此，耳听之必慊已，听之则使人聋，必弗听。有色于此，目视之必慊已，视之则使人盲，必弗视。有味于此，口食之必慊已，食之则使人瘖，必弗食。是故圣人之于声色滋味也，利于性则取之，害于性则舍之，此全性之道也。④

从上述我们可以看出，吕子们是充分肯定生命本身的价值的，这表明了他们认同启蒙思想家的基本立场。但《吕氏春秋》的不同凡响就在于，虽然它充分认定“贵生”的基本立场，但它对古典中国的行为规范——义——又有着坚定不移的信仰。它对“义”这个古典的价值有一种发自内心的向往。在本书开头论述“墨子贵廉”时，我们就看到了若干古典义士舍生取义的事例。《吕氏春秋》中舍生取义之

---

① 《吕氏春秋·重己》。

② 本书笔者按：此处应为“性”，“情”为传写之误。

③ 《吕氏春秋·情欲》。

④ 《吕氏春秋·本生》。

事例随处可见。从文字数量上说,《吕氏春秋》用在记载古典义举上的文字远多于用于论述"贵生"话题的文字,这从一个侧面表明了《吕氏春秋》的"虔敬派"或"循道宗"立场。[①]

于是,人们就不禁要问,《吕氏春秋》到底有没有一个一以贯之的人生观呢?我们禁不住要说到子华子。

应该说,在《吕氏春秋》中,子华子是一个相当重要的人物,在吕子们的心目中他的重要性几乎可以与墨子相提并论。我们知道,在古代,只有对自己非常尊重的人,才会在他的称呼前加上"子"字。在《吕氏春秋》中,享受这种待遇的人不多,只有墨子和列子得到这样的尊称,由此可见华子在吕子们心中的地位。遗憾的是,在传统学术中,子华子几乎没有被人提起过。虽然传世的文献有一部叫《子华子》,但明眼人一看,就知道,它是十足的"水货",不知道成书于何时,但肯定与吕子们心目中的"师傅"级人物的思想内容几乎没有关联。明白这一点很简单,把我们上面所引的有关子华子的内容与《子华子》这部书内容对比一下就行了。

令人费解的是,《汉书·艺文志》竟然没有子华子的记载,其他的文献也都没有关于子华子的记载。孔子的弟子公西赤字子华,但他的表现不像是吕子所说的子华子,汉代吴国的王子有叫子华的,但他显然是后来者[②]。在本书看来,与吕子们心目中的子华子有些许相似的,应是秦国的公子华。他曾经在秦惠王十年与张仪一起出兵蒲阳。[③] 从他的年代和身份来看,倒是很有可能就是吕子心目中的子华子。

笔者认为,《吕氏春秋》中的子华子及其思想观念没有被传统学术记录和流传是传统中国很大的失败。

子华子在《吕氏春秋》中共出场六次:

> 子华子曰:"全生为上,亏生次之,死次之,迫生为下。"故所谓尊生者,全生之谓;所谓全生者,六欲皆得其宜也。所谓亏生者,六欲分得其宜也。亏生则于其尊之者薄矣。其亏弥甚者也,其尊弥薄。所谓死者,无有所以知,复其未生也。所谓迫生者,六欲莫得其宜也,皆获其所甚恶者。服是也,辱是也。辱莫大于不义,故不义,迫生也。而迫生非独不义也,故曰迫生不若死。奚以知其然也?耳闻所恶,不若无闻;目见所恶,不若无见。故雷则掩耳,电则掩目,此其比也。凡六欲者,皆知其所甚恶,而必不得免,不若无有所以知。无

① 参见[德]奥·斯宾格勒《西方的没落》第二卷,吴琼译,第284页。

② 《史记·吴王濞列传》。

③ 《史记·张仪列传》。

有所以知者，死之谓也，故迫生不若死。嗜肉者，非腐鼠之谓也；嗜酒者，非败酒之谓也；尊生者，非迫生之谓也。[①]

故子华子曰："丘陵成而穴者安矣，大水深渊成而鱼鳖安矣，松柏成而涂之人已荫矣。"孔子见鲁哀公，哀公曰："有语寡人曰：'为国家者，为之堂上而已矣。'寡人以为迂言也。"孔子曰："此非迂言也。丘闻之，得之于身者得之人，失之于身者失之人。不出于门户而天下治者，其惟知反于己身者乎！"[②]

子华子曰："王者乐其所以王，亡者亦乐其所以亡，故烹兽不足以尽兽，嗜其脯则几矣。"然则王者有嗜乎理义也，亡者亦有嗜乎暴慢也。所嗜不同，故其祸福亦不同。[③]

故子华子曰："夫乱世之民，长短颉〈吾午〉百疾，民多疾疠，道多褓繈，盲秃伛尪，万怪皆生。"故乱世之主，乌闻至乐？不闻至乐，其乐不乐。[④]

故子华子曰："厚而不博，敬守一事，正性是喜。群众不周，而务成一能。尽能既成，四夷乃平。唯彼天符，不周而周。此神农之所以长，而尧舜之所以章也。"人主自智而愚人，自巧而拙人，若此。则愚拙者请矣，巧智者诏矣。[⑤]

子华子见昭运釐侯，昭釐侯有忧色。子华子曰："今使天下书铭于君之前，书之曰：'左手攫之则右手废，右手攫之则左手废，然而攫之必有天下。'君将攫之乎？亡其不与？"昭釐侯曰："寡人不攫也。"子华子曰："甚善。自是观之，两臂重于天下也。身又重于两臂。韩之轻于天下远；今之所争者，其轻于韩又远。君固愁身伤生以忧之，戚不得也。"昭釐侯曰："善。教寡人者众矣，未尝得闻此言也。"子华子可谓知轻重矣。知轻重，故论不过。[⑥]

从上引的文字中可以看出，《吕氏春秋》语境中的子华子是一位智慧大师，充满了启蒙时代思想家的明快和乐观。这里特别值得向国人推荐的是第一段引文。此段引文表明，子华子拥有古典中国最有代表性的理性人格。他既是启蒙精神下人本主义的大师，提倡"全生"、"贵生"的观念，同时又坚守古典价值——义。难能可贵的是，子华子还把这样两种似乎矛盾的人生信念安排、转化成一个理性而不失高尚的人生观，完美地体现了古典中国成熟期思想文化的光辉。

子华子的人生观是所谓"六欲皆得其宜"的"全生"。"义"在这里是以一个负

---

① 《吕氏春秋·贵生》。
② 《吕氏春秋·先己》。
③ 《吕氏春秋·诬徒》。
④ 《吕氏春秋·明理》。
⑤ 《吕氏春秋·知度》。
⑥ 《吕氏春秋·审为》。

概念——“不义”出现的。在吕子们的人生观系统中，行为规范之“义”是作为人的基本前提、做人的必要条件，“不义”则失去做人的起码资格。所以从另外的意义上说，人生要尽量避免“不义”。在“全生”、“亏生”、“死”、“迫生”这些每况愈下的人生境遇中，“不义”是属于最低级的“迫生”。为何“不义”属于“迫生”呢？按吕子们的观念，“服是也，辱是也”是“迫生”的两种表现形式。“服”——生理物质上的受制于人是一种“迫生”，这一点人们容易理解。“辱”——精神颜面上的受辱同样是一种“迫生”，这一层也还可以想通。末世的我们难以体认的是“辱莫大于不义”这一观念。为什么“不义”是最大的“辱”呢？原来古典时代的“士子”们都有着超强的道德觉悟，他们对自我行为是否符合“义”的规范有着充分的自我意识和反省。他们的行为无时无刻不是在弗洛伊德所谓“超我”的明灯下经受检验。一个人一旦做了“不义”之事就会内在地受“义”的折磨和煎熬，受“超我”无处不在的“羞辱”。这应该是“辱莫大于不义”的唯一解释。受“义”的内在煎熬像外在的“迫生”一样也是比死还要更难忍受的最低级的人生状态。这就是为什么《吕氏春秋》中为“义”而自裁的现象比比皆是的原因。这一点《孟子》中有很好的概括：“生亦我所欲，所欲有甚于生者，故不为苟得也；死亦我所恶，所恶有甚于死者，故患有所不辟也。如使人之所欲莫甚于生，则凡可以得生者，何不用也？使人之所恶莫甚于死者，则凡可以辟患者，何不为也？由是则生而有不用也，由是则可以辟患而有不为也，是故所欲有甚于生者，所恶有甚于死者。”①对吕子来说，“所欲有甚于生者”他未必赞成，“所恶有甚于死者”他是肯定认可的。

而对死，吕子们抱着一种非常理性、坦然而毫不畏惧的态度：

> 所谓死者，无有所以知，复其未生也。②
> 凡生于天地之间，其必有死，所不免也。③
> 夫死，其视万岁犹一瞬也。④

在吕子们的心目中，人生境遇按它的价值排成“全生”、“亏生”、“死”、“迫生”这样一个等级序列。“全生”是价值最大的，而“亏生”虽然于“生”有亏欠，但它的价值仍然为正；而“迫生”则人生毫无乐趣而所得几都是痛苦，价值已成负值；“死”则是介于正值与负值之间的一个零值。“死”根本不是什么可怕、可惧的事，仅仅

---

① 《孟子·告子上》。
② 《吕氏春秋·贵生》。
③ 《吕氏春秋·节丧》。
④ 《吕氏春秋·安死》。

是价值的原点，所以说死是“无有所以知，复其未生时”。人选择生还是选择死，对于吕子们来说是合算不合算，值不值得的问题。那些苟且偷生者不仅无耻，而且愚昧；不仅可恶，而且可怜。

总之，以子华子为代表的古典中国的人生观是一种既高尚而又理性的人生观，对于今天的中国人来说，仍然有它难以匹敌的价值。

与上述子华子所提倡的理性而高尚的人生观相仿佛，《吕氏春秋》也特别重视一个概念：性命之情。

在吕子们的心目中，人的生命（感性欲望）固然有天然的合理性，值得我们去珍惜，人是可以也是应该享受人生的。但是同时，一个理性的人格更知道人生之有限，知道感性欲望之内在矛盾，知道还有比感性欲望更高级的人生正理、人生理念。这就是《吕氏春秋》一再强调的“性命之情”：

> 今吾生之为我有，而利我亦大矣。论其贵贱，爵为天子，不足以比焉；论其轻重，富有天下，不可以易之；论其安危，一曙失之，终身不复得。此三者，有道者之所慎也。有慎之而反害之者，不达乎性命之情也。不达乎性命之情，慎之何益？是师者之爱子也，不免乎枕之以糠；是聋者之养婴儿也，方雷而窥之于堂。有殊弗知慎者？夫弗知慎者，是死生存亡可不可未始有别也。未始有别者，其所谓是未尝是，其所谓非未尝非。是其所谓非，非其所谓是，此之谓大惑。①

这里的“情”就是我们现代人所说的“真理”、“理念”的意思。正如《郭店楚简·性自命出》篇所言：“性自命出，命自天降”，每个人天生就有他的性命，但并不是每个人都知道人生的正理、生命的真谛。人生中充满了似是而非，实实在在的物质利益一瞬间却又变成危害自己的毒药。只有明白了“性命之情”——真正的理性后，我们才能不被物质实利等感性的东西所迷惑。

> 故人主之性，莫过乎所疑，而过于其所不疑；不过乎所不知，而过于其所以知。故虽不疑，虽已知，必察之以法，揆之以量，验之以数。若此则是非无所失，而举措无所过矣。夫尧恶得贤天下而试舜？舜恶得贤天下而试禹？断之于耳而已矣。耳之可以断也，反性命之情也。今夫惑者，非知反性命之情，其次非知观于五帝三王之所以成也，则奚自知其世之不可也？奚自知其身之

---

① 《吕氏春秋·重己》。

不逮也？太上知之，其次知其不知。不知则问，不能则学。①

感官的认知往往是表面的，常常有违于事物的内在本质。“性命之情”就是超越感性认知的理性。

客有言之于郑子阳者，曰：“列御寇，盖有道之士也，居君之国而穷，君无乃为不好士乎？”郑子阳令官遗之粟数十秉。子列子出见使者，再拜而辞。使者去，子列子入，其妻望而拊心曰：“闻为有道者妻子，皆得逸乐。今妻子有饥色矣，君过而遗先生食，先生又弗受也。岂非命也哉？”子列子笑而谓之曰：“君非自知我也，以人之言而遗我粟也，至已而罪我也，有罪且以人言。此吾所以不受也。”其卒民果作难，杀子阳。受人之养而不死其难，则不义；死其难，则死无道也。死无道，逆也。子列子除不义、去逆也，岂不远哉？且方有饥寒之患矣，而犹不苟取，先见其化也。先见其化而已动，远乎性命之情也。②

只有真正的“智者”才能跳出眼前的得失利害，收到长远的效果。

是故圣王之德，融乎若日之始出，极烛六合，而无所穷屈；昭乎若日之光，变化万物，而无所不行；神合乎太一，生无所屈，而意不可障；精通乎鬼神，深微玄妙。而莫见其形。今日南面，百邪自正，而天下皆反其情，黔首毕乐其志，安育其性，而莫为不成。故善为君者，矜服性命之情，而百官已治矣，黔首已亲矣，名号已章矣。③

这里的“性命之情”就明显指的是“生命的真理”、“人生的理念”的意思。在《吕氏春秋》中，有的地方“性命之情”主要是从客观规律、事物的本来面目之角度来说的，更多的地方则主要是从主观价值定位、人生观、价值观方面来说的。下面两段对“性命之情”的用法很有典型意义：

故有职者安其职，不听其议；无职者责其实，以验其辞。此二者审，则无用之言不入于朝矣。君服性命之情，去爱恶之心，用虚无为本，以听有用之

① 《吕氏春秋·谨听》。
② 《吕氏春秋·观世》。
③ 《吕氏春秋·勿躬》。

言，谓之朝。凡朝也者，相与召理义也，相与植法则也。上服性命之情，则理义之士至矣，法则之用植矣，枉辟邪挠之人退矣，贪得伪诈之曹远矣。故治天下之要，存乎除奸；除奸之要，存乎治官；治官之要，存乎治道；治道之要，存乎知性命。①

这一段主要是希望君主能屏除杂念，以达到事物的客观本真。

贤主有度而听，故不过。有度而以听，则不可欺矣，不可惶矣，不可恐矣，不可喜矣。以凡人之知，不昏乎其所已知，而昏乎其所未知，则人之易欺矣，可惶矣，可恐矣，可喜矣，知之不审也。客有问季子曰："奚以知舜之能也？"季子曰："尧固已治天下矣，舜言治天下而合己之符，是以知其能也。""若虽知之，奚道知其不为私？"季子曰："诸能治天下者，固必通乎性命之情者，当无私矣。"夏不衣裘，非爱裘也，暖有余也。冬不用翣。非爱翣也，清有余也。圣人之不为私也，非爱费也，节乎己也。节己，虽贪污之心犹若止，又况乎圣人？许由非强也，有所乎通也。有所通则贪污之利外矣。孔墨之弟子徒属充满天下，皆以仁义之术教导于天下，然而无所行。教者术犹不能行，又况乎所教？是何也？仁义之术外也。夫以外胜内，匹夫徒步不能行，又况乎人主？唯通乎性命之情，而仁义之术自行矣。②

这里的问题可以说是整个《吕氏春秋》中有关"性命之情"最典型的表述。为什么圣人能够成为圣人，就是由于他们没有贪欲的念头。为什么圣人没有常人多有的贪念，就是由于他们对"性命之情"——生命的理念、人生的真理有了真切的体认。"性命之情"是吕子们对古典中国精神实质的认知，也是吕子们这些古典中国最成熟的思想家向世人极力推介的生命真谛，遗憾的是，后来的历史没能使吕子们如愿。

在《郭店楚简》中，没有"性命之情"这样的表述，它使用的是"性命之正"这样的概念③。细心的读者应该可以看到，《郭店楚简》"情"字用的地方很多，基本上是和"性"在相近的意义上用的，都是指人的"自然情感"、"本然反应"。而我们已经知道，在《吕氏春秋》中，"情"更多的是对"性"——"自然本性"的一种修正和一种超越。

---

① 《吕氏春秋·知度》。
② 《吕氏春秋·有度》。
③ 《郭店楚简·唐虞之道》。

《吕氏春秋》很重视"性命之情"，我们在《庄子》外篇中常见"性命之情"，但《庄子》中的"性命之情"的精神实质与《吕氏春秋》相比有根本性的不同，我们可以看一看《庄子》：

骈拇枝指出乎性哉，而侈于德；附赘县疣出乎形哉，而侈于性；多方乎仁义而用之者，列于五藏哉，而非道德之正也。是故骈于足者，连无用之肉也；枝于手者，树无用之指也；多方骈枝于五藏之情者，淫僻于仁义之行，而多方于聪明之用也。

……

彼正正者，不失其性命之情。故合者不为骈，而枝者不为□；长者不为有余，短者不为不足。是故凫胫虽短，续之则忧；鹤胫虽长，断之则悲。故性长非所断，性短非所续，无所去忧也。

……

且夫属其性乎仁义者，虽通如曾、史，非吾所谓臧也；属其性于五味，虽通如俞儿，非吾所谓臧也；属其性乎五声，虽通如师旷，非吾所谓聪也；属其性乎五色，虽通如离朱，非吾所谓明也。吾所谓臧者，非所谓仁义之谓也，臧于其德而已矣；吾所谓臧者，非所谓仁义之谓也，任其性命之情而已矣；吾所谓聪者，非谓其闻彼也，自闻而已矣；吾所谓明者，非谓其见彼也，自见而已矣。夫不自见而见彼，不自得而得彼者，是得人之得而不自得其得者也，适人之适而不自适其适者也。夫适人之适而不自适其适，虽盗跖与伯夷，是同为淫僻也。余愧乎道德，是以上不敢为仁义之操，而下不敢为淫僻之行也。①

闻在宥天下，不闻治天下也。在之也者，恐天下之淫其性也；宥之也者，恐天下之迁其德也。天下不淫其性，不迁其德，有治天下者哉？昔尧之治天下也，使天下欣欣焉人乐其性，是不恬也；桀之治天下也，使天下瘁瘁焉人苦其性，是不愉也。夫不恬不愉。非德也；非德也而可长久者，天下无之。

人大喜邪，毗于阳；大怒邪，毗于阴。阴阳并毗，四时不至，寒暑之和不成，其反伤人之形乎！使人喜怒失位，居处无常，思虑不自得，中道不成章。于是乎天下始乔诘卓鸷，而后有盗跖、曾、史之行。故举天下以赏其善者不足，举天下以罚其恶者不给。故天下之大不足以赏罚。自三代以下者，匈匈焉终以赏罚为事，彼何暇安其性命之情哉！

而且说明邪，是淫于色也；说聪邪，是淫于声也；说仁邪，是乱于德也；说义邪，是悖于理也；说礼邪，是相于技也；说乐邪，是相于淫也；说圣邪，是相于

① 《庄子·骈拇》。

艺也;说知邪,是相于疵也。天下将安其性命之情,之八者,存可也,亡可也。天下将不安其性命之情,之八者,乃始脔卷獊囊而乱天下也。而天下乃始尊之惜之。甚矣,天下之惑也!岂直过也而去之邪!乃齐戒以言之,跪坐以进之,鼓歌以儛之。吾若是何哉!

故君子不得已而临莅天下,莫若无为。无为也,而后安其性命之情。故贵以身于为天下,则可以托天下;爱以身于为天下,则可以寄天下。故君子苟能无解其五藏,无擢其聪明,尸居而龙见,渊默而雷声,神动而天随,从容无为而万物炊累焉。吾又何暇治天下哉!①

不难知道,《吕氏春秋》中的"性命之情"是一种理性而高尚的人生境界,而《庄子》中的"性命之情"则基本上是一种颓废无能的托词。前者表现了信仰本身的成熟和生命能量的充裕,后者则暴露出信仰的完全消亡,人们只能从理智上找寻自我安慰。

最后,我们不禁要再度指出,单凭《吕氏春秋》所提供的"高尚而理性的人生观"这一条,它就可以当之无愧地配得上"伟大"的称号。

第六节 法统之内——诸子百家的权威呈现

《吕氏春秋》之所以配称为"伟大的总结性体系",还由于它告诉了我们一个与传统学术迥然有别的真实的诸子百家。

人们都知道,《吕氏春秋》文本囊括了古典中国各个领域的知识和信息,从天文、地理、到农业、军事,从养生送死之规范到礼乐刑政之道理,正如《史记·吕不韦列传》所说:"吕不韦乃使其客人人著所闻,集论以为八览、六论、十二纪,二十万言,备天地万物古今之事。"没错,《吕氏春秋》把"备天地万物古今之事"作为自己的宗旨,特别是它的《十二纪》部分可以说就是古典中国的百科全书和人生指南。《吕氏春秋》的学术意义可以说是无可比拟的,因为对于古典中国来说,它是独一无二的信息源,它也是硕果仅存的资料库。对于我们这本书来说,正是因为吕不韦和其他吕子们这样的功德,使我们在两千多年后的今天还能够一窥古人思想的真相和学派演变的脉络。说到底,因为有了《吕氏春秋》的存世,才使我们有可能在两千多年后的今天,仍然可以分辨出一个与传统中国大不相同的古典中国,使

① 《庄子·在宥》。

我们可以探究几乎已被遗忘与曲解的古典中国的思想和文化。《吕氏春秋》对于今天和未来的中国学术来说，它的意义是怎样评价都不会过分的。

人们都知道，中国的春秋战国是一个“百花齐放、百家争鸣”的时代。但是，当时的诸子百家的真实面貌到底如何，传统学术并没有给出一个令人信服的说明。正是在这一点上，《吕氏春秋》为世人提供了一个最为可靠的历史记录。正如我们在前面指出过的一样，《吕氏春秋》是传统文献中最具可信度的传世典籍之一，是可以作为文献对戡“标准器”作用的典籍，它是真实的皇家收藏，它是真正的“春秋”实录。当我们想到汉代以后传统中国特别明显的虚幻意识，想到汉人总是愿意用托附代替实描，《吕氏春秋》作为史料就更加具备了它的权威性。

我们要告诫国人，传统学术的许多结论是需要重新认识的。《墨子》书和其他传统典籍中有关墨家的资料是传统学术意义上的“墨子”和“墨家”，但《吕氏春秋》告诉我们，古典中国还有一个更本真的墨子和墨家。传统学术中的墨家的主张是“兼爱”、“非攻”，而历史上古典中国的真实墨子和墨者，他们的核心主张是“贵廉”，也就是把“廉直”、“一丝不苟”作为自己的主要诉求。他们认定，对“义”（行为规范）的遵守是人生中最重要品德，所以他们的口号是“万事莫贵于义”。

也就是由于本书作者基于《吕氏春秋》研究对墨家主旨所作出的这种颠覆性的重新认定，使我们意识到，过往两千年的传统学术极有可能遮蔽了一个与传统中国精神和风格迥然有异的古典中国。

在对墨子墨家的思想主旨做出了颠覆性的判断的基础上，笔者进一步对“孔子贵仁”的命题进行了研究探讨，得出了对“仁”的本意和意义演变的全新的认知。

可以说，没有《吕氏春秋》的存世，就不可能有我们今天的全新的学术，就不可能有古典中国的概念，当然也就不可能有对古典中国的挖掘和探求。我们就不可能知道，中国文化与西方文化有它们的可对比性，古典中国曾经也有它的宗教改革运动，有它的新教——孔子和礼教，有它的清教——墨子与墨家。

通过对《吕氏春秋》的深入研究，我们发现传统学术对“阳生贵己”有明显的误读。《吕氏春秋》中的“阳生”所注重的应该是“已”，也就是“以”，并不是传统学术两千年来所认定的“贵己”。这一误解的澄清将使我们对中国文化的原貌有划时代的全新认知。关于这一点，本书在前面已有专门论述。

在对《吕氏春秋》系列研究的基础上，加上对《郭店楚简》的深入研究，本书得出了老子是儒家及老子非《老子》的结论。关于这一点，我们在前面也已有专门的论述。

本书认为，如果我们要认识了解春秋战国时诸子百家的情况，除了出土的文献外，《吕氏春秋》应该是最值得依赖的权威典籍，特别是当《吕氏春秋》和其他文献对同一人物有不同的表述的时候。

《吕氏春秋》最集中列举诸子百家思想主张的段落是《不二》篇：

> 听群众人议以治国，国危无日矣。何以知其然也？老耽贵柔，孔子贵仁，墨翟贵廉，关尹贵清，子列子贵虚，陈骈贵齐，阳生贵己，孙膑贵势，王廖贵先，儿良贵后。有金鼓，所以一耳；必同法令，所以一心也；智者不得巧，愚者不得拙，所以一众也；勇者不得先，惧者不得后，所以一力也。故一则治，异则乱；一则安，异则危；夫能齐万不同，愚智工拙皆尽力竭能，如出乎一穴者，其唯圣人矣乎！无术之智，不教之能，而恃强速贯习，不足以成也。

这里列举的"十子"都应该是春秋战国年间诸子百家的代表人物。有关老子（老耽）、孔子、墨翟、阳生的情况，我们已经有了详尽的论述。这里提到的有关王廖和儿良的情况，《吕氏春秋》没有专门的介绍和说明，其他的史料似乎也都没有提到这两位，殊为遗憾。从《吕氏春秋》语境中，我们只能作相应的推断。《吕氏春秋》有"贵卒"[①]的主张，似乎王廖是一个重视"先发制人"、"以快取胜"之战略家，而儿良与此相反，似乎是一个重视"后发制人"、"以静制动"之术士。孙膑是一个著名的兵家人物，吕子说他的主张是"贵势"。1972 年山东临沂银雀山汉墓出土了《孙膑兵法》，该出土文献应该是最权威的关于孙膑思想的作品。据李兴斌等研究，该出土文献的内容也能佐证吕子"孙膑贵势"之说的正确性[②]。

传统学术认为，田骈（陈骈）是一个"齐万物以为首"式的人物，正如《庄子·天下》篇所述：

> 公而不党，易而无私，决然无主，趣物而不两，不顾于虑，不谋于知，于物无择，与之俱往。古之道术有在于是者，彭蒙、田骈、慎到闻其风而悦之。齐万物以为首，曰："天能覆之而不能载之，地能载之而不能覆之，大道能包之而不能辩之。"知万物皆有所可，有所不可。故曰："选则不遍，教则不至，道则无遗者矣。"是故慎到弃知去己，而缘不得已。泠汰于物，以为道理。曰："知不知，将薄知而后邻伤之者也。"謑髁无任，而笑天下之尚贤也；纵脱无行，而非天下之大圣；椎拍輐断，与物宛转；舍是与非，苟可以免。不师知虑，不知前后，魏然而已矣。推而后行，曳而后往。若飘风之还，若羽之旋，若磨石之隧，

① 参见《吕氏春秋·贵卒》。

② 参见李兴斌、邵斌《孙膑兵法新译》，齐鲁书社，2002 年，第 6 页。

全而无非，动静无过，未尝有罪。是何故？夫无知之物，无建己之患，无用知之累，动静不离于理，是以终身无誉。故曰："至于若无知之物而已，无用贤圣。夫块不失道。"豪桀相与笑之曰："慎到之道，非生人之行，而至死人之理。"适得怪焉。田骈亦然，学于彭蒙，得不教焉。彭蒙之师曰："古之道人，至于莫之是、莫之非而已矣。其风窢然，恶可而言。"常反人，不见观，而不免于鲩断。其所谓道非道，而所言之韪不免于非。彭蒙、田骈、慎到不知道。虽然，概乎皆尝有闻者也。

但《吕氏春秋》中的田骈的精神和形象与之完全不一样，本书作者曾专门指出，《吕氏春秋》的陈骈应是一个"贵术"，也就是注重"方式方法"的人，《吕氏春秋·不二》篇中的"陈骈贵齐"极有可能是一个笔误①。最能表现田骈风格的一段出现于《吕氏春秋·执一》篇：

田骈以道术说齐，齐王应之曰："寡人所有者，齐国也，愿闻齐国之政。"田骈对曰："臣之言，无政而可以得政。譬之若林木，无材而可以得材。愿王之自取齐国之政也。"骈犹浅言之也，博言之，岂独齐国之政哉？变化应来而皆有章，因性任物而莫不宜当，彭祖以寿，三代以昌，五帝以昭，神农以鸿。

《吕氏春秋》中田骈是一个强调"道术"的人，也就是他特别在意做事情的方式方法。现在我们知道，田骈其实就是早期儒家的代表性人物之一，因为原初儒家就是不满墨家的果决作风，认为墨家处理事情的方式方法往往过于简单，所以常常事与愿违。田骈建议齐王，如果你采用我倡导的"道术"——方式方法，做任何事就都能达到"变化应来而皆有章，因性任物而莫不宜当"的境界，不仅齐国之国政容易解决，就是再大再难的事也能迎刃而解，一点也不费功夫。不难知道，《庄子·天下篇》中的田骈与《吕氏春秋》中的田骈完全不是一回事。《庄子》中的田骈是一个不辨是非，不分好坏的"莫之是、莫之非"之人，这与吕子们心目中"陈骈"相隔远非道里计。如果我们用"入世"和"出世"来划分人们的精神风格的话，《吕氏春秋》中的田骈是标准的入世之士，而《庄子》中的田骈无疑是典型的出世之人。在笔者看来，历史上真实的田骈就应该是《吕氏春秋》所呈现的样子，《庄子·天下》篇的田骈只能是虚构。

在上引《庄子·天下》篇中，还专门提到慎到。慎到与田骈一样，也是一个"齐

---

① 见郭智勇《贵己还是贵已——从〈吕氏春秋〉文本出发对战国三子思想主旨传统理解的质疑》，载《内蒙古社会科学》2007年第6期，该文被《人大复印报刊资料》2008年第1期全文转载。

万物以为首”的“不分是非”之人，而且，他更夸张，竟达到“若无知之物而已”的状态，以至于豪杰相与笑之曰：“慎到之道，非生人之行，而至死人之理。”但是，我们在《吕氏春秋》所见到的是完全另一种精神类别的“慎子”：

故先王之法，立天子不使诸侯疑焉，立诸侯不使大夫疑焉。立适子不使庶孽疑焉。疑生争，争生乱。是故诸侯失位则天下乱，大夫无等则朝廷乱，妻妾不分则家室乱，适孽无别则宗族乱。慎子曰：“今一兔走，百人逐之，非一兔足为百人分也，由未定。由未定，尧且屈力，而况众人乎？积兔满市，行者不顾，非不欲兔也，分已定矣。分已定，人虽鄙，不争。”故治天下及国，在乎定分而已矣。[①]

慎子即慎到，这是学界都公认的，但吕子心目中的慎到恰是一个特别在意嫡庶分别、妻妾分别，说到底是一个以“定分”而闻名的入世之士。这个入世的慎子与《庄子》中的慎到形成了一个鲜明的对照。

我们只能说，《天下》篇中的慎到是《庄子》的另一个虚构。

其实，通过对《吕氏春秋》的潜心研究，我们还可以知道，吕子心目中诸子的思想主张与《庄子·天下》篇为代表的传统学术对他们的理解并不相同，有的甚至发生了重大的误读和根本性的扭曲。除了上面说到的孔子、墨子、阳生和陈骈、慎到外，比较有名的，还有惠施、尹文。

关于惠施，人们大都会以《庄子》中的惠施来定位。在《庄子》中，惠施（惠子）经常作为庄子的谈话对象，所以人们总是从《庄子》书的精神风格来看待惠施，在《庄子·天下》篇，我们看到了一个名家色彩的惠施：

惠施多方，其书五车，其道舛驳，其言也不中。历物之意，曰：“至大无外，谓之大一；至小无内，谓之小一。无厚，不可积也，其大千里。天与地卑，山与泽平。日方中方睨，物方生方死。大同而与小同异，此之谓‘小同异’；万物毕同毕异，此之谓‘大同异’。南方无穷而有穷。今日适越而昔来。连环可解也。我知天之中央，燕之北、越之南是也。泛爱万物，天地一体也。”惠施以此为大，观于天下而晓辩者，天下之辩者相与乐之。卵有毛。鸡有三足。郢有天下。犬可以为羊。马有卵。丁子有尾。火不热。山出口。轮不蹍地。目不见。指不至，至不绝。龟长于蛇。矩不方，规不可以为圆。凿不围枘。飞鸟之景未尝动也。镞矢之疾，而有不行、不止之时。狗非犬。黄马骊牛三。

① 《吕氏春秋·慎势》。

白狗黑。孤驹未尝有母。一尺之棰，日取其半，万世不竭。辩者以此与惠施相应，终身无穷。桓团、公孙龙辩者之徒，饰人之心，易人之意，能胜人之口，不能服人之心，辩者之囿也。惠施日以其知与之辩，特与天下之辩者为怪，此其柢也。然惠施之口谈，自以为最贤，曰："天地其壮乎，施存雄而无术。"南方有倚人焉，曰黄缭，问天地所以不坠不陷，风雨雷霆之故。惠施不辞而应，不虑而对，遍为万物说。说而不休，多而无已，犹以为寡，益之以怪，以反人为实，而欲以胜人为名，是以与众不适也。弱于德，强于物，其涂隩矣。由天地之道观惠施之能，其犹一蚊一虻之劳者也。其于物也何庸！夫充一尚可，曰愈贵，道几矣！惠施不能以此自宁，散于万物而不厌，卒以善辩为名。惜乎！惠施之才，骀荡而不得，逐万物而不反，是穷响以声，形与影竞走也，悲夫！

但这个惠施与《吕氏春秋》中所展示的惠施明显不是一回事：

惠子为魏惠王为法。为法已成，以示诸民人，民人皆善之。献之惠王，惠王善之，以示翟翦，翟翦曰："善也。"惠王曰："可行邪？"翟翦曰："不可。"惠王曰："善而不可行，何故？"翟翦对曰："今举大木者，前乎舆謣，后亦应之，此其于举大木者善矣。岂无郑、卫之音哉？然不若此其宜也。夫国亦木之大者也。"①

魏惠王谓惠子曰："上世之有国，必贤者也。今寡人实不若先生，愿得传国。"惠子辞。王又固请曰："寡人莫有之国于此者也，而传之贤者，民之贪争之心止矣。欲先生之以此听寡人也。"惠子曰："若王之言，则施不可而听矣。王固万乘之主也，以国与人犹尚可。今施，布衣也，可以有万乘之国而辞之，此其止贪争之心愈甚也。"

白圭新与惠子相见也，惠子说之以强，白圭无以应。惠子出，白圭告人曰："人有新取妇者，妇至，宜安矜烟视媚行。竖子操蕉火而钜，新妇曰：'蕉火大钜'。入于门，门中有敛陷，新妇曰：'塞之！将伤人之足。'此非不便之家氏也，然而有大甚者。今惠子之遇我尚新，其说我有大甚者。"惠子闻之，曰："不然。《诗》曰：'恺悌君子，民之父母。'恺者大也，悌者长也。君子之德，长且大者，则为民父母。父母之教子也，岂待久哉？何事比我于新妇乎？《诗》岂曰'恺悌新妇'哉？"②

白圭谓魏王曰："市丘之鼎以烹鸡，多洎之则淡而不可食，少洎之则焦而

① 《吕氏春秋·淫辞》。
② 《吕氏春秋·不屈》。

不熟，然而视之蝺焉美，无所可用。惠子之言，有似于此。”惠子闻之，曰：“不然。使三军饥而居鼎旁，适为之甑。则莫宜之此鼎矣。”白圭闻之，曰：“无所可用者，意者徒加其甑邪？”白圭之论自悖，其少魏王大甚。以惠子之言蝺焉美，无所可用，是魏王以言无所可用者为仲父也，是以言无所用者为美也。[①]

魏惠王死，葬有日矣。天大雨雪，至于牛目。群臣多谏于太子者，曰：“雪甚如此而行葬，民必甚疾之，官费又恐不给，请弛期更日。”太子曰：“为人子者，以民劳与官费用之故，而不行先王之葬，不义也。子勿复言。”群臣皆莫敢谏，而以告犀首。犀首曰：“吾未有以言之。是其唯惠公乎！请告惠公。”惠公曰：“诺。”驾而见太子曰：“葬有日矣？”太子曰：“然。”惠公曰：“……今葬有日矣，而雪甚，及牛目，难以行。太子为及日之故，得无嫌于欲亟葬乎？愿太子易日。先王必欲少留而抚社稷安黔首也，故使雨雪甚。因弛期而更为日，此文王之义也。若此而不为，意者羞法文王也？”太子曰：“甚善。敬弛期，更择葬日。”惠子不徒行说也，又令魏太子未葬其先君而因有说文王之义。[②]

匡章谓惠子曰：“公之学去尊，今又王齐王，何其到也？”惠子曰：“今有人于此，欲必击其爱子之头，石可以代之，公取之代乎？其不与？”“施取代之。子头，所重也；石，所轻也。击其所轻以免其所重，岂不可哉！”匡章曰：“齐王之所以用兵而不休，攻击人而不止者，其故何也？”惠子曰：“大者可以王，其次可以霸也。今可以王齐王而寿黔首之命，免民之死，是以石代爱子头也，何为不为？”[③]

惠施在《吕氏春秋》中出场的次数还有很多次，但上引的段落是其中比较有代表性的。在《吕氏春秋》中，我们完全看不出《庄子》中的惠施。前者中的惠施是一个有着高度威望的魏国贵族，言行颇有纵横家之风格，虽然在吕子们的心目中，惠施的“道术”难以服人，魏国因此大受损伤，但无论怎样，这样一个“仲父”级的贵族不可能是一个终日与人辩论“卵有毛。鸡有三足。郢有天下。犬可以为羊……”的名辩家。

《庄子·天下》篇专门提到惠施是公孙龙的辩论对手。但我们从《吕氏春秋》所提供的素材来看，公孙龙与惠施并没有交集，也并没有涉及《天下》篇所提到的那些辩题。公孙龙在《吕氏春秋》中出场四次，在战国诸子算是比较多的了。

---

① 《吕氏春秋·应言》。
② 《吕氏春秋·开春》。
③ 《吕氏春秋·爱类》。

赵惠王谓公孙龙曰："寡人事偃兵十余年矣，而不成，兵不可偃乎？"公孙龙对曰："偃兵之意，兼爱天下之心也。兼爱天下，不可以虚名为也，必有其实。今蔺、离石入秦，而王缟素布总；东攻齐得城，而王加膳置酒。秦得地而王布总，齐亡地而王加膳，所非兼爱之心也。此偃兵之所以不成也。"[①]

空雄之遇，秦、赵相与约，约曰："自今以来，秦之所欲为，赵助之；赵之所欲为，秦助之。"居无几何，秦兴兵攻魏，赵欲救之。秦王不说，使人让赵王曰："约曰：'秦之所欲为，赵助之；赵之所欲为，秦助之。'今秦欲攻魏，而赵因欲救之，此非约也。"赵王以告平原君，平原君以告公孙龙，公孙龙曰："亦可以发使而让秦王曰：'赵欲救之，今秦王独不助赵，此非约也。'"[②]

孔穿、公孙龙相与论于平原君所，深而辩，至于藏三牙，公孙龙言藏之三牙深辩。孔穿不应，少选，辞而出。明日，孔穿朝，平原君谓孔穿曰："昔者公孙龙之言甚辩。"孔穿曰："然。几能令藏三牙矣。虽然难。愿得有问于君：谓藏三牙甚难而实非也，谓藏两牙甚易而实是也。不知君将从易而是者乎，将从难而非者乎？"平原君不应。明日，谓公孙龙曰："公无与孔穿辩。"[③]

公孙龙说燕昭王以偃兵，昭王曰："甚善。寡人愿与客计之。"公孙龙曰："窃意大王之弗为也。"王曰："何故？"公孙龙曰："日者大王欲破齐，诸天下之士其欲破齐者，大王尽养之；知齐之险阻要塞、君臣之际者，大王尽养之；虽知而弗欲破者，大王犹若弗养。其卒果破齐以为功。今大王曰：我甚取偃兵。诸侯之士在大王之本朝者，尽善用兵者也。臣是以知大王之弗为也。王无以应。[④]

从上述这些引文所提供的语境看，我们不难知道，公孙龙其实是一个倡导"偃兵"、"非攻"主张的纵横家，与《庄子·天下》篇的公孙龙形象大异其趣。一个真正的历史学家不太可能把《天下》篇当成真实的史料。吕子提到公孙龙曾与孔穿辩论过"藏三牙"，笔者曾有专文讨论该问题[⑤]。我们的看法是《吕氏春秋》中"藏三牙"与传世文献《公孙公子》中的"藏三"命题完全不是一回事，这也同时证明了，传世本《公孙龙子》不是战国公孙龙的著作，而是后人的托附。

只要我们深入到古典中国精神演化的脉络中，我们就不难发见，《庄子》书的惠施像该书的许多人物和故事一样，都是寓言，都是虚构，不能当成历史事实，正

① 《吕氏春秋·审应》。
② 《吕氏春秋·淫辞》。
③ 《吕氏春秋·淫辞》。
④ 《吕氏春秋·应言》。
⑤ 参见郭智勇《"藏三牙"新解及其他》，载《船山学刊》2007年第4期。

如《庄子·天下》篇本身所说：

> 古之道术有在于是者，庄周闻其风而悦之。以谬悠之说，荒唐之言，无端崖之辞，时恣纵而不傥，不奇见之也。以天下为沈浊，不可与庄语。以卮言为曼衍，以重言为真，以寓言为广。

如果看不到《庄子》书的寓言特质，把它当成研究探讨古典历史的可靠素材，这样的研究将只能起到混淆而不是澄清历史本来面目的效果。惜乎历来的史学研究特别是思想史研究都未能达至这样关键性的论断。

我们还要进一步说，不独《庄子》书中的惠施是一个虚构，就是《庄子》书的庄周基本上也是一个虚构的人物，《庄子》中的庄子与战国时代的庄周本人之间在精神面貌上存在时代精神的差异。笔者在《被遗忘与曲解的古典中国》一书中对此有专题论述。①

另外《吕氏春秋》有对尹文的记载：

> 名正则治，名丧则乱。使名丧者，淫说也。说淫则可不可而然不然，是不是而非不非。故君子之说也，足以言贤者之实、不肖者之充而已矣，足以喻治之所悖、乱之所由起而已矣，足以知物之情、人之所获以生而已矣。凡乱者，刑名不当也。人主虽不肖，犹若贤用，犹若听善，犹若为可者。其患在乎所谓贤从不肖也，所为善而从邪辟，所谓可从悖逆也。是刑名异充，而声实异谓也。夫贤不肖，善邪辟，可悖逆，国不乱，身不危，奚待也？齐湣王是以。知说士，而不知所谓士也。故尹文问其故，而王无以应。此公玉丹之所以见信、而卓齿之所以见任也。任卓齿而信公玉丹，岂非以自雠邪？尹文见齐王，齐王谓尹文曰："寡人甚好士。"尹文曰："愿闻何谓士？"王未有以应。尹文曰："今有人于此，事亲则孝，事君则忠，交友则信，居乡则悌。有此四行者，可谓士乎？"齐王曰："此真所谓士已。"尹文曰："王得若人，肯以为臣乎？"王曰："所愿而不能得也。"尹文曰："使若人于庙朝中深见侮而不斗，王将以为臣乎？"王曰："否。大夫见侮而不斗，则是辱也，辱则寡人弗以为臣矣。"尹文曰："虽见侮而不斗，未失其四行也。未失其四行者，是未失其所以为士一矣。未失其所以为士一，而王以为臣，失其所以为士一，而王不以为臣，则向之所谓士者，乃士乎？"王无以应。尹文曰："今有人于此，将治其国，民有非则非之，民无非

① 参见郭智勇《被遗忘与曲解的古典中国——〈吕氏春秋〉对传统学术的投诉》第五章《〈庄子〉非庄子》。

则非之，民有罪则罚之，民无罪则罚之，而恶民之难治，可乎？”王曰：“不可。”尹文曰：“窃观下吏之治齐也，方若此也。”王曰：“使寡人治信若是，则民虽不治，寡人弗怨也。意者未至然乎！”尹文曰：“言之不敢无说，请言其说。王之令曰：‘杀人者死，伤人者刑。’民有畏王之令、深见侮而不敢斗者，是全王之令也，而王曰：‘见侮而不敢斗，是辱也。’夫谓之辱者，非此之谓也。以为臣不以为臣者，罪之也。此无罪而王罚之也。”齐王无以应。论皆若此，故国残身危，走而之谷，如卫。齐湣王，周室之孟侯也，太公之所以老也。桓公尝以此霸矣，管仲之辩名实审也。①

我们可以对比《庄子·天下》篇对尹文的评述：

不累于俗，不饰于物，不苟于人，不忮于众，愿天下之安宁以活民命，人我之养，毕足而止，以此白心。古之道术有在于是者，宋钘、尹文闻其风而悦之。作为华山之冠以自表，接万物以别宥为始。语心之容，命之曰“心之行”。以聏合欢，以调海内。请欲置之以为主。见侮不辱，救民之斗，禁攻寝兵，救世之战。以此周行天下，上说下教。虽天下不取，强聒而不舍者也。故曰：上下见厌而强见也。虽然，其为人太多，其自为太少，曰：“请欲固置五升之饭足矣。”先生恐不得饱，弟子虽饥，不忘天下，日夜不休。曰：“我必得活哉！”图傲乎救世之士哉！曰：“君子不为苛察，不以身假物。”以为无益于天下者，明之不如已也。以禁攻寝兵为外，以情欲寡浅为内。其小大精粗，其行适至是而止。

不难看出，《吕氏春秋》中的尹文与《庄子·天下》篇中的尹文是完全不同的两个人格。《庄子·天上》篇的尹文形象极有可能又是一个虚构。

另外，《吕氏春秋》的列子形象也与传统学术《列子》书中的列子很不相同。我们知道，《吕氏春秋》说列子“贵虚”②。但吕子语境中的“贵虚”，是说不要被私欲邪念扰乱心神，从而达到清明智慧的境界，像《吕氏春秋·有度》篇所说：

故曰：通意之悖，解心之缪，去德之累，通道之塞。贵富显严名利，六者悖意者也。容动色理气意，六者缪心者也。恶欲喜怒哀乐，六者累德者也。智能去就取舍，六者塞道者也。此四六者不荡乎胸中则正。正则静，静则清明，

① 《吕氏春秋·正名》。
② 《吕氏春秋·不二》。

清明则虚，虚则无为而无不为也。

在《吕氏春秋》的其他场合，列子也的确是一个不因私欲影响自己理性判断的人，一个追求智慧的人：

子列子穷，容貌有饥色。客有言之于郑子阳者，曰："列御寇，盖有道之士也，居君之国而穷，君无乃为不好士乎？"郑子阳令官遗之粟数十秉。子列子出见使者，再拜而辞。使者去，子列子入，其妻望而拊心曰："闻为有道者妻子，皆得逸乐。今妻子有饥色矣，君过而遗先生食，先生又弗受也。岂非命也哉？"子列子笑而谓之曰："君非自知我也，以人之言而遗我粟也，至已而罪我也，有罪且以人言。此吾所以不受也。"其卒民果作难，杀子阳。受人之养而不死其难，则不义；死其难，则死无道也。死无道，逆也。子列子除不义、去逆也，岂不远哉？且方有饥寒之患矣，而犹不苟取，先见其化也。先见其化而已动，达乎性命之情也。[①]

子列子常射中矣，请之于关尹子。关尹子曰："知子之所以中乎？"答曰："弗知也。"关尹子曰："未可。"退而习之三年，又请。关尹子曰："子知子之所以中乎？"子列子曰："知之矣。"关尹子曰："可矣，守而勿失。"非独射也，国之存也，国之亡也，身之贤也，身之不肖也，亦皆有以。[②]

这样一个列子与另一本传世文献《列子》中的列子形象也大异其趣：

或谓子列子曰："子奚贵虚？"列子曰："虚者无贵也。"子列子曰："非其名也，莫如静，莫如虚。静也虚也，得其居矣；取也与也，失其民矣。事之破为而后有舞仁义者，弗能复也。"

子列子适卫，食于道，从者见百岁髑髅，攓蓬而指，顾谓弟子百丰曰："唯予与彼知而未尝生未尝死也。……厥昭生乎湿，醯鸡生乎酒。羊奚比乎不荀，久竹生青宁，青宁生程，程生马，马生人。人久入于机。万物皆出于机，皆入于机。"[③]

《列子》中的列子与《庄子》中的庄子一样，变成了一个"无贵无贱"、"齐同生

---

① 《吕氏春秋·观世》。
② 《吕氏春秋·审己》。
③ 《列子·天瑞篇》。

死”的逍遥出世式人物。不难知道，不独《庄子》是一本以虚构历史为特色的传世文献，《列子》的虚构性也是相当明显的。

而《吕氏春秋》说战国诸子另一个知名人物关尹的思想主张是“贵清”。关尹在《吕氏春秋》出场两次，除在《不二》篇提到“关尹贵清”之外，关尹仅在上引《审已》篇与列子一同出现，讨论射箭的技巧。关尹与列子一同出现，且吕子说“关尹贵清”，“子列子贵虚”，前引文献说：“正则静，静则清明，清明则虚，虚则无为而无不为也。”“清”和“虚”只是同一进程的两个阶段，可见在吕子们心目中，关尹与列子实属相似类型的人物，他们之间的风格的差异或许只在着重点上。吕子语境中的关尹应该也是个理智清明、充满了道术和技巧的智慧之士。而在《庄子·天下》篇，我们看到的是一个与老子（老聃）为伍的人：

> 以本为精，以物为粗，以有积为不足，澹然独与神明居。古之道术有在于是者，关尹、老聃闻其风而悦之。建之以常无有，主之以太一。以濡弱谦下为表，以空虚不毁万物为实。关尹曰：“在己无居，形物自著。”其动若水，其静若镜，其应若响。芴乎若亡，寂乎若清。同焉者和，得焉者失。未尝先人而常随人。老聃曰：“知其雄，守其雌，为天下溪；知其白，守其辱，为天下谷。”人皆取先，己独取后。曰：“受天下之垢。”人皆取实，己独取虚。“无藏也故有余”。岿然而有余。其行身也，徐而不费，无为也而笑巧。人皆求福，己独曲全。曰：“苟免于咎。”以深为根，以约为纪。曰：“坚则毁矣，锐则挫矣。”常宽容于物，不削于人。虽未至于极，关尹、老聃乎，古之博大真人哉！

可以说，在《庄子·天下》篇论及的众多与《吕氏春秋》有交集的人物中，关尹的形象在两书上差异最小，但我们同样可以发现，《庄子》中的关尹已经有了相当程度消极、颓废的色彩。

总之，《吕氏春秋》中的诸子百家，不管他们的主张有多么大的不同，但他们都具备一个基本气质，那就是，他们都是入世之士，都主张积极有为，通过改造世界来实现自己的理想。就像我们的标题所显示的那样，他们都在“法统之内”。没错，《吕氏春秋》中的诸子百家都有一个积极向上的人生观，与传统中国的颓废和堕落判然有别。①

① 细心的读者会意识到，《吕氏春秋·不二》篇的“豪士”们的十种主张，均可归于“贵廉”和“贵已”两个命题之下。这两个命题两千年来受得了最高程度的遮蔽，这是笔者要投诉传统学术的原因，它同时说明了笔者相关学术发现的重要意义。

第六章

古典中国之冬——实利主义与信仰的消亡

启蒙时代之后，伴随着《吕氏春秋》这样的总结性文献的完成，精神必将进入“唯物主义”时代。这是一个信仰消失的时代，这是一个只讲感性实用的时代，这是一个纯功利的时代，这是一个只需要伦理学的时代。按斯宾格勒的讲法，这一时代有着对“科学、功利和幸福的崇拜”，内在地具有一种非宗教与非形而上学的倾向①。在这样的一个时代中，一切的考量准则只能是实实在在的物质利益，所有的价值必须是看得见、摸得着的，用现代西方哲学的语言，这是一个实证主义的时代，这是一个实用主义的时代。

必须指出的是，斯宾格勒的“科学”在此更多的是指与实用技术相关的“科学技术”，而不是指哲学时代与形而上学相关的“科学原理”。

对于古典中国来说，这表明古典文化已经进入了它的“文明期”（狭义），古典心灵开始僵化。

在古典中国的精神历程中，《墨子》书、《荀子》书和《管子》书是这一实证时代的代表作品。我们这里特别在书名后加上“书”字，是要向世人表明，古典中国几乎所有（不是全部）的书都是托名的，书名的托附者与书的撰写者并不是一回事。

---

① ［德］奥·斯宾格勒：《西方的没落》第一卷，吴琼译，第411页。

第一节 后期墨家的实证主义——《墨子》主体

一

我们认为,《墨子》书最能反映古典中国实证、实用时代的精神。

占据《墨子》书相当篇幅的《墨守》部分告诉人们的都是实实在在的如何守城的技术细节,应该说,这些内容与人们心目中作为哲学家的诸子百家形象有相当大的出入,这也是过往两千年极少被人关注的内容。现在我们知道,这些实用技术的汇编恰好表明了《墨子》书在古典中国文化中的确切地位。这表明古典中国以"贵廉"作为自己理想信念的墨家,已经僵化成完全技术性的政治官僚。笔者在《被遗忘与曲解的古典中国》一书就曾明确指出,《汉书》、《史记》中的"酷吏"是古典墨家的传人,这不仅是历史的事实,也是逻辑的必然。

其实不光是《墨守》部分能显明地表现《墨子》书的实用主义立场,它的核心部分仍然是实证时代的思想成果。

我们都知道,《墨子》书的核心内容是《尚贤》、《尚同》、《兼爱》、《非攻》、《节用》、《节葬》、《非乐》、《天志》、《明鬼》、《非命》等十篇。与《郭店楚简》、《老子》和《吕氏春秋》这些《墨子》之前的典籍不同,《墨子》书这些主体部分更像政治实用指南或伦理规划解说,它们的篇幅都相对较长,算得上是长篇大论,它们的说理性也都很强,常常为了一个基本论点,前后反复地加以论说。

从学术的视角看,《墨子》书这些篇章都有一个核心目的,那就是"治理天下",一部篇幅绵长的论著,其唯一的宗旨就是要告诉世人如何才能达成"治理天下"这样"实用"的目标。没错,《墨子》书从头到尾都围绕着实实在在的东西,不论是目标还是手段。这些都把它与它之前启蒙时代(哲学时代)的形而上学论著区分开来。我们把《墨子》十篇与《郭店楚简》中《太一生水》篇、《五行》篇、《性》篇、《名数》篇进行对比,就不难发现,什么是实证时代的精神,什么是形而上学时代的精神。如果我们拿《老子》的有关章节,比如"道可道,非常道;名可名,非常名。无名天地之母,有名万物之始"与《墨子》十篇相对比,就会明白什么是古典中国的哲学(虚学),什么是古典中国的科学(实学)。

《墨子》书各篇的篇名就已经把它的思想主张表露无遗。要达成"治理天下"这样的实用目标,就必须要"尚贤"、"尚同"、"兼爱"、"非攻"、"节用"、"节葬"、"非乐"、"天志"、"明鬼"、"非命"。《墨子》十篇这么长的篇幅就是要回答十个"为什么"和十个"如何做"的问题。

为什么要"尚贤"，因为只有"尚贤"才能达成"国家之富，人民之众，刑政之治"这些"治理天下国家"的实用目的：

> 子墨子言曰：今者王公大人为政于国家者，皆欲国家之富，人民之众，刑政之治。然而不得富而得贫，不得众而得寡，不得治而得乱，则是本失其所欲，得其所恶。是其故何也？子墨子言曰：是以王公大人为政于国家者，不能以尚贤事能为政也。是故国有贤良之士众，则国家之治厚，贤良之士寡，则国家之治薄。故大人之务，将在于众贤而已。①

贤者治国特别有功效，三代圣王就是因为"尚贤"所以才能"王天下、正诸侯"，取得莫大成功：

> 贤者之治国者也，蚤朝晏退，听狱治政，是以国家治而刑法正。贤者之长官也，夜寝夙兴，收敛关市、山林、泽梁之利，以实官府，是以官府实而财不散。贤者之治邑也，蚤出莫入，耕稼、树艺、聚菽粟，是以菽粟多而民足乎食。故国家治则刑法正，官府实则万民富。上有以洁为酒醴粢盛，以祭祀天、鬼。外有以为皮币，与四邻诸侯交接。内有以食饥息劳，将养其万民，怀天下之贤人。是故上者天鬼富之，外者诸侯与之，内者万民亲之，贤人归之。以此谋事则得，举事则成，入守则固，出诛则强。故唯昔三代圣王尧、舜、禹、汤、文、武之所以王天下、正诸侯者，此亦其法已。②

这里要指出的是，历史观相告诉我们，在墨子的时代，古典精神还提不出上述明确的"尚贤"主张，历史仍然停留在"贵贵"的时代。只有到了《郭店楚简》为代表的启蒙运动后，我们才看到"贵贵，其等尊贤，义也"这样的主张，明目张胆地高举"尚贤"的旗帜只能是启蒙运动以后的事情。这一点就表明了《墨子》书是后期墨家的作品。

为什么要"尚同"呢？同样是由于不"尚同"就会"天下大乱"，而"一同于上"才能达到"天下治"的现实目的：

> 子墨子曰：方今之时，复古之民始生，未有正长之时，盖其语曰：天下之人

---

① 《墨子·尚贤上》。
② 《墨子·尚贤中》。

异义。是以一人一义，十人十义，百人百义。其人数兹众，其所谓义者亦兹众。是以人是其义，而非人之义，故交相非也。内之父子、兄弟作怨仇，皆有离散之心，不能相和合。至乎舍馀力不以相劳，隐匿良道不以相教，腐馀财不以相分，天下之乱也，至如禽兽然。无君臣、上下、长幼之节，父子、兄弟之礼、是以天下乱焉！

明乎民之无正长，以一同天下之义，而天下乱也，是故选择天下贤良、圣知、辩慧之人，立以为天子，使从事乎一同天下之义。天子既以立矣，以为唯其耳目之请，不能独一同天下之义，是故选择天下赞阅贤良、圣知、辩慧之人，置以为三公，与从事乎一同天下之义。天子、三公既已立矣，以为大下博大，山林远土之民不可得而一也，是故靡分天下，设以为万诸侯国君，使从事乎一同其国之义，国君既已立矣，又以为唯其耳目之请，不能一同其国之义，是故择其国之贤者，置以为左右将军、大夫，以逮至乎乡里之长，与从事乎一同其国之义。

……

国君治其国，而国既已治矣，有率其国之万民，以尚同乎天子，曰："凡国之万民，上同乎天子，而不敢下比。天子之所是，必亦是之。天子之所非，必亦非之。去而不善言，学天子之善言。去而不善行，学天子之善行。天子者，固天下之仁人也。举天下之万民，以法天子，夫天下何说而不治哉？"察天子之所以治天下而天下治者，何故之以也？曰：唯以其能一同天下之义，是以天下治①。

"尚同"是《墨子》书的核心主张之一，但必须指出，这不是早期墨家的观点。我们在本书开头就说过，《吕氏春秋·上德》篇中墨者巨子孟胜为了信守与阳城君的约定，公然对抗楚国中央政权，可以说，这是一种明显与《尚同》篇的主张相悖逆的行为。这表明，至少在吴起被杀之时，墨家尚没有"尚同"的思想主张。传世本《墨子》无疑是后期墨家的作品。

二

为什么要提倡"兼爱"呢？还是因为天下之乱，源头即在人们的"自爱"不"兼爱"，如果人人能做到"爱人若爱己"，天下自然大治：

① 《墨子·尚同中》。

圣人以治天下为事者也，必知乱之所自起，焉能治之。不知乱之所自起，则不能治。譬之如医之攻人之疾者然，必知疾之所自起，焉能攻之。不知疾之所自起，则弗能攻。治乱者何独不然？必知乱之所自起，焉能治之。不知乱之所自起，则弗能治。

圣人以治天下为事者也，不可不察乱之所自起。当察乱何自起？起不相爱。臣子之不孝君父，所谓乱也。子自爱，不爱父，故亏父而自利。弟自爱，不爱兄，故亏兄而自利。臣自爱，不爱君，故亏君而自利。此所谓乱也。虽父之不慈子，兄之不慈弟，君之不慈臣，此亦人下之所谓乱也。父自爱也，不爱子，故亏子而自利。兄自爱也，不爱弟，故亏弟而自利。君自爱也，不爱臣，故亏臣而自利。是何也？皆起不相爱。虽至天下之为盗贼者亦然。盗爱其室，不爱异室，故窃异室以利其室。贼爱其身，不爱人，故贼人以利其身。此何也？皆起不相爱。虽至大夫之相乱家、诸侯之相攻国者亦然。大夫各爱其家，不爱异家，故乱异家以利其家。诸侯各爱其国，不爱异国，故攻异国以利其国。天下之乱物，具此而已矣！察此何自起，皆起不相爱。

若使天下兼相爱，爱人若爱其身，犹有不孝者乎？视父、兄与君若其身，恶施不孝？犹有不慈者乎？视子弟与臣若其身，恶施不慈？故不孝、不慈亡。犹有盗贼乎？视人之室若其室，谁窃？视人身若其身，谁贼？故盗贼亡有。犹有大夫之相乱家、诸侯之相攻国者乎？视人家若其家，谁乱？视人国若其国，谁攻？故大夫之相乱家、诸侯之相攻国者亡有。若使天下兼相爱，国与国不相攻，家与家不相乱，盗贼无有，君臣父子皆能孝慈，若此，则天下治。

故圣人以治天下为事者，恶得不禁恶而劝爱？故天下兼相爱则治，交相恶则乱。故子墨子曰不可以不劝爱人者，此也。[①]

既然“兼爱”是“天下治”的万能良药，那“非攻”当然是题中自有之义。但《墨子》之为《墨子》，还为“非攻”找到进一步的理由：

子墨子言曰：古者王公大人为政于国家者，情欲毁誉之审，赏罚之当，刑政之不过失，故当攻战而不可为也。今师徒唯毋兴起，冬行恐寒，夏行恐暑，此不可以冬夏为者也。存则废民耕稼树艺，秋则废民获敛，此不可以春秋为者也。今唯毋废一时，则百姓饥寒冻馁而死者，不可胜数。今尝计军出，竹箭、羽旄。幄幕、甲、盾、拨，劫，往而靡弊腑冷不反者，不可胜数。又与其矛、

① 《墨子·兼爱上》。

> 戟、戈、剑、乘车，其列住碎折靡弊而不反者，不可胜数。与其牛马，肥而往，瘠而反，往死亡而不反者，不可胜数。与其涂道之修远，粮食辍绝而不继，百姓死者，不可胜数也。与其居处之不安，食饮之不时，饥饱之不节，百姓之道疾病而死者，不可胜数。丧师多不可胜数，丧师尽不可胜计，则是鬼神之丧其主后，亦不可胜数。①

为什么要"非攻"，因为出兵打仗，要耗费若干资材，要牺牲若干人畜，这对于"必务求兴天下之利，除天下之害"②的墨子们来说，是有百害而无一利之事。从《墨子》书所有这些论证的话语中，我们能强烈地感受到一点：这个世界最核心的价值就是"利"——功利，物质利益，感性欲望。

在《吕氏春秋》中，人们说"义之为利，博矣"③，它的意思是说，真正的"义"——古典的信仰和教条——是完全与人们的感性欲望、实际功利不相矛盾的，它能造成广泛的实际利益。这是典型的启蒙时代的意识。但现在，文化冬天的精神已觉得这种思维有点多余。它直截了当的认定："义，利也。"④在《墨子》书看来，这个世界真正能感受到、能判断出的，就只有"利"——实实在在的功利了，除此之外，一切都是虚假。

在《吕氏春秋》中，我们看到，吕子们的核心价值是"性命之情"，是生命的真谛、人生的理念，但在《墨子》书中，我们只能看到感性生命本身。

我们这里还要说，《兼爱》和《非攻》的主张同样是后期墨家的主张，早期墨家的时代，他们最看重的是"廉"，对上帝的虔敬、对义的严格遵守是早期墨家的生命重心，"爱"——特别是对人类的爱远远没有触及他们的心灵。按斯宾格勒的文化形态学，"兼爱"、"非攻"的主张是一种渴望世界和平的心态所致，它们只能出现在文化晚期，出现于所谓"文明"的时代，不可能出现在清教运动的初期。

三

如果说，在《尚贤》、《尚同》、《兼爱》、《非攻》篇中，我们看到的《墨子》书的实证主义倾向主要还表现在"治理天下"这些大的利害得失方面，那在《节用》、《节葬》

---

① 《墨子·非攻中》。
② 《墨子·兼爱下》。
③ 《吕氏春秋·上德》。
④ 《墨子·经上》。

篇中表现出的“实用主义”倾向就更加浅显通俗了：

> 圣人为政一国，一国可倍也。大之为政天下，天下可倍也。其倍之，非外取地也，因其国家去其无用之费，足以倍之。圣王为政，其发令、兴事、使民、用财也，无不加用而为者。是故用财不费，民德不劳，其兴利多矣！
>
> 其为衣裘何以为？冬以圉寒，夏以圉暑。凡为衣裳之道，冬加温、夏加清者，芊。不加者，去之。其为宫室何以为？冬以圉风寒，夏以圉暑雨。有盗贼加固者，芊。不加者，去之。其为甲盾五兵何以为？以圉寇乱盗贼。若有寇乱盗贼，有甲盾五兵者胜，无者不胜，是故圣人作为甲盾五兵。凡为甲盾五兵，加轻以利坚而难折者，芊。不加者，去之。其为舟车何以为？车以行陵陆，舟以行川谷，以通四方之利。凡为舟车之道，加轻以利者，芊。不加者，去之。凡其为此物也，无不加用而为者。①

方勇在对《墨子·节用上》的题解中对这一段文字有一个相当好的评说：“墨子认为圣明的君王治理天下，不追求华美而只在乎实用，所谓‘无不加用而为者’，也就是说没有益处的事情是不做的，……节用的标准正在于实用，凡是不实用的，不能让百姓有所增益的，都要取消。”②

> 子墨子言曰：古者明王圣人所以王天下、正诸侯者，彼其爱民谨忠，利民谨厚，忠信相连，又示之以利，是以终身不餍，殁世而不卷，古者明王圣人其所以王天下、正诸侯者，此也。是故古者圣王制为节用之法，曰：凡天下群百工，轮车鞼匏，陶冶梓匠，使各从事其所能曰：凡足以奉给民用则止，诸加费不加民利者，圣王弗为。
>
> 古者圣王制为饮食之法，曰：足以充虚继气，强股肱，使耳目聪明，则止。不极五味之调、芬香之和，不致远国珍怪异物。何以知其然？古者尧治天下，南抚交阯，北降幽都，东、西至日所出、入，莫不宾服。逮至其厚爱，黍稷不二，羹胾不重，饭于土塯，啜于土形，斗以酌。俯仰周旋威仪之礼，圣王弗为。
>
> 古者圣王制为衣服之法，曰：冬服绀緅之衣轻且暖，夏服絺绤之衣轻且清，则止。诸加费不加于民利者，圣王弗为。
>
> ……
>
> 古者圣王制为节葬之法，曰：衣三领，足以朽肉。棺三寸，足以朽骸。堀

---

① 《墨子·节用上》。

② 方勇等：《全本全注全译丛书——墨子》，中华书局，2011年，第180页。

穴，深不通于泉，流不发泄，则止。……然则为宫室之法，将奈何哉？子墨子言曰：其旁可以圉风寒，上可以圉雪霜雨露，其中蠲洁，可以祭祀，宫墙足以为男女之别，则止。诸加费不加民利者，圣王弗为。[①]

正因为“实用”是第一位的，所以“诸加费不加于民利者，圣王弗为”。人们的所有作为必须以最基本的感性需求作为衡量的标准，任何超出基本感性需求的愿望都是多余的东西。那些传统的礼节、仪式也是些虚美玄浮的东西，没有实在的用处，所以“俯仰周旋威仪之礼，圣王弗为”。

于是，我们知道，在《墨子》的思维中，这个世界已经没有了感性以外的东西，没有“美”，没有了形而上的价值，没有了“象征”的意义。在这样的思维逻辑中，“节葬”自然是必然的结论：

何以知其然也？今天下之上君子，将犹多皆疑惑厚葬久丧之为小是非利害也。故子墨子言曰：然则姑尝稽之。今虽毋法执厚葬久丧者言，以为事乎国家。此存乎王公大人有丧者，曰棺椁必重，葬埋必厚，衣衾必多，文绣必繁，丘陇必巨。存乎匹夫贱人死者，殆竭家室。存乎诸侯死者，虚库府，然后金玉珠玑比乎身，纶组节约，车马藏乎圹，又必多为屋幕、鼎鼓、几梴、壶滥、戈剑、羽旄、齿革，寝而埋之，满意若殉从，曰天子杀殉，众者数百，寡者数十。将军、大夫杀殉，众者数十，寡者数人。

处丧之法，将奈何哉？曰：哭泣不秩声，衰绖垂涕，处倚庐，寝苫枕凷。又相率强不食而为饥，薄衣而为寒。使面目陷陬，颜色黧黑，耳目不聪明，手足不劲强，不可用也。又曰：上士之操丧也，必扶而能起，杖而能行，以此共三年。若法若言，行若道，使王公大人行此，则必不能蚤朝晏退，治五官六府，辟草木，实仓廪。使农夫行此，则必不能蚤出夜入，耕稼树艺。使百工行此，则必不能修舟车，为器皿矣。使妇人行此，则必不能夙兴夜寐，纺绩织纴。计厚葬，为多埋赋财者也。计久丧，为久禁从事者也。财以成者，扶而埋之。后得生者，而久禁之。以此求富，此譬犹禁耕而求获也，富之说无可得焉。[②]

为什么必须要“节葬”，上引文字是说，因为“厚葬久丧”既浪费财产，又牺牲人力，它不可能使国家社会富裕。在这段文字之下，《墨子》花了若干篇幅证明“厚葬久丧”还会使人口变少，国家的“刑政”变乱。说到底，“厚葬久丧”没有任何实际的

① 《墨子·节用中》。
② 《墨子·节葬下》。

利益，所以圣王的做法肯定是“节葬”。

《吕氏春秋》也有专门针对“厚葬”的“节丧”主张：

> 审知生，圣人之要也；审知死，圣人之极也。知生也者，不以害生，养生之谓也；知死也者，不以害死，安死之谓也。此二者，圣人之所独决也。凡生于天地之间，其必有死，所不免也。孝子之重其亲也，慈亲之爱其子也，痛于肌骨，性也。所重所爱，死而弃之沟壑，人之情不忍为也，故有葬死之义。葬也者，藏也，慈亲孝子之所慎也。慎之者，以生人之心虑。以生人之心为死者虑也，莫如无动，莫如无发。无发无动，莫如无有可利，则此之谓重闭。古之人有藏于广野深山而安者矣，非珠玉国宝之谓也，葬不可不藏也。葬浅则狐狸扣之，深则及于水泉。故凡葬必于高陵之上，以避狐狸之患、水泉之湿。此则善矣，而忘奸邪、盗贼、寇乱之难，岂不惑哉？譬之若瞽师之避柱也，避柱而疾触杙也。狐狸、水泉、奸邪、盗贼、寇乱之患，此杙之大者也。慈亲孝子避之者，得葬之情矣。善棺椁，所以避蝼蚁蛇虫也。今世俗大乱，人主愈侈其葬，则心非为乎死者虑也，生者以相矜尚也。侈靡者以为荣，俭节者以为陋，不以便死为故，而徒以生者之诽誉为务。此非慈亲孝子之心也。父虽死，孝子之重之不怠；子虽死，慈亲之爱之不懈。夫葬所爱所重，而以生者之所甚欲，其以安之也，若之何哉？民之于利也，犯流矢，蹈白刃，涉血抽肝以求之。野人之无闻者，忍亲戚、兄弟、知交以求利。今无此之危，无此之丑，其为利甚厚，乘车食肉，泽及子孙。虽圣人犹不能禁，而况于乱？国弥大，家弥富，葬弥厚。含珠鳞施，玩好货宝，锺鼎壶滥，舆马衣被戈剑，不可胜其数。诸养生之具，无不从者。题凑之室，棺椁数袭，积石积炭，以环其外。奸人闻之，传以相告。上虽以严威重罪禁之，犹不可止。且死者弥久，生者弥疏；生者弥疏，则守者弥怠；守者弥怠而葬器如故，其势固不安矣。世俗之行丧，载之以大輴，羽旄旌旗、如云偻翣以督之，珠玉以佩之，黼黻文章以饬之，引绋者左右万人以行之，以军制立之然后可。以此观世，则美矣，侈矣；以此为死，则不可也。苟便于死，则虽贫国劳民，若慈亲孝子者之所不辞为也。①

把《墨子》书的“节葬”主张与《吕氏春秋》的“节丧”主张相比，我们发现，吕子们的主张主要建立是“安死”，也就是为死人考虑的基础上，因为“厚葬”就会引人盗墓，就会打扰死者；可以说，吕子们的节丧主张是一种理性的安排。而《墨子》书的出发点却是基于“厚葬久丧”浪费人力财力，这是一种典型的“唯物主义”——唯

---

① 《吕氏春秋·节丧》。

利是图的主张，这无疑表明了《墨子》的实证特点。

这种“唯利是图”的观念在《非乐》篇有最突出的表现：

子墨子言曰：仁人之事者，必务求兴天下之利，除天下之害。将以为法乎天下，利人乎即为，不利人乎即止。且夫仁者之为天下度也，非为其目之所美，耳之所乐，口之所甘，身体之所安，以此亏夺民衣食之财，仁者弗为也。

是故子墨子之所以非乐者，非以大钟鸣鼓、琴瑟竽笙之声以为不乐也，非以刻镂华饰文章之色以为不美也，非以豢煎炙之味以为不甘也，非以高台厚榭邃野之居以为不安也。虽身知其安也，口知其甘也，目知其美也，耳知其乐也，然上考之不中圣王之事，下度之不中万民之利。是故子墨子曰：为乐，非也。

……

是故子墨子曰：姑尝厚措敛乎万民，以为大钟鸣鼓、琴瑟竽笙之声，以求兴天下之利，除大下之害，而无补也。是故子墨子曰：为乐，非也。

今王公大人惟毋处高台厚榭之上而视之，钟犹是延鼎也，弗撞击，将何乐得焉哉！其说将必撞击之。惟勿撞击，将必不使老与迟者。老与迟者，耳目不聪明，股肱不毕强，声不和调，明不转朴。将必使当年，因其耳目之聪明，股肱之毕强，声之和调，明之转朴。使丈夫为之，废丈夫耕稼树蓺之时；使妇人为之，废妇人纺绩织纴之事。今王公大人，惟毋为乐，亏夺民衣食之时以拊乐，如此多也。是故子墨子曰：为乐，非也。

今大钟鸣鼓、琴瑟竽笙之声，既已具矣，王公大人然奏而独听之，将何乐得焉哉？其说将必与人，与君子听之，废君子听治；与贱人听之，废贱人之从事。今王公大人惟毋为乐，亏夺民之衣食之财以拊乐，如此多也。是故子墨子曰：为乐，非也。

昔者齐康公兴乐万，万人不可衣短褐，不可食糠糟，曰：“食饮不美，面目颜色不足视也；衣服不美，身体从容不足观也。”是以食必粱肉，衣必文绣。此掌不从事乎衣食之财，而掌食乎人者也。是故子墨子曰：今王公大人，惟无为乐，亏夺民衣食之财以拊乐，如此多也。是故子墨子曰：为乐，非也。

……

今惟毋在乎王公大人说乐而听之，即必不能蚤朝晏退，听狱治政，是故国家乱而社稷危矣！今惟毋在乎士君子说乐而听之，即必不能竭股肱之力，亶其思虑之智，内治官府，外收敛关市、山林、泽梁之利，以实仓廪府库，是故仓廪府库不实。今惟毋在乎农夫说乐而听之，即必不能蚤出暮入，耕稼树蓺，多聚叔粟，是故叔粟不足。今惟毋在乎妇人说乐而听之，即必不能夙兴夜寐，纺绩织纴，多治麻丝葛绪、捆布縿，是故布縿不兴。曰：孰为而废大人之听治、贱人之从事？曰：乐也。是故子墨子曰：为乐，非也。

……

是故子墨子曰：今天下士君子，请将欲求兴天下之利，除天下之害，当在乐之为物，将不可不禁而止也。

为什么“非乐”？《墨子》书费了好多文字，道理其实很简单。“乐”无论怎样讲都要费去若干的财利。用方勇的题解来说：“墨子认为制造乐器会花费百姓用于衣服食物的财用，演奏音乐会占用百姓生产的时间，欣赏音乐会使统治者疏于治理政务，所以音乐虽能使人愉快，却上不利于天，下不利于民，完全是无用的。更何况，演奏音乐的人必须选择年轻力壮者，还要让他们‘食必粱肉，衣必文绣’，这就倍增了‘乐’的弊端。”①在《墨子》看来，音乐虽然可以使人“精神愉快”，但这些“愉快”还只是“虚玄”的精神性的东西，不是“实质”的用处，世上只有实实在在的物质利害才是可欲的，有价值的。既然“为乐”会浪费这么多的“实利”，那我们自然就应该“非乐”啊！

到这里，《墨子》书已经坠入彻底的“唯物主义”的泥坑。在《墨子》的心目，这个世界完全不需要精神，不需要形而上的价值。

我们知道，《吕氏春秋》虽然在“节葬”方面与《墨子》持相同的立场（尽管论据不同），在“非乐”这一点，《吕氏春秋》与《墨子》的论点也不一样，吕子们是反对“非乐”的：

音乐之所由来者远矣。生于度量，本于太一。太一出两仪，两仪出阴阳。阴阳变化，一上一下，合而成章。浑浑沌沌，离则复合，合则复离，是谓天常。天地车轮，终则复始，极则复反，莫不咸当。日月星辰，或疾或徐，日月不同，以尽其行。四时代兴，或暑或寒，或短或长，或柔或刚。万物所出，造于太一，化于阴阳。萌芽始震，凝㵾以形。形体有处，莫不有声。声出于和，和出于适。和适先王定乐，由此而生。天下太平，万物安宁。皆化其上，乐乃可成。成乐有具，必节嗜欲。嗜欲不辟，乐乃可务。务乐有术，必由平出。平出于公，公出于道。故惟得道之人，其可与言乐乎！亡国戮民，非无乐也，其乐不乐。溺者非不笑也，罪人非不歌也，狂者非不武也，乱世之乐有似于此。君臣失位，父子失处，夫妇失宜，民人呻吟，其以为乐也，若之何哉？凡乐，天地之和，阴阳之调也。始生人者，天也，人无事焉。天使人有欲，人弗得不求；天使

① 方勇等：《全本全注全译丛书——墨子》，第273页。

人有恶，人弗得不辟。欲与恶，所受于天也，人不得与焉，不可变，不可易。世之学者，有非乐者矣，安由出哉？大乐，君臣、父子、长少之所欢欣而说也。欢欣生于平，平生于道。道也者，视之不见，听之不闻，不可为状。有知不见之见、不闻之闻、无状之状者，则几于知之矣。道也者，至精也，不可为形，不可为名，强为之，谓之太一。故一也者制令，两也者从听。先圣择两法一，是以知万物之情。故能以一听政者，乐君臣，和远近，说黔首，合宗亲；能以一治其身者，免于灾，终其寿，全其天；能以一治其国者，奸邪去，贤者至，成大化；能以一治天下者，寒暑适，风雨时，为圣人。故知一则明，明两则狂。①

从上面的叙述中可以看出，《吕氏春秋》对“乐”的主张虽然不乏它的实用性，但它主要还是从太一和道的立场，从自然和人性的角度来论述“乐”在人生和人世中的意义，这再一次表明了《吕氏春秋》的理性色彩，它属于启蒙时代的作品；而《墨子》书是典型的实证时代的产物。从文化形态学的视角来说，《墨子》只能成书于《吕氏春秋》之后，它是古典中国“文明”时代的成果。

四

按斯宾格勒的文化形态学，“唯利主义”的高涨代表了古典心灵的消亡。吕子的时代，古典心灵尽管经历理性的充分启蒙，但它对原有的信仰并没有丧失信任。但是，随着精神发展到它的顶峰，古典心灵对自己的信仰慢慢麻木了，它已经失去了对古典价值的自信。自此以后，古典宗教不复存在，代之而起是以《墨子》书为代表的建立在利益基础之上的伦理学。

这种古典信仰的失落最明显地反映在《墨子》书的《天志》、《明鬼》和《非命》三篇中。我们知道，《墨子》书中《天志》、《明鬼》和《非命》这三篇文字是有内在统一性的“三位一体”，它的主题其实就是“天志”。《天志》篇是说天有赏善罚恶、助义除不义的愿望、意志，《明鬼》篇是说天的意志通过鬼神来实施，鬼神的存在是真真确确的、不容置疑的，《非命》篇是对“命定论”的反驳，由于有天的良善意志作保障，世人只要努力从事，只要为善去恶，就会得到好的结局，无需天命。

特别有指标意义的是，天的伦理本性、天的奖善惩恶的永恒意志，这本是古典宗教最最基本的要件。没有了上天、上帝的保障，古典宗教还能成立吗？但是，就是在这里，《墨子》书不惜用了长大的篇幅来证明在早期古典时代任何一个古典人

---

① 《吕氏春秋·大乐》。

类都不可能加以怀疑的命题:天有奖善罚恶的伦理本性——天志。《墨子》书为了要表明天有意志,竟不惜花了上中下三篇的篇幅来诉说。

我们可以来看一看有代表性的《墨子·天志下》篇:

子墨子言曰:天下之所以乱者,其说将何哉?则是天下士君子,皆明于小而不明于大也。何以知其明于小不明于大也?以其不明于天之意也。何以知其不明于天之意也?以处人之家者知之。今人处若家得罪,将犹有异家所,以避逃之者矣。然且父以戒子,兄以戒弟,曰:"戒之!慎之!处人之家不戒不慎之,而可处人之国者乎?"今人处若国得罪,将犹有异国所,以避逃之者矣。然且父以戒子,兄以戒弟,曰:"戒之!慎之!处人之国者,不可不戒慎也。"今人皆处天下而事天,得罪于天,将无所以避逃之者矣。然而莫知以相极戒也。吾以此知大物则不知者也。

是故子墨子言曰:戒之慎之,必为天之所欲,而去天之所恶。曰:天之所欲者何也?所恶者何也?天欲义而恶其不义者也。……今天下之士君子之欲为义者,则不可不顺天之意矣!曰:顺天之意何若?曰:兼爱天下之人。何以知兼爱天下之人也?以兼而食之也。何以知其兼而食之也?自古及今,无有远虚孤夷之国,皆豢其牛羊犬豕,絜为粢盛酒醴,以敬祭祀上帝、山川、鬼神,以此知兼而食之也。苟兼而食焉,必兼而爱之。譬之若楚、越之君:今是楚王食于楚之四境之内,故爱楚之人;越王食于越之四境之内,故爱越之人。今天兼天下而食焉,我以此知其兼爱天下之人也。

且天之爱百姓也,不尽此而止矣。今天下之国,粒食之民,国杀一不辜者,必有一不祥。曰:"谁杀不辜?"曰:"人也。""孰予之不祥?"曰:"天也。"若天之中实不爱此民也,何故而人有杀不辜而天予之不祥哉?且天之爱百姓厚矣,天之爱百姓别矣,既可得而知也。何以知天之爱百姓也?吾以天者之必赏善罚暴也知之。何以知天者之必赏善罚暴也?吾以昔者三代之圣王知之。故昔也三代之圣王尧、舜、禹、汤、文、武之兼爱天下也,从而利之,移其百姓之意焉,率以敬上帝、山川、鬼神。天以为从其所爱而爱之,从其所利而利之,于是加其赏焉,使之处上位,立为天子,以为民父母,是以天下之庶民属而誉之,业万世子孙继嗣,誉之贲不之废也,名之曰圣人。以此知其赏善之证。是故昔也二代之暴王桀、纣、幽、厉之兼恶天下也,从而贼之,移其百姓之意焉,率以诟侮上帝、山川、鬼神。天以为不从其所爱而恶之,不从其所利而贼之,于是加其罚焉,使之父子离散,国家灭亡,抎失社稷,忧以及其身。是以天下之庶民属而毁之,业万世子孙继嗣,毁之贲不之废也,名之曰暴王。以此知其罚暴之证。今天下之士君子欲为义者,则不可不顺天之意矣。

……

故子墨子置天之，以为仪法。非独子墨子以天之志为法也，于先王之书《大夏》之道之然："帝谓文王，予怀而明德，毋大声以色，毋长夏以革，不识不知，顺帝之则。"此诰文王之以天志为法也，而顺帝之则也。且今天下之士君子，中实将欲为仁义，求为上士，上欲中圣王之道，下欲中国家百姓之利者，当天之志而不可不察也。天之志者，义之经也。

《墨子》书用了冗长而重复的篇幅来说明"天"有惩恶扬善、助义除不义的意志，但这恰巧说明，《墨子》书的作者对于"上天"的信仰已经很不坚定。《墨子》书的信仰动摇更表现在《明鬼》篇，它竟然用了四千余字，反反复复、连篇累牍、不厌其烦地向世人表明一个观点：有鬼。

我们知道，在古代，鬼不像后世有负面含义，在《墨子》书中，常是"鬼""神"连用、"天""鬼"连用，鬼就是神，鬼就是天，它们都是正面、正义的力量。鬼神其实就是天的化身，是上帝祖先的化身，是天帝意志的具体执行者。信天自然信鬼神，不信鬼神自然也就不信上帝。《墨子》用这么冗长的篇幅来说明有鬼神存在，恰好从反面表明，当时的中国已经没有了对上帝祖先的虔信。

这一切都表明，在《墨子》书的时代，尽管在文字上，还口口声声说要"法天"[①]，要顺从天意，但人们的内心深处，对上天的信仰已经消失了。明白了这一点的人们就不会再顽固地坚持《墨子》书主体成书于墨翟时代这种完全非观相的传说了。在清教墨教开创的时代，墨教人士——同孔教一样——尽管对当时的腐败和不虔敬的社会状况强烈不满，但他们是绝对不会怀疑上帝本身的。不能明了这一点，则永不可能明白黑格尔精神现象学的高妙，当然更不会清楚斯宾格勒文化形态学的深邃，同时，也就不能理解笔者为什么说传统中国的学术还处在前学术阶段的原因。

五

值得一提的是，《墨子·非命》篇还给我们展示了古典中国实证时代典型的思维方式——"三表"(三法)。《墨子》书认为，任何论点都不能空口说白话，必须要有充分的证据。在《非命》的上中下三篇中，它都不厌其烦地告知人们这一点：

① 《墨子·法仪》。

然则明辩此之说，将奈何哉？子墨子言曰：言必立仪。言而毋仪，譬犹运钧之上而立朝夕者也，是非利害之辩，不可得而明知也。故言必有三表。何谓三表？子墨子言曰：有本之者，有原之者，有用之者。于何本之？上本之于古者圣王之事。于何原之？下原察百姓耳目之实。于何用之？废以为刑政，观其中国家百姓人民之利。此所谓言有三表也。①

子墨子言曰：凡出言谈、由文学之为道也，则不可而不先立义法。若言而无义，譬犹立朝夕于员钧之上也，则虽有巧工，必不能得正焉。然今天下之情伪，未可得而识也。故使言有三法。三法者何也？有本之者，有原之者，有用之者。於其本之也，考之天鬼之志，圣王之事。於其原之也，征以先王之书。用之奈何？发而为刑政。此言之三法也。②

子墨子言曰：凡出言谈，则不可而不先立仪而言。若不先立仪而言，譬之犹运钧之上而立朝夕焉也，我以为虽有朝夕之辩，必将终未可得而从定也。是故言有三法。何谓三法？曰：有考之者，有原之者，有用之者。恶乎考之？考先圣大王之事。恶乎原之？察众之耳目之请。恶乎用之？发而为政乎国家万民而观之。此谓三法也。③

什么是“实证主义”，这就是古典中国的实证主义。这样的实证有的时候走到了变态的地步：

今天下之士君子，或以命为有，或以命为亡。我所以知命之有与亡者，以众人耳目之情，知有与亡。有闻之，有见之，谓之有。莫之闻，莫之见，谓之亡。然胡不尝考之百姓之情？自古以及今，生民以来者，亦尝有见命之物、闻命之声者乎？则未尝有也。若以百姓为愚不肖，耳目之情，不足因而为法。然则胡不尝考之诸侯之传言流语乎？自古以及今，生民以来者，亦尝有闻命之声、见命之体者乎？则未尝有也。然胡不尝考之圣王之事？古之圣王，举孝子而劝之事亲，尊贤良而劝之为善，发宪布令以教诲，明赏罚以劝沮。若此，则乱者可使治，而危者可使安矣。若以为不然，昔者桀之所乱，汤治之。纣之所乱，武王治之。此世不渝而民不改，上变政而民易教，其在汤、武则治，其在桀、纣则乱。安危治乱，在上之发政也，则岂可谓有命哉！夫曰有命云者，亦不然矣。

---

① 《墨子·非命上》。
② 《墨子·非命中》。
③ 《墨子·非命下》。

说某事物存在，一定要被人的眼睛看见、耳朵听到才能算数，即便是“命”这样的物事，也要眼见才能为实。《墨子》书对何为“实证”，做出了古典中国最经典的说明。这也同时鲜明地表明了它的“晚期”特征。

笔者认为，现本《墨子》书除《号令》、《杂守》、《迎敌祠》和《旗帜》篇的内容与早期墨家关系比较紧密外，其主体部分反应的应该都是后期墨家的思想。具体的成书年代今天很难下定论，但它成书于《吕氏春秋》之后应该是没有多少疑问的。

最后，笔者认为，指出以下两点是十分有必要的，也是本书一贯的“大胆设想”习性的自然表现。其一，《墨子·公孟》篇中的“公孟子”似乎就应该是《孟子》书的主角——孟轲，加上“公”字表示对孟子的尊称，与人们称墨子为“子墨子”是同样的意思。该篇中另一个常见的角色“告子”似乎就应该是《孟子》书的著名人物告子。如果这样的猜测成立，无疑表明《孟子》书与《墨子》书有极强的渊源。笔者认为，《墨子》很有可能成于汉初，而《孟子》书作者借用了其中的孟子和告子作为自己书中的两个中心人物。其二，《墨子》书中几处对“长”的避讳说明了该书的成书与淮南王刘安的关联，很有可能，该书是由当时的墨者们编撰的。《盐铁论》说：“日者，淮南、衡山修文学，招四方游士，山东儒、墨咸聚于江、淮之间，讲议集论，著书数十篇。”[①]按《汉书·淮南王传》的讲法，淮南王刘安曾召集当时的文学之士，著书立说，编撰了大量的文献，绝对不只“数十篇”。极有可能，现本《墨子》就是淮南王刘安手下人所为。

第二节　作为《墨子》对立面的《荀子》

一

传统学术认为《荀子》书是战国后期儒家代表人物荀况的言论集，其中论述文章都是荀子本人的作品。笔者不拟在这方面花太多笔墨。我们这里想要表明的是，传世本《荀子》的核心内容是对《墨子》书的反动，它们都是古典中国进入“文明期”后的产物。虽然它们两者的观点时常针锋相对，但它们的立足点基本上是相同的，都反映了斯宾格勒所谓“文化冬天”的特征。新千年的学术需要有全新的思维。

首先，《荀子》像《墨子》一样，它的主要内容都是有关“治理天下”的政治学，比

① 《盐铁论·晁错》。

如它的《王制》、《王霸》、《富国》、《强国》、《君道》、《议兵》篇都是有关如何治理国家、称雄天下的政治实用指南，它的其他主要内容，如《劝学》、《修身》、《不苟》、《荣辱》等篇都是有关如何培养治国理政的实证时代所需要的理想人格——君子的操作指南。总之，《荀子》的旨趣与《墨子》基本上是一样的，它们的论述重心都放在治理天下这样的实用目标上。唯一的区别在于，前者认为儒家的治理思路才是正确的，儒家式的君子才是实证时代所需要的人才；而后者则认为，墨家治理天下的思路才是唯一正确的选择，而墨家式的“士君子”才是当时的不二人选。

《荀子》书在很多内容上无疑是直接针对《墨子》书的，这一点古今学界都不会有大异议。比如《乐论》篇就像它自己所标示的那样，它是直接针对《墨子》的“非乐”主张的：

> 故乐在宗庙之中，君臣上下同听之，则莫不和敬；闺门之内，父子兄弟同听之，则莫不和亲；乡里族长之中，长少同听之，则莫不和顺。故乐者审一以定和者也，比物以饰节者也，合奏以成文者也；足以率一道，足以治万变。是先王立乐之术也，而墨子非之，奈何！
>
> 故听其雅颂之声，而志意得广焉；执其干戚，习其俯仰屈伸，而容貌得庄焉；行其缀兆，要其节奏，而行列得正焉，进退得齐焉。故乐者、出所以征诛也，入所以揖让也；征诛揖让，其义一也。出所以征诛，则莫不听从；入所以揖让，则莫不从服。故乐者、天下之大齐也，中和之纪也，人情之所必不免也。是先王立乐之术也，而墨子非之，奈何！
>
> 且乐者、先王之所以饰喜也；军旅鈇钺者，先王之所以饰怒也。先王喜怒皆得其齐焉。是故喜而天下和之，怒而暴乱畏之。先王之道，礼乐正其盛者也。而墨子非之。故曰：墨子之于道也，犹瞽之于白黑也，犹聋之于清浊也，犹欲之楚而北求之也。
>
> 夫声乐之入人也深，其化人也速，故先王谨为之文。乐中平则民和而不流，乐肃庄则民齐而不乱。民和齐则兵劲城固，敌国不敢婴也。如是，则百姓莫不安其处，乐其乡，以至足其上矣。然后名声于是白，光辉于是大，四海之民莫不愿得以为师，是王者之始也。……
>
> 墨子曰：“乐者、圣王之所非也，而儒者为之过也。”君子以为不然。乐者，圣王之所乐也，而可以善民心，其感人深，其移风易俗。故先王导之以礼乐，而民和睦。夫民有好恶之情，而无喜怒之应则乱；先王恶其乱也，故修其行，正其乐，而天下顺焉。……
>
> 凡奸声感人而逆气应之，逆气成象而乱生焉；正声感人而顺气应之，顺气成象而治生焉。唱和有应，善恶相象，故君子慎其所去就也。君子以钟鼓道

志，以琴瑟乐心；动以干戚，饰以羽旄，从以磬管。故其清明象天，其广大象地，其俯仰周旋有似于四时。故乐行而志清，礼修而行成，耳目聪明，血气和平，移风易俗，天下皆宁，美善相乐。故曰：乐者、乐也。君子乐得其道，小人乐得其欲；以道制欲，则乐而不乱；以欲忘道，则惑而不乐。故乐者，所以道乐也，金石丝竹，所以道德也；乐行而民乡方矣。故乐也者，治人之盛者也，而墨子非之。

我们发现，不管《荀子》怎样反对《墨子》，它的立论基础却与《墨子》几乎一致。《墨子》说，我们为什么要“非乐”，因为“礼乐”要浪费很多财物和人工等宝贵的“实利”；《荀子》之所以提倡“乐”，是因为在《荀子》看来，“乐”表面上是需要耗费些许钱财，但从长远考虑，“乐”能起到整齐社会，统一民心的作用，最终会达到富国强兵的作用，所以“乐”其实是特别有实际的好处的。《荀子》对《墨子》的反对，是嫌《墨子》们过于眼光短浅，只知道眼前小利，而不知长远之宏利。

不满于《墨子》这些“非乐”、“节用”的“小人”思维，《荀子》在《富国》篇中给予了针锋相对的批判：

兼足天下之道在明分。掩地表亩，刺屮殖谷，多粪肥田，是农夫众庶之事也。守时力民，进事长功，和齐百姓，使人不偷，是将率之事也。高者不旱，下者不水，寒暑和节，而五谷以时孰，是天之事也。若夫兼而覆之，兼而爱之，兼而制之，岁虽凶败水旱，使百姓无冻馁之患，则是圣君贤相之事也。

墨子之言昭昭然为天下忧不足。夫不足非天下之公患也，特墨子之私忧过计也。今是土之生五谷也，人善治之，则亩数盆，一岁而再获之。然后瓜桃枣李一本数以盆鼓；然后荤菜百疏以泽量；然后六畜禽兽一而剸车；鼋、鼍、鱼、鳖、鳅、鳣以时别，一而成群；然后飞鸟、凫、雁若烟海；然后昆虫万物生其间，可以相食养者，不可胜数也。夫天地之生万物也，固有余，足以食人矣；麻葛茧丝、鸟兽之羽毛齿革也，固有余，足以衣人矣。夫有余不足，非天下之公患也，特墨子之私忧过计也。

天下之公患，乱伤之也。胡不尝试相与求乱之者谁也？我以墨子之“非乐”也，则使天下乱；墨子之“节用”也，则使天下贫，非将堕之也，说不免焉。墨子大有天下，小有一国，将蹙然衣粗食恶，忧戚而非乐。若是则瘠，瘠则不足欲；不足欲则赏不行。墨子大有天下，小有一国，将少人徒，省官职，上功劳苦，与百姓均事业，齐功劳。若是则不威；不威则罚不行。赏不行，则贤者不可得而进也；罚不行，则不肖者不可得而退也。贤者不可得而进也，不肖者不可得而退也，则能不能不可得而官也。若是，则万物失宜，事变失应，上失天时，下失地利，中失人和，天下敖然，若烧若焦，墨子虽为之衣褐带索，嚽菽饮水，恶能足之乎？既以伐其本，竭其原，而焦天下矣。

故先王圣人为之不然：知夫为人主上者，不美不饰之不足以一民也，不富不厚之不足以管下也，不威不强之不足以禁暴胜悍也，故必将撞大钟、击鸣鼓、吹笙竽、弹琴瑟以塞其耳；必将錭、琢、刻、镂、黼黻、文章以塞其目；必将刍豢稻粱、五味芬芳以塞其口。然后众人徒、备官职、渐庆赏、严刑罚以戒其心。使天下生民之属皆知己之所愿欲之举在是于也，故其赏行；皆知己之所畏恐之举在是于也，故其罚威。赏行罚威，则贤者可得而进也，不肖者可得而退也，能不能可得而官也。若是则万物得宜，事变得应，上得天时，下得地利，中得人和，则财货浑浑如泉源，汸汸如河海，暴暴如丘山，不时焚烧，无所臧之。夫天下何患乎不足也？故儒术诚行，则天下大而富，使而功，撞钟击鼓而和。诗曰："钟鼓喤喤，管磬玱玱，降福穰穰，降福简简，威仪反反。既醉既饱，福禄来反。"此之谓也。故墨术诚行，则天下尚俭而弥贫，非斗而日争，劳苦顿萃，而愈无功，愀然忧戚非乐，而日不和。诗曰："天方荐瘥，丧乱弘多，民言无嘉，憯莫惩嗟。"此之谓也。[①]

《荀子》对《墨子》的批判也许可以用《墨子》里的一句话来加以概括：墨子们只"知小物而不知大物"，只知道"礼乐"需要物质成本，不知道"礼乐"的应用可以产生"财货浑浑如泉源，汸汸如河海，暴暴如丘山，不时焚烧，无所臧之"的巨大"实效"。《墨子》只知道"节流"而不知道"开源"，是一种非常浅陋的思维，所以在《荀子》的心目中，《墨子》无疑是"小人"之学说。

但是，不管是《荀子》式的"君子"思维还是《墨子》式的"小人"观点，它们的出发点无疑都是建立在"实利"基础上的。

二

《荀子·乐论》其实应该叫作"礼乐论"。它不仅针对《墨子》"非乐"观点进行了全面的批判，它还把"乐"与"礼"综合起来加以考虑，指出，"礼"与"乐"作为和谐社会治理天下的两个相辅相成的手段，是一个辩证统一的整体，如果应用得当，对社会秩序的维持有莫大的好处。要治理好天下国家，"乐"与"礼"都是不能或缺的：

---

① 《荀子·富国》。

且乐也者，和之不可变者也；礼也者，理之不可易者也。乐合同，礼别异，礼乐之统，管乎人心矣。穷本极变，乐之情也；着诚去伪，礼之经也。墨子非之，几遇刑也。明王已没，莫之正也。愚者学之，危其身也。君子明乐，乃其德也。乱世恶善，不此听也。于乎哀哉！不得成也。弟子勉学，无所营也。

声乐之象：鼓大丽，钟统实，磬廉制，竽笙箫和，筦钥发猛，埙篪翁博，瑟易良，琴妇好，歌清尽，舞意天道兼。鼓其乐之君邪。故鼓似天，钟似地，磬似水，竽笙箫和筦钥，似星辰日月，鞉柷、拊鞷、椌楬似万物。曷以知舞之意？曰：目不自见，耳不自闻也，然而治俯仰、诎信、进退、迟速，莫不廉制，尽筋骨之力，以要钟鼓俯会之节，而靡有悖逆者，众积意謘謘乎！

吾观于乡，而知王道之易易也。主人亲速宾及介，而众宾皆从之。至于门外，主人拜宾及介，而众宾皆入；贵贱之义别矣。三揖至于阶，三让以宾升。拜至、献、酬，辞让之节繁，及介省矣。至于众宾，升受、坐祭、立饮，不酢而降；隆杀之义辨矣。工入，升歌三终，主人献之；笙入三终，主人献之；间歌三终，合乐三终，工告乐备，遂出。二人扬觯，乃立司正，焉知其能和乐而不流也。宾酬主人，主人酬介，介酬众宾，少长以齿，终于沃洗者，焉知其能弟长而无遗也。降，说屦升坐，修爵无数。饮酒之节，朝不废朝，莫不废夕。宾出，主人拜送，节文终遂，焉知其能安燕而不乱也。贵贱明，隆杀辨，和乐而不流，弟长而无遗，安燕而不乱，此五行者，足以正身安国矣。彼国安而天下安。故曰：吾观于乡，而知王道之易易也。

乱世之征：其服组，其容妇。其俗淫，其志利，其行杂，其声乐险，其文章匿而采，其养生无度，其送死瘠墨，贱礼义而贵勇力，贫则为盗，富则为贼；治世反是也。①

关于“礼”，《荀子》除在《乐论》篇中论述它的意义外，《荀子》的《礼论》篇专门阐明《荀子》对“礼”的立场。在《荀子·礼论》中，虽然《荀子》也讲了“礼”有“天地”、“先祖”和“君师”之所谓“三本”——三个来源，但它论述重心明显不在这里，该篇文字一开头即旗帜鲜明地指出：

礼起于何也？曰：人生而有欲，欲而不得，则不能无求。求而无度量分界，则不能不争；争则乱，乱则穷。先王恶其乱也，故制礼义以分之，以养人之

① 《荀子·乐论》。

欲，给人之求。使欲必不穷于物，物必不屈于欲。两者相持而长，是礼之所起也。①

为什么有“礼”，为什么人类社会需要“礼”，不需要更多形而上的依据，更不需要信仰上的理由，完全是因为人们天生有欲望，有欲望就会形成“纷争”，而“制止纷争”，也就是为了社会的安定是“礼”存在的根本缘由。这里特别要注意的是，“礼”这个曾经极为神奇圣洁的物事竟然只能与粗俗的“欲望”相提并论，单凭这一点，就不难判定《荀子》书的“无神论”特征。

礼的作用特别表现在社会的伦理关系中：

请问为人君？曰：以礼分施，均遍而不偏。请问为人臣？曰：以礼侍君，忠顺而不懈。请问为人父？曰：宽惠而有礼。请问为人子？曰：敬爱而致文。请问为人兄？曰：慈爱而见友。请问为人弟？曰：敬诎而不苟。请问为人夫？曰：致功而不流，致临而有辨。请问为人妻？曰：夫有礼则柔从听侍，夫无礼则恐惧而自竦也。此道也，偏立而乱，俱立而治，其足以稽矣。请问兼能之奈何？曰：审之礼也。古者先王审礼以方皇周浃于天下，动无不当也。故君子恭而不难，敬而不巩，贫穷而不约，富贵而不骄，并遇变态而不穷，审之礼也。②

“礼”虽然常体现在家庭伦理方面，但它在国家治理上同样意义重大：

国无礼则不正。礼之所以正国也，譬之：犹衡之于轻重也，犹绳墨之于曲直也，犹规矩之于方圆也，既错之而人莫之能诬也。诗云：“如霜雪之将将，如日月之光明，为之则存，不为则亡。”此之谓也。③

总之，“礼”在荀子的心目中，说到底就是管治社会最有力，也是最有利的措施和手段。从本质上说，“礼”与“法”都是治理天下、整顿秩序的有效手段，都同样服务于维持社会的实用目标，人们向来认来《荀子》有一种“法家”的倾向，这确实是符合《荀子》书的实际情况的，我们经常可以看到“礼”与“法”通用或连用的笔法，我们在《强国》、《天论》和《大略》篇都能看到“隆礼尊贤而王，重法爱民而霸”这样

---

① 《荀子·礼论》。
② 《荀子·君道》。
③ 《荀子·王霸》。

的警句，不难看出，荀子心目中的“礼”是一种操作性极强的实证性概念，在这里，我们可以看到，《荀子》已经离开了“礼乐”的本来面目，进入了一个真正的实证主义时代。

我们知道，“礼乐”是孔子新教改革后古典中国信仰的一个象征，它是直接与上帝祖先相通的。对于一个真正的古典信徒来说，“礼乐”就意味着上帝祖先，对“礼乐”的虔敬是不需要任何实用主义的理由的。

应该说，《荀子》书对“礼乐”的态度，充分表明了它完全进入了“无神论”的世界。

三

再者，《荀子》书的“无神论”立场还比较鲜明地表现在它对待“诗书”的态度上。《荀子》虽然不像《商君书》那样公然诋毁《诗书》等古典价值，但它却创造性地把“诗书”和“礼义”对立起来，从而提出了所谓“隆礼义而杀诗书”的主张。

> 故有俗人者，有俗儒者，有雅儒者，有大儒者。不学问，无正义，以富利为隆，是俗人者也。逢衣浅带，解果其冠，略法先王而足乱世术，缪学杂举，不知法后王而一制度，不知隆礼义而杀诗书；其衣冠行伪已同于世俗矣，然而不知恶；其言议谈说已无异于墨子矣，然而明不能别；呼先王以欺愚者而求衣食焉；得委积足以揜其口，则扬扬如也；随其长子，事其便辟，举其上客，亿然若终身之虏而不敢有他志：是俗儒者也。法后王，一制度，隆礼义而杀诗书；其言行已有大法矣，然而明不能齐法教之所不及，闻见之所未至，则知不能类也；知之曰知之，不知曰不知，内不自以诬，外不自以欺，以是尊贤畏法而不敢怠傲：是雅儒者也。法先王，统礼义，一制度；以浅持博，以古持今，以一持万；苟仁义之类也，虽在鸟兽之中，若别白黑；倚物怪变，所未尝闻也，所未尝见也，卒然起一方，则举统类而应之，无所儗怍；张法而度之，则晻然若合符节：是大儒者也。[1]

在《劝学》篇中，《荀子》也在强调“礼”的前提下，一再表现出对“诗书”价值的疑问：

---

[1] 《荀子·儒效》。

> 学之经莫速乎好其人，隆礼次之。上不能好其人，下不能隆礼，安特将学杂识志，顺诗书而已耳。则末世穷年，不免为陋儒而已。将原先王，本仁义，则礼正其经纬蹊径也。若挈裘领，诎五指而顿之，顺者不可胜数也。不道礼宪，以诗书为之，譬之犹以指测河也，以戈舂黍也，以锥餐壶也，不可以得之矣。故隆礼，虽未明，法士也；不隆礼，虽察辩，散儒也。

这种把“诗书”与“礼义”对立起来的观念很明显是“无神论”时代的产物。我们在前面说过，在真正的古典时代，《诗书》特别是《书》在人们的心目中相当于西方文化中的《圣经》，古典文化中的人们是不可能怀疑到“诗书”的价值的。《荀子》的“杀诗书”的主张，表明了它的“无神论”情结。

与“杀诗书”的观点相呼应，《荀子》书具有强烈的唯物主义倾向，《天论》很有代表性：

> 天行有常，不为尧存，不为桀亡。应之以治则吉，应之以乱则凶。强本而节用，则天不能贫；养备而动时，则天不能病；修道而不贰，则天不能祸。故水旱不能使之饥，寒暑不能使之疾，袄怪不能使之凶。本荒而用侈，则天不能使之富；养略而动罕，则天不能使之全；倍道而妄行，则天不能使之吉。故水旱未至而饥，寒暑未薄而疾，袄怪未至而凶。受时与治世同，而殃祸与治世异，不可以怨天，其道然也。故明于天人之分，则可谓至人矣。
>
> ……
>
> 列星随旋，日月递照，四时代御，阴阳大化，风雨博施，万物各得其和以生，各得其养以成，不见其事，而见其功，夫是之谓神。皆知其所以成，莫知其无形，夫是之谓天功。唯圣人为不求知天。
>
> ……
>
> 雩而雨，何也？曰：无何也，犹不雩而雨也。日月食而救之，天旱而雩，卜筮然后决大事，非以为得求也，以文之也。故君子以为文，而百姓以为神。以为文则吉，以为神则凶也。
>
> ……
>
> 大天而思之，孰与物畜而制之！从天而颂之，孰与制天命而用之！望时而待之，孰与应时而使之！因物而多之，孰与骋能而化之！思物而物之，孰与理物而勿失之也！愿于物之所以生，孰与有物之所以成！故错人而思天，则失万物之情。

上引这篇文论，可以论述的地方很多，未来或许可以做成一篇专题论文。对于本书，我们觉得至少可以从两个方面来评判。首先，在《荀子》的思维中，“天”完全变成了一个自然之天，“上天”、“天帝”的宗教感、神圣性已经荡然无存。从公元20世纪的无神论立场来看，这表明了《荀子》的积极进取、人定胜天的精神；从早期古典中国的立场来看，“制天命”的意识是渎神的，是古典中国所不能容忍的。另外，《荀子》这里说：“日月食而救之，天旱而雩，卜筮然后决大事，非以为得求也，以文之也。故君子以为文，而百姓以为神。以为文则吉，以为神则凶也。”这表明《荀子》鲜明的“文明时代”的立场。它把“文”与“神”直接对立起来，“以为文”是一种进步，“以为神”就是一个落后，这表明它超出了吕子时代的理性宗教精神，进入了实证科学的时代，古典信仰对于《荀子》已然变成了全然负面的价值。

其次，站在古典中国启蒙时期的立场来说，“唯圣人为不求知天”同样也是一个难以理解的命题。启蒙精神是一个理性至上的意识，它特别在意的就是对于万事万物的寻根究底，它特别愿意探讨人性的真谛和宇宙的本质，说到底，启蒙时期就是一个“求知天”的时期。《荀子》书“不求知天”的思维倾向只能表明它的“实证”性，表明它已然是古典中国文化冬天的思想成果。我们也许要用法国实证主义哲学家孔德的思维，才能比较好地理解：人类已经经历了漫长的神学时代和形而上学时代，现在的时代已经不需要神学和形而上学。在我们的时代，只有实证知识，只有科学知识才是有意义的[①]。与其在人类无法干预(参)的“天君”、“天功”、“天养”、“天政”方面徒费功夫，不如把宝贵的时间精力放在人类自身能够大有作为的“礼乐刑政”等人事方面。“传曰：‘万物之怪书不说。’无用之辩，不急之察，弃而不治。若夫君臣之义，父子之亲，夫妇之别，则日切瑳而不舍也。”这段话特别能体现《荀子》书的实证、实用精神：做一些直接有用的事情，不做无实际用处的空谈。

第三节 《管子》

一

虽然也有人会固执地认为《管子》书与春秋时代齐国政治家管仲有直接关系，但稍微明白时代精神的人绝不会幼稚地认为现本《管子》是管仲的手笔。司马迁曾经亲眼看过《管子》的《牧民》和《形势》等篇，这正好表明，现本《管子》的主体应

① 参见《西方哲学名著介绍》下册，华东师范大学出版社，1989年，第260—261页。

该是西汉中期的作品。

《管子》主体内容是所谓《经言》部分，它包括《牧民》、《形势》、《权修》、《立政》、《乘马》、《七法》、《版法》、《幼官》等篇[1]。这些篇章的内容与《墨子》书和《荀子》书一样，都是关于社会治理方面的实用策略。我们可以看一看有代表性的《牧民》篇：

> 凡有地牧民者，务在四时，守在仓廪。国多财，则远者来，地辟举，则民留处；仓廪实，则知礼节；衣食足，则知荣辱；上服度，则六亲固。四维张，则君令行。故省刑之要，在禁文巧，守国之度，在饰四维，顺民之经，在明鬼神，祇山川，敬宗庙，恭祖旧。不务天时，则财不生；不务地利，则仓廪不盈；野芜旷，则民乃菅，上无量，则民乃妄。文巧不禁，则民乃淫，不璋两原，则刑乃繁。不明鬼神，则陋民不悟；不祇山川，则威令不闻；不敬宗庙，则民乃上校；不恭祖旧，则孝悌不备；四维不张，国乃灭亡。右国颂
>
> ……
>
> 错国于不倾之地，积于不涸之仓，藏于不竭之府，下令于流水之原，使民于不争之官，明必死之路，开必得之门。不为不可成，不求不可得，不处不可久，不行不可复。错国于不倾之地者，授有德也；积于不涸之仓者，务五谷也；藏于不竭之府者，养桑麻育六畜也；下令于流水之原者，令顺民心也；使民于不争之官者，使各为其所长也；明必死之路者，严刑罚也；开必得之门者，信庆赏也；不为不可成者，量民力也；不求不可得者，不强民以其所恶也；不处不可久者，不偷取一世也；不行不可复者，不欺其民也；故授有德，则国安；务五谷，则食足；养桑麻，育六畜，则民富；令顺民心，则威令行；使民各为其所长，则用备；严刑罚，则民远邪；信庆赏，则民轻难；量民力，则事无不成；不强民以其所恶，则轴伪不生；不偷取一世，则民无怨心；不欺其民，则下亲其上。右十一经

一句"仓廪实，则知礼节；衣食足，则知荣辱"可以说道尽了《管子》的精髓。很明显，《管子》不可能是神学氛围仍然浓厚的春秋时代的作品，它反映的只能是实证时代的思想。它与《荀子》、《墨子》一样，都是着眼于社会问题的解决。要说它们之间有什么不同，那就是，《荀子》和《墨子》分别是站在后期儒家君子和后期墨家士君子的立场来阐述他们的治国方略，而《管子》书则主要是从统治者——管理者的角度来提出自己的理政主张。另外，《管子》的一大特色是它更着重于从经济学的视角来表达自己管治社会的设想，这是《荀子》书与《墨子》书所缺少的。我们

---

① 《经言》部分的《幼官图》与《幼官》重合。

可以看一看很有代表性的《乘马》篇的相关段落：

市者，货之准也。是故百货贱，则百利不得。百利不得，则百事治。百事治，则百用节矣；是故事者生于虑，成于务，失于傲。不虑则不生，不务则不成，不傲则不失，故曰：市者可以知治乱，可以知多寡，而不能为多寡，为之有道。右务市事

黄金者，用之量也。辨于黄金之理，则知侈俭。知侈俭，则百用节矣，故俭则伤事，侈则伤货；俭则金贱，金贱则事不成，故伤事。侈则金贵，金贵则货贱，故伤货。货尽而后知不足，是不知量也，事已，而后知货之有余，是不知节也，不知量，不知节不可，为之有道。

天下乘马服牛，而任之轻重有制，有壹宿之行，道之远近有数矣。是知诸侯之地千乘之国者，所以知地之小大也，所以知任之轻重也；重而后损之，是不知任也；轻而后益之，是不知器也。不知任不知器不可，为之有道。

地之不可食者，山之无木者，百而当一。涸泽，百而当一。地之无草木者，百而当一。樊棘杂处，民不得入焉，百而当一。薮，鎌缠得入焉，九而当一。蔓山，其木可以为材，可以为轴，斤斧得入焉，九而当一。泛山，其木可以为棺，可以为车，斤斧得入焉，十而当一。流水，网罟得入焉，五而当一。林，其木可以为棺，可以为车，斤斧得入焉，五而当一。泽，网罟得入焉，五而当一。命之曰地均，以实数。

方六里，命之曰暴。五暴命之曰部。五部命之曰聚。聚者有市，无市则民乏。五聚命之曰某乡，四乡命之曰方，官制也。官成而立邑。五家而伍，十家而连，五连而暴。五暴而长，命之曰某乡。四乡命之曰都，邑制也，邑成而制事。四聚为一离，五离为一制，五制为一田，二田为一夫，三夫为一家，事制也。事成而制器，方六里，为一乘之地也。一乘者，四马也。一马其甲七，其蔽五。四乘，其甲二十有八，其蔽二十。白徒三十人奉车两，器制也。

方六里，一乘之地也。方一里，九夫之田也。黄金一镒，百乘一宿之尽也，无金则用其绢。季绢三十三制当一镒，无绢则用其布。经暴布百两当一镒，一镒之金，食百乘之一宿，则所市之地，六灸一斗，命之曰中岁。

有市，无市则民不乏矣。方六里，名之曰社，有邑焉，名之曰央，亦关市之赋。黄金百镒为一箧，其货一谷笼为十箧。其商苟在市者三十人。其正月十二月，黄金一镒，命之曰正。分春曰书比，立夏曰月程，秋曰大稽。与民数得亡。

三岁修封，五岁修界。十岁更制，经正也。十仞见水不大潦，五尺见水不大旱，十一仞见水轻征，十分去二三，二则去三四，四则去四，五则去半，比之

于山。五尺见水，十分去一，四则去三，三则去二，二则去一，三尺而见水，比之于泽。

距国门以外，穷四竟之内，丈夫二犁，童五尺一犁，以为三日之功。正月，令农始作，服于公田农耕，及雪释，耕始焉，芸卒焉。士闻见博，学意察，而不为君臣者，与功而不与分焉。贾知贾之贵贱，日至于市，而不为官贾者，与功而不与分焉。工治容貌功能，日至于市，而不为官工者，与功而不与分焉。不可使而为工，则视货离之实而出夫粟。

现本《管子》书最后一部分是所谓《管子·轻重》，对《管子》时代的经济管理思想作了深入的发挥，很显然，这是《管子》学派后人的发扬光大；另《管子》书《侈靡》篇提出了与《墨子·节用》篇完全相反的思想主张，它认为，"侈靡"式的消费可以有它的正面作用，既可以促进生产，又可以有助于君主的管治。这些思想主张无疑只能是《墨子》书同时代或稍后的思想结晶。

《管子》书的实证性还表现在它的《幼官》篇，《幼官》是《玄宫》的误写，"玄宫"即是"明堂"，是古代帝王宣明政教的地方，凡国家重大的政教礼仪活动都会在这里进行。在《吕氏春秋》中，《十二纪》每一篇的开篇部分都是由星辰的位置和物候的状况开始，继之以人事的作为及相关的禁忌结尾，表现出吕子时代古典中国人"天人合一、人附天数"的思维模式，构成了《吕氏春秋》文本独有的特色。我们看到，在《管子·幼官》中，也有模仿的部分：

春行冬政，肃。行秋政，雷。行夏政，阉。十二，地气发，戒春事。十二，小卯，出耕。十二，天气下，赐与。十二，义气至，修门闾。十二，清明，发禁。十二，始卯，合男女。十二，中卯。十二，下卯。三卯同事，八举时节。君服青色，味酸味，听角声，治燥气，用八数，饮于青后之井。以羽兽之火爨。藏不忍，行驱养。坦气修通，凡物开静，形生理。合内空周外。强国为圈，弱国为属。动而无不从，静而无不同。举发以礼，时礼必得。和好不基。贵贱无司，事变日至。此居于图东方方外。

夏行春政，风。行冬政，落。重则雨雹。行秋政，水。十二，小郢至，德。十二，绝气下，下爵赏。十二，中郢，赐与。十二，中绝，收聚。十二，大暑至，尽善。十二，中暑。十二，小暑终。三暑同事。七举时节，君服赤色，味苦味，听羽声，治阳气，用七数。饮于赤后之井。以毛兽之火爨。藏薄纯，行笃厚，坦气修通，凡物开静，形生理。定府官，明名分，而审责于群臣有司，则下不乘上，贱不乘贵，法立数得，而无比周之民，则上尊而下卑，远近不乖。此居于图南方方外。

秋行夏政，叶。行春政，华。行冬政，秏。十二，期风至，戒秋事。十二，小卯，薄百爵。十二，白露下，收聚。十二，复理，赐与。十二，始节赋事。十二，始卯，合男女。十二，中卯。十二，下卯。三卯同事。九和时节，君服白色，味辛味，听商声，治湿气，用九数。饮于白后之井。以介虫之火爨。藏恭敬，行搏锐，坦气修通，凡物开静，形生理。闲男女之畜，修乡间之什伍。量委积之多寡，定府官之计数。养老弱而勿通，信利周而无私。此居于图西方方外。

冬行秋政，雾。行夏政，雷。行春政，烝泄。……

不过，只要我们从观相历史学方面去考察，就不难明白，《吕氏春秋·十二纪》的人附天数思想是古典中国文化精神的自然表达，用斯宾格勒的话说，它是从古典文化的土壤中自然成长起来的，是古典文化景观中的有机成分。它是古典心灵对古典人类生活与经验不经意的总结归纳；而《管子·幼官》篇的相关内容则明显是古典中国进入“文明”期以后，文明的才智出于实用的目的对古典遗产的改造。按斯宾格勒的理解，前者是生长出来的，是心灵对生活的自然领悟；而后者则是脱离了生活的才智在书斋中冥想出来的东西。关键是，《十二纪》包含有浓厚的“法天地”类宗教情怀，而《幼官》篇则完全是社会治理的实用安排。《管子·幼官》篇进一步表明了《管子》书是实证时代的作品。

二

与此相关的是，《管子》还有不少站在君主立场对“法”的观点看法，强调“法令”在治理国家中的重要性，《法禁》、《重令》、《法法》、《任法》、《明法》和《正世》等篇表达了《管子》“法治”思想，同样是《管子》书一个极重要的特色。其中有代表性的有《任法》和《明法》两篇。

《任法》：

圣君任法而不任智，任数而不任说，任公而不任私，任大道而不任小物，然后身佚而天下治，失君则不然，舍法而任智，故民舍事而好誉。舍数而任说，故民舍实而好言。舍公而好私，故民离法而妄行。舍大道而任小物，故上劳烦，百姓迷惑，而国家不治。圣君则不然，守道要，处佚乐，驰骋弋猎，钟鼓竽瑟，宫中之乐，无禁圉也，不思不虑，不忧不图，利身体，便形躯，养寿命，垂拱而天下治。是故人主有能用其道者不事心，不劳意，不动力，而土地自辟，囷仓自实，蓄积自多，甲兵自强，群臣无轴伪，百官无奸邪，奇术技艺之人，莫敢高言孟行，以过其情，以遇其主矣。昔者尧之治天下也，犹埴之在埏也，唯陶之所以为。犹金之在垆，恣冶之所以铸。其民引之而来，推之而往，使之而成，禁之而止，故尧之治也，善明法禁之令而已矣。黄帝之治天下也，其民不引而来，不推而往，不使而成，不禁而止。故黄帝之治也，置法而不变，使民安其法者也，所谓仁义礼乐者皆出于法，此先圣之所以一民者也。周书曰：国法不一，则有国者不祥。民不道法则不祥，国更立法以典民则不祥，群臣不用礼义教训则不祥。百官服事者离法而治则不祥。故曰：法者，不可不恒也。存亡治乱之所从出，圣君所以为天下大仪也。君臣上下贵贱皆发焉，故曰：法古之法也。世无请谒任举之人，无间识博学辩说之士，无伟服，无奇行，皆囊于法以事其主。故明王之所恒者二：一曰明法而固守之。二曰禁民私而收使之，此二者，主之所恒也。夫法者，上之所以一民使下也。私者，下之所以侵法乱主也；故圣君置仪设法而固守之，然故谌杵习士，闻识博学之人不可乱也。众强富贵私勇者不能侵也，信近亲爱者不能离也，珍怪奇物不能惑也，万物百事非在法之中者不能动也；故法者天下之至道也，圣君之实用也。……夫君臣者，天地之位也。民者，众物之象也，各立其所职以待君令，群臣百姓安得各用其心而立私乎。故遵主令而行之，虽有伤败无罚。非主令而行之，虽有功利，罪死，然故下之事上也，如响之应声也，臣之事主也，如影之从形也。故上令而下应，主行而臣从，此治之道也。夫非主令，而行有功利，因赏之，是教妄举也。遵主令而行之，有伤败而罚之，是使民虑利害而离法也。群臣百姓人虑利害，而以其私心举措，则法制毁而令不行矣。

《明法》：

所谓治国者，主道明也。所谓乱国者，臣术胜也。夫尊君卑臣，非计亲也，以埶胜也。百官识，非惠也，刑罚必也。故君臣共道则乱，专授则失，夫国有四亡：令求不出，谓之灭。出而道留，谓之拥。下情求而不上通，谓之塞。下情上而道止，谓之侵。故夫灭侵塞拥之所生，从法之不立也。是故先王之治国也，不淫意于法之外。不为惠于法之内也。动无非法者，所以禁过而外私也。威不两错，政不二门，以法治国，则举错而已。是故有法度之制者，不可巧以轴伪；有权衡之称者，不可欺以轻重；有寻丈之数者，不可差以长短；今主释法以誉进能，则臣离上而下比周矣；以党举官，则民务交而不求用矣；是故官之失其治也，是主以誉为赏，以毁为罚也。然则喜赏恶罚之人离公道而行私术矣，比周以相为匿，是忘主死交以进其誉，故交众者誉多。外内朋党，虽有大奸，其蔽主多矣；是以忠臣死于非罪，而邪臣起于非功，所死者非罪，所起者非功也，然则为人臣者重私而轻公矣。十至私人之门，不一至于庭。百虑其家，不一图国。属数虽众，非以尊君也。百官虽具，非以任国也。此之谓国无人。国无人者，非朝臣之衰也，家与家务于相益，不务尊君也。大臣务相贵而不任国，小臣持禄养交，不以官为事，故官失其能。是故先王之治国也，使法择人，不自举也。使法量功，不自度也。故能匿而不可蔽，败而不可饰也，誉者不能进，而诽者不能退也，然则君臣之间明别，明别则易治也。主虽不身下为，而守法为之可也。

从上引两篇文字中，不难看出《管子》书的实证特质。我们知道，在以《吕氏春秋》为代表的启蒙时代，“法”代表的是上天的意志，具有相当的神圣意味，所以墨者巨子会说“墨子之法，天下之大义也”[①]。“法”与“义”是可以互换的概念，从本然存在的角度叫“法”，从人们对它的自觉尊崇来说，就叫“义”，在本质上，它们是一回事。《吕氏春秋》的一个中心观念就是“法天地”，“法”的终极源头在上天祖先鬼神那里，它具有相当的信仰色彩和虔敬的意含。但是，我们在《管子》中所看到的“法”完全是日常社会管理的最有效工具，一点虔诚信仰的意思都没有，这更充分地表明了《管子》书的实证性。

总之，从文化形态学的角度来看，《管子》与《荀子》属于相同的历史阶段，是古典中国进入“文明”（狭义）时期后的作品。

第四节　实利主义的极致——《商君书》

一

斯宾格勒说：“清教以后的两个世纪，关于世界的机械论概念达到了登峰造极的地步。这种概念也成为那个时代强有力的宗教。”[②]

在古典中国，《商君书》代表一个时代精神。在《商君书》中，国家的要务固然在富国强兵，但它已经把政治的意义集中到了“农”与“战”两个方面，实则是一个方面，所谓“壹”。只有“壹于农与战”才是唯一道理，其他的全是虚假多余：

---

① 《吕氏春秋·贵公》。

② ［德］奥·斯宾格勒：《西方的没落》第二卷，吴琼译，第285页。

凡将立国，制度不可不时也，治法不可不慎也，国务不可不谨也，事本不可不抟也。制度时，则国俗可化，而民从制。治法明，则官无邪。国务壹，则民应用。事本抟，则民喜农而乐战。夫圣人之立法化俗，而使民朝夕从事于农也，不可不知也。夫民之从事死制也，以上之设荣名，置赏罚之明也。不用辩说私门而功立矣，故民之喜农而乐战也。见上之尊农战之士，而下辩说技艺之民，而贱游学之人也，故民壹务；其家必富，而身显于国。上开公利而塞私门，以致民力，私劳不显于国，私门不请于君。若此而功名劝，则上令行而荒草辟，淫民止而奸无萌。治国能抟民力而壹民务者强，能事本而禁末者富。

夫圣人之治国也，能抟力，能杀力。制度察则民力抟，抟而不化则不行，行而无富则生乱。故治国者，其抟力也，以富国强兵也；其杀力也，以事敌劝农也。夫开而不塞则短长，长而不攻则有奸；塞而不开则民浑，浑而不用则力多，力多而不攻则有虱。故抟力以壹务也，杀力以攻敌也。治国贵民壹；民壹则朴，朴则农，农则易勤，勤则富。富者废之以爵，不淫；淫者废之以刑而务农。故能抟力而不能用者，必乱；能杀力而不能抟者，必亡。故明君知齐二者，其国强；不知齐二者，其国削。

夫民之不治者，君道卑也；法之不明者，君长乱也。故明君不道卑，不长乱，秉权而立，垂法而治，以得奸于上而官无不，赏罚断而器用有度。若此则国制明而民力竭，上爵尊而伦徒举。今世主皆欲治民，而助之以乱；非乐以为乱也，安其故而不窥于时也。是上法古而得其塞，下修今而不时移，而不明世俗之变，不察治民之情，故多赏以致刑，轻刑以去赏。夫上设刑而民不服，赏匮而奸益多。故上之于民也，先刑而后赏。故圣人之为国也，不法古，不修今，因世而为之治，度俗而为之法。故法不察民之情而立之，则不成；治宜于时而行之，则不干。故圣王之治也，慎为察务，归心于壹而已矣。①

如何搞好农业，关键在垦草。为了做好垦草，其他都可以牺牲：

无宿治，则邪官不及为私利于民，而百官之情不相稽。百官之情不相稽，则农有余日。邪官不及为私利于民，则农不敝。农不敝而有余日，则草必垦矣。

訾粟而税，则上壹而民平。上壹则信，信则官不敢为邪。民平则慎，慎则难变。上信而官不敢为邪，民慎而难变，则下不非上，中不苦官。下不非上，

① 《商君书·壹言》

中不苦官，则壮民疾农不变。壮民疾农不变，则少民学之不休。少民学之不休，则草必垦矣。

无以外权任爵与官，则民不贵学问，又不贱农。民不贵学则愚，愚则无外交，无外交则勉农而不偷。民不贱农，则国安不殆。国安不殆，勉农而不偷，则草必垦矣。

禄厚而税多，……则草必垦矣。

使商无得籴，……则草必垦矣。

声服无通于百县，……则草必垦矣。

无得取庸，……则草必垦矣。

废逆旅，……则草必垦矣。

壹山泽，……则草必垦矣。

贵酒肉之价，……则草必垦矣。

重刑而连其罪，……则草必垦矣。

使民无得擅徙，……则草必垦矣。

均出余子之使令，……则草必垦矣。

国之大臣、诸大夫，……皆不得为，……则草必垦矣。

令军市无有女子，……则草必垦矣。

百县之治一形，……则草必垦矣。

重关市之赋，……则草必垦矣。

令送粮无得取僦，……则草必垦矣。

无得为罪人请于吏而饟食之，……则草必垦矣。①

为了能打胜仗，就必须有相应的实实在在与"实利"挂钩的奖罚措施：

能攻城围邑斩首八千已上，则盈论；野战斩首二千，则盈论。吏自操及校以上大将，尽赏行间之吏也。故爵公士也，就为上造也。故爵上造，就为簪袅。故爵簪袅，就为不更。故爵不更，就为大夫。爵吏而为县尉，则赐虏六，加五千六百。爵大夫而为国尉，就为官大夫。故爵官大夫，就为公大夫。故爵公大夫，就为公乘。故爵公乘，就为五大夫，则税邑三百家。故爵五大夫，就为庶长；故爵庶长，就为左更；故爵三更也，就为大良造，皆有赐邑三百家，有赐税三百家。爵五大夫有税邑六百家者，受客。大将御参，皆赐爵三级。故客卿相论盈，就正卿。以战故，暴首三，乃校三日，将军以不疑致士大夫劳

① 《商君书·垦草》。

爵。夫劳爵，其县过三日，有不致士大夫劳爵，能。其县四尉，訾由丞尉，能得甲首一者，赏爵一级，益田一顷，益宅九亩。级除庶子一人，乃得入兵官之吏。[1]

在这个时代精神看来，世界除了农与战，其他都是虚假的。农耕可以生产粮食，征战可以得到土地和人民，最终还是体现在粮食生产上。在这种人的心目中，只是粮食才是唯一能够感受到的。这正是斯宾格勒的所谓“唯物主义”的时代，是典型的文化冬天的标志。

言谈游说最是“无用”空疏，所以人主必须禁绝：

夫民之亲上死制也，以其旦暮从事于农。夫民之不可用也，见言谈游士事君之可以尊身也，商贾之可以富家也，技艺之足以糊口也。民见此三者之便且利也，则必避农；避农则民轻其居，轻其居则必不为上守战也。凡治国者，患民之散而不可抟也，是以圣人作壹，抟之也。国作壹一岁者，十岁强；作壹十岁者，百岁强；作壹百岁者，千岁强，千岁强者王。君修赏罚以辅壹教，是以其教有所常，而政有成也。王者得治民之至要，故不待赏赐而民亲上，不待爵禄而民从事，不待刑罚而民致死。国危主忧，说者成伍，无益于安危也。夫国危主忧也者，强敌大国也。人君不能服强敌，破大国也，则修守备，便地形，抟民力以待外事，然后患可以去，而王可致也。是以明君修政作壹，去无用，止畜学事淫之民，壹之农，然后国家可富，而民力可抟也。

今世主皆忧其国之危而兵之弱也，而强听说者。说者成伍，烦言饰辞，而无实用。主好其辩，不求其实。说者得意，道路曲辩，辈辈成群。民见其可以取王公大人也，而皆学之。夫人聚党与说议于国，纷纷焉小民乐之，大人说之。故其民农者寡，而游食者众；众则农者怠，农者怠则土地荒。学者成俗，则民舍农，从事于谈说，高言伪议，舍农游食，而以言相高也。故民离上而不臣者，成群。此贫国弱兵之教也。夫国庸民以言，则民不畜于农。故惟明君知好言之不可以强兵辟土也。惟圣人之治国，作壹，抟之于农而已矣。

在这样的意识中，除了现实的物质利益，任何形而上的东西，任何古老传统和悠久信仰都是多余的。

---

① 《商君书·境内》。

二

在中国文化中，第一个也是唯一以公然贬斥诗书礼义为特征的古籍就是《商君书》，它在中国文化史上是有其独特地位的。我们知道在传世典籍中，不少文本都有对古典价值不太恭敬的地方，但唯有《商君书》从头到尾都是与诗书礼义对着干的。请看：

国有礼有乐，有诗有书，有善有修，有孝有弟，有廉有辩——国有十者，上无使战，必削至亡；国无十者，上有使战，必兴至王。国以善民治奸民者，必乱至削；国以奸民治善民者，必治至强。国用诗书礼乐孝弟善修治者，敌至必削国，不至必贫国。不用八者治，敌不敢至，虽至，必却；兴兵而伐，必取，取必能有之；按兵而不攻，必富。国好力，曰"以难攻"；国好言，曰"以易攻"。国以难攻者，起一得十；以易攻者，出十亡百。①

今上论材能知慧而任之，则知慧之人希主好恶使官制物，以适主心。是以官无常，国乱而不壹，辩说之人而无法也。如此，则民务焉得无多，而地焉得无荒？诗、书、礼、乐、善、修、仁、廉、辩、慧，国有十者，上无使守战。国以十者治，敌至必削，不至必贫。国去此十者，敌不敢至；虽至，必却；兴兵而伐，必取；按兵不伐，必富。国好力者，曰"以难攻"，以难攻者必兴；好辩者，曰"以易攻"，以易攻者必危。故圣人明君者，非能尽其万物也，知万物之要也。故其治国也，察要而已矣。②

今则不然。世主之所以加务者，皆非国之急也。身有尧舜之行，而功不及汤武之略者，此执柄之罪也。臣请语其过。夫治国舍势而任谈说，则身劳而功寡。故事诗书谈说之士，则民游而轻其上；事处士，则民远而非其上；事勇士，则民竞而轻其禁；技艺之士用则民剽而易徙；商贾之士佚且利，则民缘而议其上。故五民加于国用，则田荒而兵弱。谈说之士，资在于口；处士，资在于意；勇士，资在于气；技艺之士，资在于手；商贾之士，资在于身。故天下一宅，而圜身资民；资重于身，而偏讬势于外。挟重资，归偏家，尧舜之所难也；故汤武禁之，则功立而名成。圣人非能以世之所易，胜其所难也；必以其

---

① 《商君书·去强》。

② 《商君书·农战》。

所难，胜其所易。故民愚，则知可以胜之；世知，则力可以胜之。民愚，则易力而难巧；世巧，则易知而难力。故神农教耕而王天下，师其知也；汤武致强而征诸侯，服其力也。今世巧而民淫，方仿汤武之时，而行神农之事，以随世禁，故千乘惑乱。此其所加务者，过也。[①]

六虱：曰礼乐，曰诗书，曰修善，曰孝弟，曰诚信，曰贞廉，曰仁义，曰非兵，曰羞战。国有十二者，上无使农战，必贫至削。十二者成群，此谓君之治不胜其臣，官之治不胜其民，此谓六虱胜其政也。十二者成朴，必削。是故兴国不用十二者，故其国多力，而天下莫之能犯也。兵出必取，取必能有之；按兵而不攻，必富。朝廷之吏，少者不毁也，多者不损也。效功而取官爵，虽有辩言，不得以相干也，此谓以数治。以力攻者，出一取十，以言攻者，出十亡百。国好力，此谓"以难攻"；国好言，此谓"以易攻"。[②]

所谓壹教者，博闻、辩慧、信廉、礼乐、修行、群党、任誉、清浊不可以富贵，不可以评刑，不可独立私议以陈其上，坚者破，锐者挫，虽曰圣知、巧佞、厚朴，则不能以非功罔上利然。富贵之门，要存战而已矣。彼能战者，践富贵之门，强梗焉，有常刑而不赦。是父兄、昆弟、知识、婚姻、合同者皆曰："务之所加，存战而已矣。"夫故当壮者务于战，老弱者务于守；死者不悔，生者务劝。此臣之所谓壹教也。民之欲富贵也，共阖棺而后止。而富贵之门，必出于兵。是故民闻战而相贺也；起居饮食所歌谣者，战也。此臣之所谓"明教之犹，至于无教也"[③]。

圣人知必然之理，必为之时势；故为必治之政，战必勇之民，行必听之令。是以兵出而无敌，令行而天下服从。黄鹄之飞，一举千里，有必飞之备也。麒麟騄駬，日行千里，有必走之势也。虎豹熊罴，鸷而无敌，有必胜之理也。圣人见本然之政，知必然之理，故其制民也，如以高下制水，如以燥湿制火。故曰：仁者能仁于人，而不能使人仁；义者能爱于人，而不能使人爱。是以知仁义之不足以治天下。圣人有必信之性，又有使天下不得不信之法。所谓义者，为人臣忠，为人子孝，少长有礼，男女有别；非其义也，饿不苟食，死不苟生。此乃有法之常也。圣王者不贵义而贵法，法必明，令必行，则已矣。[④]

今世君不然，释法而以知，背功而以誉，故军士不战而农民流徙。臣闻道

---

① 《商君书·算地》。

② 《商君书·靳令》。

③ 《商君书·赏刑》。

④ 《商君书·画策》。

> 民之门，在上所先。故民可令农战，可令游宦，可令学问在上所与。上以功劳与，则民战；上以诗书与，则民学问。民之于利也，若水于下也，四旁无择也。民徒可以得利而为之者，上所与也。瞠目扼腕而语勇者得，垂衣裳而谈说者得，迟日旷久积劳私门者得，尊向三者，无功而皆可以得。民去农战而为之，或谈议而索之，或事便辟而请之，或以勇争之。故农战之民日寡，而游食者愈众，则国乱而地削，兵弱而主卑。此其所以然者，释法制而任名誉也。[①]

这使我们想起汉高帝刘邦。这位大帝就以对诗书和文学之士的厌恶在历史上留下非同寻常的印迹。最有名的记载出自《陆贾传》：

> 陆生时时前说称诗书。高帝骂之曰："乃公居马上而得之，安事诗书！"

应该说，不喜欢诗书文学之士在当时是有它的时代背景的，绝不是刘邦的个人癖好。但我们必须说，即使在秦汉之际这个古典中国沉沦的年代，恐怕也很难找到一个比刘邦更不屑古典价值、缺乏道德良知的人了。

我们不在刘邦个人的品行上多费笔墨，我们现在要说的是，《商君书》就是刘邦时代（汉代）的一个典型文本，它最能反映那个时代的心声。这是历史观相术告诉我们的一个基本事实。

未来的中国学术必须要有一个基本的决断：一本古书与它的被托附之人并没有直接的关联，特别是不能想当然地把古书认定是被托附之人的手笔或认为是其思想的直接转述。这本来是一个很简单的事实，但对于过于沉溺于传统思维中的人来说，要实现这一突破确实需要充分的思想解放。

观相的历史告诉我们，商君的时代虽然有了很多变法改革的措施，但那个时代的人还断断不敢公然蔑视代表古典信仰的"诗书"。只要我们好好去体会《吕氏春秋》的精神，就能很强烈地感受到这一点。

这里我们要再次指出一个历史事实：刘邦与始皇，前者是费拉中国的引领者，后者是古典中国的守护人，尽管前者表面上是一个成功者，而后者则在后人的抹黑中成了一个暴君。

---

① 《商君书·君臣》。

第五节　《淮南子》对唯利主义的反省

《淮南子》是一本可以与《吕氏春秋》相比拟的作品。

《吕氏春秋》以“法天地”作为它的指导思想，主观上它无疑想成为大一统秦王朝的治国方略，客观上它构成了古典中国文化时代的“总结性体系”。尽管《淮南子》没有在文字上公开表明它想与《吕氏春秋》一争高下的企图，但“统天下，理万物，应变化，通殊类”[①]的主旨表明了它其实有相当的雄心。我们现在知道，在客观上，《淮南子》对当时的诸子百家进行了反省和超越。

在以《墨子》书、《商君书》为代表的古典中国实利主义时代，《淮南子》难得地表现出了反省和超越思维。它认为，要把天下治理好，把握无形之“道”是最重要的。无论是墨家的“尚贤”、“尚同”、“节用”、“非乐”，儒家的“制礼作乐”，还是法家的“明法正名”，对于治理天下，虽然也各有价值，但都只有局部的意义，正所谓：

> 百家异说，各有所出。若夫墨、杨、申、商之于治道，犹盖之无一橑，而轮之无一辐。有之可以备数，无之未有害于用也；己自以为独擅之，不通之于天地之情也。[②]

它们的特点是顾此失彼，“不能通于万方之际”：

> 然而奚仲不能为逄蒙，造父不能为伯乐者，是曰谕于一曲，而不通于万方之际也。

《淮南子》的使命就是要超越这些“谕于一曲”的诸子百家。《淮南子》认为，只有超越性的“道”才是治理天下的要义：

> 夫道者，覆天载地，廓四方，柝八极，高不可际，深不可测，包裹天地，禀授无形；原流泉浡，冲而徐盈；混混滑滑，浊而徐清。故植之而塞于天地，横之而弥于四海；施之无穷，而无所朝夕。舒之幎于六合，卷之不盈于一握。约而能

---

① 《淮南子·要略》。

② 《淮南子·俶真训》。

张，幽而能明，弱而能强，柔而能刚，横四维而含阴阳，紘宇宙而章三光。甚淖而滒，甚纤而微。山以之高，渊以之深，兽以之走，鸟以之飞，日月以之明，星历以之行，麟以之游，凤以之翔。[1]

懂得“大道”奥秘之人，治理天下就像冯夷和大丙的御马一样，轻松自在而功效显著，所以做任何事情最要紧的是弄清楚“道理”。如果是“释大道而任小数”就肯定会“劳而无功”：

夫临江而钓，旷日而不能盈罗，虽有钩箴芒距、微纶芳饵，加之以詹何、娟之数，犹不能与网罟争得也。……夫释大道而任小数，无以异于使蟹捕鼠，蟾蠩捕蚤，不足以禁奸塞邪，乱乃逾滋。……故体道者逸而不穷，任数者劳而无功。夫峭法刻诛者，非霸王之业也；箠策繁用者，非致远之术也。离朱之明，察箴末于百步之外，不能见渊中之鱼；师旷之聪，合八风之调，而不能听十里之外。故任一人之能，不足以治三亩之宅也。修道理之数，因天地之自然，则六合不足均也。是故禹之决渎也，因水以为师；神农之播谷也，因苗以为教。……由此观之，万物固以自然，圣人又何事焉？[2]

所以在《淮南子》们看来，儒、墨、法百家，申、韩、商鞅诸子都是“劳而无功”之辈，因为他们都没有能明白“是故天下之事，不可为也，因其自然而推之；万物之变，不可究也，秉其要归之趣”之道理，所以无法达到“体道者逸而无穷”的境界。

《淮南子》对于“道”给予了极度的提倡，这从它对“道”的文字描述就可以看出：

道至高无上，至深无下，平乎准，直乎绳，圆乎规，方乎矩，包裹宇宙而无表里，洞同覆载而无所碍。[3]

太清问于无穷曰：“子知道乎？”无穷曰：“吾弗知也。”又问于无为曰：“子知道乎？”无为曰：“吾知道。”“子之知道亦有数乎？”无为曰：“吾知道有数。”曰：“其数奈何？”无为曰：“吾知道之可以弱，可以强；可以柔，可以刚；可以阴，可以阳；可以窈，可以明；可以包裹天地，可以应待无方。此吾所以知道之数也。”太清又问于无始曰：“向者，吾道于无穷，曰：‘吾弗知之。’又问于无为，无

---

① 《淮南子·原道训》。
② 《淮南子·原道训》。
③ 《淮南子·缪称训》。

为曰：'吾知道。'曰：'子之知道，亦有数乎？'无为曰：'吾知道有数。'曰：'其数奈何？'无为曰：'吾知道之可以弱，可以强；可以柔，可以刚；可以阴，可以阳；可以窈，可以明；可以包裹天地，可以应待无方。吾所以知道之数也。'若是，则无为知与无穷之弗知，孰是孰非？"无始曰："弗知之深，而知之浅；弗知内，而知之外；弗知精，而知之粗。"太清仰而叹曰："然则不知乃知邪？知乃不知邪？孰知知之为弗知，弗知之为知邪？"无始曰："道不可闻，闻而非也；道不可见，见而非也；道不可言，言而非也。孰知形之不形者乎？"。①

光耀问于无有曰："子果有乎？其果无有乎？"无有弗应也。光耀不得问，而就视其状貌，冥然、忽然，视之不见其形，听之不闻其声，搏之不可得，望之不可极也。光耀曰："贵矣哉！孰能至于此乎！予能有无矣，未能无无也；及其为无无，又何从至于此哉！"②

洞同天地，浑沌为朴，未造而成物，谓之太一。同出于一，所为各异，有鸟、有鱼、有兽，谓之分物。方以类别，物以群分，性命不同，皆形于有。隔而不通，分而为万物，莫能及宗，故动而谓之生，死而谓之穷。皆为物矣，非不物而物物者也，物物者亡乎万物之中。③

魄问于魂曰："道何以为体？"曰："以无有为体。"魄曰："无有有形乎？"魂曰："无有。""何得而闻也？"魂曰："吾直有所遇之耳。视之无形，听之无声，谓之幽冥。幽冥者，所以喻道，而非道也。"魄曰："吾闻得之矣。乃内视而自反也。"魂曰："凡得道者，形不可得而见，名不可得而扬。今汝已有形名矣，何道之所能乎！"魄曰："言者，独何为者？""吾将反吾宗矣。"魄反顾，魂忽然不见，反而自存，亦以沦于无形矣。④

为了强调无形之"道"的重要性，淮南子们几乎把所有能够想象出来的词语和意象都用上了，而他们的本意无非是指出"道"的超越性、"道"的优越性。

或许是这种无形之道太有吸引力了，《淮南子》已经没有了《吕氏春秋》"法天地"的情怀，它的终极关怀在不知不觉中变成了"得道"，也就是，能否成为自足自得的圣人、至人、真人才是淮南子们最关心的问题。这表明，《淮南子》的理想变成了一种对个人幸福的追求。

---

① 《淮南子·道应训》。
② 《淮南子·道应训》。
③ 《淮南子·诠言训》。
④ 《淮南子·说山训》。

古之人有居岩穴而神不遗者，末世有势为万乘而日忧悲者。由此观之，圣亡乎治人，而在于得道；乐亡乎富贵，而在于德和。知大己而小天下，则几于道矣。所谓乐者，岂必处京台、章华，游云梦、沙丘，耳听《九韶》、《六莹》，口味煎熬芬芳。驰骋夷道，钓射鹔鷞之谓乐乎？吾所谓乐者，人得其得者也。夫得其得者，不以奢为荣，不以廉为悲，与阴俱闭，与阳俱开。故子夏心战而臞，得道而肥。圣人不以身役物，不以欲滑和，是故其为欢不忻忻，其为悲不惙惙。万方百变，逍遥而无所定，吾独慷慨，遗物而与道同出。是故有以自得之也，乔木之下，空穴之中，足以适情；无以自得也，虽以天下为家，万民为臣妾，不足以养生也。能至于无乐者，则无不乐；无不乐，则至极乐矣！

……

吾所谓得者，性命之情处其所安也。夫性命者，与形俱出其宗。形备而性命成，性命成而好憎生矣。故士有一定之论，女有不易之行，规矩不能方圆，钩绳不能曲直。天地之永，登丘不可为修，居卑不可为短。是故得道者，穷而不慑，达而不荣，处高而不机，持盈而不倾，新而不朗，久而不渝，入火不焦，入水不濡。是故不待势而尊，不待财而富，不待力而强，平虚下流，与化翱翔。若然者，藏金于山，藏珠于渊，不利货财，不贪势名。是故不以康为乐，不以慊为悲，不以贵为安，不以贱为危，形神气志，各居其宜，以随天地之所为。

夫形者，生之所也；气者，生之元也；神者，生之制也。一失位，则三者伤矣。是故圣人使人各处其位，守其职，而不得相干也。故夫形者非其所安也而处之则废，气不当其所充而用之则泄，神非其所宜而行之则昧。此三者，不可不慎守也。夫举天下万物，蚑蛲贞虫，蠕动蚑作，皆知其喜憎利害者，何也？以其性之在焉而不离也。忽去之，则骨肉无伦矣。今人之所以眭然能视，瞀能听，形体能抗，而百节可屈伸，察能分白黑、视丑美，而知能别同异、明是非者，何也？气为之充而神为之使也。何以知其然也？凡人之志，各有所在，而神有所系者，其行也，足蹪趎埳、头抵植木而不自知也，招之而不能见也，呼之而不能闻也。耳目非去之也，然而不能应者，何也？神失其守也。故在于小则忘于大，在于中则忘于外，在于上则忘于下，在于左则忘于右；无所不充，则无所不在。是故贵虚者，以毫末为宅也。①

正由于《淮南子》的人生理想取决于“精神”上的自足自愉，外部世界的现实状态已经没有多少意义了，所以它情不自禁地有一种虚无主义的倾向：

① 《淮南子·原道训》。

夫大块载我以形，劳我以生，逸我以老，休我以死。善我生者，乃所以善我死也。夫藏舟于壑，藏山于泽，人谓之固矣。虽然，夜半有力者负而趋，寐者不知，犹有所遁。若藏天下于天下，则无所遁形矣。物岂可谓无大扬攉乎？一范人之形而犹喜，若人者，千变万化而未始有极也。弊而复新，其为乐也，可胜计邪！譬若梦为鸟而飞于天，梦为鱼而没于渊。方其梦也，不知其梦也；觉而后知其梦也。今将有大觉，然后知今此之为大梦也。始吾未生之时，焉知生之乐也？今吾未死，又焉知死之不乐也？[①]

从文化形态学（发生学）的角度来看，这种虚无主义的人生观很自然就会走向悲观主义，古典中国的精神面貌发生了方向性的转变。

第六节　悲观主义——《韩非子》《楚辞》

一

《商君书》代表了古典中国"唯物主义"的顶峰，而刘邦则可以说是古典中国"实利"式人物的典型。但不论是《商君书》的精神还是刘邦的个人气质，可以说仍然是乐观主义的，即使当《商君书》毫无顾忌地批判"礼乐、慈仁"，鼓励人主"任奸而不用善"时，它仍然没有失去对自我的信心，君主们仍能做到"必兴至王"、"必治至彊"。[②]

斯宾格勒告诉我们，任何文化的"启蒙时代"都会伴随一种乐观主义，但这种"乐观主义"终将走向一种怀疑主义，这似乎是任何一个文化有机体的内在"宿命"。[③] 当一种文化有机体耗尽了它的生命能量之后，它就会情不自禁地走向怀疑论。这是一种悲观主义的怀疑论。这种生命行将消亡的怀疑论不同于启蒙时代的怀疑论，后者的怀疑仅仅是一种方法论意义上的怀疑论，它认为这个世界还有不同于传统信仰的科学意义，因此可以说它是一种乐观的怀疑论；而前者则是一种本体意义上的怀疑论，它表现的是对生命本身，对人性本身，以及世界本身的怀疑。

---

① 《淮南子·俶真训》。

② 《商君书·说民》

③ 参见[德]奥·斯宾格勒：《西方的没落》第一卷，吴琼译，第411页；第二卷，吴琼译，第287页。

《韩非子》就是这种悲观主义怀疑论的代表作。我们知道,《韩非子》与《商君书》有相当的理论渊源,它们无疑都是古典中国“无神论”(唯物主义)的代表,《韩非子》与《商君书》一样,特别强调功利实用,强调“法”的绝对权威性,对以仁义忠孝为代表的古典信仰都持坚决拒绝的态度(如《五蠹》、《显学》、《忠孝》篇),但《韩非子》已经从“唯物主义”演变为一种极为强烈的怀疑论。在《韩非子》看来,这个世界除了真真切切的权势法术和实实在在的物质利益,已经没有什么值得信赖的东西了。

首先,儒墨两家被人们尊为“显学”,声望在外,但它们两家却明显相互矛盾,使人无所适从:

> 世之显学,儒、墨也。儒之所至,孔丘也。墨之所至,墨翟也。自孔子之死也,有子张之儒,有子思之儒,有颜氏之儒,有孟氏之儒,有漆雕氏之儒,有仲良氏之儒,有孙氏之儒,有乐正氏之儒。自墨子之死也,有相里氏之墨,有相夫氏之墨,有邓陵氏之墨。故孔、墨之后,儒分为八,墨离为三,取舍相反、不同,而皆自谓真孔、墨,孔、墨不可复生,将谁使定世之学乎?孔子、墨子俱道尧、舜,而取舍不同,皆自谓真尧、舜,尧、舜不复生,将谁使定儒、墨之诚乎?殷、周七百余岁,虞、夏二千余岁,而不能定儒、墨之真,今乃欲审尧、舜之道于三千岁之前,意者其不可必乎!无参验而必之者、愚也,弗能必而据之者、诬也。故明据先王,必定尧、舜者,非愚则诬也。愚诬之学,杂反之行,明主弗受也。
>
> 墨者之葬也,冬日冬服,夏日夏服,桐棺三寸,服丧三月,世主以为俭而礼之。儒者破家而葬,服丧三年,大毁扶杖,世主以为孝而礼之。夫是墨子之俭,将非孔子之侈也;是孔子之孝,将非墨子之戾也。今孝戾、侈俭俱在儒、墨,而上兼礼之。漆雕之议,不色挠,不目逃,行曲则违于臧获,行直则怒于诸侯,世主以为廉而礼之。宋荣子之议,设不斗争,取不随仇,不羞囹圄,见侮不辱,世主以为宽而礼之。夫是漆雕之廉,将非宋荣之恕也;是宋荣之宽,将非漆雕之暴也。今宽廉、恕暴俱在二子,人主兼而礼之。自愚诬之学、杂反之辞争,而人主俱听之,故海内之士,言无定术,行无常议。夫冰炭不同器而久,寒暑不兼时而至,杂反之学不两立而治,今兼听杂学缪行同异之辞,安得无乱乎?听行如此,其于治人又必然矣。①

不仅是儒墨两家相互矛盾,使人无所适从;整个社会也往往是表里不一,名实

---

① 《韩非子·显学》。

不符，使人心烦意乱：

畏死难，降北之民也，而世尊之曰贵生之士；学道立方，离法之民也，而世尊之曰文学之士；游居厚养，牟食之民也，而世尊之曰有能之士；语曲牟知，伪诈之民也，而世尊之曰辩智之士；行剑攻杀，暴憿之民也，而世尊之曰磏勇之士；活涌匿奸，当死之民也，而世尊之曰任誉之士；此六民者，世之所誉也。赴险殉诚，死节之民，而世少之曰失计之民也；寡闻从令，全法之民也，而世少之曰朴陋之民也；力作而食，生利之民也，而世少之曰寡能之民也；嘉厚纯粹，整谷之民也，而世少之曰愚戆之民也；重命畏事，尊上之民也，而世少之曰怯慑之民也；挫贼遏奸，明上之民也，而世少之曰谄谗之民也；此六民者，世之所毁也。奸伪无益之民六，而世誉之如彼；耕战有益之民六，而世毁之如此；此之谓六反。布衣循私利而誉之，世主听虚声而礼之，礼之所在，利必加焉。百姓循私害而訾之，世主壅于俗而贱之，贱之所在，害必加焉。故名赏在乎私恶当罪之民，而毁害在乎公善宜赏之士，索国之富强，不可得也。[①]

总之，整个社会显得特别无方失准，使人不知如何是好。

二

《韩非子》在古典中国精神演化历程中处于一个转折点的位置。以它为标志，古典中国进入了一个悲观主义的时代。与以往所有的文献不同，《韩非子》的文字总透露出一种阴暗凄凉的意味：这个世界到处都是阴谋和陷阱，除了自己的感觉，除了建立在自我感性之上的"法术势"，再也没有什么是值得依赖的。

大臣根本不值得相信，他们总是时刻在窥探君主的弱点以实现自己的利益，甚而弑主篡位：

故曰：君无见其所欲，君见其所欲，臣自将雕琢；君无见其意，君见其意，臣将自表异。故曰：去好去恶，臣乃见素，去旧去智，臣乃自备。……

绝其望，破其意，毋使人欲之。不谨其闭，不固其门，虎乃将存。不慎其事，不掩其情，贼乃将生。弑其主，代其所，人莫不与，故谓之虎。处其主之

① 《韩非子・六反》。

侧,为奸臣,闻其主之忒,故谓之贼。[1]

人主有二患:任贤,则臣将乘于贤以劫其君;妄举,则事沮不胜。故人主好贤,则群臣饰行以要君欲,则是群臣之情不效;群臣之情不效,则人主无以异其臣矣。故越王好勇,而民多轻死;楚灵王好细腰,而国中多饿人;齐桓公妒而好内,故竖刁自宫以治内,桓公好味,易牙蒸其子首而进之;燕子哙好贤,故子之明不受国。故君见恶则群臣匿端,君见好则群臣诬能。人主欲见,则群臣之情态得其资矣。故子之托于贤以夺其君者也,竖刁、易牙因君之欲以侵其君者也,其卒子哙以乱死,桓公虫流出户而不葬。此其故何也?人君以情借臣之患也。人臣之情非必能爱其君也,为重利之故也。今人主不掩其情,不匿其端,而使人臣有缘以侵其主,则群臣为子之、田常不难矣。故曰:去好去恶,群臣见素。群臣见素,则大君不蔽矣。[2]

不仅亲近的廷臣不值得依赖,就是自己的老婆孩子都是自己的潜在敌手:

凡人臣之所道成奸者有八术:一曰在同床。何谓同床?曰:贵夫人,爱孺子,便僻好色,此人主之所惑也。托于燕处之虞,乘醉饱之时,而求其所欲,此必听之术也。为人臣者内事之以金玉,使惑其主,此之谓同床。二曰在旁。何谓在旁?曰:优笑侏儒,左右近习,此人主未命而唯唯,未使而诺诺,先意承旨,观貌察色以先主心者也。此皆俱进俱退,皆应皆对,一辞同轨以移主心者也。为人臣者内事之以金玉玩好,外为之行不法,使之化其主,此之谓在旁。三曰父兄。何谓父兄?曰:侧室公子,人主之所亲爱也,大臣廷吏,人主之所与度计也,此皆尽力毕议,人主之所必听也。为人臣者事公子侧室以音声子女,收大臣廷吏以辞言,处约言事事成则进爵益禄,以劝其心使犯其主,此之谓父兄。[3]

在它看来,基本的人类情感,基本的人性都已经被"利益"所主宰了:

人为婴儿也,父母养之简,子长而怨。子盛壮成人,其供养薄,父母怒而诮之。子、父,至亲也,而或谯、或怨者,皆挟相为而不周于为己也。夫卖庸而播耕者,主人费家而美食、调布而求易钱者,非爱庸客也,曰:如是,耕者且深

---

① 《韩非子·主道》。
② 《韩非子·二柄》。
③ 《韩非子·八奸》。

耨者熟耘也。庸客致力而疾耘耕者,尽巧而正畦陌畦畤者,非爱主人也,曰:如是,羹且美钱布且易云也。此其养功力,有父子之泽矣,而心调于用者,皆挟自为心也。故人行事施予,以利之为心,则越人易和;以害之为心,则父子离且怨。①

人主之患在于信人,信人则制于人。人臣之于其君,非有骨肉之亲也,缚于势而不得不事也。故为人臣者,窥觇其君心也无须臾之休,而人主怠傲处其上,此世所以有劫君弑主也。为人主而大信其子,则奸臣得乘于子以成其私,故李兑傅赵王而饿主父。为人主而大信其妻,则奸臣得乘于妻以成其私,故优施傅丽姬,杀申生而立奚齐。夫以妻之近与子之亲而犹不可信,则其余无可信者矣。

且万乘之主,千乘之君,后妃、夫人、适子为太子者,或有欲其君之蚤死者。何以知其然?夫妻者,非有骨肉之恩也,爱则亲,不爱则疏。语曰:'其母好者其子抱。'然则其为之反也,其母恶者其子释。丈夫年五十而好色未解也,妇人年三十而美色衰矣。以衰美之妇人事好色之丈夫,则身死见疏贱,而子疑不为后,此后妃、夫人之所以冀其君之死者也。唯母为后而子为主,则令无不行,禁无不止,男女之乐不减于先君,而擅万乘不疑,此鸩毒扼昧之所以用也。故桃左春秋曰:'人主之疾死者不能处半。'人主弗知则乱多资,故曰:利君死者众则人主危。故王良爱马,越王勾践爱人,为战与驰。医善吮人之伤,含人之血,非骨肉之亲也,利所加也。故舆人成舆则欲人之富贵,匠人成棺则欲人之夭死也,非舆人仁而匠人贼也,人不贵则舆不售,人不死则棺不买,情非憎人也,利在人之死也。故后妃、夫人、太子之党成而欲君之死也,君不死则势不重,情非憎君也,利在君之死也,故人主不可以不加心于利己死者。②

今上下之接,无子父之泽,而欲以行义禁下,则交必有郤矣。且父母之于子也,产男则相贺,产女则杀之。此俱出父母之怀衽,然男子受贺,女子杀之者,虑其后便、计之长利也。故父母之于子也,犹用计算之心以相待也,而况无父子之泽乎!③

《韩非子》全书基本都是站在君主的角度来考虑问题的,在君主们看来,当时的社会已经漆黑一团,真可谓人心险恶、世态炎凉,君主本人除了充满了权力意志

① 《韩非子·外储说左上》。
② 《韩非子·备内》。
③ 《韩非子·六反》。

的“法”、“术”、“势”,已经没有任何可以依托的东西了。

站在人臣的角度来看,此时的世界又呈现出怎样的环境氛围呢?《孤愤》篇和《说难》篇给予了明确的回答:

> 智术之士,必远见而明察,不明察不能烛私;能法之士,必强毅而劲直,不劲直不能矫奸。人臣循令而从事,案法而治官,非谓重人也。重人也者,无令而擅为,亏法以利私,耗国以便家,力能得其君,此所为重人也。智术之士,明察听用,且烛重人之阴情;能法之士,劲直听用,且矫重人之奸行。故智术能法之士用,则贵重之臣必在绳之外矣。是智法之士与当涂之人,不可两存之仇也。
>
> 当涂之人擅事要,则外内为之用矣。是以诸侯不因则事不应,故敌国为之讼。百官不因则业不进,故群臣为之用。郎中不因则不得近主,故左右为之匿。学士不因则养禄薄礼卑,故学士为之谈也。此四助者,邪臣之所以自饰也。重人不能忠主而进其仇,人主不能越四助而烛察其臣,故人主愈弊,而大臣愈重。凡当涂者之于人主也,希不信爱也,又且习故。若夫即主心同乎好恶,固其所自进也。官爵贵重,朋党又众,而一国为之讼。则法术之士欲干上者,非有所信爱之亲,习故之泽也;又将以法术之言矫人主阿辟之心,是与人主相反也。处势卑贱,无党孤特。夫以疏远与近爱信争,其数不胜也;以新旅与习故争,其数不胜也;以反主意与同好争,其数不胜也;以轻贱与贵重争,其数不胜也;以一口与一国争,其数不胜也。法术之士,操五不胜之势,以岁数而又不得见;当涂之人,乘五胜之资,而旦暮独说于前;故法术之士,奚道得进,而人主奚时得悟乎?故资必不胜而势不两存,法术之士焉得不危?其可以罪过诬者,以公法而诛之;其不可被以罪过者,以私剑而穷之。是明法术而逆主上者,不僇于吏诛,必死于私剑矣。
>
> ……
>
> 凡法术之难行也,不独万乘,千乘亦然。人主之左右不必智也,人主于人有所智而听之,因与左右论其言,是与愚人论智也。人主之左右不必贤也,人主于人有所贤而礼之,因与左右论其行,是与不肖论贤也。智者决策于愚人,贤士程行于不肖,则贤智之士羞而人主之论悖矣。人臣之欲得官者,其修士且以精洁固身,其智士且以治辩进业。其修士不能以货赂事人,恃其精洁,而更不能以枉法为治,则修智之士,不事左右,不听请谒矣。人主之左右,行非伯夷也,求索不得,货赂不至,则精辩之功息,而毁诬之言起矣。治辩之功制于近习,精洁之行决于毁誉,则修智之吏废,则人主之明塞矣。不以功伐决智

行，不以参伍审罪过，而听左右近习之言，则无能之士在廷，而愚污之吏处官矣。[①]

凡说之难：非吾知之，有以说之之难也；又非吾辩之，能明吾意之难也；又非吾敢横失，而能尽之难也。凡说之难，在知所说之心，可以吾说当之。所说出于为名高者也，而说之以厚利，则见下节而遇卑贱，必弃远矣。所说出于厚利者也，而说之以名高，则见无心而远事情，必不收矣。所说阴为厚利而显为名高者也，而说之以名高，则阳收其身而实疏之，说之以厚利，则阴用其言显弃其身矣。此不可不察也。

夫事以密成，语以泄败，未必其身泄之也，而语及所匿之事，如此者身危。彼显有所出事，而乃以成他故，说者不徒知所出而已矣，又知其所以为，如此者身危。规异事而当，知者揣之外而得之，事泄于外，必以为己也，如此者身危。周泽未渥也，而语极知，说行而有功则德忘，说不行而有败则见疑，如此者身危。贵人有过端，而说者明言礼义以挑其恶，如此者身危。贵人或得计而欲自以为功，说者与知焉，如此者身危。强以其所不能为，止以其所不能已，如此者身危。故与之论大人则以为闲己矣，与之论细人则以为卖重，论其所爱则以为藉资，论其所憎则以为尝己也。径省其说则以为不智而拙之，米盐博辩则以为多而交之。略事陈意则曰怯懦而不尽，虑事广肆则曰草野而倨侮。此说之难，不可不知也。[②]

作为臣子，这个世界更是“难”上加“难”，“危”而又“危”，他们的心境只能是悲“愤”不已。说到底，在《韩非子》的思想中，这个世界已然是一个典型的“末世”，无论是作为君主，还是作为臣下，这个世界都似乎已经是悲风苦雨、危机四伏；人在这样的世道无疑都是进退失据、举步维艰。整个《韩非子》书可以说就是一个充斥着“末世”情结的作品。这表明古典中国正式走向没落。

三

如果说《韩非子》中充斥着末世“悲愤”，那《楚辞》可以说就是一部可以与之相比拟的晚期“哀怨”。

读者朋友也许会惊异于笔者的大胆放肆，竟然把《楚辞》当成了与《韩非子》同

---

① 《韩非子·孤愤》。

② 《韩非子·说难》。

一类型的作品。

这里我们要声明一下,《楚辞》与《韩非子》是同期的作品,不能算是同一类型的作品。《韩非子》无疑是强调"严刑峻法"的"法家"立场的作品,而《楚辞》则无疑是"情意绵绵"的"儒家"心声。但我们这里要表明的是,这两部作品的主体部分都浸透着一种典型的悲观主义情绪,从观相学的角度看,它们无疑是同一时期的作品。

在《九章》中,我们能强烈地感触到他人的不可依赖、世情的一去不返,我们可以先看看有代表性有两首。

《惜诵》:

惜诵以致愍兮,发愤以抒情。
所作忠而言之兮,指苍天以为正。
令五帝以折中兮,戒六神与乡服。
俾山川以备御兮,命咎繇使听直。
竭忠诚以事君兮,反离群而赘尤。
忘儇媚以背众兮,待明君其知之。
言与行其可迹兮,情与貌其不变。
故相臣莫若君兮,所以证之不远。
吾谊先君而后身兮,羌众人之所仇也。
专惟君而无他兮,又众兆之所雠也。
壹心而不豫兮,羌不可保也。
疾亲君而无他兮,有招祸之道也。
思君其莫我忠兮,忽忘身之贱贫。
事君而不贰兮,迷不知宠之门。
忠何罪以遇罚兮,亦非余心之所志。
行不群以巅越兮,又众兆之所咍。
纷逢尤以离谤兮,謇不可释也。
情沉抑而不达兮,又蔽而莫之白也。
心郁邑余侘傺兮,又莫察余之中情。
固烦言不可结诒兮,愿陈志而无路。
退静默而莫余知兮,进号呼又莫吾闻。
申侘傺之烦惑兮,中闷瞀之忳忳。
昔余梦登天兮,魂中道而无杭。
吾使厉神占之兮,曰:"有志极而无旁。"

终危独以离异兮，曰君可思而不可恃。
故众口其铄金兮，初若是而逢殆。
惩於羹者而吹齑兮，何不变此志也？
欲释阶而登天兮，犹有曩之态也。
众骇遽以离心兮，又何以为此伴也？
同极而异路兮，又何以为此援也？
晋申生之孝子兮，父信谗而不好。
行婞直而不豫兮，鲧功用而不就。
吾闻作忠以造怨兮，忽谓之过言。
九折臂而成医兮，吾至今而知其信然。
矰弋机而在上兮，罻罗张而在下。
设张辟以娱君兮，愿侧身而无所。
欲儃佪以干傺兮，恐重患而离尤。
欲高飞而远集兮，君罔谓女何之？
欲横奔而失路兮，坚志而不忍。
背膺牉以交痛兮，心郁结而纡轸。
檮木兰以矫蕙兮，糳申椒以为粮。
播江离与滋菊兮，愿春日以为糗芳。
恐情质之不信兮，故重著以自明。
矫兹媚以私处兮，愿曾思而远身。

《抽思》：

心郁郁之忧思兮，独永叹乎增伤。
思蹇产之不释兮，曼遭夜之方长。
悲秋风之动容兮，何回极之浮浮！
数惟荪之多怒兮，伤余心之忧忧。
愿摇起而横奔兮，览民尤以自镇。
结微情以陈辞兮，矫以遗夫美人。
昔君与我成言兮，曰："黄昏以为期。"
羌中道而回畔兮，反既有此他志。
憍吾以其美好兮，览余以其修姱。
与余言而不信兮，盖为余而造怒。
愿承闲而自察兮，心震悼而不敢。

悲夷犹而冀进兮,心怛伤之憺憺。
兹历情以陈辞兮,荪详聋而不闻。
固切人之不媚兮,众果以我为患。
初吾所陈之耿著兮,岂不至今其庸止?
何独乐斯之蹇蹇兮?愿荪美之可完。
望三五以为像兮,指彭咸以为仪。
夫何极而不至兮,故远闻而难亏。
善不由外来兮,名不可以虚作。
孰无施而有报兮,孰不实而有穫?
少歌曰:与美人抽怨兮,并日夜而无正。
憍吾以其美好兮,敖朕辞而不听。
倡曰:有鸟自南兮,来集汉北。
好姱佳丽兮,牉独处此异域。
既惸独而不群兮,又无良媒在其侧。
道卓远而日忘兮,愿自申而不得。
望北山而流涕兮,临流水而太息。
望孟夏之短夜兮,何晦明之若岁!
惟郢路之辽远兮,魂一夕而九逝。
曾不知路之曲直兮,南指月与列星。
愿径逝而不得兮,魂识路之营营。
何灵魂之信直兮,人之心不与吾心同!
理弱而媒不通兮,尚不知余之从容。
乱曰:长濑湍流,溯江潭兮。
狂顾南行,聊以娱心兮。
轸石崴嵬,蹇吾愿兮。
超回志度,行隐进兮。
低佪夷犹,宿北姑兮。
烦冤瞀容,实沛徂兮。
愁叹苦神,灵遥思兮。
路远处幽,又无行媒兮。
道思作颂,聊以自救兮。
忧心不遂,斯言谁告兮!

这种抑郁、愁闷的情绪,这种怀才不遇、忠而不任,信而见疑的悲观心境是文化的冬天最好的写照。在屈原所处的公元前300年前后的战国年间，是不可能有这样的情绪的。现在我们知道，公元前300年前后是古典中国启蒙运动的最高峰，古典精神正享受着文化秋天的收获，人们的精神气质按斯宾格勒的说法是"充实的，自得的，愉快的"[①]。1993年湖北荆门发现的《郭店楚简》的成书年代公认为公元前300年，也就是说，它与传说中的屈原活动年代几乎没有代沟，而且它是"楚简"——楚国的作品，与屈原处于同样的文化地理环境，把《楚辞》与《郭店楚简》进行对比研究是最能说明问题的。来看一看《郭店楚简》的相关章节：

有天有人，天人有分。察天人之分，而知所行矣。有其人，无其世，虽贤弗行矣。苟有其世，何难之有哉？舜耕于历山，陶埏于河浒，立而为天子，遇尧也。邵繇衣枲盖，冒绖蒙缍，释板筑而佐天子，遇武丁也。吕望为臧棘津，战监门来地，行年七十而屠牛于朝歌，举而为天子师，遇周文也。管夷吾拘繇束缚，释械柙而为诸侯相，遇齐桓也。百里转鬻五羊，为伯牧牛，释械柙而为朝卿，遇秦穆。

孙叔三射恒思少司马，出而为令尹，遇楚庄也，初韬晦，后名扬，非其德加。子胥前多功，后戮死，非其智衰也。骥厄张山，骐塞于邵来，非无体状也，穷四海，致千里，遇造故也。遇不遇，天也，动非为达也，故穷而不怨。隐非为名也，故莫之知而不吝。芝兰生于幽谷，非以无人嗅而不芳。无茖堇，逾宝山，石不为开，非以其善负己也。穷达以时，德行一也。誉毁在旁，听之弋母。缁白不釐，穷达以时。幽明不再，故君子敦于反己。[②]

古者尧生为天子而有天下，圣以遇命，仁以逢时，未尝遇贤，虽秉于大时，神明将从，天地佑之，纵仁圣可举，时弗可及矣。夫古者舜处于草茅之中而不忧，登为天子而不骄。处于草茅之中而不忧，知命也。登为天子而不骄，不专也。求乎大人之兴，美也。今之戴于德者，微年不戴，君民而不骄，卒王天下而不疑。方在下位，不以匹夫为轻，及其有天下也，不以天下为重。有天下弗能益，无天下弗能损，极仁之至，利天下而弗利也。禅也者，上德授贤之谓也。上德则天下有君而世明，授贤则民举效而化乎道。不禅而能化民者，自生民未之有也，如此也。[③]

如果屈原确是像世人所认为的那样与楚怀王同时代的人，那他就应该是《郭

---

① 参见[德]奥·斯宾格勒《西方的没落》第二卷，吴琼译，第286页。

② 《郭店楚简·穷达以时》。

③ 《郭店楚简·唐虞之世》。

店楚简》意义的屈原，他对个人的"穷达"会有一种极为开明、通达的对待，对是否被君王重用会有一种十分智慧自得、了无牵挂的态度，从文化形态学的角度看，很难想象战国年间的屈原会如此在意自己的"仕途"。

四

当然，最能代表《楚辞》特征的无疑是《离骚》。

多少年来，尽管有若干学者对《楚辞》特别是《离骚》的作者提出过强有力的抗诉，但传统的力量仍然占据优势。我们这里不想再在这方面作无谓的辩驳。笔者只是想告诉人们，中国文化思想史的若干疑难恐怕都得求助于文化形态学，才能有一个合逻辑、符合学术规范的解决方案，否则就只能相互攻难、各执一词，永远在原地踏步。

我们还是要坚持说，从文化形态学的视角上看，正处于文化秋天启蒙运动高潮中的屈原（如果确有此人之话），他不可能用如此长的篇幅来抒发自己的压抑、郁闷。

另外，本书想说的是，《离骚》的作者特别在意自己的皇家出身，这一点完全不像是启蒙时代的意识。不要说，传说中的屈原本身并不是楚王的直系亲属，即便他确实是王家背景，从启蒙意识来说，当时的作者也不会一开始就向世人炫耀自己的"家庭出身"。要知道，启蒙意识是特别强调平等，特别不在意个人出身的。我们在上引的《郭店楚简》中可以看到，在启蒙时代人们的心目中，一个人的出身对于他的成圣和成就完全不起作用，在《吕氏春秋》中，我们还常常看到真正的"士"有一种"义不臣乎天子，不友乎诸侯，得意则不惭为天子，不得意则不屑于为人臣"这样的表述。这告诉我们，在古典中国的启蒙时代，天子诸侯这些君主根本没有什么高出"士"（才智之士）的地方。启蒙时代的"士"总觉得自己是世界的主人，君主诸侯倒是人们需要"监督"和"猜忌"的对象。如果一个启蒙之士一上来就向世人炫耀自己的"显赫家世"，他肯定就会成为世人嘲笑的对象。

如果我们的思维能更开阔些，我们可以想象一下，一部《楚辞》其实就是一部汉赋，它们应该都是汉代特别是汉代中后期的作品，而且《离骚》的主人应该就是像刘安、刘据这些真正的皇家子弟。既然人们都认定，《招隐士》是淮南小山的作品，《哀时命》是严忌的作品，《七谏》是东方朔的作品，那整个《楚辞》都是汉人的作品集是完全符合逻辑，也是完全可以理解的。当代的中国学术仍然需要更大胆的设想。

这里可以顺便说一说，《史记·屈原贾生列传》在引述司马迁的评语时说：

太史公曰：余读离骚、天问、招魂、哀郢，悲其志。适长沙，观屈原所自沈渊，未尝不垂涕，想见其为人。及见贾生吊之，又怪屈原以彼其材，游诸侯，何国不容，而自令若是。

可见，其实在史迁的心目中，身处战国之际的屈原，不到他国去寻求实现个人抱负，却要誓死效忠于毫无前途的楚国，明显是令人费解的。可笑两千年来的传统学人，一直没有超越史迁的思想深度。当年在史迁看来都极为可疑的《离骚》疑案，越到后来，倒变成了一个毋庸置疑的历史真实，中国的传统学术真是太不令人满意了。

最后，我们要说，当《天问》出现的时候，表明古典中国的怀疑主义达到了登峰造极的地步。

《天问》：

曰遂古之初，谁传道之？上下未形，何由考之？
冥昭瞢闇，谁能极之？冯翼惟像，何以识之？
明明闇闇，惟时何为？阴阳三合，何本何化？
圜则九重，孰营度之？惟兹何功，孰初作之？
斡维焉系，天极焉加？八柱何当，东南何亏？
九天之际，安放安属？隅隈多有，谁知其数？
天何所沓？十二焉分？日月安属？列星安陈？
出自汤谷，次于蒙汜。自明及晦，所行几里？
夜光何德，死则又育？厥利维何，而顾菟在腹？
女岐无合，夫焉取九子？伯强何处？惠气安在？
何阖而晦？何开而明？角宿未旦，曜灵安藏？
不任汩鸿，师何以尚之？佥曰"何忧"，何不课而行之？
鸱龟曳衔，鲧何听焉？顺欲成功，帝何刑焉？
永遏在羽山，夫何三年不施？伯禹愎鲧，夫何以变化？
纂就前绪，遂成考功。何续初继业，而厥谋不同？
洪泉极深，何以寘之？地方九则，何以坟之？
河海应龙？何尽何历？鲧何所营？禹何所成？
康回冯怒，坠何故以东南倾？九州安错？川谷何洿？
东流不溢，孰知其故？东西南北，其修孰多？
南北顺堕，其衍几何？昆仑县圃，其尻安在？

增城九重，其高几里？四方之门，其谁从焉？
西北辟启，何气通焉？日安不到？烛龙何照？
羲和之未扬，若华何光？何所冬暖？何所夏寒？
焉有石林？何兽能言？焉有虬龙、负熊以游？
雄虺九首，儵忽焉在？何所不死？长人何守？
靡蓱九衢，枲华安居？灵蛇吞象，厥大何如？
黑水、玄趾，三危安在？延年不死，寿何所止？
鲮鱼何所？鬿堆焉处？羿焉彃日？乌焉解羽？
禹之力献功，降省下土四方。焉得彼嵞山女，而通之于台桑？
闵妃匹合，厥身是继。胡为嗜不同味，而快朝饱？
启代益作后，卒然离蠥。何启惟忧，而能拘是达？
皆归射鞫，而无害厥躬。何后益作革，而禹播降？
启棘宾商，《九辨》、《九歌》。何勤子屠母，而死分竟地？
帝降夷羿，革孽夏民。胡射夫河伯，而妻彼雒嫔？
冯珧利决，封豨是射。何献蒸肉之膏，而后帝不若？
浞娶纯狐，眩妻爰谋。何羿之射革，而交吞揆之？
阻穷西征，岩何越焉？化为黄熊，巫何活焉？
咸播秬黍，莆雚是营。何由并投，而鲧疾修盈？
白蜺婴茀，胡为此堂？安得夫良药，不能固臧？
天式从横，阳离爰死。大鸟何鸣，夫焉丧厥体？
蓱号起雨，何以兴之？撰体胁鹿，何以膺之？
鳌戴山抃，何以安之？释舟陵行，何之迁之？
惟浇在户，何求于嫂？何少康逐犬，而颠陨厥首？
女歧缝裳，而馆同爰止。何颠易厥首，而亲以逢殆？
汤谋易旅，何以厚之？覆舟斟寻，何道取之？
桀伐蒙山，何所得焉？妹嬉何肆，汤何殛焉？
舜闵在家，父何以鳏？尧不姚告，二女何亲？
厥萌在初，何所意焉？璜台十成，谁所极焉？
登立为帝，孰道尚之？女娲有体，孰制匠之？
舜服厥弟，终然为害。何肆犬豕，而厥身不危败？
吴获迄古，南岳是止。孰期去斯，得两男子？
缘鹄饰玉，后帝是飨。何承谋夏桀，终以灭丧？
帝乃降观，下逢伊挚。何条放致罚，而黎服大说？
简狄在台喾何宜？玄鸟致贻女何喜？

该秉季德，厥父是臧。胡终弊于有扈，牧夫牛羊？
干协时舞，何以怀之？平胁曼肤，何以肥之？
有扈牧竖，云何而逢？击床先出，其命何从？
恒秉季德，焉得夫朴牛？何往营班禄，不但还来？
昏微遵迹，有狄不宁。何繁鸟萃棘，负子肆情？
眩弟并淫，危害厥兄。何变化以作诈，而后嗣逢长？
成汤东巡，有莘爰极。何乞彼小臣，而吉妃是得？
水滨之木，得彼小子。夫何恶之，媵有莘之妇？
汤出重泉，夫何罪尤？不胜心伐帝，夫谁使挑之？
会晁争盟，何践吾期？苍鸟群飞，孰使萃之？
列击纣躬，叔旦不嘉。何亲揆发，何周之命以咨嗟？
授殷天下，其位安施？反成乃亡，其罪伊何？
争遣伐器，何以行之？并驱击翼，何以将之？
昭后成游，南土爰底。厥利惟何，逢彼白雉？
穆王巧梅，夫何周流？环理天下，夫何索求？
妖夫曳衒，何号于市？周幽谁诛？焉得夫褒姒？
天命反侧，何罚何佑？齐桓九会，卒然身杀。
彼王纣之躬，孰使乱惑？何恶辅弼，谗谄是服？
比干何逆，而抑沉之？雷开何顺，而赐封之？
何圣人之一德，卒其异方：梅伯受醢，箕子详狂？
稷维元子，帝何竺之？投之於冰上，鸟何燠之？
何冯弓挟矢，殊能将之？既惊帝切激，何逢长之？
伯昌号衰，秉鞭作牧。何令彻彼岐社，命有殷国？
迁藏就岐，何能依？殷有惑妇，何所讥？
受赐兹醢，西伯上告。何亲就上帝罚，殷之命以不救？
师望在肆，昌何识？鼓刀扬声，后何喜？
武发杀殷，何所悒？载尸集战，何所急？
伯林雉经，维其何故？何感天抑坠，夫谁畏惧？
皇天集命，惟何戒之？受礼天下，又使至代之？
初汤臣挚，后兹承辅。何卒官汤，尊食宗绪？
勋阖、梦生，少离散亡。何壮武厉，能流厥严？
彭铿斟雉，帝何飨？受寿永多，夫何久长？
中央共牧，后何怒？蜂蛾微命，力何固？
惊女采薇，鹿何祐？北至回水，萃何喜？

兄有噬犬，弟何欲？易之以百两，卒无禄？
薄暮雷电，归何忧？厥严不奉，帝何求？
伏匿穴处，爰何云？荆勋作师，夫何长？
悟过改更，我又何言？吴光争国，久余是胜。
何环穿自闾社丘陵，爰出子文？
吾告堵敖以不长。何试上自予，忠名弥彰？

当《吕氏春秋》中吕子说“吾闻古之清世，是法天地”①时候，这时的古典中国对古典宗教的崇拜对象——“天”的信仰是自然而然的，尽管此时的“天”已经变成了启蒙精神洗礼下的理性之神；当《墨子》书提出自己的“法天”主张时②，此时的“天”已经更多地变成了一个机械原理，所以《墨子》在《天志》和《明鬼》篇中要不厌其烦地向世人指出“天”的存在。不过，不管怎样讲，在《墨子》书的心目中，彼时的“天”至少仍然是一个“有用”的假设。到了此时，《天问》的作者已经把“天”这一古典中国的最最核心的信念当成了最大的疑惑，一连数百个质问使人们不由得不相信，此时“天”的信仰已经完全崩落了。

近年出土面世的《上博简·凡物流行》与《楚辞·天问》很有可比性，于是就有学者认为《天问》篇与《凡物流行》篇是同期的作品，都是战国年间的产出。笔者以为，持此种观点的人有必要好好地领会一下黑格尔的精神现象学，当然更有必要去阅读理解斯宾格勒的文化形态学。只要我们知道了任何文字都代表一定的意识形态，它是特定文化的人类精神在特定时代的产出，我们就能分辨出，上述两者间有一个明显的“时间差”，不可能是同一时期的作品。我们不妨来看看《凡物流行》篇，由于简书原文十分古拗，隶写相当不易，且目前还未达成充分的共识，我们这里暂且先呈上“百度百科”中此篇文章的现代译文，目的是使读者能对该篇文字的内容和风格有一个大致的把握：

凡物流行不止，如何而形成一定之体？流行而成一定之体，又如何而得不死？已成一定之体、已经化生，为何如婴儿般呱呱而鸣？虽然久已揠拔又久已耕种，但是究竟孰者为先、孰者为后？阴阳各有所居，如何可得安定？欲调和水火，如何可得相互安定？

欲闻之。流行不止，人又如何可得而生？流行而成一定之体，又何所失而死？有所得而成一定之体，却不知此为何人之请求所致？天地立终复立其

---

① 《吕氏春秋·序意》。

② 《墨子·法仪》。

始，上天亦降其（左木、右金、前火、后水、中土）五度，然究竟孰者为横、孰者为纵？五气并至，吾以孰者为异质之气、孰者同质之气？言说（仁、义、礼、智、信）五常之辞多有其人，究竟孰者所述乃备公正？教诲出自役所多门，究竟有谁遵从之而不行忤逆？我已长而老，究竟孰者为我侍奉左右？人死为鬼，为何降临在神灵前盟誓之地？（人死为鬼）尽管肉体已经不存，若鬼神之明察更甚于生前，则已丧失之肉体机能又如何恢复？究竟谁知道鬼更强？鬼虽为死者，却又为何要侍奉之？（鬼）之骨肉已不存，无从显现身体，我何以躬自奉养鬼？鬼之降临虽无可凭依之记忆，为何我每逢时节要行感恩之祭祀？祭祀（已无肉体之鬼），为何要献上饮食之物？我如何知道鬼对于进上的饮食之物已感满足？若顺应天道，我首要当作何事？若已得百官之和谐，我当以何事为己任？如何窥知上天之明察？鬼神妙之灵力何以被养成？先王们之智慧何以能得具备？日中显出左右之耳，究竟欲听闻何事？月周显现月晕，究竟欲征伐何方？河水东流，究竟欲将何处填满？日之初升，为何虽大却并无强烈光辉？日之将落，为何虽小而霞光红艳，终至消隐？

欲闻之。天之高乃何面？地之远乃何面？谁人创造了上天？谁人创造了大地？谁人创造了雷鸣？谁人创造了闪电？土地因何平坦无垠？水因何清澈透明？草木因何以生？禽兽因何以鸣？天降甘霖，是谁祈雨而使天空昏暗？大风来袭，是谁吹拂且驱逐不止？

闻之曰。登高处则从低处出发，达远则需从近处发轫。十人难抱之巨木初始萌芽之际不过如同蓬草一般。足行千里，必始于方寸之步。闻之曰。登高处则从低处出发，达远则需从近处发轫。

闻之曰。知道之人，端坐席上而不离。据冠而知万物之名，塞耳而闻万物之声。草木得天之力而生，禽兽得天之力而鸣。此道之动远及于天，近察于人。如此，上可窥天，下可测渊。端坐而思虑，可定千里外之计谋。起身而用之，则可遍及世界。

闻之曰。具备至诚之人知万事所趋，不必躬自为之而尽知天下。至高之听觉可察千里，至高之视觉可达百里。是以，圣人居于其所，而经营国家之方略自至。宛若一统天下而掌控之。把握一并思虑、分析之，恰如一统天下而安定治之。以此一为天地之则，谓之小彻（内心之到达）。小彻谓之何？指洁净人内在精神认识事物之谓。如何洁净并使内在之心虚空无物以认识事物？将身体抽象化保持精神安静，（不基于一）对言语加以内省，则可认识一。或有虽掌握一，却不给予者。使其增长则闻其声，使其欢欣则现其真相，严加追逼则可操纵之，详加记录则反失其形，败坏之则令其枯槁，详测之则令其泯灭。知此则起于一而可以正天下、国家。

闻之曰。一言而和，以致无穷。一言而应者无数。

闻之曰。一生二、二生三、三生四而告成。是故有一则天下必有明了之秩序；无一则天下无序。未知一之治理，是否修身、治国之方？

闻之曰。熟知一则事业虽多而不败。不熟知一则事业众多而皆归于失败。若欲熟知一，则需纠集诸多统治对象、任其所欲为，然而明察其状。若欲长治之，则需以已虑人，得一而图之。尽识其情则知，尽识知则神，尽识神则悠远，尽识悠远则险，尽识险则困，尽识困则复归。是故积陈为新，人死而子孙相继，水复归于天之咸池。万物不死与月正同。影虽蚀月，终则复始；至于月圆，复又始缺。知此道理，则起于一而可以正天下、国家。

闻之曰。(君王心中)若生一则可先知安危存亡、盗贼之发生。

闻之曰。(若忘却躯体而内观之)心不能战胜(受身体欲望控制之)心，则常其大乱。若心能胜之，呜呼，此之谓小成(内在成就)。

闻之曰。百姓之所贵者唯君主，君主之所贵者唯心，心之所贵者唯一。得而解一，君主不失其众。一言而为万民之利，一言而为天地之理法。若不能彻底躬自铭记此道理，则布之四海而不得均衡。大之以尽知天下，小之以治理国家。[①]

只要我们仔细地去体会一下《凡物流行》篇，我们完全可以感受到，该篇出自一个充满了好奇心的年轻心灵(也许作者已是高龄)，他急切地想了解宇宙的奥秘，更渴望把握人生的真谛，他的“问天”是为了求得问题的解决。该篇文字以“欲闻之”开始，而以“闻之曰”结束，无疑是向人们表示，该篇作者对自己的“问学”是充满了信心的。而人们熟知的《楚辞·天问》从头到尾都是有问无答，而且仔细体会，就完全可以知道，作者的用意完全不在解答上，他只是想通过这种提问的方式向世界抗议，向人生抒愤。这明显是一个四望无助、无可奈何的一个衰老心灵的写照，后世的“无可奈何花落去”与此递相伯仲。

从此以后，古典中国的精神已经失去了归依，它已经无所适从，不知道如何是好。他只好求助于“卜居”：

屈原既放，三年不得复见，竭知尽忠，而蔽鄣於谗，心烦虑乱，不知所从。乃往见太卜郑詹尹曰：“余有所疑，原因先生决之。”詹尹乃端策拂龟曰：“君将何以教之？”屈原曰：“吾宁悃悃款款，朴以忠乎？将送往劳来，斯无穷乎？宁诛锄草茅，以力耕乎？将游大人，以成名乎？宁正言不讳，以危身乎？将从俗

① 此为《凡物流形》篇的译文，引自百度百科“凡物流行”词条，2014—11—25。

富贵，以媮生乎？宁超然高举，以保真乎？将呢訾粟斯，喔咿嚅唲，以事妇人乎？宁廉洁正直，以自清乎？将突梯滑稽，如脂如韦，以洁楹乎？宁昂昂若千里之驹乎？将氾氾若水中之凫乎？与波上下，偷以全吾躯乎？宁与骐骥亢轭乎？将随驽马之迹乎？宁与黄鹄比翼乎？将兴鸡鹜争食乎？此孰吉孰凶？何去何从？世溷浊而不清：蝉翼为重，千钧为轻；黄钟毁弃，瓦釜雷鸣；谗人高张，贤士无名。吁嗟默默兮，谁知吾之廉贞？"詹尹乃释策而谢曰："夫尺有所短，寸有所长，物有所不足，智有所不明，数有所不逮，神有所不通，用君之心，行君之意。龟策诚不能知事。"[1]

但内心仍然对延续上千年的古典信仰难以释怀：

屈原既放，游於江潭，行吟泽畔，颜色憔悴，形容枯槁。渔父见而问之曰："子非三闾大夫与？何故至於斯！"屈原曰："举世皆浊我独清，众人皆醉我独醒，是以见放！"渔父曰："圣人不凝滞於物，而能与世推移。世人皆浊，何不淈其泥而扬其波？众人皆醉，何不餔其糟而歠其醨？何故深思高举，自令放为？"屈原曰："吾闻之，新沐者必弹冠，新浴者必振衣；安能以身之察察，受物之汶汶者乎！宁赴湘流，葬於江鱼之腹中。安能以皓皓之白，而蒙世俗之尘埃乎！"渔父莞尔而笑，鼓枻而去，乃歌曰："沧浪之水清兮，可以濯吾缨。沧浪之水浊兮，可以濯吾足。"遂去不复与言。[2]

最后的结局大概只能是"轻举而远游"了：

悲时俗之迫厄兮，原轻举而远游。

……

超无为以至清兮，与泰初而为邻。[3]

---

① 《楚辞·卜居》。

② 《楚辞·渔父》。

③ 《楚辞·远游》。

第七节 古典精神的消亡
——《庄子》颓废思想和《杨朱》堕落主张

一

“远游”——也就是“出世”成了古典中国精神消亡以后中国文人几乎唯一的选项。

古典文化精神消亡之后的所谓“出世”可以表现为两种方式，一种是彻底的自然主义，它可以《庄子》外篇的《骈拇》、《马蹄》和《在宥》篇为代表。

《骈拇》：

骈拇枝指出乎性哉，而侈于德；附赘县疣出乎形哉，而侈于性；多方乎仁义而用之者，列于五藏哉，而非道德之正也。是故骈于足者，连无用之肉也；枝于手者，树无用之指也；多方骈枝于五藏之情者，淫僻于仁义之行，而多方于聪明之用也。

……

意仁义其非人情乎！彼仁人何其多忧也。且夫骈于拇者，决之则泣；枝于手者，龁之则啼。二者或有余于数，或不足于数，其于忧一也。今世之仁人，蒿目而忧世之患；不仁之人，决性命之情而饕贵富。故意仁义其非人情乎！自三代以下者，天下何其嚣嚣也。

且夫待钩绳规矩而正者，是削其性者也；待绳约胶漆而固者，是侵其德者也；屈折礼乐，呴俞仁义，以慰天下之心者，此失其常然也。天下有常然。常然者，曲者不以钩，直者不以绳，圆者不以规，方者不以矩，附离不以胶漆，约束不以纆索。故天下诱然皆生，而不知其所以生；同焉皆得，而不知其所以得。故古今不二，不可亏也。则仁义又奚连连如胶漆纆索而游乎道德之间为哉！使天下惑也！

夫小惑易方，大惑易性。何以知其然邪？自虞氏招仁义以挠天下也，天下莫不奔命于仁义。是非以仁义易其性与？

故尝试论之：自三代以下者，天下莫不以物易其性矣！小人则以身殉利；士则以身殉名；大夫则以身殉家；圣人则以身殉天下。故此数子者，事业不同，名声异号，其于伤性以身为殉，一也。

……

天下尽殉也：彼其所殉仁义也，则俗谓之君子；其所殉货财也，则俗谓之小人。其殉一也，则有君子焉，有小人焉。若其残生损性，则盗跖亦伯夷已，又恶取君子小人于其间哉！

《马蹄》：

马，蹄可以践霜雪，毛可以御风寒。龁草饮水，翘足而陆，此马之真性也。虽有义台路寝，无所用之。及至伯乐，曰："我善治马。"烧之，剔之，刻之，雒之。连之以羁絷，编之以皂栈，马之死者十二三矣！饥之渴之，驰之骤之，整之齐之，前有橛饰之患，而后有鞭筴之威，而马之死者已过半矣！陶者曰："我善治埴。"圆者中规，方者中矩。匠人曰："我善治木。"曲者中钩，直者应绳。夫埴木之性，岂欲中规矩钩绳哉！然且世世称之曰："伯乐善治马，而陶匠善治埴木。"此亦治天下者之过也。

吾意善治天下者不然。彼民有常性，织而衣，耕而食，是谓同德。一而不党，命曰天放。故至德之世，其行填填，其视颠颠。当是时也，山无蹊隧，泽无舟梁；万物群生，连属其乡；禽兽成群，草木遂长。是故禽兽可系羁而游，鸟鹊之巢可攀援而窥。夫至德之世，同与禽兽居，族与万物并。恶乎知君子小人哉！同乎无知，其德不离；同乎无欲，是谓素朴。素朴而民性得矣。及至圣人，蹩躠为仁，踶跂为义，而天下始疑矣。澶漫为乐，摘僻为礼，而天下始分矣。故纯朴不残，孰为牺尊！白玉不毁，孰为珪璋！道德不废，安取仁义！性情不离，安用礼乐！五色不乱，孰为文采！五声不乱，孰应六律！

夫残朴以为器，工匠之罪也；毁道德以为仁义，圣人之过也。夫马陆居则食草饮水，喜则交颈相靡，怒则分背相踶。马知已此矣！夫加之以衡扼，齐之以月题，而马知介倪闉扼鸷曼诡衔窃辔。故马之知而能至盗者，伯乐之罪也。夫赫胥氏之时，民居不知所为，行不知所之，含哺而熙，鼓腹而游。民能已此矣！及至圣人，屈折礼乐以匡天下之形，县跂仁义以慰天下之心，而民乃始踶跂好知，争归于利，不可止也。此亦圣人之过也。

《在宥》：

闻在宥天下，不闻治天下也。在之也者，恐天下之淫其性也；宥之也者，恐天下之迁其德也。天下不淫其性，不迁其德，有治天下者哉？昔尧之治天下也，使天下欣欣焉人乐其性，是不恬也；桀之治天下也，使天下瘁瘁焉人苦其性，是不愉也。夫不恬不愉。非德也；非德也而可长久者，天下无之。

……

而且说明邪，是淫于色也；说聪邪，是淫于声也；说仁邪，是乱于德也；说义邪，是悖于理也；说礼邪，是相于技也；说乐邪，是相于淫也；说圣邪，是相于艺也；说知邪，是相于疵也。天下将安其性命之情，之八者，存可也，亡可也。天下将不安其性命之情，之八者，乃始脔卷獊囊而乱天下也。而天下乃始尊之惜之。甚矣，天下之惑也！岂直过也而去之邪！乃齐戒以言之，跪坐以进之，鼓歌以儛之。吾若是何哉！

……

崔瞿问于老聃曰："不治天下，安藏人心？"老聃曰："女慎，无撄人心。人心排下而进上，上下囚杀，淖约柔乎刚强，廉刿雕琢，其热焦火，其寒凝冰，其疾俯仰之间而再抚四海之外。其居也，渊而静；其动也，县而天。偾骄而不可系者，其唯人心乎！昔者黄帝始以仁义撄人之心，尧、舜于是乎股无胈，胫无毛，以养天下之形。愁其五藏以为仁义，矜其血气以规法度。然犹有不胜也。尧于是放讙兜于崇山，投三苗于三峗，流共工于幽都，此不胜天下也。夫施及三王而天下大骇矣。下有桀、跖，上有曾、史，而儒墨毕起。于是乎喜怒相疑，愚知相欺，善否相非，诞信相讥，而天下衰矣；大德不同，而性命烂漫矣；天下好知，而百姓求竭矣。于是乎斤锯制焉，绳墨杀焉，椎凿决焉。天下脊脊大乱，罪在撄人心。故贤者伏处大山嵁岩之下，而万乘之君忧栗乎庙堂之上。今世殊死者相枕也，桁杨者相推也，形戮者相望也，而儒墨乃始离跂攘臂乎桎梏之间。意，甚矣哉！其无愧而不知耻也甚矣！吾未知圣知之不为桁杨椄槢也，仁义之不为桎梏凿枘也，焉知曾、史之不为桀、跖嚆矢也！故曰：绝圣弃知，而天下大治。

……

云将东游，过扶摇之枝而适遭鸿蒙。鸿蒙方将拊脾雀跃而游。云将见之，倘然止，贽然立，曰："叟何人邪？叟何为此？"鸿蒙拊脾雀跃不辍，对云将曰："游！"云将曰："朕愿有问也。"鸿蒙仰而视云将曰："吁！"云将曰："天气不和，地气郁结，六气不调，四时不节。今我愿合六气之精以育群生，为之奈何？"鸿蒙拊脾雀跃掉头曰："吾弗知！吾弗知！"云将不得问。又三年，东游，过有宋之野，而适遭鸿蒙。云将大喜，行趋而进曰："天忘朕邪？天忘朕邪？"再拜稽首，愿闻于鸿蒙。鸿蒙曰："浮游不知所求，猖狂不知所往，游者鞅掌，以观无妄。朕又何知！"云将曰："朕也自以为猖狂，而民随予所往；朕也不得已于民，今则民之放也！愿闻一言。"鸿蒙曰："乱天之经，逆物之情，玄天弗成，解兽之群而鸟皆夜鸣，灾及草木，祸及止虫。意！治人之过也。"云将曰：

"然则吾奈何?"鸿蒙曰:"意！毒哉！僊僊乎归矣!"云将曰:"吾遇天难,愿闻一言。"鸿蒙曰:"意！心养！汝徒处无为,而物自化。堕尔形体,吐尔聪明,伦与物忘,大同乎涬溟。解心释神,莫然无魂。万物云云,各复其根,各复其根而不知。浑浑沌沌,终身不离。若彼知之,乃是离之。无问其名,无窥其情,物固自生。"云将曰:"天降朕以德,示朕以默。躬身求之,乃今得也。"再拜稽首,起辞而行。

在《庄子》书看来,仁义礼智这些宗教信条和伦理要求都是"骈拇",是多余无谓的东西,真正的至道之世是所谓"在宥",也就是无所作为。马的本身已经具足一切,人之所谓"治马"——对马的所有修理和装备都是完全不必要的。在这里我们可以看到一种典型的自然主义,只要听任自然就足够了。

特别是在《在宥》篇中,云将数次把鸿蒙称作"天",这是一种在"文化"时代不可想象的事,"天"在古典中国就是人们心目中的"皇天上帝",是非常神圣的一个名字称谓,虽然启蒙时期以后,"天"慢慢地演变成"自然"之意含,但它仍然是人们十分尊崇的一个名词,云将把鸿蒙称为"天",这暗示出,《庄子》外篇同样是一个相当晚期的作品,表明彼时的中国古典信仰已然丧失殆尽。

上述《庄子》外篇式的自然主义可以说是一种"高雅"式的自然主义,与这种"高雅"式的自然主义相并列,《列子·杨朱》篇向我们展示了另一种自然主义,我们可以把它称为"世俗"自然主义。前者如果说更多的是一种颓废思想,后者则完全是一种堕落。

二

传统学术都把《列子·杨朱》篇中的杨朱当成了《吕氏春秋》中的"阳生",可以说,这是传统学术最缺乏"时代感"的表现。在黑格尔的精神发生学和斯宾格勒的文化形态学看来,《吕氏春秋》与《列子》书所表现出来的精神气质至少有 200 年以上的时间距离,前者是属于"伟大的总结性体系",后者则是典型的文化没落时代的作品,两者根本没有"同时代"的可比性。在笔者的《被遗忘与曲解的古典中国》一书中,我们曾借用虚拟的王充与斯宾格勒的对话来表明立场:

王充:这怎么可能是吕子时代阳生的作品呢？这不正是我们汉朝以后才出现的东西吗？什么叫腐朽堕落的生活方式,什么叫消极虚无的思想啊？这就是典型啊！这些东西与吕子们特别敬重、极力推广的阳生思想完全是两个世界、两种不同风格的东西。纵观整个《吕氏春秋》,可以明显地感受到的是吕子们高尚而理性的人生观。

斯宾格勒:这不可能是吕子时代的作品。按我的理论,这是典型的怀疑论思想,虚无主义作品,是典型的文化冬天的产物。而吕子的时代是一个充分理性的时代,正处于古典中国文化的秋天。

虽然《杨朱》篇与上述《庄子》外篇的具体文字表述完全不一样,它们的生活取向也似乎大不相同,但在纯任自然(本我),弃绝名教(超我)这一根本的人生态势上则是完全相同的。

出世的另一个路向就是走向“虚无主义”,这世界已经没有了好坏、对错和美丑的分别,不仅如此,这个世界本身是否存在都已大有可疑。真正的虚无主义是对我们所处之世界是否存在的怀疑。《庄子》内篇,特别是《齐物论》是古典中国文化虚无主义的巅峰之作,它已然达到了印度大乘佛教的水平。

《庄子》内篇的心目中,现实世界根本是一种幻觉。对于《庄子》内篇,特别是《齐物论》到底该如何理解,两千年来,可以说是议论纷呈,莫衷一是,本书笔者前些年专门花了不少的工夫,进行了相当深入的研究。研究成果已经呈现于《被遗忘与曲解的古典中国》一书中[①]。也许读者朋友读完之后,就会感叹,原来《庄子》的主体——《庄子》内篇是应该这样来解读的!

作为一种经典文本,人们当然可以在《庄子》书中找到若干种素材以抒发自己的现世情怀;我们当然也可以在它里面找到若干对于历史文化的反省和解释,但是我们必须得说,从文化形态学(发生学)上来看,从精神演化史上来看,《庄子》书(特别是《庄子》内篇)最能代表“费拉”中国的心境。

① 参见郭智勇《被遗忘与曲解的古典中国——〈吕氏春秋〉对传统学术的投诉》第六章。

结语

《春秋繁露》与第二信仰

一

以《庄子》和《列子》的问世为标志，古典中国的精神消亡了，古典中国走完了它的生命历程。按斯宾格勒的文化形态学，接下来的中国历史将进入一个"无意义"、"无形式"的"非精神"状态，他称之为"费拉"(Fellah)。

笔者认为，古典中国之后的中国历史也许真的缺乏斯宾格勒"文化民族"应该有的"形式"，但无论如何它都不是无话可说的。至少，就像斯宾格勒自己所认定的那样，每一个"费拉"社会都会有它的"宗教"，所谓"第二信仰"。

传统中国的儒学到底算不算"宗教"？或者说，传统中国文化是否有自己的宗教？这个问题前些年成为中国学术界激烈争论的一个话题。

但不管怎样说，相对于之前的诸子百家，董仲舒之后的汉代思想具有强烈的神学色彩，这应该是人们都不能否认的历史事实。

按照斯宾格勒的文化形态学，汉代的神学只能称为"第二信仰"。传统"儒教"(如果可以这样称呼的话)是所谓的"费拉宗教"。

斯宾格勒说："当一切文明已充分定型，并开始慢慢地、不知不觉地进入非历史状态，从而使各个时代或时期不再有任何意义的时候，第二信仰立刻就会在这些文明中出现。"[①]

---

① [德]奥·斯宾格勒：《西方的没落》第二卷，吴琼译，第289页。

在彻底的"唯物主义"(无神论)的时期,世界上除了物质利益和感性欲望,已经没有真正的信仰。即使有一些看似信仰的东西,也不过是人们为了缓和理智的紧张所做出的人工设计,斯宾格勒所谓的"宗教消遣"。[①] 在这样的时期,"到处都是对神话的玩弄,其实根本没有人相信;到处都是在玩味祀拜,希望以此来填补内心的空虚。真正的信仰总是对原子和数字的信仰"[②]。但是,斯宾格勒认为,这种完全彻底无神论的状态不会长久下去,有一种"精神"由于内在的需要必将出现,"这一精神在文明的醒觉意识中,起初是安静地、但不久是着重而且公开地宣告自己的存在"[③]。这就是所谓的"第二信仰"。

为什么会在文明阶段出现"第二信仰",斯宾格勒是这样解释的:在文明阶段,"那至高无上的醒觉意识,由于受到城墙和人工建筑物的阻挡,而与它前后左右的活生生的自然和土地相隔离,因而对于自身之外的事物一无所知。它把批判运用于其想象的世界,它已经清除了对于世界的日常的感觉经验,并一直这么做,直至发现最后和最微妙的结果,既形式的形式——而醒觉意识本身,可以说是一无所有。至此,作为一种批判性的世界理解方式的物理学,其可能性随之消散殆尽,对于形而上学的渴望重新出现。"[④]我们大致可以这样来理解:任何文化的无神论(唯物主义)思想并不能解决世界的所有问题,人生中总是会有方方面面、形形色色的疑惑和困境,单靠唯物主义是难以应付的。特别是,任何文化的无神论本身都是特定文化意象的产物,在文化进入它的晚期之后,无神论本身固有的局限就会自然呈现,它越来越不能满足人们的心理需要。而人类天生是有宗教情结的,人们都需要某种精神依赖,对于普罗大众来说尤其如此。在斯宾格勒看来,"那促成第二信仰的,并不是有教养的、浸淫于文学之中的文人雅士的宗教消遣,更不是心智的作用。它的根源在于民众中不知不觉而又自发地兴起的纯粹信仰,这种信仰认为现实性中有着某种神秘的性质;另外就是同样纯朴的内心需要,这种需要总是以祀拜的方式来虔敬地对待神话"[⑤]。

第二信仰当然是相对第一信仰而言的。"在这种虔信的创造物中……都不存在什么原创的和自发的东西。它们既没有建立起任何东西,也没有展示任何观念——它们仅仅就像是一阵烟雾,在大地上消散,揭示着旧的形式,并且起初还不大确定,但很快就越来越清晰。第二信仰的素材,不过就是最初,真正年轻信仰的

---

① [德]奥·斯宾格勒:《西方的没落》第二卷,吴琼译,第 286 页。
② [德]奥·斯宾格勒:《西方的没落》第二卷,吴琼译,第 287 页。
③ [德]奥·斯宾格勒:《西方的没落》第二卷,吴琼译,第 287 页。
④ [德]奥·斯宾格勒:《西方的没落》第二卷,吴琼译,第 287—288 页。
⑤ [德]奥·斯宾格勒:《西方的没落》第二卷,吴琼译,第 288 页。

素材——只是其体验方式和表现方式有所不同而已”①。

我们也许可以通俗地来理解第二信仰：任何文化在它的晚期都会经历它的唯物主义无神论，无神论的到来意味着该文化的僵化，意味着青春信仰（第一信仰）的消亡。但一个文化的僵化并不意味着它的彻底消失，它会长久地垂死下去，在这个垂死的过程中，它仍然会蕴育它的精神依托，它仍然会延续它的信仰。这种信仰的内容素材与它的早期信仰是一致的。可以说，这种第二信仰是第一信仰的“回光返照”，但它的时空条件已经不同往昔，特别是，它的生命力和穿透力已经明显减弱，真可谓是第二档次的宗教了。

当以《墨子》书“十主张”为代表的思想出现于华夏大地的时候，它表明古典中国已经进入“文明”化状态，而《商君书》的成立则清楚表明古典中国达到“唯物主义”（唯利主义）的顶峰。无神论的高涨表明古典中国精神的行将消亡。古典中国早期宗教（第一信仰）泯灭了，但没过多久，中国文化就迎来了它的第二信仰。

在笔者看来，董仲舒名下的《春秋繁露》②非常符合斯宾格勒第二信仰的概念。从古典中国精神自身演化的逻辑来看，董子也责无旁贷地承担着延续古典中国文明的责任。

首先，《春秋繁露》积极投身于对“天”的信仰的重建。我们都知道，上天、上帝是古典中国的崇拜对象，但古典中国的启蒙时代以后，人们渐渐淡薄了这种虔诚。《吕氏春秋》提到宋国国王竟然渎神到直接对“天”射击的状况③，表明曾经非常牢固的古典信仰已然消退。到了“唯利主义”的《墨子》书时代，尽管还有“法天”的忠告，但我们从《天志》、《明鬼》篇不厌其烦的措辞中，已能充分感受到人们对“天”的信心的失落。《荀子》书是《墨子》书同时代的作品，我们从它的《天论》篇已能感受到对“天”的不闻不问、可有可无。《商君书》更是赤裸裸地对《诗》、《书》进行贬斥，这其实就等同于对“天”的公然蔑视。作为历史精神的承担者，董子旗帜鲜明地高举起“天”——古老信仰的旗帜。

这里必须要申明一下，《春秋繁露》与其说是董仲舒个人的作品，远不如说是以他为代表的学派的文集更有意义。《春秋繁露》是一本内容丰富的皇皇大著，细心的读者可以从中看出这一学派的演化脉络，其中也不乏前后不一致的地方。我们这里以董子来代表这部书的主要精神。

① ［德］奥·斯宾格勒：《西方的没落》第二卷，吴琼译，第287页。

② 笔者认为，《春秋繁露》不单是董仲舒个人的作品，更应该是董子学派的结集。

③ 《吕氏春秋·过理》：宋王筑为蘖帝，鸱夷血，高悬之，射著甲胄，从下，血坠流地。左右皆贺曰：“王之贤过汤、武矣。汤、武胜人，今王胜天，贤不可以加矣。”宋王大说，饮酒。室中有呼万岁者，堂上尽应。堂上已应，堂下尽应。门外庭中闻之，莫敢不应。不适也。

董子说："天者，百神之大君也。"[①]"天者，百神之君也，王者之所最尊也。"[②]又说："天者，群物之祖也，故遍复包函而无所殊。"[③]"天者，万物之祖，万物非天不生。"[④]

应该说，从古典中国启蒙时代以后，已经再也没有人这样不遗余力地大力宣扬"天"的神通、伟大和尊贵了，特别是在董子的心目中，"天"似乎又像古典中国早期一样，变成了一个有人格的"神"。孔繁先生总结说："董仲舒说的'天'，是一位有喜怒、司赏罚、有绝对权威的至上神，既主宰天上的诸神，也支配人间的帝王，这样一个绝对权威的神。"[⑤]

董子之前的前汉时期，已经有很久没有举行祭天之典。但董子却力排众议，积极主张恢复郊祭。[⑥] 为此他不厌其烦写了数篇文论阐述他的理由。[⑦] 总之，天是人们必须要敬礼祀拜的。

二

关键是，董子建立起了以"天人感应"为核心的涵盖宇宙人生的形而上学体系，完成了古典中国"第二信仰"的要求。

首先，在这样的体系中，天与人是一回事，人是天的副本，天是人的榜样：

> 天德施，地德化，人德义。天气上，地气下，人气在其间。春生夏长，百物以兴，秋杀冬收，百物以藏。故莫精于气，莫富于地，莫神于天，天地之精所以生物者，莫贵于人。人受命乎天也，故超然有以倚；物疢疾莫能为仁义，唯人独能为仁义；物疢疾莫能偶天地，唯人独能偶天地。人有三百六十节，偶天之数也；形体骨肉，偶地之厚也；上有耳目聪明，日月之象也；体有空窍理脉，川谷之象也；心有哀乐喜怒，神气之类也；观人之体，一何高物之甚，而类于天也。物旁折取天之阴阳以生活耳，而人乃烂然有其文理，是故凡物之形，莫不伏从旁折天地而行，人独题直立端尚正正当之，是故所取天地少者旁折之，所

---

① 《春秋繁露·郊祭》。

② 《春秋繁露·郊义》。

③ 《汉书·董仲舒传》。

④ 《春秋繁露·顺命》。

⑤ 任继愈主编：《中国哲学发展史·秦汉卷》，人民出版社，1985年，第325—326页。

⑥ 参见任继愈主编《中国哲学发展史·秦汉卷》，第327页。

⑦ 参见《春秋繁露》之《郊语》、《郊义》、《郊祭》、《四祭》、《郊祀》等篇。

取天地多者正当之，此见人之绝于物而参天地。是故人之身，首妢而员，象天容也；发，象星辰也；耳目戾戾，象日月也；鼻口呼吸，象风气也；胸中达知，象神明也；腹胞实虚，象百物也；百物者最近地，故要以下地也，天地之象，以要为带，颈以上者，精神尊严，明天类之状也；颈而下者，丰厚卑辱，土壤之比也；足布而方，地形之象也。是故礼带置绅，必直其颈，以别心也，带以上者，尽为阳，带而下者，尽为阴，各其分，阳，天气也，阴，地气也，故阴阳之动使，人足病喉痹起，则地气上为云雨，而象亦应之也。天地之符，阴阳之副，常设于身，身犹天也，数与之相参，故命与之相连也。天以终岁之数，成人之身，故小节三百六十六，副日数也；大节十二分，副月数也；内有五脏，副五行数也；外有四肢，副四时数也；占视占瞑，副昼夜也；占刚占柔，副冬夏也；占哀占乐，副阴阳也；心有计虑，副度数也；行有伦理，副天地也；此皆暗肤着身，与人俱生，比而偶之弇合，于其可数也，副数，不可数者，副类，皆当同而副天一也。是故陈其有形，以着无形者，拘其可数，以着其不可数者，以此言道之亦宜以类相应，犹其形也，以数相中也。①

为生不能为人，为人者，天也，人之人本于天，天亦人之曾祖父也，此人之所以乃上类天也。人之形体，化天数而成；人之血气，化天志而仁；人之德行，化天理而义；人之好恶，化天之暖清；人之喜怒，化天之寒暑；人之受命，化天之四时；人生有喜怒哀乐之答，春秋冬夏之类也。喜，春之答也，怒，秋之答也，乐，夏之答也，哀，冬之答也，天之副在乎人，人之情性有由天者矣，故曰受，由天之号也。为人主也，道莫明省身之天，如天出之也，使其出也，答天之出四时，而必忠其受也，则尧舜之治无以加，是可生可杀而不可使为乱，故曰：非道不行，非法不言。此之谓也。②

相对人，“天”是一个高高在上的神圣，具有意志和人格：

天高其位而下其施，藏其形而见其光；高其位，所以为尊也，下其施，所以为仁也，藏其形，所以为神，见其光，所以为明；故位尊而施仁，藏神而见光者，天之行也。③

侯外庐等先生说：“高高在上，证明‘天’有一个要使自己‘尊’的目的；无形，证

---

① 《春秋繁露·人副天数》。
② 《春秋繁露·为人者天》。
③ 《春秋繁露·离合根》。

明‘天’有一个要使自己‘神’的目的；有光，证明‘天’有一个使自己‘明’的目的。这就把自然的天加以目的论化而使之成为宗教的‘天’了。”[①]应该说，这样的判断是有见地的。需要补充的是，古典中国之“天”本来就是宗教之“天”，董子只是对早期信仰的回归。其实董子的真实创造在于接下来的部分，他把“天”与“人”直接钩联起来，他要求人(特别是天子、圣人)一定要以天为榜样：

故为人主者，法天之行，是故内深藏，所以为神，外博观，所以为明也，任群贤，所以为受成，乃不自劳于事，所以为尊也，泛爱群生，不以喜怒赏罚，所以为仁也。[②]

天积众精以自刚，圣人积众贤以自强；天序日月星辰以自光，圣人序爵禄以自明。[③]

我们知道，法天的思想是《吕氏春秋》启蒙时代的一个重要思想，但应该说，中国历史上从没有谁像董子这样，直接把天与人紧密相连，完全把人当成天的副本。

与早期古典信仰不一样的是，董子的“天”已经变成了一个仁慈的上帝。我们都知道，早期古典时期的“天”是一个庄严威权的至上神。这或许是古典中国“第二信仰”与青春宗教不一样的地方。

人之受命于天也，取仁于天而仁也。[④]

仁之美者在于天，天仁也，天覆育万物，既化而生之，有养而成之，事功无已，终而复始，凡举归之以奉人，察于天之意，无穷极之仁也。[⑤]

仁，天心。[⑥]

天之所以“仁”，是因为它对人的“爱利”，对万物的“长养”：

天常以爱利为意，以养长为事，春秋冬夏皆其用也。[⑦]

是故仁义制度之数，尽取之天，天为君而覆露之，地为臣而持载之，阳为

---

① 侯外庐等：《中国思想通史》第二卷，第100页。

② 《春秋繁露·离合根》。

③ 《春秋繁露·立元神》。

④ 《春秋繁露·为人者天》。

⑤ 《春秋繁露·王道通》。

⑥ 《春秋繁露·俞序》。

⑦ 《春秋繁露·王道通》。

夫而生之，阴为妇而助之，春为父而生之，夏为子而养之，秋为死而棺之，冬为痛而丧之，王道之三纲，可求于天。[①]

董子的第二信仰与早期崇拜另一个不一样的地方，就是它融合了周汉之际流行的阴阳五行思想，把它们调和成一个完备的神学世界观。在早期崇拜中，上天、上帝的威权是直接的，当下立现的，而在董子的天人合一体系中，上天常常要借助于阴阳、五行作“天意”的工具。这样，阴阳、五行这些纯自然的学说就与董子的天人感应学说结成牢固的同盟，形成了中国特色的“调和主义”体系。[②] 应验了斯宾格勒所指出的第二信仰的典型特征。世人说董仲舒“首推阴阳为儒者宗”，[③]董子确实是古典中国第二信仰调和主义的宗师。

董子对“天”的信仰不仅是出于政治的要求，似乎也是他本人内心真诚的反映。所以孔繁先生说：“董仲舒创立天人感应体系，可能包含着欲图以天来约束人君的意思，但是也应看到他确实是一个虔诚的有神论者。”[④]

但是，特别值得指出的是，或许董子本人的确有虔诚的信仰，他的诸多同道或许有更虔诚的内心认同，《春秋繁露》相关文字仍然是“第二等”的宗教文本，它们仅仅是周代初年青春宗教的“回光返照”而已。正如斯宾格勒所说，它们既没有提供新的生命感受，也没有提供新的心灵意象。[⑤] 这样的二等宗教或许文字表述更为通顺，理论说明更加严谨，但这些都不过是理智方面的完善功夫。关键是，感受这些文字的心灵已经没有了一千多年前深刻的火热灵性，也就没有了一千多年前的创造渴望和探索精神。这注定，《春秋繁露》这样的宗教文本不可能有进一步的发展。正如真实历史所显示的那样，《春秋繁露》在传统中国文化中基本上没有表现出它的积极作用。它逐渐僵化，失去了对文化的支撑，仅仅成为文人雅士的宗教装饰和理智摆设。传统中国的没落可以理解为《春秋繁露》所代表的“费拉宗教”的必然结局。

值得进一步指出的是，《春秋繁露》相关文字是西汉后期“第二信仰”的理智表述，它们满足的是上层知识人士的宗教需求。与这种理智信仰相对应的是基层社会大众的“实在信仰”，按斯宾格勒的说法，它就是“民众的迷信”。[⑥] 而这样的迷信有时会达到相当的程度。

---

① 《春秋繁露·基义》。

② 参见《春秋繁露》之《基义》、《五行之义》、《五行相生》、《五行对》诸篇。

③ 《汉书·董仲舒传》。

④ 任继愈主编：《中国哲学发展史·秦汉卷》，第326页。

⑤ 参见[德]奥·斯宾格勒《西方的没落》第二卷，吴琼译，第287页。

⑥ 参见[德]奥·斯宾格勒《西方的没落》第二卷，吴琼译，第288页。

因为有传言黄龙坠死黄山宫中，就引起数万人前往观睹，[①]汉人的“迷信”可见一斑，《汉书·哀帝纪》还记载了人们“崇拜”“西王母”的宏大场面，汉人的“迷信”更令人惊奇。汉人的迷信更集中体现在对“谶纬”的盲信上。站在理性主义的高度，人们几乎难以想象汉人为何会如此痴迷于谶纬符命这些极度浅显又极度虚假的物事。过往的文论总是把这样的“迷信”现象归因于社会环境的恶化，但斯宾格勒的文化形态学告诉我们，这种普遍的“迷信”有它发生学意义上的必然性。正如上文所说，在唯物主义穷尽了它的发展之后，普罗大众中固有的“纯朴信仰”就会崭露头角，世人再度渴望“形而上学”。

没错，宗教就是有别于唯物主义的形而上学。真正的宗教总是特别有灵性，特别超感性的。但第二信仰之所以是第二等的信仰，就在于它的灵性的缺失。以汉人盲信的谶纬而言，它们的核心就是谶，也就是符命之类的文字图画符号。这类含意直白的文字符号被盲信为上天的旨意。这说明当时人们正处在对宗教信仰的极度渴望当中，简单地把这种现象归因于外部环境是于事无补的。

不难理解的是，正如《春秋繁露》这样的宗教教义不足于支撑中国文化一样，这种粗俗直白的谶纬符命虽然能在短时间内满足人们的信仰需求，但由于它们确实缺乏青春宗教充满创造力和生命力的灵性，也不可能给中国文化带来真正的精神养分，不足以支撑一个真正的“中国”。

总之，无论是《春秋繁露》为代表的宗教还是以谶纬符命为代表的“迷信”，作为“第二信仰”，它们的出现，都表明了汉代之后的中国渐渐进入了“无信仰”、“无历史”的“费拉”时代。

最后，似乎需要回答一个不小的疑问，作为中国文化中与《论语》齐名的《孟子》怎么没在本书中占有一席之地。笔者在此只能表示遗憾，因为《孟子》书尽管托付的是战国孟轲的大名，它其实是传统中国的核心文本。《孟子》将是笔者下一本书的论述要点。

---

① 参见《汉书·王莽传》。